国家级精品课“创课——大学生创新创业基础”指定教材

“十三五”普通高等教育规划教材

献礼新中国成立70周年精品图书

创课：大学生创新创业基础

CHUANGKE：DAXUESHENG CHUANGXINCHUANGYE JICHU

（第2版）

吴　昊　刘玉峰　编著

中国财经出版传媒集团
中国财政经济出版社

图书在版编目（CIP）数据

创课：大学生创新创业基础/吴昊，刘玉峰编著.--2版.--北京：中国财政经济出版社，2019.9（2022.8重印）
“十三五”普通高等教育规划教材
ISBN 978-7-5095-9126-0

Ⅰ.①创… Ⅱ.①吴… ②刘… Ⅲ.①大学生—创业—高等学校—教材 Ⅳ.①G647.38

中国版本图书馆CIP数据核字（2019）第167655号

责任编辑：田明晖　　责任校对：胡永立
封面设计：孙俪铭

中国财政经济出版社出版
URL：http：//www.cfeph.cn
E—mail：cfeph @ cfeph.cn

社址：北京市海淀区阜成路甲28号　邮政编码：100142
营销中心电话：010—88191537　编辑部门电话：010—88190670
北京时捷印刷有限公司印刷　各地新华书店经销
787×1092毫米　16开　23印张　508 000字
2019年9月第2版　2022年8月北京第5次印刷
定价：58.00元
ISBN 978—7—5095—9126—0
（图书出现印装问题，本社负责调换）
本社质量投诉电话：010—88190744
打击盗版举报热线：010—88191661　QQ：2242791300

《“创课”系列丛书》编写委员会

主审：严　明
丛书主编：刘文勇
丛书副主编：刘玉峰
编委会成员：李海东　吴　昊　葛遵峰　郑远见　吕兴群
徐　霄　何孟原　张楷卉　闫　隽

《“创课”系列丛书——创课：大学生创新创业基础》编写组

编著：吴　昊　刘玉峰
成员：李海东　郑远见　葛遵峰　吕兴群　徐　霄　何孟原

推荐序一

著名智库卡夫曼基金会认为，任何一个社会的进步都有两个基础性的工程：一个是教育，也就是开启年轻人心智、培养年轻人成长的过程；另一个是创业，也就是通过创业将想法变成实际企业的过程，所以教育和创业是新时期社会最值得关注的领域。当下，正是教育和创业发展融合最为紧密的时期，也是对创新创业型人才需求最为迫切的时期。大学是知识的策源地，也是人才培养的主战场。高校创新创业教育的基本点应该放在学生的创新创业意识和精神的培养上，重点应该落在对学生创新创业实践的指导上。

在国家战略发展驱动之下，2015 年以来，创新创业教育在高校开始广泛启动。通过总结创业教育试点院校取得的成果和经验，各高校纷纷建立符合学校特色的创新创业教育体系。总的来说，创新创业教育的形式较为多样，如开设创新创业教育课程、开展大学生创新创业论坛、指导大学生创新创业实践、建设大学生创业孵化基地等。可以说是全方位、多维度、立体式的教育体系。高校在体系构建的基础上，如何有效实施创新创业教育就显得尤为重要。然而，在具体的实施中，高校遇到了诸多的困难。如创新创业师资短缺、创新创业课程体系不完整、缺乏相应的教育资源、高校内部资源间的整合不够等。

从困难中我们发现，高校创新创业教育资源需要优化配置，更需要资源共享。哪些优质资源可以共享呢？师资、课程、教材、孵化基地……凡是优质资源均可共享。一门好的创新创业课程、一本好的创新创业教材可以唤醒学生的创新创业意识和精神，激发他们的创新创业热情。这里对“好”的界定一定是从学生体验的角度来评价的，学生喜欢、学生愿意、学生满意。

《创课：大学生创新创业基础》的显著特点是内容丰富全面、呈现形式多样、表达简洁、语言活泼、阅读轻松，可读性较强。这本教材无论从创新创业思维的启发上、规律的遵循上，还是从创业过程的实践上，都给予了较为全面和丰富的指导。教材中设计的案例点评和课堂活动模块，非常适合创新创业课程课堂教学，适合教师借鉴与参考，适合学生学习和思考。

希望本书对读者有所启发。

林木西
辽宁大学博士生导师
中组部“万人计划”第一批教学名师
教育部“长江学者奖励计划”特聘教授
全国高校首届国家级教学名师
国务院特殊津贴获得者

推荐序二

认真翻阅中国财政经济出版社出版的财政部规划教材及“十三五”普通高等教育规划教材《创课：大学生创新创业基础》，感到耳目一新。这是黑龙江大学吴昊、刘玉峰为高校学生接受创新创业基础知识、实践理念编写的教材，具有一系列鲜明的特色。可以说，这部教材是编者关于高校创新创业教育改革和发展深入思考的一次成功实践。这种成功得益于编者长期的高校创新创业教学及实践经历、对国外优秀创业型高校教育思想和理念的吸收以及针对我国高校创新创业教育课程教学上的理论总结与实践升华。人是创新创业发展的核心，高校创新创业教育担负着培养高层次创新创业人才的重任。2015 年 5 月 4 日，国务院办公厅印发《关于深化高等学校创新创业教育改革的实施意见》，将健全创新创业教育课程体系作为重要任务。确立了我国创新创业教育以及高校创新创业型人才培养模式适时转型的指导思想和目标。这一目标使得高校创新创业教育既要注重基础理论知识的传授，又比以往更侧重实践知识、强化学生实际创新创业能力的培养。

为此，《创课：大学生创新创业基础》编者把准确定位创新创业教育课程的教学目标界定为首先应当以解决实际问题为先。为了实现这种定位，编者们秉承“理论够用”原则，舍弃艰涩和繁难，对理论性较强的知识点，敢于割爱，让学生掌握基本的、结合实际并能够指导其创新创业行为的理论即可。在全球化背景下，网络技术的快速发展使得大学生观念日趋多元化、创新创业思想空前活跃，如果只是一味地引领学生在立林的理论体系中进行探索，势必会将原本趣味盎然的创新创业教育课程变成淡然无味的白开水。

黑龙江大学多年来始终走在创新创业教育探索的前沿，尤其在创新创业教育理念和教育教学体系上积累了较为扎实和丰富的经验。这本教材就是这些创新创业教育一线教师探索出的重要成果，书中凝结了他们在教学中的思考与智慧，更凝结了他们对创新创业教育的热爱与执着。

《创课：大学生创新创业基础》的编者们突破了同类教材的编写体例，采用“循序渐进”“步步深入”的写作手法，让读者了解到从白手起家到企业成长的整个过程中会面临的种种挑战，会改变传统观念，会产生将书中所陈述的方法原理付诸行动的想法。从每章开头的“学习目标”“主要内容”到内文中的“案例”“扩展阅读”“TIPS”“课堂活动”再到章尾的“思考与实践”，都能提升读者兴趣，指导他们引发思考，勇于实践。

教材风格清晰、文字浅白，论述严谨，相信每一名有志于创新创业的读者都会受益匪浅。对于有一定经验的创业者而言，会使自己对创业过程中的利弊得失有更深刻的体会，对未来的创新创业历程而言也将大有裨益。

不积跬步无以至千里。人生如创业，都需要一步一个脚印坚持前行，创业中没有绝对的成功与失败，创业所经历的一切将是你最大的财富，创业路上的大学生，你将享受这个精彩过程！

黄兆信
温州医科大学创新创业教育学院院长
“长江学者奖励计划”青年学者
国家百千万人才工程和国家有突出贡献中青年专家

第 2 版前言

大众创业，万众创新。“双创”大潮正推动着互联网时代以知识经济为主要变革源泉的常态化发展勇往前行。可“大众”与“万众”究竟有何差别？“创新”与“创业”究竟有何关系？

中国经济经历了近 40 年的高速增长，既是一种奇迹，也是一种现实。客观地讲，GDP 年均增长 9%与 6%，尽管只是数字的差异，但究其实质，其实是一种增长模式的转变。21 世纪初，由英国伦敦智库中心学者提出的“北京共识”话题，引起关于“中国模式”的研究，中国经济高速增长曾几何时引来世界范围的广泛关注？2008 年世界金融危机后，各国开始反思增长模式。美国进行了“再工业化”，德国提出“工业 4.0”，中国实施了一系列创新发展战略……

我们必须正视技术创新、经济组织变革与制度改革间固有的历史唯物主义规律。第三次产业革命浪潮正在席卷世界，分布式能源、3D 打印与全息数据收集技术、人工智能应用、价值链整合、分工细化与企业边界重新界定、诱致性制度变迁等，正在我们身边发生。如果将上述技术、经济、社会背景变化结合起来考虑，对于一个具有阅读习惯而且关注上述问题的学生来讲，你应该可以大致解惑前面所提出的疑问。

大学的使命是人才培养、科学研究、服务社会与文化传承创新，创新创业教育一直以来都是中国高等学校的使命。只不过，过去理解的大学教育是一种单纯的精英教育；而如今这个时代，大学教育与职业教育、素质教育、德育教育、博雅教育、精英教育等进行了广泛融合。时代变革，大学所培养的“人”，作为人力资源或者人力资本要素，在生产函数中的作用越来越重要，“人”的素质与水平，其知识、能力、素养的规格，将直接或间接影响供给侧改革的成败。创新创业是终身学习的内容，是人才培养的重要指标，是个人能力素养的具体表现。

“教育最主要的目的不是教你如何赚取面包，而是让你每一口面包吃得更香甜”，语出著名教育家詹姆斯·罗兰·安吉尔（James Rowland Angell）。应用在创新创业教育中，正印证了我们的观点：创新创业教育的目的并非培训你如何开公司，而是让你拥有创新意识、创业精神、实践能力，使其成为你的思维习惯、生活方式，令你乐观积极地学习和生活。

正是基于以上考虑，本教材面向大学生群体，从创新创业的时代背景与发展规律出发，结合微观经济学、宏观经济学、市场营销学、管理学等专业知识，采用通识性教材写作风格，进行了跨学科的知识整合。在依循教育部《普通本科学校创业教育教学基本要求（试行）》的基础上，增加了创新思维、创业政策、商业模式、市场调研、创新创业训练等内容模块，旨在系统地提供从事创新创业活动所需的基础知识、基本理论、基本方法和基本流程，强调知识、能力和素质三位一体的教育教学理念。

本教材基于过程的观点，描绘出一幅清晰的创新创业路线图。教材分为认识篇、准备篇与实践篇，共 15 章，分别是："双创：时代最强音""借政策之力 驶创业之舟""创新：时代的召唤""创业：时代的选择""创业者的思维与人生""创业路上的航标""发挥商业模式的力量""众人拾柴火焰高""获得投'资'人的青睐""实施创新创业训练""市场调研""创业计划""创建新企业""新企业的市场营销"以及"管理新企业"。

在编写过程中，内容取舍以实际、实操、实效为原则，最终形成五个突出特点：一是结构创新，表现为内容系统、资料丰富、体例新颖、形式多样；二是实践性强，整体内容强调"怎么做"，配有教学实用的课堂活动；三是案例全面，人物既有知名企业家、也有年轻创业者、更有身边的同学，事件既有成功、也有失败、更有进行中，为大学生开展创新创业活动提供有益参考；四是可读性强，行文中语言活泼、生动易懂、贴近学生，阅读起来亲切且轻松；五是模式独特，在阅读纸质教材的同时，可扫描书中二维码观看相关的教学视频和扩展资料。

本教材适合高等院校各专业作为本科生开展创新创业教育的通用基础教材，也可作为创新创业园区、创新创业大赛等培训教材，还可作为社会创新创业者和创新创业爱好者、管理者和研究者的参考资料，更可作为拓宽视野、增长知识的自学用书。教师可根据教学对象和授课学时的不同，灵活选择教学内容进行重点讲授。

理论是灰色的，实践之树常青。我们不能以不变应万变，本教材呈现的是一般性规律，需要在实践中检验与完善。恳请专家与读者多提出宝贵意见和建议。

本教材在编写过程中，参考了相关论著、教材和期刊等，特作说明并致谢，因各种条件受限，未能与编著者取得联系，引用与理解不当之处，敬请谅解。

希望本书能够引起读者朋友们对创新意识和创业精神的思考，帮助读者朋友们培养和增强自身创业实践能力，激发读者朋友们放飞创新创业梦想的热情。

教材编委会
2019 年 6 月

目录

第一篇 认知篇

第二篇 准备篇

第一篇　认知篇

伴随着计算机、互联网技术的普及和知识经济社会的快速发展，世界范围内技术和经济的前进速度超乎我们的想象。当下最流行什么？——互联网+？大数据？云计算？人工智能？VR？AR？AI？……其实，所有的一切都围绕着一个主题，那就是我们这个时代的最强主旋律——创新创业。创新是创业的基础和源头，创业是创新的体现和延伸。认为创新创业是艰难的，其原因在于我们对创新、创业的认识存在误区。这一篇，我们将带你走出创新和创业的"迷宫"，领会创新创业的真正内涵。

致青春

同学们，创新创业的大潮已再次兴起，这是属于我们的时代！前进的号角已经吹响，未来在向我们召唤！前进吧，前进吧！让我们释放青春的能量，点燃创新创业的梦想！

第一章 双创：时代最强音

【学习目标】

- 描述创新与创业的概念、特征及时代背景
- 解释创新与创业的区别与联系
- 应用创新创业思维，开展人生职业生涯规划

【学习要点】

- 创新创业：我们当前的时代特征
- 创新创业对中国发展的重要意义
- 创新与创业的关系
- 职业生涯规划需要创新创业

什么是创新？什么是创业？为什么要创新、创业？创新和创业的意义是什么？创新和创业的内在联系是什么？要回答这一系列问题，首先让我们来简单看一个案例。

【案例】

贾玲和大碗娱乐

贾玲1982年出生于湖北襄阳的一个普通工人家庭，经历两次高考，毕业于中央戏剧学院，喜剧女演员、导演、编剧、大碗娱乐文化传媒公司创始人。2000年，贾玲第一次高考失利，通过一年的复读，自小喜爱表演的贾玲考上了中央戏剧学院相声表演专业大专班。2003年，凭借相声作品《怎么了》获得首届北京相声大赛一等奖。虽斩获荣誉，但限于传统相声行业的惯例和当时的市场规模，科班出身的女生贾玲毕业后一时接不到相声演出工作，于是她开始四处打工，做过兼职主持人、剧本创作者、艺人临时助理等工作。2005年贾玲考入中国广播艺术团，正式拜冯巩为师。2008年，贾玲的相声开始具有一定知名度，其表演的相声开始登录北京的各大剧场。

贾玲的首次创业始于2009年，贾玲作为创始人，创建了相声俱乐部"新笑声客栈"，主要与其中央戏剧学院的同学一起做现场相声演出，演出新形式的"酷口相声"。"新笑声客栈"的创建并非一帆风顺。融资方面，此前承诺出资的投资方临时变更约定内容，以10万元的出资额要求贾玲加入出资公司旗下，贾玲拒绝了对方，但这也导致后期资金始终不到位，俱乐部不得已只能暂时关门。几个月之后，贾玲终于找到了新的合伙人，把新笑声客栈重新做了起来——这个合伙人就是创作者邹僧。2010年，贾玲28岁，第一次登上了春晚的舞台，搭档白凯南表演邹僧的作品《大话捧逗》反响热烈，凭此贾玲在专业喜剧表演领域得以立足，并为其创业之路奠定了坚实的基础。

2016年，贾玲创建了专注喜剧事业的新公司"大碗娱乐"。大碗娱乐最开始定位就是突破相声和小品的局限，闯入电影界。贾玲的作品《你好，李焕英》，是根据她自己的亲身经历改编而成。2021年春节，贾玲把《你好，李焕英》搬上大荧幕，引起了广大网友的好评与共鸣，票房突破了50亿元。经过多年努力，贾玲终于成为了心中那个坚持理想的自己，演绎了一个平凡女孩逆袭命运的创业人生。

资料来源：根据网络资料整理。

贾玲基于自身对表演和喜剧的热爱，结合自身经历和优势资源，敢于创作、整合资源、捕捉市场机遇，在相声、小品、电影等多领域均有所建树。电影《你好，李焕英》的巨大成功，是贾玲秉承着创新、敢为、坚韧的创业精神蓄力多年的努力结果。由此，我们将从当今时代的特征解析创新和创业的价值，剖析创新与创业的内在联系，明确创新和创业对大学生未来职业生涯的影响。

案例思考：

☞我们为什么需要创新?

中国为什么要“双创”

我们生活在知识经济时代,同时,互联网带来的数据变革是前所未有的,互联网的核心和本质即“数据化”,这也正是我们现在这个时代最为突出的特征。单就线上的电商和线下的实体店比较而言,传统的线下实体店仅能对成交的每一笔交易进行粗略的统计,无法对每一件产品的销售去向和消费者的购买行为进行实时记录,而现代的电商则可以依托互联网平台获得交易的相关数据。电商不仅能掌握每一件产品的销售明细,同时又能够了解到每一个浏览过其商品的消费者的消费行为并对其消费倾向做出合理预测。所有这些记录形成了关于消费者消费行为的完整数据闭环,使电商经营者与消费者之间实现了实体店无法实现的关联度。互联网信息技术的发展,为大学生创新和创业提供了无与伦比的社会机遇和成长平台。

工业 4.0

张维迎:我所经历的三次工业革命

课堂活动

了解知识经济时代

具体要求:

1. 班级分为 4 个小组;
2. 每个小组分别探讨人类文明不同发展阶段的特征;
3. 各组总结不同时期对人类文明的影响;
4. 完成表 1-1。

表 1-1

谈论主题	特征	对人类文明的影响
文明的起源		
农业文明		
工业文明		
知识经济时代		

一、我们的时代

知识经济,是知识在生产要素中占主导地位,知识产业成为诸多产业中龙头产业的一种经济形态。知识经济是基于知识密集活动的生产和服务,是基于知识和信息的生产和传播驱动经济的发展,相较于物质或者自然资源投入而言知识经济更依赖于智力资源的投入。

1. 创新与知识经济时代

创新在知识经济时代能创造出巨大财富。随着现代科学技术的迅猛发展,日益缩减的科学技术成果转化周期和产品的生命周期，使得只有通过加快创新才能弥补资源、资本上的劣势并在市场的竞争中掌握主动。在知识经济时代，创新的威力可以借用爱因斯坦的质能转化公式来表述：$E=MC^2$。创新就相当于这个公式中的光速 C，即便物质载体很小，只要有创新就能爆发出巨大的能量。①

知识经济时代的创新与之前的工业经济社会、农业经济社会相比具有不同的特征：由一次性创新向持续创新转变，由个别创新向系列创新转变，由专家创新向全员创新转变。一个典型的持续创新、系列创新和全员创新的例子就是微软公司。1975 年，比尔·盖茨辍学创办的微软公司，靠着不断的知识创新，他在 1995 年将微软公司建造成为世界上最大的公司，与此同时他也成了世界首富且持续多年之久。这体现了比尔·盖茨个人关于“我们的成功取决于创新”的信念。

2. 创新与信息技术的发展

创新是当今时代发展的一个必然选择，互联网的出现更是为创新提供了绝佳条件。今天的创新与互联网是密不可分的。继“蒸汽时代”和“电力时代”之后，以互联网为代表的信息技术是第三次技术革命的产物。如果说前两次技术革命的蒸汽机和电力成为工厂机器的主要动力，释放了人们的“体力”，那么，当前时代涌现的大数据、云计算、物联网、移动互联、人工智能等信息技术则是释放了人们的“脑力”。

知识经济的本质是由创新引领的经济形态，互联网的出现对创新具有巨大的推动作用。作为创新的先导，互联网的引导作用体现在诸多方面。例如，互联网的出现意味着客户的地位要高于以往任何时期，也就是说创新必须围绕客户的需求进行，然而并不是每一位创业者都能意识到并做到这一点，很多创业者对消费者不喜欢自家产品表示不理解。许多企业只关注发明新的产品，往往忽略了客户的真实需求从而导致产品无法在选择多样化、竞争激烈的市场上占有一席之地。

二、中国需要创新

我国“十三五”规划纲要（2016—2020）中明确提出：“我国实施创新驱动发展战略，把发展基点放在创新上，以科技创新为核心，以人才发展为支撑，推动科技创新与大众创业万众创新有机结合”。一个国家的经济增长驱动力实际上取决于该国所处的发展阶段，世界经济论坛（World Economic Forum，WEF）的《全球竞争力报告》根据人均 GDP 以及初级产品占出口份额的情况，把经济体分为三个发展阶段：要素驱动阶段，效率驱动阶段和创新驱动阶段。要素驱动阶段（Factor-Driven），是指该经济体以劳动、自然资源、资本以及技术进步等生产要素的投入来推动经济发展，其经济增长主要依赖于劳动力投入、自然资源投入（含土地资源）、资本投入等有形生产要素的驱动，经济的发展主要依靠出口和投资；效率驱动（Efficiency-Driven），是指经济增长由粗放型向集约型转型，社会生产效率获得大幅提

① 徐建华，杨静，江玉贵．加快教育创新 培养创新人才[J]．重庆大学学报：社会科学版，2002，8(2)：116-118.

升；创新驱动阶段（Innovation-Driven），是指经济增长主要由创新驱动，技术创新成为驱动经济发展的根本，知识密集型企业占据经济的主导地位。2015－2016 年 GEM（全球创业观察）报告显示中国的经济发展阶段仍处于效率驱动阶段，而以美国和韩国为代表的发达国家则处于创新驱动阶段，我国在创业活动中的创新水平相较于加拿大、美国、德国和韩国等发达国家还有较大的差距。

1. 供给侧改革

中国经济发展自改革开放后主要依靠需求侧的消费、投资和出口的三驾马车拉动，但是自 2010 年以来，中国经济增长开始放缓，我国经济正面临着较大的结构性不平衡，产能过剩、投资增速大幅度下降、出口增速大不如前等问题不断涌现，要解决这一现象需要寻求新的经济动力。在中国经济面临深刻转型的特殊时期，仅靠政策刺激无法有效地达到长期的发展需求，更不能从根本上解决问题。

作为一个硬币的两面，需求是从产品角度看问题，供给则是从要素角度看问题，如图 1-1 所示。如果说需求侧包括投资、消费和出口三驾马车的话，那么相对应的，供给侧则包括劳动力、土地、资本和创新四大要素。为企业家提供创新必要的条件是资本和技术的主要社会功能。当下我国正面临人力资本质量不高、缺乏原创性的核心技术、企业家精神尚未普遍建立等问题，这些都在制约着我国的经济增长和发展。在这种趋势下，创新成为我国供给侧改革的重要推动要素，正如奥地利政治经济学家约瑟夫·熊彼特提到的，“创新是要素及生产条件组合的革命性变化，其深处是依靠技术进步驱动创新”。

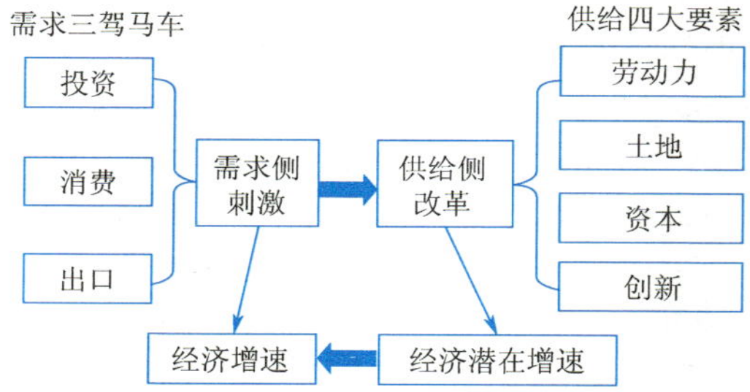

资料来源：海通证券研究所。

图 1-1　需求侧三驾马车与供给侧四大要素①

2015—2016 年全球创业观察（Global Entrepreneurship Monitor，GEM）报告显示中国的经济发展阶段仍处于效率驱动阶段，而以美国和韩国为代表的发达国家则处于创新驱动阶段。中国未来的目标是从效率驱动阶段向创新驱动阶段转型。

中国经济新常态强调“经济转型”“自主创新”和“创新型国家战略”是未来可持续国家竞争优势的基础和新动力，这与互联网经济的需求不谋而合。

---

① 2015-12-01 网易财经《海通姜超：供给侧改革最为关键的 4 个“歼灭战”》http://money.163.com/15/1201/21/B9PH4JA900253B0H.html.

2.“互联网+”N的力量

“互联网+”能够帮助互联网经济和实体经济实现结合。“互联网+”指在经济、社会生活各部门中,以互联网为主的一整套信息技术(移动互联网、云计算、大数据、物联网等配套技术)的扩散、应用并不断释放出数据流动性的过程。“互联网+”与各个产业部门的结合,不只是简单的连接,互联网绝不仅仅是一个工具和平台的存在,而是发挥其在社会资源配置中的优化和集成作用,有力地推动产业间的互动和深度融合和创造新的发展生态。

那么具体而言中国的创新应该着眼于哪些地方呢?麦肯锡全球研究院对全球创新模式的研究表明,由于所在市场环境和禀赋的差异,导致了国家会有不同的创新发展路径,而差异的核心体现在创新生态体系中优势资源的不同。在科学创新和技术创新上,欧美等发达国家的基础科学和应用科学的人才资源、健全的市场经济体系能够为企业获取价值提供良好的基础。中国在这些方面则不具备优势,人才培养也是较难实现跨越式发展。当然,中国企业在创新生态中具有其他国家都没有的一大优势——庞大的消费市场。不能否认,随着互联网发展进程的推进,互联网企业发展的内涵也在不断升级,虽然中国拥有庞大的国内消费市场,但随着知识经济和互联网的发展,国际之间的竞争重点在于是否拥有核心技术和创新能力。

3.创新:从“跟跑者”到“领跑者”

我国与发达国家科技实力的差距,主要体现在创新能力上。近年来,我国“重引进、轻消化”的现象导致了“引进——落后——再引进”的恶性循环。当今世界科技进步日新月异,技术更替周期越来越短,用不了多久,今天的先进技术可能就被下一项新技术取代了。一味靠技术引进,而不提高自主创新,尤其是在关键技术上,是难以摆脱跟着别人后面跑及受制于人的局面。

中国当前在一些技术领域已接近或达到世界先进水平,某些领域正由“跟跑者”向“并行者”“领跑者”转变,但要赶超发达国家,核心技术创新是不可或缺的,实现这一目标需要坚定不移地走自主创新道路。但自主创新绝不是关起门来搞创新。在全球经济的大形势下,从国家层面来讲,只有积极与其他国家交流,努力应用好国际和国内的技术资源,同时要能保持清醒的头脑而不是盲目跟风,创造非对称性科技撒手锏,将核心技术掌握在自己的手中,才能在日益激烈的全球化竞争中拥有科技创新的话语权,才能真正掌握竞争和发展的主动权。

【案例】

360——互联网比拼的就是核心技术创新

“下一阶段,互联网竞争是核心技术创新的竞争。互联网消除了数字鸿沟，再加上中国巨大的人口红利，所以中国企业利用互联网可以实现弯道超车。"2016 年 11 月第三届世界互联网大会的"互联网企业家论坛"上，360 公司董事长周鸿祎阐述了自己对创新的认识。周鸿祎认为本次世界互联网大会给全世界释放了一个新的信号，即"中国互联网不能只满足于商业模式的创新和营销、产品体验的创新，而应该在一些原创技术上加强投入和研发，发挥自己的优势"。

网络安全一直是 360 公司核心技术创新的重点关注领域。"在过去的 10 年里，我们在安全上做了很多的技术创新，我们基于大数据、机器学习，发现未知的威胁和攻击"，周鸿祎说道。在过去几年中，360 公司分别为微软、谷歌、苹果和 Adobe 等企业的很多软件提供了相关的漏洞信息报告，360 的漏洞报告数量在同行业中稳居世界前列，仅就 2016 年上半年关于谷歌、微软和苹果三大公司的漏洞检测而言，360 公司远超过其他中国厂商不到 30 个的漏洞报告，获得了来自三家公司的 69 个致谢，实现了目前 360 公司在网络攻防方面的技术水平与美国的同行处于同一水平线。

资料来源：根据网络资料整理。

案例思考：

我们为什么需要创业？

美国凯普纳·特里戈公司创始人本杰明·特里戈（Benjamin B. Tregoe）说过："我觉得我们做的事情（创业）远比创建企业或获取财务汇报重要。我确信我们所做的事情对整个是世界重要的。"

《2017 年中国大学生创业报告》

一、国际发展形势

互联网的出现引领了新一波全球性的创业浪潮，由此催生的分享经济又再一次为创业的发展提供了助推的力量，互联网和分享经济的出现究竟对创业活动具有怎样的影响呢？

1. 互联网与创业

随着以计算机和网络为核心的现代信息技术的迅猛发展，新一轮的创业热浪又一次席卷了全球。依附着互联网平台，各个国家都纷纷依据自身的国情提出了相应的战略来迎合这一巨大的变化，如美国的"物联网（Internet of Things，IoT）"、德国的"工业 4.0"和中国的"互联网+"等,每年全球约有 300 多万个初创企业诞生,创业成为推动国家经济复苏、崛起和转型的新动力。我们每一个人都正在经历着这一轮创业热潮的洗礼,其规模是史无前例的。21 世纪的创业舞台不再是专为富人和当权者上演的,创业的主力军——普通大众才是这一历史舞台上的主角。

经济学家和政治家普遍认为,在全世界范围内,创业是国家繁荣昌盛的驱动力,这已经成为当下的主流观念。创新创业不仅能带动国家的经济总量,无论是在拉动经济增长、增加财政收入、增加就业岗位、促进科技创新等方面都发挥着重大的作用。以美国为例,截至 2016 年,美国政府对经济发展政策的巨大调整已有 17 年的历史,从其丰富的创业经验来看,利用大幅的税收优惠政策吸引大企业把工厂搬迁到一个特定地域的旧观念不是促进经济发展的理想的长期战略,如何能够创建和当地保持长期关系的永久性企业和就业岗位显得极为重要,创业才是促进地方经济发展的根本动力。

互联网的出现和普及改变了人们的生活和工作的许多方面,商业也在与互联网进行全面融合。传统的规模经济(Economy of Scale)是由于其需求相对单一,如今由于互联网的出现,消费者需求的多样化被放大和凸显出来,小群体个性化需求及特色化需求成为消费群体需求的主导,优质的个性化产品和良好的服务是赢得客户的首要要求。一方面,移动互联工具的普及,使得人们形成了"部落化"的新的生活和交流方式,正如前文提到的,相较于原有的大众化消费方式,小众化的消费者开始更多地追求个性的张扬,倾向于进行个人标识,消费者需求的多元化使得卖家要相应地提供多元化的产品和服务来满足消费者的需求,这就为创业提供了广阔的市场空间。于是,创业作为一种必然趋势成了许多企业和个人的一项重要选择。另一方面,互联网的出现为市场带来一种崭新的商业模式,不仅为许多成熟企业提供了更低的转型门槛,同时在很大程度上为缺乏资金和场地等资源的个人创业者提供了良好的创业平台,更为关系网络匮乏的创业者打开了销售渠道,由此,互联网的作用远远要超越工具的定位,它要求我们的思维和商业模式都需要做出改变。

2. 分享经济

在互联网技术与生态文明催化下,分享经济(Sharing Economy)作为一种新经济业态而出现了。它是一种将社会海量、分散、闲置的资源,通过平台化、协同化地集聚、复用与供需匹配,从而实现经济与社会价值创新的新形态。腾讯研究院认为,分享经济就是公众通过将自身闲置的资源在社会化的平台与他人分享,从而获得收益的一种经济现象。秉承合作贸易的思想,分享经济强调的两个核心理念是"使用而不占有"(Access Over Ownership)和"不使用即浪费"(Value Unused is Waste),即是共享而不是占有,是使用权而不是所有权。例如美国的 Airborb,人们能够将他们房子全部或是局部短租出去;Uber 使得实时、实地的拼车成为可能。同样,国内的很多企业也在利用这种新的经济形式,例如滴滴顺风车、巴士和代驾等出行 APP;淘宝"闲鱼"、58"转转"等网购二手交易 APP 纷纷上线;达人分享模式也接连出现，如百度外卖、美团外卖上线众包物流等。这是一种时代的大趋势，腾讯研究院对全球和全国独角兽企业中的分享经济占比做了统计，如图 1－2 所示。

在全球估值最高的独角兽 TOP20 中，分享经济企业独占七席。

全球独角兽 TOP20	
独角兽	最新估值
Uber	510 美元
小米	460 亿美元
Airbnb	255 亿美元
Palantir Technologies	200 亿美元
新美大	180 亿美元
陆金所	180 亿美元
Snapchat	160 亿美元
Flipkart	150 亿美元
滴滴快的	150 亿美元
SpaceX	120 亿美元
Pinterest	110 亿美元
Dropbox	100 亿美元
Wework	100 亿美元
DJI Innovations	100 亿美元
Theranos	90 亿美元
Spatify	85.3 亿美元
Snapdeal	65 亿美元
Lyft	55 亿美元
Intarcia Therapeutics	55 亿美元
Olacabs	50 亿美元

数据来源：CB insight（2015-3-2），IT 桔子（2015-12），腾讯研究院整理。

据 IT 桔子统计，我国分享经济独角兽企业覆盖八大行业。

我国独角兽		
独角兽	最新估值	行业
陆金所	180 亿美元	P2P 金融
Uber 中国	75 亿美元	出行
神州专车	35.5 亿美元	出行
今日头条	28 亿美元	自媒体
猪八戒网	15 亿美元	专业/个人服务
挂号网	13 亿美元	医疗
好大夫在线	13 亿美元	医疗
途家网	12 亿美元	短租
沪江网	10.4 亿美元	教育
魔方公寓	10 亿美元	长租
VIPABC	10 亿美元	教育
达达配送	10 亿美元	物流
有利网	10 亿美元	P2P 金融
信而网	10 亿美元	P2P 金融
唱吧	10 亿美元	自媒体

数据来源：IT 桔子（2015），腾讯研究院整理。

图 1－2　全球和全国独角兽企业中的分享经济占比①

① 腾讯研究院：《中国分享经济全景解读报告》(2016)。

与此同时,我国还有大批在分享经济下崛起的准独角兽企业,见表 1-2。

表 1-2 中国准独角兽企业①

行业	准独角兽
出行	易到用车、e 代驾、嘀嗒拼车、PP 租车、凹凸租车等
自媒体	龙珠直播、36Kr、虎扑体育网、蜻蜓 FM
二手	百姓网、人人车、273 二手车、瓜子二手车
物流	罗计物流、爱鲜蜂、物流 QQ、宅米
长租/短租	住百家、小猪短租、蘑菇租房
专业/个人服务	河狸家美甲、荣昌 e 袋洗
医疗	春雨医生、杏仁医生
办公空间	优客工场

作为一种全新的市场交换经济,分享经济可以让社会资源配置更加优化、社会协同合作更有效率,其带来的生态益处是显而易见的。正如分享工具可以减少新工具的购买一样,二手市场减少了对新产品的需求,例如现有的房产资源能够减少对新的旅馆的需求,但这并不意味着商机的减少,反而是使得利用已有资源的商业活动成为一种新趋势,这种新形式降低了大众创业门槛,让更多的人参与到创新创业活动中来,为"大众创业,万众创新"注入新活力。

二、中国需要创业

作为全球经济发展的重要组成部分,在全球创业热潮的影响下,中国的创业也在如火如荼地进行中,那么我国创业的历史是怎样?未来又将如何发展?针对这些问题,让我们先来了解一下我国的创业历程。

1. 中国的创业热潮

日本《外交学者》杂志发表文章称,"创业的企业家可能成为中国经济的下一个增长引擎"。自改革开放以来,几乎每隔 10 年我国就会出现一次大的创业浪潮,如图 1-3 所示。第一次创业热潮始于 1978 年十一届三中全会的召开,农村推行土地改革,农村土地承包责任制的实施和"市场短缺"的市场需求引发的农村劳动力自发创业,诸如:美的、格兰仕、万向集团等乡镇企业纷纷诞生,许多农民成为我国改革开放后的第一批创业者。第二次创业热潮的主体是知识分子,1992 年,邓小平南方谈话,进一步明确了改革方向后,政府机构、科研院所和国有企业里的大批知识分子纷纷响应,"下海"创业,泰康人寿、联想集团等企业均发起于这次热潮。第三次创业热潮的主体为"海归"和国内精英,2000 年,中国加入 WTO,加之全球范围内的互联网技术的发展,许多"海归"和国内高学历、高技术人才纷纷参与到

① 2016-3-7 众都科技 新闻中心《马化腾"两会"为何敢力挺分享经济?》http://www.02428.com/news/zhongduguancha/2016/0307/1320.html.

创业热潮中来，中国当前的互联网巨头如新浪、搜狐、网易、阿里巴巴、腾讯等都是在这次创业浪潮中涌现的。三次创业浪潮使得我国的国家经济总量不断攀升，由1978年的经济总量世界第十，到2010年超越日本成为仅次于美国的世界第二大经济体。随着全球创业热潮被互联网时代再一次掀起，我国也迎来了第四次创业热潮。

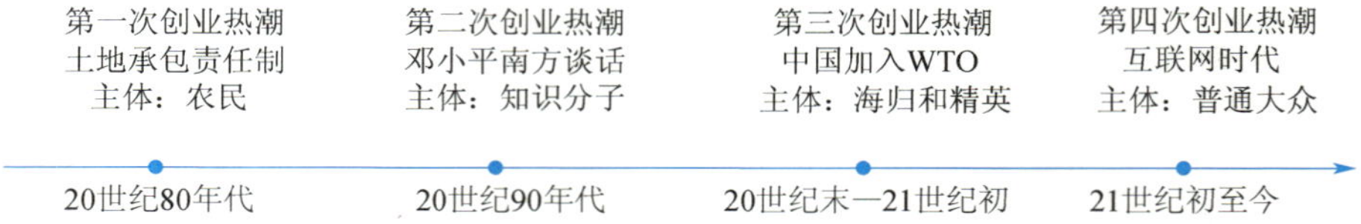

图1－3　中国创业热潮（本文根据相关资料整理）

我国的国家经济政策正处在由计划经济向市场经济转型的阶段，2016年年初由《美国新闻与世界报道》、BAV顾问公司和宾夕法尼亚大学华顿商学院共同评选了“全球最佳国家排名”，对全球60个国家、1.6万人进行意见调查，以反映他们对各国的观感，在最适合职业发展的国家排名中，中国远超其他国家排名第一。

据中国互联网信息中心（CNNIC）发布的第39次《中国互联网络发展状况统计报告》，截至2016年12月，中国网民规模达7.31亿，已经相当于欧洲人口总量，普及率达到53.2%，这一比率超过全球平均水平3.1个百分点，超过亚洲平均水平7.6个百分点。2016年全年，我国网民共计新增4 299万人，增长率为6.2%。此外，移动互联设备越发普遍，例如截至2016年12月，手机用户增长率连续三年超过10%，不断挤占其他个人上网设备（例如台式和笔记本电脑）的使用，手机网民规模达6.95亿，占比达95.1%。

2. 人工智能的迅速发展

阿尔法围棋（AlphaGo）由谷歌（Google）旗下DeepMind公司的研发团队开发，这是一款围棋人工智能程序，它试图摒弃人类棋谱的学习方式，只靠深度学习的方式成长并不断挑战围棋的极限，2016年3月，该程序曾一度与围棋世界冠军、职业九段选手李世石进行人机大战，最终以4∶1的总比分获胜，并且在2016年年底棋类网站上以“Master”为注册账号与中日韩数十位围棋高手进行快棋对决，连胜60局无一败绩。AlphaGo的成绩无疑代表了人工智能向前迈进了一步。

2016年被称为人工智能的元年，美国电话电报公司移动通讯业务负责人格伦·卢里预测，2025年，全球超过700亿台设备将实现互联，大数据、人工智能和机器人技术将成为新环境下的关键要素。而这场变革仅仅依靠现有的大型企业是无法实现的，要大力推动人机智能革命的开展需要依靠大批专业技术领域的创业企业。

世界各国都有自己的创新创业集聚地，如美国就形成了硅谷（旧金山湾区）、波士顿、纽约三大主要创新创业地区。实际上，中国的创业企业已经朝着变革迈出了第一步，形成了以深圳、北京、上海与杭州为主要创业创新聚集地的整体构架。以上海为例，其发展目标之一便是打造全球具有影响力的科技创新中心，而如何实现这一目标的关键，在于要营造良好的创新氛围并搭建创新平台，让创新创业成为一种常态。为了让人们摆脱保守的观念，让年轻人在创业前拥有更好的视野和沟通，政府或是高校就需要搭建一个开放的平台，让更多的“创业者”和有识之士能够参与到当前的创新创业的热潮中来，打造“创客天堂”。

【扩展阅读】

新车间——“玩”出新常态

如果你想和你的小伙伴们“一起玩”，你会选择在什么地方？来自台湾的李大维为了实现这一目标，决定自己做一个这样的地方。“就好像乔布斯、比尔·盖茨当年在家里的车库研发新技术一样，中国人的家庭多数没有车库，那我们就为大家提供一个‘玩’的地方呗。”抱着这一初衷，2010 年，来自台湾的李大维在上海永嘉路陕西南路附近一间 15 平方米的小屋里建立了“新车间”，这是一个今天被大家称为“创客空间”的地方，就这样，无心插柳，李大维也成了一名货真价实的“创客”。

新车间是一个像大作坊一样的地点，为创客们提供激光切割机、3D 打印机、抛光机、切割器等基础设施，多种功能的开放实验室（加工车间和工作室等）。通过采用收取会员费、私人赞助等维持运转。李大维认为，“创客”不应该被神化，“草根创新”可以很好玩，也可以完全来自兴趣、发自内心。事实上，在新车间的创客没有一个特殊的群体特征，而是由来自各行各业、形形色色的人组成的，他们中有的是下了班来这里进行奇思妙想、做手工的白领，有的是隔壁创客空间端杯咖啡来休息的创业者，甚至还有来这里“鼓捣”好玩东西的小孩子，正印证了每个人都可以是“创客”的观点。

现在，“新车间”早已走上正轨，会员们实现了自治管理。李大维的“创客”事业正在不断扩展，为推动两岸合作，他开设了一个专门为两岸“创客”的创业活动提供服务的“创客”加速器。2015 年随着人工智能时代的临近，加速器内正在孕育一个具有语音识别功能的智能机器人孵化项目，一旦研发成功这种机器人将能为特定人群提供教育服务。另外，他的团队还和大陆从事文创行业的民营企业一起成立了众筹项目。今后，“创客”研发的机器人，很快会激发几何级数的服务功能。

资料来源：

①宋宁华."新车间"李大维：让创客成为一种常态[J]. 中国品牌，2015(8):38。

②2015-05-21 新华网《"创客"的未来究竟是什么？——专访台湾在上海的"创客第一人"李大维》http://news.xinhuanet.com/fortune/2015-05/21/c_1115363880.htm。

事实上不仅是上海，我国其他许多城市也同样开始关注"创客空间"的建设，例如宁波国家高新区打造的"宁波众创空间"作为面向各类创业人员的综合性共享平台。"中国已经成为创业公司的完美孵化器"，新车间的合伙人之一、机器人技术专家爱德华多·阿拉尔孔(Eduardo Alarcon)表示。不仅仅是因为大批创客空间在中国的各个角落开花结果，同时中国地广人多，不同文化下形成的多元化的市场环境为创业者提供了一个天然的"试练场"，企业可以在不同类型的市场中对产品的市场销售和客户接受情况进行市场调研，不但能帮助企业更好地开展创新创业活动，同时有助于企业保证产品收益。

【课堂活动】

科技改变生活

具体要求：

1. 与你的伙伴讨论近年来科技发生哪些变化？
2. 这些科技变化在哪些方面改变了我们的生活？

创新与创业之间的关系

一、创新引领创业

著名管理大师彼得·德鲁克(Peter Drucker)曾提出："创新是创业者的特殊工具。"创新能够引领创业者创业的脚步，创新创业者可以借助系统化、有目标的创新，改变资源的产出价值并创造新的消费者需求。换言之，创新能够为创业者带来创业的来源，能够引导创业活动。就像前面谈到的案例"新车间"，就是一个为大众提供空间，男女老少通过"创意"的碰撞，利用闲暇时间你进行创新活动，最后实现的是将创新投放到市场，开启创业之旅。

1. 创新需要敢为人先

创新是如何引导创业的呢？创新对于创业而言又有什么重要意义呢？首先让我们先来看一个案例。

【案例】

斑马快跑——创新引领创业

2015 年 11 月,在成立刚过半年的时间里,从 7 月到 11 月短短不到 4 个月的时间就实现了两轮融资,与万余辆新能源汽车签订合约,使其一跃成为国内最大的新能源汽车租赁运营商和采购商,这就是斑马快跑。

是什么让这家初创的互联网企业成功的实现三级跳的呢?作为一个互联网行业的连续创业者,公司的 CEO 李佳认为,创业就是一个快速试错并不断修正的过程,创业成功的两大重点:市场需求是否足够大、市场是否存在真实的痛点。斑马快跑的成功道路正是这样“快速试错”试出来的。

便捷、舒适是现代人生活的一大追求,加之互联网的普及化,共同催生了 O2O(Online to Offline,线上到线下)这种新的商业模式。滴滴、Uber 等打车软件的成功出现,彻底改变了传统租车行业的叫车模式。资本逐利,既然“客运”成功了,那货运又如何呢?

事实上,我国传统货运存在很多顽固的问题,其中最大的问题就是信息不对称,货运中空驶、迂回直接造成大量的资源浪费,有许多城市甚至会对货车进城禁止或限行,车货不匹配的现象降低城市内的货运能力,导致“中国社会物流费用占 GDP 比重超发达国家两倍之多”成为物流界的共识,正是这个巨大的市场需求导致“货运 O2O”、“货运版 Uber”成为一股热潮,一时间 300 多家货运版 Uber 如雨后春笋般涌现了出来,斑马快跑就是其中之一。

然而,没有想到的是,货运 O2O 的发展并没有那么顺利。除去同行竞争,几大固有的现象制约了货运 Uber 们的发展:首先货运市场长期存在着熟人市场的特点,市场生熟关系比 1∶9,商家和货主对“生车”都具有一定得抵触思想;其次,货运 O2O 平台的标准难以建立,潜在的“跑路”的现象使得“信用问题”越发凸显;最后,中国的货运市场大部分货车为私有,资源如散沙一般分散。事实证明,货运 O2O 并没能带来预期的收益,到 2015 年 95% 的货运 O2O 平台都逐渐销声匿迹了。

李佳则迅速发现了其中的问题,他清楚地意识到——“Uber”模式不是万能的,APP 平台的简单复制虽然可以最大限度地进行车货匹配,但始终解决不了货运市场存在的真实痛点。基于这种现状,李佳带领团队迅速调整发展战略。此时正值国家极力推广既节能又环保的新能源电动汽车的阶段,国家不仅推出了免购置税、购置补贴等优惠政策,还要求各省市对新能源汽车不得实行限行、限购,并要优先发放营运资格等多项优惠通行政策。低廉成本的新能源汽车正好迎合了从根本上解决市场真实痛点的需求。就这样，斑马快跑以“互联网+新能源”为发展战略，以新能源汽车作为绿色通行专用车，以租赁、合作、采购等多种方式结合，并将车身统一喷上标志性的“斑马纹”。

企业的资本运营时，“烧钱”有可能带来虚假繁荣，一旦停止“烧钱”，用户则会投靠其他仍然提供补贴的品牌。而斑马快跑通过特色化的发展来吸引真正的客户，其忠诚度和粘连度是不可同日而语的。目前，斑马快跑已跑遍全国自东向西、自北向南，包括北京、上海、天津、广州、深圳、南京、杭州、武汉、重庆、石家庄、贵阳等多个城市，同时通过与全国10多家新能源汽车厂商的合作，20万辆新能源斑马车正在生产。

经过了几个月的不断试错，李佳以新能源创建新的绿色通行体系，彻底颠覆传统燃油车通行模式，为我国环境保护做出贡献。

资料来源：根据网络资料整理。

从李佳的案例中可以发现，虽然他在很短的创业时间里带领斑马快跑实现了大幅的发展，但在创业伊始，他没意识到使用新能源汽车才是货运市场的救星，他也是和大多数人一样看到了货运市场的潜在需求，同时也和大多数创业者一样选择了货运版“Uber”的方式做货运叫车APP，但他之所以能在货运这一复杂的市场中生存下来，是他能够在试错后迅速调整策略，但像开始一样，他也并不能保证新能源汽车就是对症下药的最佳方案，但正是这种不断尝试的精神和特色化的发展道路为李佳、也为斑马快跑终将带来成功。

案例思考：

上海交通大学安泰经济与管理学院教授陈宪指出，创业需要包容“试错”，创业内在的试错大致可以划分为创业者试错和需求试错两种类型。前者指创业者是否是对的创业者，后者指新技术能否产生有市场需求的产品和产业，两者并行存在，只有两者皆对的情况下才能算得上创业的初步成功。

2. 创业的本质是创新

熊彼特认为，创新是创业者与创业精神的重要特征，创业精神就是不断地进行创造性、革命性要素重组即创新。事实上，每个成功的创业者都十分注重创新。史蒂文·乔布斯曾指出，“管理是比较容易的，发明世界上的下一个伟大产品才是难点所在”,一项对加利福尼亚洲企业的研究显示结果令人大跌眼镜,大企业的创新成本(根据新产品、新专利来衡量)比小企业高24倍。

今天的创业热潮席卷全世界,纵观全球的创业中心,无论是美国的硅谷和波士顿还是以色列的硅溪,甚至是我国的北京中关村以及深圳的南山,其大部分创业都是基于新技术和新产品开发的。创业的核心是创新,但我国创业中的创新水平还远远不够。据全球创业观察的数据显示,我国在创业活动中的创新水平(25.8,第31名)相较于加拿大(36.1,第10名)、美国(36.0,第11名)、德国(34.2,第13名)和韩国(31.3,第18名)等发达国家,还有较大的差距。

【Tips】

新企业可以利用创新击败实力比自己强的大企业,因为新企业发展的速度更快,创新力更强。正如索尼公司创始人盛田昭夫说的“创新是创业者的秘密武器……最棒的是,他还完全免费!”没有核心竞争力,即使是引领潮流的互联网企业也难以持久领先。

【课堂活动】

身边的创新点

具体要求:

阅读下面的素材并完成表格1-3。

创业历程:2015年6月,哈尔滨工程大学的“替身”团队因梦想而成立,他们发现即使在信息传递极其发达的今天,依然存在信息和时间不对等的情况,需要找人帮忙代劳却找不到人,有空闲时间想赚钱却找不到事情做。于是,替身的想法诞生了。他们想做一款APP,连接人与人,连接时间与时间,让大家的生活更方便:

(1)下雨了没人送伞怎么办?

(2)正在上课没时间取快递怎么办?

(3)想找个人来教我数学题怎么办?

(4)有没有人能帮我从食堂带一份热干面?

我现在要取快递,有没有人需要顺带取;兼职需要固定时间,能不能利用碎片时间赚钱。

替身APP是一款基于LBS的O2O众包代劳服务平台,通过保价、议价、实名认证等功能,为用户提供可靠且高质量的替身代劳和替身赚钱的对接服务。你忙的时候可以找人替你跑腿,你闲的时候可以做任务赚钱。5天,7大应用市场全部审核通过;10天,注册用户突破500;15天,第1笔融资到位;

3个月封闭开发，替身 Android1.0 版本上线。

资料来源：《大学生创新创业导论》编写组．大学生创新创业导论[M]．北京：高等教育出版社，2016年，26—27。

表 1-3

	“替身”团队的创新	我身边的创新
创新点		
支持因素		

二、创业是创新的重要价值体现

商业模式的创新是一种重要的创业途径。曾鸣，阿里巴巴集团首席战略官指出，“最前沿的技术和最创新的商业模式往往是共同演进的，成功的创新商业模式才能最终把技术创新的价值最大化。”好的创意能够改变世界，但创新要发展，必须要通过应用来实现。如果有了技术突破，谁都不用，束之高阁，它的价值就难以体现。“现代管理之父”彼得·德鲁克(Peter F. Drucker)发现创新不仅仅是创造，而且并非一定是技术上的；一项创新的新奇性、科学内涵，抑或是其中的小聪明都不是它真正的考验，真正的考验在于这项创新进入市场后的成功程度，也就是能否为大众创造出新的价值。在知识经济时代，互联网的普及和发展更使得创新和创业飞速发展。

【案例】

汽车干洗：通过创业体现创新的价值

巴西的年轻企业家利托·罗德里格斯(Lito Rodriguez)在处理家庭琐事中提出，“干洗设施得以发明，是因为我每天看着排出去的废水都十分难过。实际上，浪费这么多水让我有罪恶感。”

在汽车干洗出现之前，洗一辆车需约316升水，造成大量的水资源耗费。全球很多国家和地区都面临着严重的资源缺乏问题，汽车干洗不仅节约了大量的水资源，更实现了99.5%的电量节约。

罗德里格斯起初只想开一间环境好、服务好的汽车行。但事情没有想象的顺利。启动资金很快用光，公司面临财务危机，合作伙伴相继退出。罗德里格斯不得不变卖自己的资产来维系公司运营。与此同时,随着自己进入洗车行业后,罗德里格斯发现仅仅靠最初"高标准"和"连锁经营"的模式并不能很好的解决洗车业现有的问题,他花了几个月的时间和大笔的资金,亲自到其他地方用自己的车进行实际体验,发现无论是人工或是机器洗车,都需要耗用大量的水和电,且清洗场地会很脏乱。这一现状激发了罗德里格斯想要改造洗车方法的想法,最终发明出汽车干洗的方法。

汽车干洗可以节约大量的水、电,且不需要昂贵的设备,因此成本较低并能确保20%的利润空间。凭借这一优势,罗德里格斯的洗车行成为全球最大的汽车连锁机构。

资料来源:《创业新时代》,(美)拉里法雷尔(Larry C. Farrell),机械工业出版社,2014年11月。

从汽车干洗公司的案例中可以看出,为解决水电资源的大量浪费为目标,抱着这一信念实现了创业的成功离不开其对洗车设备的创新——汽车干洗设施的发明,发明了汽车干洗设备,对于洗车方式的创新通过在罗德里格斯的公司,不仅为创业者罗德里格斯实现了大量的商业收益,同时还为解决资源浪费问题做出了贡献,充分体现了创新的价值。

案例思考:

职业生涯需要创新创业

一、职业生涯规划

职业生涯规划,是指个人基于职业生涯的主观和客观条件,并结合其兴趣、爱好、能力和特点进行综合分析与权衡,确定其最佳的事业奋斗目标,并为实现目标做出的一系列职业安排。

二、职业生涯规划需要创新

当今社会是一个充满不确定的社会,经济的不景气造成企业精简裁员的现象不断,在这种形势下,要想在职业生涯中赢得21世纪经济战争的最佳武器就是具有不断地创新和创业精神。未来互联网技术发展的趋势是:分化、分化、再分化。进入互联网,尤其是现在移动互联的广泛应用,基于微博、微信等手机与可穿戴设备的社交平台人们之间形成了专属的部落,这些部落内部由属性相近的人组成,而部落之间存在差异,人们在追求小群体内相似性的同时开始注重个性的张扬,这就形成了独特的小众文化，原有的大众消费逐渐被小众部落取代，为了适应消费者的这种需求，互联网背景下商业生存哲学就是：创新、创新、再创新。小众文化无疑是创新的一个有力而新鲜的土壤，每一个小群体都要与众不同，这就导致传统以上的创新变成部落生活中的标志。然而创新不是能够一蹴而就的事情，需要长期不懈的探索和坚持，正如荀子所言："骐骥一跃，不能十步；驽马十驾，功在不舍。锲而舍之，朽木不折；锲而不舍，金石可镂。"对于创新者而言，生活就是创新，创新就是生活，当我们把创新当成一种生活状态，最大的改变是创新不再只是公司和企业的专利，他的生存和成长的土壤发生了本质的改变。

大学生就业与创业

三、将创业融入职业生涯规划

无论在大型企业中还是为自己工作，创业都是共同的主题。当今社会即使不独立创建企业，创业精神对每个人的职业生涯来讲依然是必要的。英特尔公司前任 CEO 安迪・格鲁夫(Andy Grove)曾经指出，"今天的职业就是你的企业"。换而言之，选择到企业就职的员工也同样应该像创建企业一样的拥有创新和创业精神。创业和创新不仅仅只存在于创业企业中，熊彼特所强调的创业精神不仅存在于个体创业者的身上，而且在有机组织的各个层面都有体现，从由高层管理团队的创业行为，到研发、工程、市场和生产等各类基层部门的自发创业行为等。

"双创"下的得与失

案例

林肯电气——把员工当成创业者

做最传统的行业、工业衰退地区中心，在面对20世纪30年代以来最严重的经济衰退时依然保持着持续的收益增长。林肯电气就是这样一家极具传统智慧的伟大企业，其位于美国俄亥俄州克利夫兰——工业衰退地区的中心，生产重工业设备，是全球最大的焊接设备制造商。林肯电气最为出名的地方当属其独特的管理方式和长期采用按件计酬的方式，"我们靠制造优质的焊接设备赚钱，除了这个，看不出还有别的原因给员工付钱。"林肯电气前任总裁弗雷德・马肯巴斯(Fred Mackenbach)说道。一旦工人生产出不合标准的部件，那么这些产品不能计入员工的工资中，除非这个部件修改至符合标准。严格的计件工资制度和高度竞争性的绩效评价系统营造了一个很有压力的氛围，甚至有员工因此还产生过一定的焦虑感，但事实证明这种压力有利于提高生产率。自20世纪30年代经济大萧条后，公司年年获利丰厚，从未缺过一次分红，据该公司的一位管理者估计，林肯电气公司的总体生产率是他们美国其他竞争对手的两倍。

林肯电气员工的年薪最低为6万美元，有些超过10万美元，是世界上工资最高的工人群体。“林肯电气可以给出世界上最高的工资，”马肯巴斯说，“因为大家有共识：他们跟创业者是一样的，生产的焊接设备越好，赚的钱越多，停工或生产出次品就没有收入。所以，全部是自我管理，也就是说不需要再雇500名管理人员来监督他们的工作。总之，员工都拼命努力工作，所以焊接设备科的利润相当可观。”

林肯电气用这种方式将所有节约的成本以利润的形式返回到员工，经济形势好的话每年员工平均可以获得2万美元，这在美国其他工厂是前所未闻的。另外，公司自1895年成立以来没有进行过一次裁员。这两点使得林肯公司的绩效薪酬系统与19世纪计件工资形成了本质的不同。

一旦形成了创业精神，就会产生不同寻常的事情。听说过企业锁大门以免上早班的员工来得太早吗？林肯电气就是这样一家企业，林肯电气的创业方式的最好体现就是他的其创业回报率中营业能力百分比排名第二，而投资者总体回报率排名第三。“把员工当创业者对待，他们就会像创业者那样行动。为了增加焊接设备产量，林肯电气的员工什么都愿意做，这实在是令人惊奇。所以，我们有时候不得不把大门锁上！”马肯巴斯轻声笑道。

林肯电气公司把员工当创业者对待，他们就会像创业者那样行动，企业上下全体员工行动统一，面对困难同进退，这些使林肯电气即使在困难时期依然能够坚持下去，并且能够持续保持营业收入的稳定增长，这是其他任何一家企业都无法比拟的。采用计件绩效考核的方式虽然在一定程度上造成了员工的工作压力，但同时也为员工营造了一种将自己当成创业者的氛围，林肯电气的员工深知高效的保证产品的质量不仅仅是为了保证公司产品的质量，更是在向自己获得更好的收益一步步迈进。换一个角度讲，正是林肯电气员工的这种创业的精神不仅保证了企业的收益连报喜讯，同时也使得林肯电气的员工成为全美工人收入最高的群体，一举两得，实现了企业和员工的双赢。

资料来源：根据网络资料整理。

案例思考：

【Tips】

与其说创业是一项工作选择，不如说它更是一种生活方式的选择。迪士尼公司创始人沃尔特·迪士尼(Walt Disney)曾说过："我的人生爱好是坚持不懈地做事情，并用激动人心的全新方式做令人愉快的事情，我也从中得到了自我愉悦和满足感。"让我们将创业融入职业生涯的每个环节，让创新创业成为一种生活状态，只有这样才能更好地适应时代的需求，才能更好地实现人生追求。

【课堂活动】

实践评价

具体要求：

1. 与你的伙伴讨论并形成自己的人生理想。
2. 根据该理想进行职业生涯规划。
3. 尝试将创新和创业融入职业生涯规划中。

本章思考与实践

1. 当今时代具有什么样的特征，你该做好哪些准备工作？
2. 谈谈创新与创业之间有着什么样的关系？
3. 谈谈你的职业生涯规划，思考一下生涯规划如何与创新创业进行有效结合。

第二章 借政策之力 驶创业之舟

【学习目标】

- 认知创业扶持和优惠政策
- 归纳创业政策获得途径
- 掌握利用创业政策的方法

【学习要点】

- 创业政策的作用
- 创业政策的获取途径
- 创新创业启蒙阶段的政策要点
- 创新创业准备阶段的政策要点
- 企业创建阶段的政策要点
- 企业运营阶段的政策要点

荀子在《劝学》中指出:"君子生非异也,善假于物也"。这句话告诉我们:善于利用已有的条件,是成功的助推剂,把握时代脉搏、抓住机遇、善用政策、"借力打力"的创业,才能走得长远。充满创业激情的大学生,不能凭一时冲动,而不审时度势,靠蛮劲取得成功。而需要了解现时创业大环境与创业政策情况,理性开展创业活动。为支持大学生创业,国家和各级政府出台了许多优惠政策,涉及融资、开业、税收、创业培训、创业指导等诸多方面。对打算创业的大学生来说,了解并运用好这些政策,才能在创业的过程中少走弯路。

何谓创业政策？

一、创业政策的内涵

创业政策是由政府实施的以启发创业意愿为本质，以提高创业能力为目标，以创造创业条件为抓手，以鼓励创业活动为核心的相关政策措施。其效能在于通过创业者对政策的所知、所懂、所认、所用，增强创业信心，减少创业障碍，降低创业风险，促进创业成功，激励更多的人走上创业的道路，促使创业不再是少数人的专利，而成为多数人的选择。

从我国当前的经济环境来看，创业政策包含两层含义：一是激励更多的人创建企业，提高初创企业的存活率；二是营造更好的创业环境，为新企业创造更好地成长机会。

创业政策的关键在于接地气，有实效。国家层面的创业政策往往着眼全局，立足宏观，体现方向性，彰显纲领性，为你提供引导；地方的创业政策往往着眼区域，立足微观，体现针对性，为你提供服务，包括财政政策、金融政策、税收政策、收费政策、场地政策。

2016 年 11 月 12 日发布的《中国大学生就业创业发展报告(2015—2016)》显示，2016 届全国高校毕业生创业率为 2.93%；大学生创业者最需要的创业帮扶前三位依次是入驻创业孵化基地、社会专业机构提供的创业服务以及高校开设创业指导课程，比例分别为 14.73%、14.42%和 12.65%。目前，资金短缺、经验不足、社会关系匮乏是制约大学生创业成功的三个主要因素。

2017 年 12 月 29 日发布的《中国大学生就业创业发展报告(2016－2017)》显示，毕业生对国家促进大学生就业创业政策认知度较高，大学生创业者对当前的创业政策和环境做出较高评价。57.27%的大学生创业者对“政府对大学生创业有许多优惠政策支持”持赞同态度；63.54%的大学生创业者认为“鼓励大学生创业的政策对大学生创业很有作用”；50.20%的大学生创业者认为“当前大学生创业的社会环境很好”。大学生创业者面临的主要困境是个人创业经验能力不足、团队合作不好以及缺乏充足的创业信息服务。大学生创业者最需要的创业帮扶是创业基金支持、小额贷款及税收减免等政策扶持和开展创业能力与实务培训。

【案例】

扬帆起航，用好创业政策

2014 年年初，26 岁的高斌斌还和一些初出茅庐的创业者一样，满怀创业激情却不得不面对“缺钱”的残酷现实，然而，随着哈尔滨开发区衡山路 9 号的万众创业谷正式运营，“高斌斌”们——第一批入驻创业谷的创业者，凭借这里的资源，开始向自己的梦想“飞奔”。

2014年年末，黑龙江好集啦科技发展有限公司成立。高斌斌与其他几个创业伙伴凭借之前在互联网领域运营的一个项目积累的经验，开始全力投入“好集啦”这款环保APP的研发中。

创业的道路没有一帆风顺的，当他们在哈尔滨市南岗区为平台集结了300多名废品收购员后，高斌斌发现资金断流了，“产品研发初期都是要大把砸钱的，没钱就是巧妇难为无米之炊。”当时如果有人告诉高斌斌，马上会给“好集啦”投入几百万元的项目资金，并免费给他们提供办公场所，他是如何也不会相信的，可是事情就这么发生了。

我之前就加入了‘创业咖啡’的微信群，一直通过微信群获取创业资讯，也与大家分享过创业感想，群友得知我的创业项目和遇到的瓶颈后，没多久就有包括万众创业谷王总在内的五个投资人给我们投了几百万元的资金，让环保APP项目绝地逢生。

高斌斌介绍，除资金投入外，创业谷还给“好集啦”提供了免费的办公场所。同时“好集啦”又在万众创业谷赢得了小米、阿里等投资部的认可与投资意向。在万众创业谷的精心孵化下，“好集啦”环保APP项目进展顺利。

资料来源：《大学生创新创业导论》编写组．大学生创新创业导论[M]．北京：高等教育出版社，2016年，139-140。

案例思考：

二、创业政策的作用

大学生创业对于我国经济转型升级、建设创新型国家具有重大意义。要发挥大学生创业的巨大效能，系统的制度安排是不可或缺的。国务院近年来实施的“大学生创业引领计划”等举措，有力推动了各项优惠政策的落实，《关于做好2016年全国普通高等学校毕业生就业创业工作的通知》使大学创业有了推手与后盾。通知中明确指出，要帮助和扶持更多高校毕业生自主创业，逐步提高毕业生创业比例。可见，作为大学生创业的外部力量，创业政策起到非常重要的作用。

《中国大学生就业创业发展报告(2015—2016)》显示，59.78%的大学生创业者了解大学生创业相关政策，53.01%的大学生创业者认为当前大学生创业的社会环境很好。

1. 激发内生动力

大学生创业行为的产生需要较高的创业热情。高校作为大学生实现创业梦想的启航站，对大学生创业思维的培育至关重要。完善的创业政策能够创造良好的创业环境，营造浓厚的创业氛围，促使更多大学生积极了解创业政策，熟悉创业规律，培养创业思维，激发创业意愿和创新创业热情，使更多的大学生进入经济建设主战场。政府通过各类平台还可以留住高校培养的高技术人才，让广大的毕业生将创业作为一种选择。

2. 引导创业行动

政府所出台的创业政策是大学生实现创业梦想的助推器。完善的创业政策应当包括创业引领计划和创业扶持政策，通过降低创业门槛，简化审批程序，加强资金支持，消除创业壁垒，提升创业的便利性，吸引大学生投身创业。同时，对重点行业实行重点扶持政策，也是推动大学生创业力量助推国家重点行业发展和进步的重要手段。

3. 帮助挖掘商机

三百六十行，行行出状元。创业能力的比拼其实就是市场敏感度的比拼，创业其实就是抓住别人想不到的点，做别人做不到的事。创业过程其实就是了解市场、进入市场、利用市场、融入市场的过程和结果。对于市场机会的发掘光靠创业者的观察是不够的，良好的创业政策能够将国内的总需求和各省市的优势通过制度规划完整的展现在创业者的面前。

4. 给予你创业平台

创新创业政策沃土，助力实现创客梦想

良好的创业平台是保障大学生顺利创业的前提条件，这需要政府、学校和社会共同创造。有效的创业政策能够构建全方位、多层次的创业支撑体系，使大学生逐步实现想创业、敢创业、能创业的思想转变。搭建创业交流平台，能够帮助富有创业激情的青年创业者共同探讨创业路程，分享创业心得，解剖创业过程中遇到的实际问题，还能帮助创业者实现项目整合、资源共享，从而降低创业成本和创业风险。

三、在信息海洋中获取创业政策

目前，全国各级政府对大学生自主创业均持鼓励态度，但在具体政策支持方面略有差异，也各有各的特色。我们先来了解一下创业政策的获得途径。

国家各部门和各地区政府颁布的创业政策原文可以在相关的网站上查到。如教育部、财政部、人力资源和社会保障部等。在这里，我们对于获得途径进行了相关的整理工作，方便让你更准确、更快捷、更有效的获取你所需要的相关创业政策。

1. 各类创业服务专题网站

全国大学生创业服务网　http://cy.ncss.org.cn

大学生创业网　http://chuangye.yjbys.com/

教育部大学生就业网　http://www.ncss.org.cn/

ETC 中国大学生创业培训网　http://www.etchina.com.cn/

此外，与个别行业相关的政策可登录相应官当网站查找，如农业部、林业局等。

【扩展阅读】

全国大学生创业服务网

全国大学生创业服务网，是教育部唯一专门宣传、鼓励、引导、帮助大学生创业的官方网站。网站于2011年3月29日，由时任中共中央政治局委员、国务委员刘延东，时任中共中央政治局委员、上海市委书记俞正声共同开通。在教育部高校学生司指导下，全国高等学校学生信息咨询与就业指导中心负责网站具体运营。网站2014年全面升级改版，充分激活创业网平台优势和地位优势，打造创业基金和创业项目双选服务新平台。

资料来源：http://money.163.com/15/0917/17/B3NTROCU00253B0H.html。

2. 微信公众号和手机APP

你可以通过搜索关注相关微信公众号和下载手机APP及时了解创业政策。如微信公众号大学生创业网、创业最前线、创业智库、超星数字创业学院（SZCY xueyuan）、龙创小V、APP创业汇等。

3. 各地创业服务中心

目前，各地区创业服务中心集资源整合和服务共享功能于一体，你可以前往各地区的创业服务中心，通过领取创业政策宣传册和咨询相关工作人员的方式，可以更直观地获得与自己相关的创业政策。同时，各地的创业服务中心大多已经建立起线上线下协调服务模式，通过创业指导中心的线上平台，你也能够获得相关的创业政策。

好风凭借力，送我上青天。从有创业想法，到摸索尝试，再到付诸实施，不同阶段，都有不同的政策帮助你。

创业政策助力创业启蒙

在创新创业启蒙阶段，你在接受创业教育、参加创新创业训练的过程中，也许能迸发出创新火花，形成创业意愿，你将享受到哪些政策支持呢？

一、稳扎稳打学习创新创业教育课程

《中国大学生就业创业发展报告（2015－2016）》显示，参与调查的大学生创业者认为，影响是否创业的主要因素依次是“学校创业教育影响”、“接触商业、企业活动”和“朋友影响”。自主创业大学生可享受各高校挖掘和建设的各类专业课程和创新创业教育资源，以及面向全体学生开发开设的研究方法、学科前沿、创业基础、就业创业指导等方面的必修课和选修课。

目前，各高校普遍开设《创业基础》必修课程并纳入学分管理。你可以通过学习创新创业课程，掌握创业理论，储备创业相关基础知识，熟悉创业的基本流程和基本方法，熟悉国家及所处省份的大学生创业政策，了解国家重点支持行业的发展和创业前景。同时，还可以利用各地各高校实施的系列“卓越计划”、科教结合协同育人行动计划等，以及加入跨学科专业开设的交叉课程、创新创业教育实验班等。

你要时刻关注学校的创新创业教育改革，利用各地区、各高校推出的资源共享的慕课、视频公开课等在线开放课程，做好创业知识的储备我们也要善于借助网络最大程度利用名校免费提供的优质教育资源自学，比如网易公开课（http://open.163.com）里的创业类课程、学堂在线（http://www.xuetangx.com）里的创业类中文慕课等。各高校和网络平台提供的创业课程资源非常丰富，在时间和精力有限的情况下，你要学会选择性学习。对于有创业意愿的大学生而言，除了学习《创业基础》之外，还应学习领导力、创业思维、智慧营销、创业法律等课程，储备必要的知识与技能。我们通过追踪与访谈了解到，许多毕业生走向工作岗位或创业过程中，才感觉到“书到用时方恨少”，才认识到学习基本知识的重要性。因此，在校期间参与创业实践，通过实践检验自己专业知识的短板，才能使学习创业类课程更有效。

二、学有余力投身创新创业实践

自主创业大学生可利用学校面向全体学生开放的大学生科技园、创业园、创业孵化基地、教育部工程研究中心、各类实验室、教学仪器设备等科技创新资源和实验教学平台；可参加全国创新创业训练项目、全国大学生创新创业大赛、全国高职院校技能大赛，和各类科技创新、创意设计、创业计划等专题竞赛；还可加入学校的创新创业协会、创业俱乐部等社团，全面综合地提升创新创业实践能力。《中国大学生就业创业发展报告(2015—2016)》显示，入驻创业孵化基地、社会专业机构提供的创业服务和高校开设创业指导课是大学生创业者最需要的创业帮扶。

目前，各高校的学生创业资源相对丰富，随着“大众创业，万众创新”浪潮的涌现，越来越多的创业竞赛如同雨后春笋，这是创业文化的一部分，更是创业政策的重要组成部分。参加创业竞赛有利于打磨你的创业项目，锻炼你的实践技能，同时有可能通过竞赛的宣传获得项目融资。比如，荣获首届中国“互联网＋”大学生创新创业大赛金奖的宋超团队，就是2012年4月凭借“点触验证码”报名参加了新媒体创业大赛并获得了大奖，由此获得传媒梦工厂200万元的风险投资，团队技术持股90%，随后成立了微触科技有限公司。

1. 借助教师力量

各地在导向上支持教师将基于创新的科技成果转化为创业项目，并鼓励学生借助教师力量开展创新创业活动，期望加快完善高校科技成果处置和收益分配机制。这些政策提醒我们，老师是大学生创新创业可以借助和利用的重要资源，我们应该主动出击，和老师建立经常性的联系，获得老师的支持，努力和老师一起通过对外转让、合作转化、作价入股、自主创业等形式将科技成果落地转化。通过实践锻炼可以发现自己是否具备洞察市场的能力、解决市场需求的能力与整合资源的能力。

2. 参与创新创业实践

创新创业实践还包括社团活动、讲座论坛、实习实训等。和同学们一起成立创新创业协会等社团组织有助于培养和发展我们的创业兴趣爱好和增加创业知识，实现创业工作的自我管理、自我教育和自我服务。比如，哈尔滨工程大学大学生创业联盟采用“虚拟注册、实体经营”的模式展开工作，学生通过申请加入创业联盟创业俱乐部，围绕具体的创业项目开展自主管理、自主运营活动，该联盟连续五年被评为“全国十佳”的 KAB 创业俱乐部。

读万卷书不如行万里路。我们要把创新创业实践作为创新创业课堂教育的延伸，通过参加创新创业大赛、讲座、论坛、模拟实践等形式，增加创新创业体验，丰富创新创业知识。

【扩展阅读】

优化的教学制度

自主创业大学生可享受各高校建立的自主创业大学生创新创业学分累计与转换制度，把学生开展创新实验、发表论文、获得专利和自主创业等情况折算为学分，将学生参与课题研究、项目实验等活动认定为课堂学习。同时，高校也为有意愿有潜质的学生制定的创新创业能力培养计划，创新创业档案和成绩单等系列客观记录并量化评价学生开展创新创业活动情况的教学实践活动。如果你有自主创业意愿，可享受高校实施的弹性学制，放宽学生修业年限，允许调整学业进程、保留学籍休学创新创业等管理规定。

纸上得来终觉浅，绝知此事要躬行。你在课余时间应该积极参与课题研究、科创竞赛、创业实践，主动撰写论文、申报专利，因为课堂学习外的创新创业活动也可以转换为学分了。一般情况下，学校的教务、学工、团委等部门会举办相关活动或提供资金支持，我们一定要了解相关规定并加以利用。

休学创业是为大学生保留学籍，允许其休学从事创业活动。大学生休学或辍学创业，有不少成功案例。众所周知者如比尔·盖茨，他从哈佛大学退学创办了微软，还有苹果“教主”乔布斯，他大学只读了不到一年就退学了。他们的创业故事吸引了无数渴望成功的大学生，也使不少大学生产生休学创业的想法。需要注意的是，大学生必须经过学校评估才能获得相应的保留学籍年限。如果你有着强烈的创业意愿，具备了一定的条件，解决了项目和资金的问题，才比较适合休学创业。休学创业，政策允许，但非鼓励，我们必须谨慎对待。否则，创业失败事小，耽误自己的青春和前程就可惜了。

【案例】

做好自身定位，妥善利用休学政策

小刘是天津某大学的本科生，酷爱摄影，准备创办自己的“互联网+摄影”平台。这个平台主要面向大学生，采用摄影师入驻的模式。该平台在校运营一段时间，效果良好。小刘通过老师了解到学校允许休学创业，遂办理了休学手续，但是由于项目是依托高校学生消费者和高校学生摄影师，小刘休学后联系不便，很快项目就陷入停滞。小刘只好复学，经过重新为公司进行市场定位，最终一举获得成功。

资料来源：根据网络资料整理。

通过小刘的案例我们可以了解到创业政策的选择切不可盲目，每个人的创业方向、创业特点各不相同，每项创业政策的适用范围和对象也不同，个人在用创业政策时，要选择适合自己的政策，既要适合自身的创业条件、创业行业、创业类型，也要适合自身的创业过程。

案例思考：

准备就绪，带你出发

在准备创新创业阶段，你需要进行选择项目、组建团队和选择场地等工作，需要的是一种模拟与锻炼，你将得到哪些相关政策支持呢？

一、入驻众创空间

众创空间是顺应网络时代创新创业特点和需求，通过市场化机制、专业化服务和资本化途径构建的低成本、便利化、全要素、开放式的新型创业服务平台的统称。众创空间集合了多方社会力量的支持，配合国家自主创新示范区、国家高新区、科技企业孵化器、高校和科研院所的有利条件，发挥政策集成效应，实现创新与创业相结合、线上与线下相结合、孵化与投资相结合，为创业者提供良好的工作空间、网络空间、社交空间和资源共享空间。

众创空间是一个统称的名称，是一类创新服务机构的总称。2015 年 3 月，国务院办公厅印发了《关于发展众创空间推进大众创新创业的指导意见》，学生可以认真阅读文件，把握精神实质，形成对政策的敏锐洞察力和深刻理解力，积极利用身边正在兴起的各类众创空间，从而实现创业的发展。

二、在孵化器中破土

孵化器也称为孵化基地，指一个集中的空间，能够在企业创办初期举步维艰时，提供资金、管理等多种便利，旨在对高新技术成果、科技型企业和创业企业进行孵化，以推动合作和交流，使企业"做大"。目前，国内市场上，创新型孵化器形成了平台型企业孵化器、创业咖啡、创业媒体、创业社区等孵化形态，共同构成市场化、专业化、集成化、网络化的"众创空间"。从区域上来看，创新型孵化器主要聚集在创业投资极为活跃的京沪深三地，尤以中关村居首。自 2011 年以来，中关村在科技部指导下，以打造"全球最具吸引力的创业中心"为目标，培育形成了以创新工场、车库咖啡、创客空间等创新型孵化器为代表的"众创空间"。

科技企业孵化器通过为新创办的科技型中小企业提供物理空间和基础设施，提供一系列的服务支持，进而降低创业者的创业风险和创业成本，提高创业成功率，促进科技成果转化，培养成功的企业和企业家。随着国家鼓励创新创业政策出台和市场发展，多种孵化器涌现，呈现多元模式的创新平台。与传统的孵化器相比，创新型孵化器呈现出"新服务、新生态、新潮流、新概念、新模式、新文化"的六新特征，不仅为创业者提供创业活动的聚集交流空间，而且按需提供个性化的创业增值服务，推动中关村兴起了新一轮科技创业热潮，形成了"大众创业，万众创新"的良好氛围，引领中国创业进入新时代。

三、享受培训补贴

对大学生创办的小微企业新招用毕业年度高校毕业生，签订 1 年以上劳动合同并交纳社会保险费的，给予 1 年社会保险补贴。对大学生在毕业学年(即从毕业前一年 7 月 1 日起的 12 个月)内参加创业培训的，根据其获得创业培训合格证书或就业、创业情况，按规定给予培训补贴。

按照《财政部、人力资源社会保障部关于进一步加强就业专项资金管理有关问题的通知》(财社〔2011〕64 号)等文件规定，申请材料经人力资源社会保障部门审核后，财政部门按规定将补贴资金直接拨付给申请者本人。职业培训补贴申请材料应附：培训人员《身份证》复印件、《就业失业登记证》复印件、职业资格证书(专项职业能力证书或培训合格证书)复印件、就业或创业证明材料、职业培训机构开具的行政事业性收费票据(或税务发票)等凭证材料。

四、免费创业服务

如果大学生有创业意愿，可免费获得公共就业和人才服务机构提供的创业指导服务，包括政策咨询、信息服务、项目开发、风险评估、开业指导、融资服务、跟踪扶持等"一条龙"创业服务。政府人事行政部门所属的人才中介服务机构，免费为自主创业毕业生保管人事档案(包括代办社保、职称、档案工资等有关手续)2 年；提供免费查询人才、劳动力供求信息，免费发布招聘广告等服务；适当减免参加人才集市或人才劳务交流活动收费；优惠为创办企业的员工提供一次培训、测评服务。

除了常规的政策咨询和创业培训外，各地创业服务指导中心还具备多项功能。大学生可以根据能力、意愿，选择专家进行风险评估，帮助降低投资风险。项目开展过程中，可以要求创业服务指导中心要积极协调小额贷款担保机构和经办银行，落实融资服务，并利用各类资源开发或认定一批创业孵化基地，为自身提供一定期限的场地支持和政策扶持。通过创业指导中心协调工商、税务、银行、城管、环保等部门，办理相关登记手续，落实优惠政策，尽快开业运营。

国家鼓励各类创业投资优先投资大学生创业，国家对投资大学生创业的天使投资将给予更多税收优惠。国家财政资本参股的譬如青年创业引领计划公益扶持基金、中小微企业扶持基金等在选择投资对象时，把对大学生创业的投资放在首位。

创建企业，扬帆起航

《中国大学生就业创业发展报告（2015—2016）》中显示，大学生创业者最期待落实的创业政策位列前三的依次是资金扶持政策、税收减免优惠政策和培训指导服务政策，比例分别为 21.10%、19.70%和 19.00%。

一、取消高校毕业生落户限制

高校毕业生可在创业地办理落户手续（直辖市按有关规定执行）。沈阳、石家庄、南京、杭州、广州、武汉、长沙、昆明等 8 个省会城市落户规定中都对学历做出了规定，但普遍要求不高。沈阳中专毕业即可申请办理落户；南京规定，普通院校大专以上学历的非南京籍毕业生，落实用人单位的，均可在办理相关就业手续后落户南京；杭州市应届普通高校本专科毕业生只要在杭州落实工作单位，或在杭州市区自主创业（营业执照注册人），都可以落户；广州要求相对较高，毕业生落户需本科以上学历。

二、零资本注册

新政解读

大学毕业生在毕业后 5 年内自主创业，到创业实体所在地的工商部门办理营业执照，允许零资本办理营业执照。在这里，首先要提的是验资报告。验资报告是会计师事务所或者审计事务所及其他具有验资资格的机构出具的证明资金真实性的文件。从企业发展层面看，登记注册无须验资，企业可以根据自身实际情况确定注册资本金规模和缴付时限，意味着注册门槛和创业成本的大幅降低。放宽公司注册登记条件，取消验资环节，大幅降低了创业成本，提高了企业资金使用效率，有利于新技术、新产业、新业态等新兴生产力的发展，对小微企业特别是创新型企业的创设具有较强的推动作用。

这一举措对于我们大学生创业群体而言大大降低了创业门槛，为大学生创业提供了方便，也鼓励那些因资金问题而在创业门前徘徊的大学生们勇于创业。但同时我们也要特别注意，公司在申请登记注册时拟定并承诺注册资金为多少，虽不必须缴纳到银行账户，不再需要验资报告证明资金实际是否到位，但公司股东（发起人）要对缴纳出资情况的真实性、合法性承担责任。如果股东（发起人）没有按约定缴付出资，已按时缴足出资的股东（发起人）或者公司本身都可以追究该股东的责任。如果公司发生债务纠纷或依法解散清算，没有缴足出资的股东（发起人）应先缴足出资。因此，不验资不等于可以不出资，“认缴不可以任性”。

运营企业，保驾护航

资金问题是大学生创业阶段面临的一个非常重要的问题，国家各部门在注册资金、贷款和税收上给予大学生一些倾斜，期望为大学生解“燃眉之急”，减少企业资金负担。那么，大学生创业企业究竟能享有哪些国家相关税收政策呢？

一、创业担保贷款

国发〔2015〕23号文件规定，对符合条件的大学生自主创业的，可在创业地按规定申请创业担保贷款，贷款额度为10万元。国办发〔2014〕22号文件规定，如果大学生创业企业属于科技型小型微型企业招收毕业年度高校毕业生达到一定比例的，可申请最高不超过200万元的小额担保贷款。

大学生如果在创业过程中善于借助一些如企业孵化器与科技园的帮助和支持，将会有助于企业的成长和发展。如注册资金较大的创业公司，可以通过一站式服务，零首付注册公司，在公司运行两年期间进行验资和注入即可。如创业过程中缺乏资金支持的大学生，用好担保平台，确保企业资金流动，可在创业地按规定申请创业担保贷款，根据各省政策规定贷款额度，获得资金支持。这些贷款主要包括：创业前小额贷款、开业贷款、小额贷款、大学生创业小额贷款等。

二、贷款贴息

国发〔2015〕23号文件规定，贷款贴息指用于从事微利项目的小额担保贷款由财政据实全额贴息，借款人本人贷款期内不支付利息，贴息最长不超过两年，展期不贴息。财政贴息贷款由政府来主持，一般目的在于激活经济的活力，促进经济发展。

我们在申请小额贴息贷款时需要注意三点：一是要做好创业及贷款的合理规划；二是配合合规审核；三是遵守合约规定按期还款，违约将承担相应法律责任，影响个人信用记录。因此，我们一定要根据自身实际情形来合理选择贷款。

扶贫政策点燃大学生回乡创业梦

案例

黑龙江省大学生创业贷款免息免抵押

齐宇是黑龙江大学2012届毕业生，2014年开始自主创业，现为哈市弗雷商贸有限公司总经理，她从提交申请到贷款到账仅用了不到3天时间。针对创业初期的资金短缺和产品供销问题，齐宇坦言曾遭遇过很多的不理解和不支持，甚至一度与自己的父亲发生过激烈争执。为了证明自己的思路没错，她不断拓宽发展思路，积极筹措运营资金，也多次申请过银行贷款和战略股权投资，但那些产品不是门槛太高、审批烦琐，就是费率过高或要求过多回报。就在其为资金短缺一筹莫展之际，黑龙江省大学生创业贷款担保公司雪中送炭，解决了她的难题，并在她自身缺乏充足有效抵押的情况下，不到3天的时间内即通过哈尔滨银行科技支行给予8万元的贴息担保贷款支持。

资料来源：根据黑龙江晨报报道编写。

案例思考：

三、税收与行政收费优惠

1. 免收有关行政事业性收费

毕业两年以内的普通高校学生从事个体经营（除国家限制的行业外）的，自其在工商部门首次注册登记之日起3年内，免收管理类、登记类和证照类等有关行政事业性收费。相关证明包括营业执照以及人社部门核发的《就业创业证》等，申领《就业创业证》可以在教育部大学生创业服务网上进行。

2. 增值税和就业税收减扣

“取之于民、用之于民”。税收是一国之根本，是一个国家财政收入的主要来源，具有无偿性、强制性、固定性。在公司运营阶段，税收减免优惠等对大学生创业企业有较大的影响。

（1）增值税减扣。财税〔2019〕22号文件规定，大学生创业者持《就业创业证》或《就业失业登记证》且从事个体经营的在3年内可享受按每户每年12 000元为限额依次扣减其当年实际应缴纳的增值税、城市维护建设税、教育费附加、地方教育附加和个人所得税。限额标准最高可上浮20%，各省、自治区、直辖市人民政府可根据本地区实际情况在此幅度内确定具体限额标准。

纳税人年度应缴纳税款小于上述扣减限额的，减免税额以其实际缴纳的税款为限;大于上述扣减限额的,以上述扣减限额为限。

纳税人在 2021 年 12 月 31 日享受税收优惠政策未满 3 年的,可继续享受至 3 年期满为止。以前年度已享受重点群体创业就业税收优惠政策满 3 年的,不得再享受财税〔2019〕22 号文件规定的税收优惠政策;以前年度享受重点群体创业就业税收优惠政策未满 3 年且符合财税〔2019〕22 号文件规定条件的,可按财税〔2019〕22 号文件规定享受优惠至 3 年期满。

(2)就业税收减扣。财税〔2019〕10 号和财税〔2019〕22 号文件规定,大学生创业者在 2019 年 1 月 1 日至 2021 年 12 月 31 日期间,招用建档立卡贫困人口,以及在人力资源社会保障部门公共就业服务机构登记失业半年以上且持《就业创业证》或《就业失业登记证》(注明"企业吸纳税收政策")的人员,与其签订 1 年以上期限劳动合同并依法缴纳社会保险费的,在 3 年内按实际招用人数予以定额依次扣减增值税、城市维护建设税、教育费附加、地方教育附加和企业所得税优惠。定额标准为每人每年 6 000 元,最高可上浮 30%,各省、自治区、直辖市人民政府可根据本地区实际情况在此幅度内确定具体定额标准。城市维护建设税、教育费附加、地方教育附加的计税依据是享受本项税收优惠政策前的增值税应纳税额。

按上述标准计算的税收扣减额应在企业当年实际应缴纳的增值税、城市维护建设税、教育费附加、地方教育附加和企业所得税税额中扣减,当年扣减不完的,不得结转下年使用。

纳税人在 2021 年 12 月 31 日享受税收优惠政策未满 3 年的,可继续享受至 3 年期满为止。

【扩展阅读】

了解一些专有名词

1. 小微企业

小微企业是小型企业、微型企业、家庭作坊式企业、个体工商户的统称,是由经济学家郎咸平教授提出的。小微企业在税收上的概念主要包括三个标准,一是资产总额,工业企业不超过 3 000 万元,其他企业不超过 1 000 万元;二是从业人数,工业企业不超过 100 人,其他企业不超过 80 人;三是税收指标,年度应纳税所得额不超过 30 万元。

2. 中小高新技术企业

高新技术企业是指在《国家重点支持的高新技术领域》内,持续进行研究开发与技术成果转化,形成企业核心自主知识产权,并以此为基础开展经营活动,在中国境内(不包括港、澳、台地区)注册 1 年以上的居民企业。它是知识密集、技术密集的经济实体。中小高新技术企业即符合高新技术企业中的小微企业。

3. 增值税

增值税是以商品(含应税劳务)在流转过程中产生的增值额作为计税依据而征收的一种流转税。从计税原理上说,增值税是对商品生产、流通、劳务服务中多个环节的新增价值或商品的附加值征收的一种流转税。实行价外税,也就是由消费者负担,有增值才征税没增值不征税。

4. 企业所得税

企业所得税是指对中华人民共和国境内的企业(居民企业及非居民企业)和其他取得收入的组织以其生产经营所得为课税对象所征收的一种所得税。作为企业所得税纳税人,应依照《中华人民共和国企业所得税法》缴纳企业所得税。但个人独资企业及合伙企业除外。企业所得税税率为25%。

四、科技创新券怎么用

科技创新券制度起源于欧洲,荷兰、意大利、比利时等国家均实施了科技创新券制度,主要针对本国中小企业经济实力不足、创新资源缺乏,大学和研发机构缺少为中小企业服务的动力机制而设计发行的一种"创新货币"。

2012年起,国内部分省市陆续推出创新券政策,为中小企业、创业团队提供财政补助,为中小微企业和创客提供科技服务,该券等同优惠券抵扣技术服务费。服务机构是指提供研究开发、技术转移、检验检测认证、创业孵化、知识产权、科技咨询、科技金融、科学技术普及等科技服务的企业、高等院校、科研机构和科技服务机构等。申请人(企业)每年申领科技创新券不得超过5次。中型企业、小型企业、微型企业、创客个人单次申领额度上限分别为20万元、10万元、5万元、1万元;申领额度超过本次发放总额的,通过抽签或轮候的方式确定科技创新券发放对象。

创新券政策用于支持企业购买科技服务,对产品销售等非技术服务类合同一般不予支持;为了使创新券使用更顺畅,国家建立了创新券服务网,全程进行网上操作,并详细记录信用情况。各地对中小企业的规定都有详细的指标。

【案例】

政策了解不清晰　公司注册闹乌龙

小王是某大学植物学专业的在校本科生,在校实验期间,发明了一种新式植物降解菌,申请了相关专利,了解了大学生创业优惠政策后,注册成立了一家生物科技公司,在进行税务登记的时候,因为不了解国家对于小规模企业的相关税务政策,将公司登记为一般纳税人,需承担17%的增值税税率,在报税的时候才发现问题,但是根据我国现行税务政策,小规模纳税人可以申请成为一般纳税人，但是一般纳税人是不可以改变为小规模纳税人的，小王的公司进项特别少，作为初创企业承受不了这么高的税负，无奈之下只有选择注销公司，重新成立公司，选择小规模纳税人进行登记，充分享受到了国家的税收政策优惠。

资料来源：根据网络资料整理。

小王的经验和教训表明了了解国家税务政策的重要性。大学生创业者要充分利用国家营改增政策，为自己企业创造利润空间，在进行纳税人登记时，根据自身情况选择小规模或者一般纳税人进行登记。一般纳税人的基本增值税率为17%，小规模纳税人增值税率为3%，以免出现应享受小规模纳税人国家政策，却误登记为一般纳税人的情况。

案例思考：

本章思考与实践

1. 讨论一下，你认为国家还应有哪些支持大学生创业的政策？

2. 在你的身边有利用创业政策成功创业的案例吗？试着联系他们，做一次访谈。

3. 结合自己的创业项目，想一想你能利用哪些创业政策？

第三章 创新：时代的召唤

【学习目标】

- 描述创新的概念
- 区分创新的五种形式
- 总结创新活动的一般规律
- 运用创新方法解决某一具体问题

【学习要点】

- 创新的概念
- 创新的五种形式
- “异想天开”的方法
- 学习的三个阶段
- 勇于实践的路径
- 创新的“四阶段理论”
- 提高创新能力的方法

人类每一次重要的发明和发现，都是因为创新。

创新带来了什么？

——创造，颠覆

——开辟的新路，丰裕的果实

——国家的繁盛，人类社会的进步。

带来创新的人是谁？

——他们拥有好奇，又探索好奇；他们忍受孤独，又享受孤独；他们向往财富，又创造财富；他们承接文明，又提升文明。他们用非凡创造力，成就永无止境的创新之路。

你眼中的创新是什么？创新有规律可循吗？如何提高自身的创新思维？下面，我们一起开启创新之旅……

创新是什么？

一、创新的内涵

“创新”一词是1912年由美国哈佛大学经济学家熊彼特在德文著作《经济发展理论》中首次提出的。熊彼特认为，创新就是建立一种新的生产函数，也就是说，把一种从来没有过的关于生产要素和生产条件的“新组合”引入生产体系。熊彼特关于企业家是从事“创造性破坏”的创新者观点，凸显了创新的重要性。创新者大都善于运用已知信息、有限资源，突破常规、打破旧俗，创造性地解决问题，见表3-1。

表3-1 “创新者”代表人物

比尔·盖茨	17岁完成并销售了他人生中第一个电脑编程作品
马克·扎克伯格	19岁在自己的宿舍里设计出了一个校内社交网站
史蒂夫·乔布斯	21岁在自家的车库组装出了第一台苹果电脑
松下幸之助	23岁在大阪的一个小作坊里发明了电灯插座
杨致远	26岁在学校里创办全球第一个入口网站雅虎
李嘉诚	27岁开办了长江塑胶厂，生产出了第一支塑胶花
俞敏洪	29岁离开北大，选择在废弃的工厂开办英语培训班
詹姆斯·卡梅隆	30岁自编自导了第一部电影作品“魔鬼终结者”
马云	31岁在杭州街头的大排档里推销中国黄页

【案例】

80后的颠覆式创新

一群80后，放弃百万年薪，从深圳来到成都，创办“极米科技”。2016年4月25日，李克强总理考察成都菁蓉创客小镇，体验了极米最新款无屏电视，勉

80后颠覆式创新

励他们不断创新，越做越好。

2013年他们创办极米科技；2014年8月，极米获得创东方领投的A轮1亿元融资，成为智能硬件史上最大一笔金额融资；2015年6月，极米获得芒果传媒B轮价值3亿元人民币的战略投资；2015年7月，极米“智能微投Z4X”以1 125万元的众筹金额，成为京东众筹史上第一个千万级家庭娱乐产品。

做一件不一样的事情

创始人钟波，毕业于四川电子科技大学，此前在台湾一家著名的电视芯片制造公司工作了9个年头，年薪超过百万，并拿到了公司500多万元的股权。

钟波敏锐地感觉到传统电视机制造业在受到互联网思维的冲击下即将被颠覆，决定抓住这次机会：辞去原公司技术总监的职位，回老家成都创业。抱着“将来的世界一定是无屏的”的信念，钟波拿出所有家当，与小伙伴凑足1 000万元，作为极米的创始资金。为了让团队安心做研发，钟波离开创业资源丰富的深圳，将公司迁至成都菁蓉创客小镇。到今天团队已经发展到200多人，其中一半以上的人在做研发。

刚开始创业时，一些员工家属还留在深圳，十几个大男人只身来到成都，吃饭睡觉都挤在一个房间，而且是上下铺，曾经都是年薪几十万、上百万的人，现在却要如此艰苦，确实不容易。“三十而立，四十不惑”，处在这样一个中间带的钟波依然坚持着自己的梦想——做一件不一样的事情。这个不一样的事情就是要用最好的产品去打动人、感染人，做一种有情怀的产品。

80后的颠覆式创新

钟波一手创建的极米科技专注于智能微投创新，致力于巨幕无屏超级电视研发，打造属于我们每一个人的私人家庭影院。

极米公司研发出的无屏电视，将投影技术、智能化技术和固态光源技术融合在一起，用一个巴掌大的盒子，在任何可供投影的地方最大可以投射出超6米宽的屏幕，画面相当于36台50英寸电视拼接在一起，且在白天不拉窗帘的情况下也能显现清晰逼真的观影效果。

智能硬件领域不乏“当红炸子鸡”，而他们都在不约而同地在搭建自身的粉丝营销体系。苹果有果粉，小米有发烧友，华为有花粉。极米从一开始就将自己的创业想法和过程通过类似日记的形式不断地呈现在网络上，创业两年间就积累了一百多万的忠诚粉丝。这些粉丝提出了许多建议，极米根据这些建议不断调整、改进，让产品更加符合市场的需求。

确实，用户是上帝。但正如乔布斯所说：其实，用户并不知道自己的需求，直到你将产品呈现在他们面前时。而极米就是要做一款创新型的产品，这款产品能改变人们的生活方式，提高人们的生活品质。

不将就的工匠精神

“把一样东西做好并不是工匠精神的全部，将专注、极致、创新深入流程再造之中，才是工匠精神应有之义。”钟波说，他忙来忙去就忙一件事——不计成本，“一根筋”地“死磕”技术和产品。为了做出一台完美的无屏电视，钟波和团队通宵达旦，吃睡在办公室，终于熬到第一代产品上市，钟波却挥起锤子砸掉它，宣布从头再来，原因是“体积不够小”。

从推出第一代产品开始，为了彰显“不将就”的信念，团队立下一个规矩——对不甚满意的样机，一律当众砸毁。创业4年多来，钟波砸毁的样机至少有30台。这把砸毁不满意产品的铁锤，被命名为“极米锤”。这把“极米锤”催促、倒逼和见证了极米团队在用户最关注的领域不断实现重大创新。极米无屏电视至少比行业水平快半年，使极米始终占据着市场领导者的角色。

钟波认为工匠精神就是——可以做到100分的考题，就是99.9分也不交卷。对于试用者反馈的问题，设计团队进行汇总评估，如果试用者反映仍有“痛点”，已基本成型的样机就会被砸毁。优化设计的产品最大限度令用户满意后，再进行销售。

资料来源：根据网络资料整理。

创新不可能一蹴而就，这是一段艰苦而漫长的过程。钟波与他的团队用了近3年的时间，将极米无屏电视打造成行业标杆，占据了国内50%以上的市场份额。他们利用科技创新超越了国际巨头LG，市场占有率跃居全球行业第一，创造了又一个领跑世界的中国自主创新品牌。多年后的极米能否颠覆电视行业，我们不能断言。但是，极米的创新精神会引发每一位有志从事创新创业的人们深刻思考。

案例思考：

二、创新的五种形式

熊彼特不仅首次提出“创新”，还把创新的外延扩展为五个方面，分别是引入新的产品或提供产品的新质量，采用新的生产方法、新的工艺过程，开辟新的市场，开拓并利用新的原材料或半制成品的新供给来源，采用新的组织形式。这五个方面可以概括为产品创新、技术创新、市场创新、资源配置创新、组织创新。

创新是什么

一个电灯泡的创新

1. 产品创新

产品创新是推出消费者还不熟悉的产品，或创造产品的一种新特性。换句话说，产品创新就是指将新产品、新工艺、新服务引入市场，以实现商业价值。如果企业推出的新产品不能为企业带来利润、不具备商业价值，那就算不上真正的创新。

2. 技术创新

技术创新是在制造部门中使用尚未通过经验鉴定的方法，这种新的方法不需要建立在科学新发现的基础之上，其目的通常是为了提高生产效率。

3. 市场创新

市场创新是在产品推向市场阶段，基于现有的核心产品，针对市场定位、整体产品、渠道策略、促销策略等，为取得最大化的市场效果或突破销售困境所进行的创新活动。

4. 资源配置创新

资源配置创新是掠取或控制原材料或半成品的一种新的供应来源。资源配置创新不论这种供应来源是否已经存在，没有人注意到的来源或者是第一次被创造出来的都是一种创新。

5. 组织创新

组织创新是实现一种新的组织，比如造成一种垄断地位，或打破一种垄断地位。也可以理解为，为了实现管理目的，将企业资源进行重组与重置，采用新的管理方式和方法，新的组织结构和比例关系，使企业组织发挥更大效益的创新活动。

【案例】

“渝”见人工智能——科大讯飞引领创新风潮

科大讯飞成立于1999年，是一家专业从事智能语音及语言技术、人工智能技术研究，软件及芯片产品开发，语音信息服务及电子政务系统集成的软件企业。2008年，科大讯飞在深圳证券交易所挂牌上市。

2014年，科大讯飞推出了“讯飞超脑计划”，其目标是让机器不仅“能听会说”，还要“能理解会思考”，从而实现一个中文的认知智能计算引擎，未来将引领家居、教育、客服、医疗等领域智能应用的发展。2015年，科大讯飞重新定义了万物互联时代的人机交互标准，发布了对人工智能产业具有里程碑意义的人机交互界面——AIUI。2016年，围绕人工智能开放平台的使用人次与创业团队成倍增长，科大讯飞带动超百万人进行双创活动。截至2017年1月，讯飞开放平台在线日服务量超30亿人次，合作伙伴达到25万家，用户数超9.1亿。

资料来源：根据网络资料整理。

科大讯飞作为人工智能领域的技术领跑者，已经在医疗、教育等领域取得重大突破。它的成功源于两个字——创新。

案例思考：

“异想天开”

如何异想天开

要创新，就要有“异想天开”的意识。“异想天开”是有方法可循的。好的方法能更好地触发灵感，获得创造性的思想。你可以通过换位思考、分解综合、移植思想、头脑风暴、预测未来、关注新产品或新思想等方法提高你的创新能力。

一、换位思维

绝大多数创造性思想都是源于思维角度的改变。对任何事情，你都应该尝试从不同角度、不同位置、不同群体等方面去观察与思考，往往会有意想不到的发现。视角的特别，往往也决定了创造力的高低。比如，研发产品，最好把自己当成服务终端，考虑一下是不是可以做得与别人不一样；也可以把自己想象成竞争对手，多问问自己“做成这样的原因是什么”“做成这样能否有足够强的竞争力”。这样的思维方式，可能会让你发现问题、分析问题并解决问题。

二、分解综合

如果你能将关注的事物分解得足够细，把大问题分解成无数个小问题，对每一个问题都细致考察一遍，你就可能找到突破口或开辟新的领地。比如，研究生物学，可以将多细胞的行为分解到单细胞水平，甚至单分子水平，这样必定会遇到很多技术问题，但也可能激发你建立新的技术体系。另外，对自己研究的领域，你也可以要求自己提出100个或更多个细微的问题，在这100个问题中一定会有属于你的思想火花。

三、头脑风暴

头脑风暴是一种发散思维的方法。将大量不相关的事物放在一起，让它们任意组合，再经过筛选分析，启发思维，寻找灵感。

扩展阅读

激发性思维的方法：头脑风暴

1. 确定议题：一个好的头脑风暴法是从对问题的准确阐明开始。因此，必须在会前确定一个目标，使与会者明确通过这次会议需要解决什么问题，同时不要限制可能的解决方案的范围。

2. 会前准备：为了使头脑风暴畅谈会的效率较高，效果较好，可在会前做一点准备工作。如收集一些资料预先给大家参考，以便与会者了解与议题有关的背景材料和外界动态。

3. 确定人选：一般以 8～12 人为宜，也可略有增减至 5～15 人。

4. 明确分工：要推定一名主持人，1～2 名记录员或秘书。

5. 规定纪律：根据头脑风暴法的原则，可规定几条纪律，要求与会者遵守。

6. 掌握时间：会议时间由主持人掌握，不宜在会前确定。一般来说，以几十分钟为宜。

7. 设想处理：通过组织头脑风暴畅谈会，往往能获得大量与议题有关的设想。至此，任务只完成了一半。更重要的是对已获得的设想进行整理分析，以便选出有价值的创造性设想来加以开发实施。

课堂活动

激发性思维的方法：头脑风暴

运用头脑风暴的方法和你的同学一起讨论下列问题，并完成表 3－2。

表 3－2

问题	你的观点
请设计多款新颖的水杯。	
给你 5 个曲别针，你能做些什么？	
请分析学校周边急需的创业项目。	
能源日益紧缺，你能想到什么解决办法吗？	
请结合你的专业，提出某一技术的未来应用。	
对于雾霾，你想到的解决办法是什么？	
对于“手机电量总是不够”，提出你的观点。	
对于“二胎政策”，你能想到什么样的创业项目？	

四、移植思想

你可以将别的领域的思想方法用到自己专注的领域，或者将自己的思想方法拓展到其他领域，也就是学科交叉。你要养成一个好习惯，一旦产生什么想法，立刻记录下来，完善后再思考是不是可以将其推广到相关领域。比如，你的实验室成果可不可以应用到日常生活或更深层次的研究中去，可不可以申请专利或开发产品，甚至进行工业化大生产。在这样思考的时候，就能连带出更多相关性的问题，从而实现思维的拓展。

五、预测未来

可以想象一下，20年后人们会怎样生活和工作，然后将目标聚焦到具体领域，这些预测结果就可以作为你研究的目标。比如，计算机行业，未来肯定是功能大整合，一台掌上电脑就可以满足你几乎所有的信息处理工作，打电话、看电视、上网、教育、咨询、服务、仪器控制等均在手中操作。所以，计算机行业的一种创新就是不断整合。只有你的思维才能超过前人，才可能取得重大突破。

六、关注新技术或新思想

新技术或新思想实际上就是创造力的最佳生长点，你要敏锐地把握最新信息，了解前沿动态。对待新事物的第一反应是——这是我创新的机会，可不可以在此基础上更进一步，或者将其拓展开来为我所用。即使这样的想法没什么实际价值，也要把它记录下来，作为一种思维训练。越是自己不擅长的，就越要去接触它，不能完全依靠兴趣，因为，喜好有时候会成为一种思维定式。新技术必定存在诸多不完善，有众多值得拓展的空间，获得更多的新想法。

【Tips】

以上的6种方法反复训练，并摸索出适合自己的思想方法，形成良好的习惯后，就会大大提高创造力，能够激发你的“异想天开”，从而提高你的创新能力。

脚踏实地

如今，应接不暇的科技成果让曾经的科幻已经成为现实，同时也有更多看似不可能的梦想正等待你们去实现。科幻与现实之间的转换不仅需要异想天开的想象力，更需要脚踏实地地学习与实践。

脚踏实地

成为创新者，必然有“从难、从严、过细”的学习过程，还要有“边练、边悟、边总结、边充实、边提高”的创新过程。学习的目的是为了更好地创新，而创新又是学习的必然进化。

一、努力学习

经过了多年的学习，你认为什么是学习？学习就是通过阅读、听讲、研究、观察、理解、探索、实验、实践等手段获得知识或技能的过程，它是一种使个体可以得到持续变化（知识与技能，方法与过程，情感与价值的改善和升华）的行为方式。

学习需要建立在模仿基础之上，在任何未知的领域中，观察并模仿是最初的起点。

1. 学习不只是模仿

创新者只是简单的模仿式学习吗？当然不是，他们还需要在模仿原有体系之后进行再思考、再探索与再研究。不走寻常路，非同凡想，这是创新者与非创新者的重要差别。

在今天信息大爆炸的环境中，如果你仍然做别人做过的事业和项目，资源不足、竞争激烈……都会导致你的失败。大多数人形成固定习惯，只会模仿，不会创新；而这时，创新者们，就会做出一些不一样的行为。

所有的移动端社交软件都会显示“发送”“已读”等反感设计时，张小龙微信团队考虑的是人性化设计，取消了这些让人容易犯“尴尬症”的设计，满足了人性的本质，隐藏内心真实感受的本性；所有人都认为直流电已经是科技的尽头时，尼古斯·特斯拉发明交流电，并毅然决然地把它推广到了社会，广为人类使用；所有人都认为一个“水电工程系”毕业的学生应该老老实实去做工程师，“大刘”（刘慈欣）却将一部又一部作品呈现在读者面前，不仅获得了国际的认可，也带来了丰富的商业价值。

2. 学习的三个阶段

第一阶段：通过观察、体验，进行简单的拷贝——模仿式创新，即复制、粘贴。

模仿式创新是基于已有的商业模式所进行的创新复制和本土化过程。分析互联网科技这十几年的发展你就会发现，外国成功的商业模式，最开始都会直接复制到中国。而近几年，本土化的趋势会加强，即不仅仅是复制，还要适应环境。这也就是为什么滴滴出行的使用率高于 Uber 的原因。

第二阶段：在“模仿”的基础上进行细节的调整和改变——渐进式创新，即加法、减法。

模仿之后，慢慢发现产品中需要调整的细节点，进而产生“微小”的创新，可以称之为渐进式创新。如同杀毒软件盛行的 21 世纪初，各软件公司纷纷效仿，同质化极其严重，而流氓软件也是用户使用的一大痛点。这时，创办“3721”网站的周鸿祎发现了这一市场，调整了市场策略，免费为用户提供杀毒和流氓软件清理服务，短时间积累了大量的用户，成为渐进式创新的典范。

第三阶段：通过多年经验积累，形成颠覆式改变——颠覆式创新，即乘法、除法。①

颠覆式创新，来自克里斯坦森的《创新者的窘境》(Christensen，1997)以及《创新者的基因》(Dyer，Gregersen&Christensen，2011)等著作提出的思想。颠覆式创新，如同核能，它的变化是指数级的爆发式的增长和变化，长期对于某领域的投入才有可能产生如此透彻的理解。诺乐(创始人，Dechen Yeshi，有着一半藏族血统的美国女孩)的牦牛毛产品，不仅颠覆了人们对耗牛毛的理解，也让 LV、爱马仕这样的世界顶级品牌重新看待传统手工艺者。牦牛毛让藏民拥有了财富和完整的产业，可汗学院、伊诺学校对于传统教育的颠覆，也是一种核聚变般的变化。

【案例】

伊诺学校的颠覆式创新

从设立之初到现在，伊诺已成为秘鲁最大的私营教育机构，拥有 29 所学校，近 2 万名学生以及 1 200 名教师，并在持续扩张中，不仅为学生提供优质的教学资源，而且收费低，费用仅仅是其他较好的私立学校的三分之一。

一项秘鲁教育部举办的面向全国公立以及私立学校二年级学生进行的数学和沟通能力测试的结果表明，2013 年伊诺学生的数学成绩和沟通能力成绩远远高于全国平均水平，分别是其三倍、两倍。伊诺学校到底与普通学校有什么区别呢？

三大创新点：

第一，突破传统模式的空间设计。

区别于传统学校的水泥砖墙、枯燥而又乏味的设计，伊诺学校的设计者依靠美学的概念，将教室的墙壁以及书柜设计成可移动的，完全打造成开放式的空间。这种设计理念认为，只有当学生处于一个舒适而又开阔的空间，他们的创造力和想象力才会被激发，思想才会更为活跃。

第二，培养混合学习模式。

不同于传统老师主讲的授课方式，伊诺更注重学生的"自主学习"以及"小组学习"能力，提供一半的时间供学生自主学习和其他同学交流互动，相互探讨。例如，在自主学习过程中，每个学生有一个创新任务，要求他们充分发挥自己的动手动脑能力，完成任务便会得到奖励，即便没有完成也不会受到惩罚；在小组学习过程中，学校设计了许多户外课程，在亲近自然的同时，增进了同学之间的互动，培养了团队协作能力以及沟通能力。

---

① 参编自 https://mp.weixin.qq.com。

采用这种混合学习的模式，还能极大地提升教师的利用率，在“小组学习”模式下，平均一个教师分到30个学生，但到“自主学习”时，一个教师可以照看60个学生，而且教室之间的墙板是可移动的，教师这个稀缺资源一下子变得更加灵活利用，也让这个学校的运营成本下降了。

第三，开发教师资源。

伊诺还特别为教师们设立了网上教师资源中心，其中存有近2万个基于最新教学方法而开发的优秀教育方案，教师们可以通过这个平台进行学习与交流，大大提高了教师们的工作热情与积极性。此外，伊诺还积极与相关学校取得合作，为培养后备师资力量一起出谋划策。

资料来源：薛艺，乔宝刚，张静. 创行——大学生创新创业实务[M]. 青岛：中国海洋大学出版社，2016年，154页。

案例思考：

Tips

学习的起点来源于模仿，其最为关键的要素在于——你是否在现有的体系下增加某些部分，或减少某些冗余，努力探索，不断创新，让你成为引领时代发展的创新者！

二、勇于实践

创新贵在实践。带有研究性、实践性的课题，不仅能够使我们深刻理解学习到的理论知识，更能激发创新意识，提高创新能力。

我们可以通过图3-1中的实践途径进一步深化创意，努力将其转化成创新。

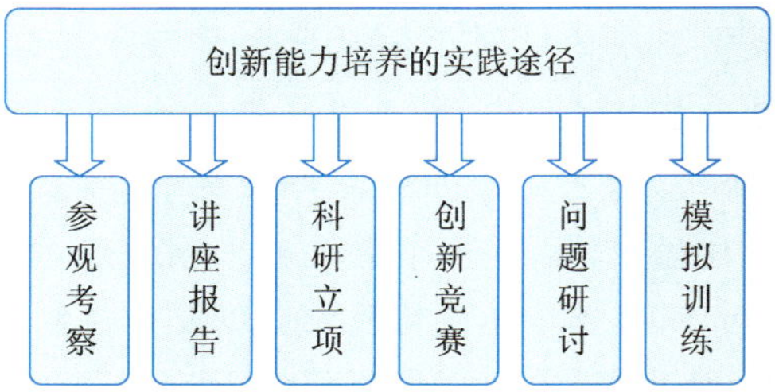

图3-1　创新能力培养的实践途径

1. 参观考察

“从实践中来，到实践中去”，到科研机构或相关企业进行调查研究是理论联系实际最有效的形式。

2. 讲座报告

参加企业家或专业人士的专题讲座和学术前沿报告，能够使你了解创新创业过程中的研究方法与实际问题，可以“借他山之石”。

3. 科研立项

现在，几乎所有高校都在开展各种形式的科研项目计划。通过申报项目、查找资料、项目结题等一系列的实践研究，不仅能强化学以致用的能力，还能拓宽知识面，提高科学研究的水平，更能形成相应的研究成果，如新产品、新工艺、发明专利、调查报告等。

4. 创新竞赛

每年，教育部、各省教育厅、各学校都会举办各类创新类赛事。通过参加这些竞赛，可以提高你运用专业知识解决实际问题的能力。创新竞赛包括“挑战杯”课外学术科技作品竞赛、数学建模竞赛、电子设计竞赛、动漫设计竞赛、机器人足球竞赛、程序设计竞赛、化学实验竞赛、电子商务竞赛、主持人竞赛、“CCTV”杯英语竞赛、日韩语竞赛、俄语竞赛等。

【案例】

从大赛中成长的创新创业者：冯杨

当许多应届毕业生还在发愁找工作的时候，成都4名90后在校大学生一手创办的公司却迎来了团队新一轮的生长期。2016年，冯杨的公司被四川某企业以500万元资金买走51%的股权。

从“New New Man”到公司CEO

冯杨的创新创业灵感源自一场新媒体创新大赛。2015年10月，四川省大学生新媒体创新大赛举行。时任校宣传部新媒体工作室理事长的冯杨与两名队友，组建“New New Man”团队参与了此次大赛。比赛中，冯杨团队创造性地使用无人机拍摄，并将全景技术与H5、超链接、视频、图文和互动等多种新媒体方式相融合，将会场“进口展”搬至云端，并拔得头筹。比赛后，“无人机”、“VR全景”等关键词一直浮现在冯杨脑海里，期待三年的创新创业梦终于实现。当时，常见的VR技术多用于游戏和视频领域，其他的领域的应用尚不多见，以VR全景作为创新创业方向成了冯杨的不二选择。

2016年1月，冯杨正式创办公司。公司的创始人员4名拥有相同爱好的90后在校大学生，冯杨则是创始人兼CEO。虽然起步很早，但是在如今这个人人必谈VR、AR的时代，这支年轻的创业队伍在初出茅庐之时就注定要与非常专业化的 VR 公司同台竞争。对此，冯杨的回应风轻云淡："我们是 VR 内容创新，可以说，现在市面上很多 VR 内容公司，业务主要是我们在做。"

公司成立一年多，冯杨的团队已经为知名地产商、旅游地产商甚至政府部门制作了不少作品。冯杨说："这一年多来，很苦，但是很值得。很感恩国家创新创业相关政策，无论是学校，还是政府，都给了我们免费办公用地、税收优惠等方面的支持。"

第一个产品：上线 3 天突破 100 万点击

冯杨的公司成立之后，成员逐步由原来的 4 个人变成了 13 人，全部为成都理工大学在校大学生。难以想象的是，冯杨团队的第一个"爆款"产品，是采用朋友圈进行推广的。

2016 年 4 月，冯杨迎来了自己的成名之战。经过一个月的策划和拍摄，冯杨团队制作的《成都最炫 VR 全景，别再说你没有来过成都！》强势出炉，网络观看量 3 天突破了 100 万。在这项作品之中，冯杨在每个图标上都注明了公司名称与联系方式，作品发布的第二天，他们便接到了 80 余个商谈合作的电话。

此时，冯杨的团队逐渐踏上正轨。在接下来的时间中，他们在北京、杭州、郑州、成都举行了 10 余场路演，向他们发出风投橄榄枝的企业不在少数，但冯杨表示，比起当下注入的资金流，他们更看重的是对公司模式、企业走向的自主权等问题。在众多跟风企业的模仿下，冯杨开始着手开创新的艺术 VR 以及 VR 在高等教育、地质勘探等领域的运用。

资料来源：根据网络资料整理。

案例思考：

5. 问题研讨

进行公开的问题讨论是培养创新意识极为重要的实践环节。通过讨论，相互补充思想，发现自身的不足，看到别人有价值的观点，往往在此期间，你能够产生新的创意与想法。

我国著名科学家钱学森教授以他亲身的体会说明实施问题讨论对培养创造性思维的好处。钱学森的老师卡门教授来自德国哥廷根大学，他到美国加州理工学院以后，把哥廷根大学的民主学风也带到了美国。他每星期主持召开一次研讨会和一次学术讨论会。在会上，大家一律平等，畅所欲言，发表自己的学术观点，并进行公开讨论，这给年轻的钱学森提供了锻炼创造性思维的良好机会。在一次师生自由讨论中，钱学森和他的老师卡门发生了争论，他坚持自己的学术观点，毫不退让，令卡门十分生气，话语激烈而又尖刻。事后，卡门教授经过思考，认识到在那个问题上，他的学生是对的。

6. 模拟训练

随着管理实验室的建立和投入使用，创新实验室、开放实验室、创新基地、模拟企业管理系统、ERP系统、电子商务系统等教学辅助平台已经广泛运用在教学过程中。你可以通过这些模拟训练平台进行科学研究与发明创造，从而更好地掌握创新创业技能。

【扩展阅读】

麻省理工学院的创新模拟训练

麻省理工学院有一个资金支持的创新模拟训练项目（5万美元）。学生的创新创业计划是由风险投资专家、创业者和校园外的有关人士评定，而不是由学院教师打分，第一名将获得5万美元的奖励，第二名则获得2.5万美元，第三名1万美元，每一个取得资格的选手则可获得几百美元。在创新创业比赛中，至少有500名学生拟订自己创新创业的计划。通过竞赛，学生都会清楚知道哪些计划仅仅因为趣味，哪些计划能真正带来财富，这样可以为他们以后开创自己的事业打下良好的基础。

资料来源：http://wenku.baidu.com。

【课堂活动】

创新科研计划

具体要求：

1. 结合你的专业，设计一项创新科研计划；
2. 完成表3－3，并征求专业老师的意见。

表3－3

序号	具体事务	完成时间
1		
2		
3		
4		
5		
6		

【Tips】

如果你一直苦于自己的思维不够灵活，想不出创新的点子，最好的办法是行动起来。

遵循规律

创新是“异想天开”和“脚踏实地”共同结合的过程。但如果没有科学的规律做指导，创新活动有可能陷入茫无头绪的境地。要想使你的思维变得发达，就必须勤于思考、多用大脑，即主动加强创新思维的学习和训练。很多人认为，科学文化知识和实践经验越丰富，自然就越善于运用思考方法，创新能力就越强，没有必要再专门学习创新方法。但事实并非如此。

【扩展阅读】

创新需要遵循规律吗？

1939年，前身为爱迪生实验室的美国通用电气公司发现，尽管公司目前高学历的大学毕业生比以前增加了不少，但新发明、新发现、新产品、新技术的开发，新专利的申请却大大少于爱迪生实验室时代。这不能不引起公司决策层的重视。经认真细致的分析研究，终于找到了原因。这些大学生尽管学业成绩非常出色，但在学校时都没有学过怎样进行创新思维，对怎样提出意见、怎样从事创造发明的知识和方法了解得很少，更缺乏这方面的实际经验和切身体会，因此造成了他们的创新意识薄弱，创新能力不强，只习惯于按部就班地从事机械性、模仿性的技术工作。

为了改变这一状况，公司组织人员总结了爱迪生生前从事创造发明的方法和经验，编写了一套《创造工程培训班》的教材。经过系统的培训，员工们的创新能力和水平大大提高，申请发明专利的数量比培训前提高了三倍。与此同时，美国纽约BBDO广告公司副经理奥斯本总结了一系列的创新思考的方法和创造技法，于1941年出版了《思考的方法》一书，在美国引起了一场创新思维的学习推广热潮。由于奥斯本对创造学的研究和推广起了开拓者和奠基人的作用，被后人誉为“创造学之父”。

资料来源：http://blog.sina.com.cn/s/blog_5e5b5c580100fbxe.html。

创新的方法是依据创新思维的特点，对人们从事创新活动的经验进行分析，对众多创新规律进行归纳之后才总结出来的。因此，它能为你更好地认识创新活动、更好地运用创新方法、更好地为解决问题提供条件。

一、尊重原则

创新原则就是开展创新活动所依据的法则和判断创新构思所凭借的标准。在创新活动中，要遵循以下七个原则。

1. 科学原理原则

创新必须遵循科学技术原理，不得违背科学发展规律。近百年来，许多才思卓越的人耗费心思，力图发明一种既不消耗任何能量，又可源源不断对外做功的“永动机”。但无论他们的构思如何巧妙，结果都逃不出失败的命运。其原因在于他们的创新违背了“能量守恒”的科学原理。

2. 市场评价原则

创新设想要获得最后的成果，必须要经过市场的严峻考验。爱迪生曾说：“我不打算发明任何卖不出去的东西，因为不能卖出去的东西都没有达到成功的顶点。能销售出去就证明了它的实用性，而实用性就是成功。”

3. 相对较优原则

创新不可盲目追求最优、最佳、最美、最先进，创新产物不可能十全十美。在创新过程中，利用创造原理和方法，获得许多创新设想，它们各有千秋，这时，就需要你按相对较优的原则，对设想进行判断选择。

4. 机理简单原则

在现有科学水平和技术条件下，如不限制实现创新方式和手段的复杂性，所付出的代价可能远远超出合理程度，使得创新的设想或结果毫无使用价值。在科技竞争日趋激烈的今天，结构复杂、功能冗余、使用烦琐已成为技术不成熟的标志。因此，在创新的过程中，你要始终贯彻机理简单原则。

5. 构思独特原则

我国古代军事家孙子在其名著《孙子兵法・势篇》中指出：“凡战者，以正合，以奇胜。故善出奇者，无穷如天地，不竭如江河”。所谓“出奇”，就是“思维超常”和“构思独特”。在创新活动中，关于创新的构思是否独特，你可以考察其新颖性、开创性及特色性。

6. 不轻易否定原则

不轻易否定、不简单比较原则是指在分析评判各种产品创新方案时应注意避免轻易否定的倾向。在飞机发明之前，科学界曾从“理论”上进行了否定的论证；过去也曾有权威人士断言，无线电波不可能沿着地球曲面传播，无法成为通信手段。显然，这些结论都是错误的，这些不恰当的否定之所以出现是由于人们运用了错误的“理论”。

【Tips】

你应在尽量避免盲目地、过高地估计自己设想的同时，注意珍惜别人的创意和构想。简单地否定与批评是容易的，难的是闪烁着希望的创新构想。

7. 不简单比较原则

显而易见，这个原则就是不要随意在两个事物之间进行简单比较。不同的创新，包括非常相近的创新，原则上不能以简单的方式比较其优势。比如，市场上常见的钢笔、铅笔就互不排斥，即使都是铅笔，也有普通木质的铅笔和金属或塑料焊接的自动铅笔之分，它们之间也不存在排斥的问题。

二、过程控制

不少杰出的创新都留下了动人的传说。瓦特看到壶盖被蒸汽顶起而发明了蒸汽机，牛顿被下落的苹果砸了头而发现了万有引力，门捷列夫玩纸牌时想出了元素周期表……但是，如果创新如此简单，就不会有创新方法论的出现。创新是由创新思维的过程所决定的，而结果仅是过程的成功产物。创新的“四阶段理论”是一种影响最大、传播最广，而且具有较大实用性的过程理论，由英国心理学家沃勒斯提出。该过程理论认为，创新的发展分四个阶段：准备期、酝酿期、明朗期和验证期。

1. 准备期

准备期是准备和提出问题阶段。一切创新是从发现问题、提出问题开始的。问题的本质是现有状况与理想状况的差距。爱因斯坦认为：提出一个问题往往比解决一个问题更重要，因为解决问题也许仅是一个数学上或实验上的技能而已，而提出新的问题，却需要有创造性的想象力，而且标志着科学的真正进步。准备期还可分为三个步骤：一是对知识和经验进行积累和整理；二是搜集必要的事实和资料；三是了解自己提出问题的社会价值，能满足社会的何种需要及价值前景。

2. 酝酿期

酝酿期也称沉思和多方思维发散阶段。在酝酿期要对收集的资料、信息进行加工处理，探索解决问题的关键，因此常常需要耗费很长时间，花费巨大精力，是大脑高强度活动时期。这一时期，要从各个方面，让各种设想在头脑中反复组合、交叉、撞击、渗透，按照新的方式进行加工。加工时应主动地使用创造方法，不断选择，力求形成新的创意。

3. 明朗期

明朗期也叫突破期。这一阶段很短促、很突然，呈猛烈爆发状态。久盼的创造性突破在瞬间实现，人们通常所说的“脱颖而出”“豁然开朗”“众里寻他千百度，蓦然回首，那人却在灯火阑珊处”等都是描述这种状态的。如果说“踏破铁鞋无觅处”描绘的是酝酿期的话，“得来全不费功夫”则是明朗期的形象刻画。在明朗期，灵感思维往往起决定作用。

4. 验证期

验证期是评价阶段，是完善和充分论证阶段。验证期是把明朗期获得的结果加以整理、完善和论证，并且进一步得到充实。必须经过创新思维所取得的突破，才能获取真正的创新成果。验证期的心理状态较平静，你需要耐心、周密、慎重，不急于求成和不急功近利是很关键的。

三、创新有力

“双创”的提出，使得创新活动得以普及，每个人都可以通过培养和训练来获得及提升自己的创新能力。具体来讲，可以从以下几个方面入手来培养你的创新能力。

1. 正视创新内核：创新思维

著名物理学家劳厄谈教育时说：“重要的不是获得知识，而是发展思维能力”。劳厄的谈话绝不是否定知识，而是强调只有将知识转化为能力，才能成为真正有用的东西。大量的事实表明，古往今来许多成功者既不是那些最勤奋的人，也不是那些知识最渊博的人，而是一些思维敏捷、最具有创新意识的人，他们懂得如何去正确思考，他们最善于利用头脑的力量。在当今的知识经济时代，你要想在激烈的竞争中生存，不仅需要付出勤奋，还必须具有智慧。古希腊哲人普罗塔戈说过一句话：大脑不是一个要被填满的容器，而是一支需要被点燃的火把。其实，他说的这个火把点燃的正是人们头脑中的创新思维。

2. 有意识培养创新能力

在日常生活中经常有意识的观察和思考一些问题，通过这种日常的自我训练，可以提高观察能力和大脑灵活性。参加培养创新能力的培训，学习一些创新理论和技法，经常做一做创造学家、创新专家设计的训练题，可以提高自己的创新思维能力。

3. 学习永远是不变的真理

我们必须要终身学习，学习应该是一个习惯，只有不断学习，才能在变化的社会中一直抓住社会中最精华的东西。只有不断学习，不断总结，不断研究外部环境的变化，不断对自己提出新挑战，才能紧跟时代的发展。

恩格斯说过，思维者的精神是地球上最美丽的花朵。有了阳光雨露的滋润，人类的思想才能像花一样盛开。科技创新不应只是科研人员的责任，更应成为全民共识。

【扩展阅读】

TRIZ 理论

TRIZ 理论翻译为“发明问题解决理论”。它是苏联科学家根里奇·阿奇舒勒（G. S. Altshuller）在 1946 年创立的。他也被尊称为 TRIZ 之父。

1946 年，阿奇舒勒开始了发明问题解决理论的研究工作。当时他在苏联里海海军的专利局工作，在处理世界各国著名的发明专利过程中，他总是考虑这样一个问题：当人们进行发明创造、解决技术难题时，是否有可遵循的科学方法和法则，从而能迅速地实现新的发明创造或解决技术难题呢？答案是肯定的！阿奇舒勒发现任何领域的产品改进、技术的变革、创新和生物系统一样，都存在产生、生长、成熟、衰老、灭亡，是有规律可循的。人们如果掌握了这些规律，就能进行产品设计并能预测产品的未来趋势。在之后的数十年中，阿奇舒勒穷其毕生的精力致力于TRIZ理论的研究和完善。在他的领导下，苏联的研究机构、大学、企业组成了TRIZ的研究团体，分析了世界近250万份高水平的发明专利，总结出各种技术发展进化遵循的规律模式，以及解决各种技术矛盾和物理矛盾的创新原理和法则，建立一个由解决技术，实现创新开发的各种方法、算法组成的综合理论体系，并综合多学科领域的原理和法则，建立起TRIZ理论体系。

TRIZ理论的核心思想主要体现在三个方面。首先，无论是一个简单产品还是复杂的技术系统，其核心技术的发展都是遵循着客观的规律发展演变的，即具有客观的进化规律和模式；其次，各种技术难题、冲突和矛盾的不断解决是推动这种进化过程的动力；最后，就是技术系统发展的理想状态是用尽量少的资源实现尽量多的功能。

20世纪80年代中期前，该理论对其他国家保密；20世纪80年代中期，随一批科学家移居美国等西方国家，逐渐把该理论介绍给世界产品开发领域，对该领域已产生了重要的影响。

资料来源：http://baike.baidu.com。

本章思考与实践

1. 如何提高自身创新能力，请设计出你的行动方案。
2. 如果和光线一起旅行，你会看到什么？和你的朋友们谈谈你的想法。
3. 约上你的朋友们一同观看纪录片《创新之路》，谈谈关于创新的话题。

第四章 创业:时代的选择

【学习目标】

- 描述创业及创业导向的特征
- 区分创业风险的五大类型
- 总结经典创业模型(加纳、蒂蒙斯、萨尔曼、威克姆)的作用机理
- 运用蒂蒙斯模型分析生活中的创业案例

【学习要点】

- 创业的概念
- 创业的风险
- 创业的收益
- 创业的过程
- 创业导向的概念与特征

创业,历经了一段曲折的历史发展过程。16—17 世纪,大量资金和生产资料开始聚集在民间的少数人手中,以劳动密集为特点的工厂开始出现;18 世纪,西方各国相继开始了第一次工业革命,机器生产开始替代手工劳作,工厂开始出现;19 世纪 30—40 年代,工厂制度在英、德等国家普遍建立,随着大规模生产和有组织劳工的出现,第一次创业热潮应运而生。19 世纪末 20 世纪初,伴随着第二次工业革命和新技术的出现,生产迅速发展,企业间竞争和兼并不断加剧,美国现代大型企业开始崛起,经营权与所有权开始分离,职业经理人阶层逐渐显现,形成了一系列科学管理理论的"管理时代";同时,该时期资本的集中度进一步提高,自由资本主义

向垄断资本主义过渡，产生了数量众多的现代化大型企业，创业成为被卡内基、洛克菲勒等巨头垄断的专属领域。20 世纪 70 年代，美国的产业结构开始从资源和劳动密集型向资本和技术密集型工业转化，大企业在经济结构中所占比例逐渐降低，中小企业获得迅速发展，民众的创业参与度不断提高。20 世纪 90 年代以来，以计算机和互联网技术为代表的高新技术迅猛发展，经济全球化脚步急剧加快，创业成为各国经济共同关注的热点话题，成为驱动国家经济发展的重要力量。

正解“创业”

创业到底是什么？我们又该如何认识创业？

“创业”的概念源于西方，英文中与其对应的单词是 Entreprenemship、Venture 和 Start-up。Entrepreneurship 的字面意思包含“企业家精神”或“企业家活动”，Venture 通常指“风险”和“冒险”，Start-up 被翻译为“启动”和“开办”。

创业的两个维度

一、广义 VS 狭义

创业分为广义和狭义两种。狭义的创业是指 Start-up，即创建属于自己的企业。哈佛大学商学院霍华德·史蒂文森（Howard H. Stevenson）教授对“创业”概念的界定受到了学界的广泛认可：创业是不拘泥于当前资源条件的限制，追寻机会，将资源组合来利用和开发机会并创造价值的过程。广义的创业是 Entrepreneurship，是以企业家精神为核心，创建和发展自己的事业。在杰夫里·蒂蒙斯（Jeffry A. Timmons）所著的创业教育领域的经典教科书《创业创造》（New Venture Creation）的定义：创业是一种思考、推理结合运气的行为方式，它为运气带来的机会所驱动，需要在方法上全盘考虑并拥有和谐的领导能力。

【案例】

冷晓琨和乐聚智能科技

冷晓琨，出生于 1992 年，现任哈尔滨乐聚智能科技有限公司董事长。13 岁起开始，冷晓琨接触机器人，初二时加入学校机器人兴趣小组，代表学校参加中小学机器人大赛并被保送到高中；高中时参加全国中小学电脑机器人大赛，获得亚军后被保送到哈工大计算机学院。上大学后，冷晓琨加入哈工大奥林匹克机器人创新基地，结识了很多和他一样对机器人感兴趣的“发烧友”，大家因为共同爱好而组建了团队。起初，他们拥有的机器人都是在市场上购买的成品，但随着研究的深入，大家发现机器人研究受硬件因素影响极大。当时国内还没有一家能够提供合格机器人硬件的公司，包括国内各个大学研究室在内的机器人研究者们都需要从国外购买成品机器人硬件，这样不仅研究成本高，还会受制于人。于是一群“初生牛犊不怕虎”的年轻人决定自主研发机器人。2012 年,冷晓琨作为队长带领学校机器人团队参加了央视春晚的表演。在当时的机器人表演中,冷晓琨的团队只是提供算法,用的是韩国的机器人。这也刺激了冷晓琨,之后用了不到 3 年的时间研发出了具有自主知识产权的机器人硬件和控制系统。

2014 年冷晓琨荣获"中国青少年科技创新奖"。2015 年,冷晓琨响应国家"大众创业,万众创新"的政策号召,在学校提供的免费创业孵化基地创办了他的第一家公司。学校帮助这个初创公司对接投资方、市场资源,进行创业指导等服务,让冷晓琨专心的投入到研发当中去,机器人小艾 1 代也在此诞生。在双创浪潮中,冷晓琨的公司在学校和国家的支持中势如破竹,迅猛发展,这更让冷晓琨坚定了创业的想法。2016 年,24 岁的冷晓琨带领着十几人的核心技术团队来到了深圳。刚刚成立两个月的乐聚机器人就吸引到了1000 万天使投资。让冷晓琨和他的团队能够更全心全意的去进行潜心研发。短短两年时间,他们相继开发量产了小艾教育版、娱乐版,并进而升级成 1s 机器人。同年,冷晓琨带领的哈尔滨乐聚智能科技有限公司获"创青春"全国大学生创新创业大赛金奖。

2017 年 7 月 20 日,冷晓琨入选 2017 福布斯中国 30 位 30 岁以下精英榜名单。2017 年 8 月 30 日,第九届中国深圳创新创业大赛上,冷晓琨带领的乐聚(深圳)机器人技术有限公司,凭借乐聚智能人形机器人荣获企业组二等奖。2018 年,乐聚机器人分别在"央视春晚倒计时"及平昌奥运会"北京 8 分钟"中精彩亮相,为国争荣,并将"中国智造"远销美国、日本、欧洲等地。由于卓越表现,其本人入选 2018 福布斯亚洲 30 位 30 岁以下精英榜名单,成为其消费科技领域中国最年轻入选者之一。他从热爱机器人的追梦少年、到全国机器人大赛卫冕冠军、再到顶尖机器人技术公司的创始人,秉承着一个坚实的信念:精彩人生源于自我创造。

资料来源:根据网络资料整理。

冷晓琨本着创造最富有灵感的机器人,让高度智能的机器人真正走进人们的生活的信念,基于创新和不断开拓,将公司整体迈上了更高的一个台阶。从热爱机器人的追梦少年、到全国机器人大赛卫冕冠军、再到顶尖机器人技术公司的创始人,冷晓琨走过的路,代表着中国少年敢于有梦、勇于追梦、勤于圆梦的创业人生。

案例思考:

二、创业者 VS 管理者

创业者与管理者在制定决策时的思考方式和思考问题的顺序,有着明显的不同。从表 4-1 中不难看出,一般来说,管理者面对事情最先思考的是资源和结构的问题，然后考虑其他人对自身的影响，而最后才会考虑寻找合适的机会；创业者则不同，他们会将是否有机会及如何利用它的问题放到首位，其次才会思考资源和结构的问题。在管理者的思考模式中，机会只是利用资源的一种手段。但对于创业者，资源和结构都是为了实现机会而服务的。

表 4－1　管理者与创业者的思考方式

管理者	创业者
我能控制什么样的资源？ 什么结构决定了我们组织与所在市场的关系？ 我如何能够将其他人对我表现力的影响最小化？ 什么机会是合适的？	机会在哪？ 我怎么利用它？ 我需要什么资源？ 我怎么能够控制他们？ 什么结构是最好的？

【Tips】

事实上创业不仅仅局限于一种个人行为，它存在于多个层面，除了个人的创业活动以外，企业和国家同样能够成为创业活动的主体。

三、生存推动型创业 VS 机会拉动型创业

创业类型的划分有多种角度，依据创业动机的不同，我们可以将创业划分为生存推动型创业和机会拉动型创业两种类型。

1. 生存推动型创业

生存推动型创业（以下简称生存型创业）是指那些由于没有其他就业选择或对其他就业选择不满意而从事创业的创业行为。生存型创业者大多为失业或无业人员、失去土地或因为种种原因不愿困守乡村的农民，以及刚刚毕业找不到合适工作的大学生等。这是中国数量最大的创业人群。清华大学的调查报告显示，这一类型的创业者占中国创业者总数的90%。从行业分布来看，一般创业范围均局限于商业贸易，少量从事实业，也基本是小型的加工业，这些行业大多为个体私营经济所处的行业。当然也有因为机遇成长为大中型企业的，但数量极少，因为国内市场已经发生了很大变化，创业的环境与之前大不相同了。

2. 机会拉动型创业

机会拉动型创业（以下简称机会型创业）是指那些为了追求商业机会而主动选择从事创业活动；是已感知到商业机会的人自愿开发商业机会，虽然创业者还有其他的选择，但他们由于个体偏好而选择了创业；是那些为了追求一个机会而开创企业的创业者，他们是自动自发地开创他们的企业生存型创业就是那些由于没有其他就业选择或对其他就业选择不满意而从事创业的活动，是那些由于没有其他更好的工作选择而从事的创业。

机会型创业是通过发现或创造新的市场机会,为追求更大发展空间通过新产业的开拓实现对新市场的开拓的创业形态。机会型创业具有创业起点高,对经济社会的推动力大,市场空间大,造就的就业岗位多,利润高,风险大等特征。

创业风险

创业是一项高风险、高收益的活动,获得的收益越大,所要承担的风险就越大。若要顺利地开展创业活动,必须充分了解创业风险。

一、风险与不确定性

风险是指决策者能够根据已有经验或数据预知事件最终呈现的可能状态和整个事件发生的概率分布。**不确定性**是指决策者不能够预知事件发生最终结果的可能状态及其概率分布。

1921年,经济学家弗兰克·奈特(Frank H. Knight)在其《风险、不确定性和收益》一书中指出:"创业者就是在高度不确定性环境中承担不确定性风险的人"。奈特对不确定和风险做了区分,并形成了"奈特不确定性"的相关理论。在奈特看来,风险和不确定性最大的区别在于事件结果概率是否能被预先估计,他认为风险是能被计算概率与期望值的不确定性,而不确定是全新的、未知的,是不可度量的风险。

美国投资奇才乔治·索罗斯曾经说过:"我什么都不怕,只怕不确定性"。但不确定性本身是一把双刃剑,其利弊取决于事件本身和面对不确定性的主体等多方面的因素,尤其对于创业者而言更是如此。美国石油商人保罗·盖帝这样说过,"如果没有不确定,即使最伟大的商业胜利也会变得索然无味,令人不满意"。正是由于这种不确定性、模糊性和混沌性,才使得在特定市场中,创业企业有可能超越现存的、成熟的大企业,实现后来居上,甚至在竞争激烈的市场中实现超常规、跨越式的发展,进而脱颖而出。

二、创业风险的来源

早在1985年,哈佛大学商学院教授霍华德·史蒂文森就指出,创业过程是一个高度综合的管理活动,这一过程中有三大特性导致了创业风险。第一,创业环境的不确定性;第二,创业机会与创业企业的复杂性;第三,创业者、投资者和创业团队三者能力与实力的有限性。这三大特性的存在直接导致了创业风险的存在。那么,这三大特性是怎么产生的呢?究其根本,我们发现,创业过程中各创业要素及它们彼此间衔接过程中产生了一些"缺口",包括融资缺口、研究缺口、信息与信任缺口、资源缺口和管理缺口①,这些缺口直接诱发了不同的创业风险,如图4-1所示。

① 赵光辉. 论人才创业风险的来源与控制[J]. 当代经济管理, 2005, 27(4): 109-116。

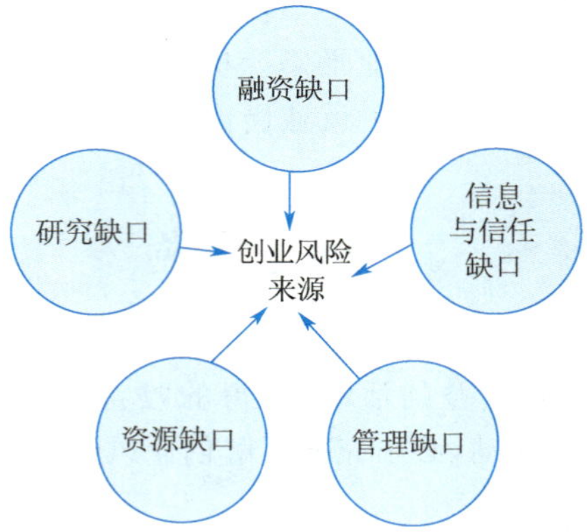

图4-1　创业风险的五大来源

融资缺口，是指创业者实现其创业构想所需资金与现实中融入资金之间存在差异，通常是实际融资低于创业者的预期融资。研究缺口，是指产品研发和产品商业化之间存在的差异，通常产品研发成功并不一定代表产品会在商业上获得成功，最初的科学突破和技术突破可能仅仅停留在理论层面，真正要实现商品化还需要考虑生产成本、技术稳定性、客户认知度等诸多因素。信息和信任缺口，是指创业过程中企业内部人员之间需要做好充分沟通，避免产生信息不对称的情况，例如专业技术人员和市场营销人员之间双方必须进行充分有效的沟通并相互信任，否则双方的沟通和信任缺口带来的风险会成为创业过程中的隐患。资源缺口，是指创业所需资源与当前企业所拥有的资源之间存在差异，通常创业者很难拥有创业所需的全部资源，这就形成了资源缺口，创业过程实质上是一个企业突破自身资源限制的过程，只有弥补上这些资源缺口才能更好地创业。管理缺口，是指创业者在创业过程中应该具备的管理能力和现实中自身拥有的管理能力之间存在差异，通常很多创业者具备良好的商业判断眼光和专业技术水平，但随着企业的创建和成长，管理一个企业的才能就愈发重要，缺乏管理知识和管理才能，就会形成管理缺口，会对新企业的发展造成不利影响。

可见，现实中存在诸多可能诱发创业风险的缺口。大家可以思考一下，成熟的企业可否避免这些风险呢？

【课堂活动】

放弃创业的原因

具体要求：

1. 与你的伙伴讨论不自主创业的原因。
2. 与其他小组分享你们的观点。

三、大学生创业风险类型

麦可思研究院发布的《2016 年中国大学生就业报告》显示，大学毕业生的创业比例持续上升，2015 届“自主创业”的比例为 3%，与 2014 届、2013 届相比有所提升，但相较于总就业率 91.7%而言，选择创业的毕业生仍占少数。调查发现 2015 届本科毕业生自主创业的主要风险因素为缺少资金（28%）、市场推广困难（26%）、缺乏企业管理经验（24%）。总的来讲，大学生创业面临的主要风险可以划分为项目风险、资金风险、技术风险、营销风险和法律风险五大类，如图 4－2 所示。

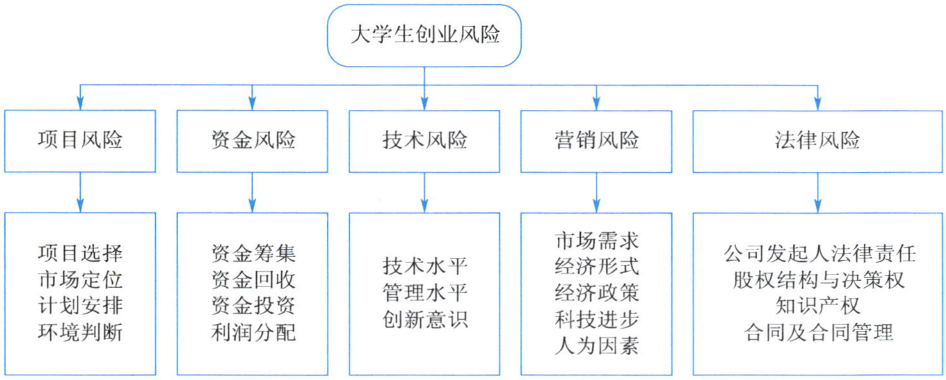

图 4－2　大学生创业风险①

（1）项目风险，是指在实现项目目标的活动过程中导致项目损失的可能性。对于年轻的大学生创业者而言，由于他们容易冲动的特性，诱发项目选择不慎重、市场定位不清晰、对消费者需求把握不准、项目进度安排不妥当等一系列问题。

（2）资金风险，是指因资金不能适时的筹集、保管、投放和回收而导致创业失败的可能性，与资金相关的各个环节（包括利润分配）都可能产生风险。这种风险贯穿创业活动的全过程，尤其在起步阶段，资金紧缺轻则会严重影响业务拓展，重则企业会因错失商机而倒闭。

（3）技术风险，是指由于创业者自身在专业技术、管理能力及创新意识等方面存在的不足，导致整个创业过程中创业活动遭遇的风险的可能性。服务性产业很受大学生创业者的欢迎，但由于他们技术门槛较低却竞争激烈，因而容易导致创业失败。技术风险需要引起大学生创业者的重视。

（4）营销风险，是指在营销管理上由于决策随意、信息不通、理念不清、急功近利、盲目跟风等造成的风向隐患。市场需求的变化、经济形式和经济政策的变化、科技的进步以及销售人员和经销商方面的许多人为因素都可能造成营销风险。营销管理上的问题是造成创业失败的一个重要因素，良好的经营管理需要受到大学生创业者的重视。

① 施险峰，秦金婧．大学生抵御创业风险的途径研究[J]．广西青年干部学院学报，2009（6）：35-37。

(5)法律风险，是指企业的经营活动涉及形形色色的利益相关人，在利益交换过程中可能会和利益相关体产生一些争议和纠纷，尤其对于涉世未深的大学生创业者而言，由于他们的年龄、阅历、心理等与有社会经验的人相比处于劣势，在法律知识和意识等方面的经验都较为匮乏，缺少法律风险意识可能会引发企业面临官司纠纷甚至倒闭，拥有法律风险意识则能够为企业的长远发展保驾护航。

【案例】

余佳文与“超级课程表”

余佳文，1990年出生，来自广东潮汕一个普通家庭，14岁便开始出来做生意，高一时通过自学编程，创办了专属于高中生的社交网站，高二时便通过网站盈利赚得了人生的第一笔收入。但做网站赚的钱并没有让他就此满足，2009年，他进入广州大学华软软件学院读书不久后他便将网站卖掉了，随后余佳文一直在试图寻找新的创业项目。大学生活刚开始，一周的上课数量达到30节，他经常忘记上课地点，有时在课上发现心仪的女生，他也不敢主动索要联系方式。这些日常小烦恼，迅速给余佳文带来了创业的灵感：为什么不能制作一个软件解决这些问题呢？就这样他拉上几个朋友，组建了一个由8名大学生组成的创业团队。

但创业过程并没有想象中的顺利，团队最先开发的一款邮件客户端，虽然深受学校老师的好评，但在实际运营中的收益并不理想，因此不久就被转卖了。随后“超级课程表”的构想诞生了，一款专为大学生打造的集课程信息、交友和各项大学信息于一身的应用APP。“超级课程表”最初的版本只能显示上课时间和地点，由于设计粗糙、功能较为单一等问题，身边的老师和同学普遍认为这个软件没什么技术含量，这个项目的前景并不被看好。但这恰恰激励了余佳文，通过进一步的改良，“超级课程表”的功能逐渐丰富起来。

2012年，余佳文等人共同成立了广州超级周末科技有限公司，随后“超级课程表”一路过关斩将，于同年获得朱波等人的天使投资。在拿到其中一笔投资之后，余佳文的团队快速扩张。

2013年5月，通过东南卫视创业真人秀节目《爱拼才会赢》，余佳文和“超级课程表”声名远播；截至2014年11月，余佳文的团队成功获得四轮融资，软件功能也获得不断升级，甚至“超级课程表”的用户数量在教育类免费排行榜名列第一。

2014年年末，在央视“青年中国说”节目中，余佳文发表“霸道总裁”言论：“员工全是90后，薪水自己开，明年会拿一个亿利润让员工开心一下！”但没想到的是，2015年8月在央视的“开讲啦”节目中，余佳文对自己去年承诺反悔了，自称“认怂，做不到”。作为超级课程表项目的早期天使投资人之一的360董事长周鸿祎，当场指出“这种失信其实是很大的一件事情”。然而，对于这种评论,余佳文的回应是“年轻人的企业就是玩出来的,不必过于认真”。

“狂拽横”是很多人对余佳文的评价,然而当他把这种性格带到公众面前,造成的不良影响使他很快认识到问题的严重性。2015 年 8 月 16 日,针对之前的不守信和与周鸿祎舌战的事件,余佳文发布了长微博致歉,承认“因为自己的口无遮拦,也因为自己的年轻无知,更因为自己的价值观缺失,给很多人造成了伤害”。

资料来源:根据网络资料整理。

案例思考:

创业动机

创业学者 Green Berger 提出,促使普通人创业的五种动因是新机遇、市场机会、事业发展需要、自身才能、自身价值体现。从根本上讲,人类的行为是由动机决定的,人类的动机是由需要决定的,创业是一种行为,创业行为受到创业动机的驱使,创业动机是由人类的需要决定的。所以,我们若想深入了解驱使人创业的动因,就要从研究人类行为的动机和需要入手。

一、马斯洛需求层次理论

1943 年,美国心理学家亚伯拉罕·马斯洛(Abraham Maslow)在《人类动机的理论》一书中首次提出了著名的马斯洛需求层次理论(Maslow's Hierarchy of Needs),如图 4－3 所示。该理论指出,只有最迫切的需要才是激励人行动的主要原因和动力。马斯洛将人类的基本需要分为生理需求、安全需求、社交需求、尊重需求和自我实现需求五大类,它们从低到高逐层排列,通常来讲人类最迫切的需要由低层次向高层次发展,只有未满足的需要才能激励人的行为,满足了的需要不能充当激励工具。

处于金字塔底层的是人类最基本的生理需求,是指人类诸如吃饭、睡眠、医疗、保暖等保证其生命存在和延续的基本要求。第二层安全需求,是指对安全的环境、恒定的秩序、避免伤害和威胁的需要。第三层社交需求,是指个体希望获得别人的关注和关怀,希望受到别人的接纳,在情感上有归属感。第四层尊重需求,可分为内部尊重和外部尊重:内部尊重又称为自尊,是指一个人希望自己拥有实力、充满信心,进而产生对自我的尊重,自尊的满足能使人相信自己的力量和价值。外部尊重,是指一个人希望自己有地位、有影响力,受到别人的尊重。第五层也是最高级层次,即自我实现需求,是指个体发挥自身的潜力,实现自己的理想和抱负，成为自己所期望的人物。自我实现是人类需求中的最高层次，在现实生活中，真正达到自我实现层面的只是人群中的少数群体。

Abraham Harold Maslow:Hierarchy of Human Needs

图 4－3　马斯洛需求层次理论示意图①

二、创业能够满足人的基本需求和高层次需求

对于创业者个人来讲，创业成功能够带来丰厚的物质财富回报和精神财富回报，同时创业成功也意味着为社会创造了更多价值。创业不仅能够带来金钱收入，还能够拥有一份完全属于自己的事业，充分地发挥自己的潜能，得以自我展示和自我实现。从马斯洛需求层次理论的角度来看，生存需求、安全需求、社交需求、尊重需求和自我实现需求都可以在创业过程中实现。创业者，尤其是多数大学生创业者，之所以选择创业的根本原因，是将创业的过程看作是创业者赢得尊重和自我实现的过程。如果说当下从事金融或 IT 行业是成为中产阶级的捷径，那么创业就是成为巨富和实现财务自由的最佳选择。更为重要的是，创业成功可以获得自信和尊重，可以证明自我价值，可以实现自己的人生理想。创业成功的同时，也意味着创业者为社会创造了价值，甚至有些创业成功会深刻地改变着我们身边的世界。创业者个人收益和社会财富之间呈现一种正相关的关系，一个国家或地区市场化的程度越高，体制环境和商务环境越优越，创业者成功的概率越大，进而又会使该国家和地区的财富越多，社会收益也就越大。创业在一定程度上也是一个实现社会责任的过程。

圆通创始人喻渭蛟的企业理念是：我们的目标是要打造出中国人的快递。他

① 2015-12-11 360doc 个人图书馆《无社交不商业，Uber 或将边缘化 BAT?》http://www.360doc.com/content/15/1121/09/28355907_514732727.html。

认为,虽然圆通可能是最努力的民营快递企业,但重要的不是谁先做大,而是中国人一定要创出自己的民族品牌。

【扩展阅读】

创业到底改变了什么?

1. 看问题的深度。

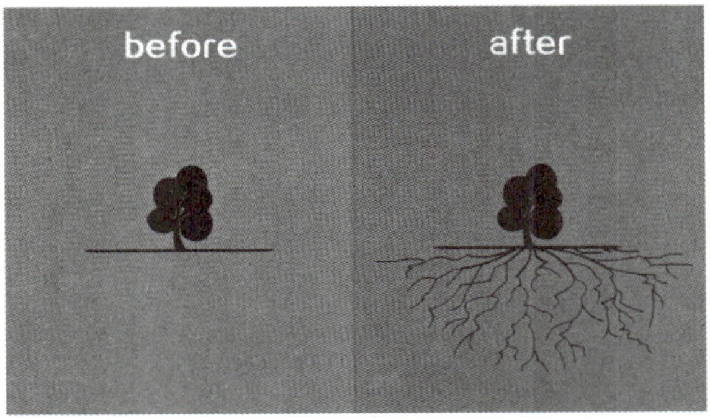

2. 聚焦关键问题的能力。

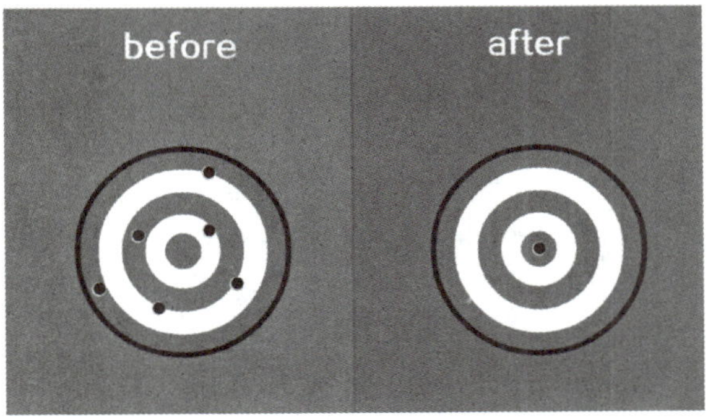

3. 执行力的速度。

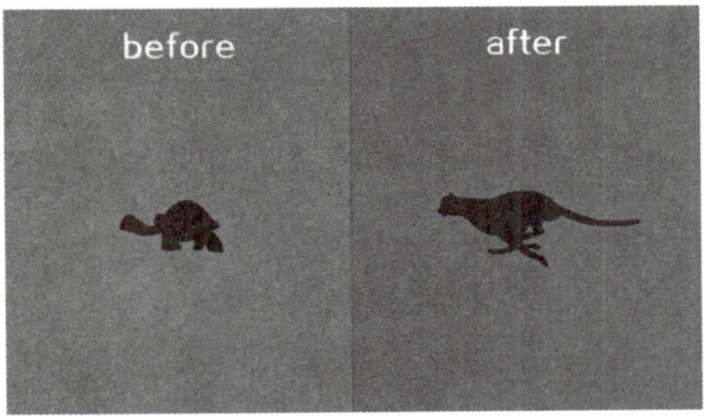

4. 自信心。

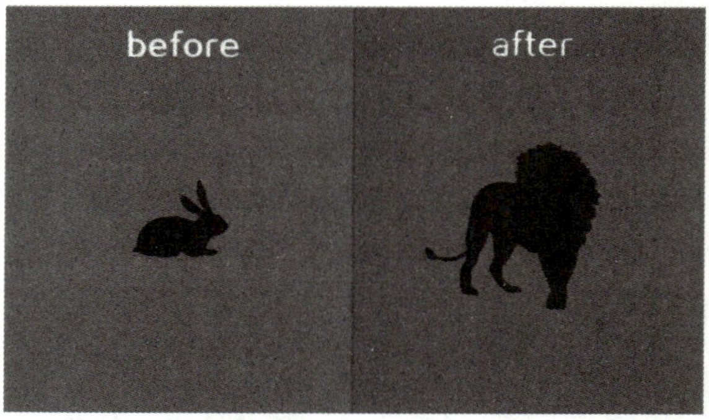

5. 个性。

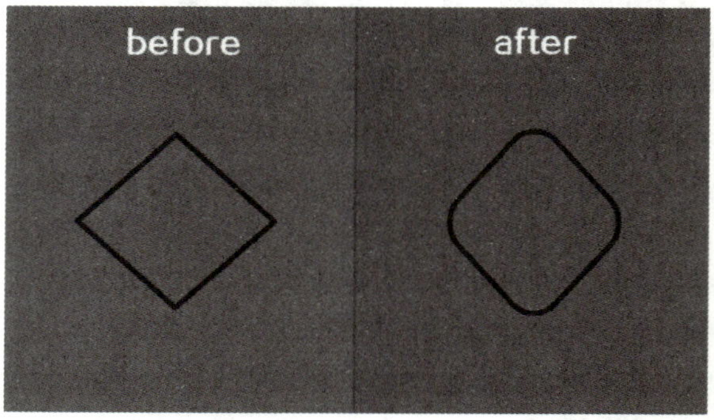

6. 沟通能力。

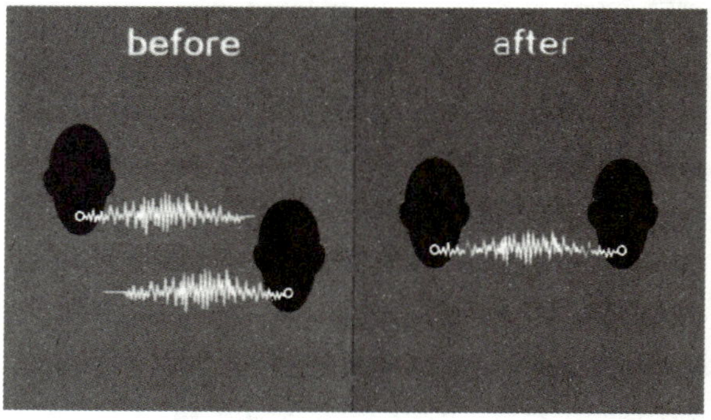

7. 个人影响力。

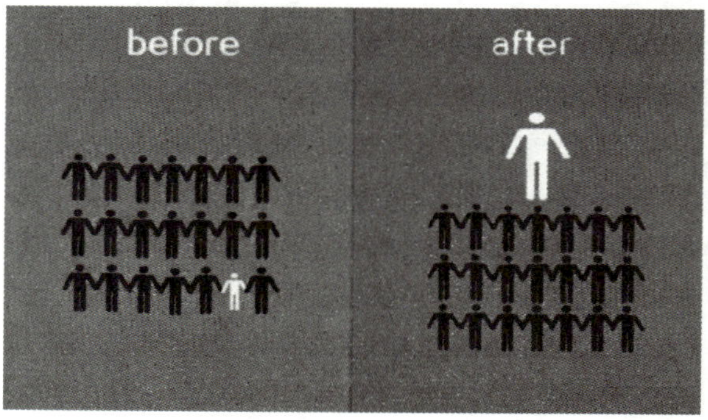

8. 抗挫折能力。

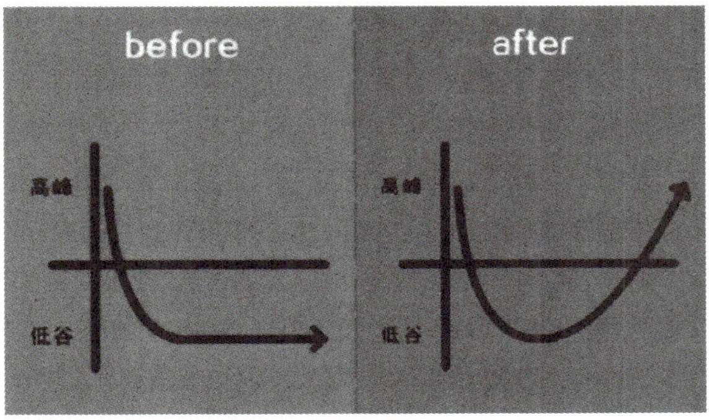

9. 理财的思维模式。

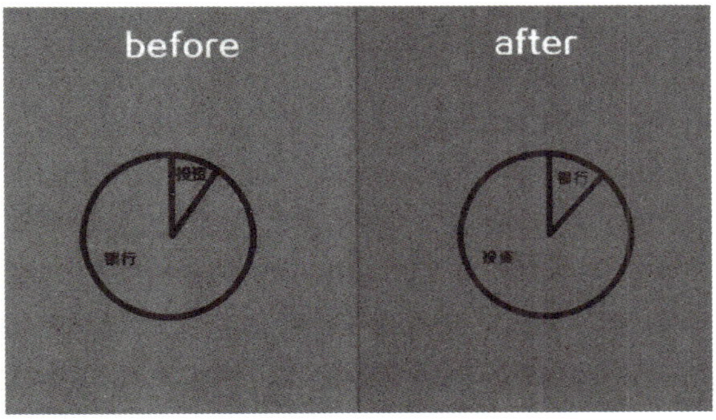

资料来源：2016-11-21 搜狐公众平台——财经——创业前和创业后到底有什么区别 http://mt.sohu.com/20161121/n473694172.shtml。

要素、类型与过程

创业过程

创业过程是创业者围绕商业机会的识别、开发和利用的一系列过程。创业过程有狭义和广义之分。从狭义来讲，创业过程即新企业的创建过程；从广义来讲，创业过程通常包括从最初的项目构思到创建新企业，以及之后的新企业成长阶段。创业具有高风险特征，创业过程具有复杂性和动态性特点。复杂性是指创业的过程往往是创业者将某一构想或技术转化为具体的产品或服务的过程，其中涉及诸多创业要素之间复杂的作用关系；动态性是指创业过程中创业活动与创业要素之间遵循一定的逻辑顺序和平衡关系的，伴随着企业成长，原有的逻辑顺序和平衡关系会产生动态变化。

为更好的理解创业过程，下面为大家介绍五个基于创业过程的复杂性和动态性的经典创业模型，模型分别从不同的角度描述了创业过程所需的要素及要素之间的关系。

一、加纳创业模型

1985 年，威廉·加纳（William B. Gartner）在《一个描述新企业创建现象的概念框架》（A Conceptual Framework for Describing the Phenomenon of New Venture Creation）中提出了其关于新企业创建的概念模型，主要阐述了四个核心要素的作用，即个人——新组织的创建者、组织——被创建的公司、环境——影响新组织的周围情境、过程——个体采取的用以创建企业的行动，如图 4－4 所示。

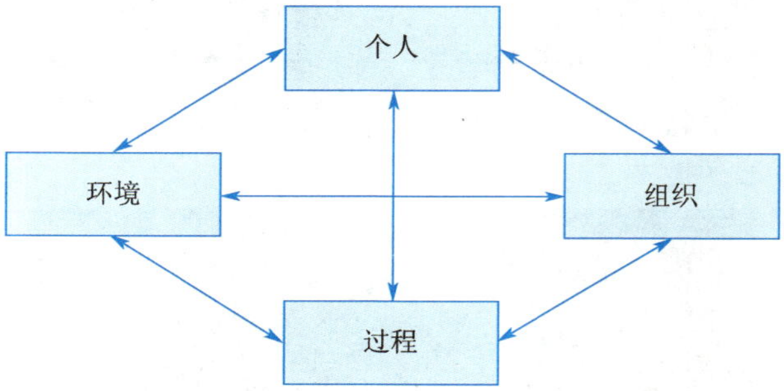

图 4－4　加纳创业模型

该模型对新创企业中四大要素包含的组成成分进行了归纳梳理。加纳认为，任何新企业都是这四个维度中变量组合的完整形态。只有深入探究这四个维度之间的相互作用关系，以及每个维度内部的变量与其他各维度变量之间的相互作用关系，才能够实现对新企业创建的全面性和复杂性的充分诠释。

个人要素。创业者与非创业者可能在心理和自身家庭背景等的很多方面存在差异，诸如教育水平、年龄、前期工作经验、风险承担性等。

组织要素。1944 年，杰姆斯·斯特劳斯（James H. Stauss）在《创业者：公司》《The Entrepreneur：The Firm》中试图对创业者的关注向其创建的组织引导，创业者不等价于其所创造的组织，在创业研究中不能忽视组织所具有的特性，诸如整体成本领先性、差异性、新产品或服务、客户合同等。

环境要素。创业者并不是在真空中创业的，他们会对环境做出反应。研究显示从某一角度来讲，高度支持合适的地区环境（如孵化器）真的能够创造出创业者。通过对下面一些环境因素的思考可以更好地设计出有利于保持并鼓励个体创新性的环境。诸如，政府的影响、交通工具的可及性、区域人口的态度、进入壁垒等。

过程要素。克拉伦斯·丹霍夫（Clarence H. Danhof）在 1949 年曾在《观察农业中的创业》（Observations on Entrepreneurship in Agriculture）中指出，“创业是一项活动或功能，而不是一个特定个体或职业……特定的个人创业者是一种不现实的抽象。”创业是一种动态活动，这种动态性主要体现在创业过程的活动当中，常见的活动包括创业者商机的定位、资源的积累、组织的建立、产品的生产、市场营销、企业对社会和政府的回馈等。

加纳创业模型的提出为我们明确了创业过程中四个关键要素，该模型体现了创业过程的复杂性，但忽略了创业过程的动态性特征。

二、蒂蒙斯创业模型

1999 年，“创业教育之父”杰弗里·蒂蒙斯(Jeffry A. Timmons)在其著作《新企业的创建：21 世纪的创业学》《New Venture Creation: Entrepreneuership for the 21st Century》中提出了著名的创业过程模型，该模型认为创业活动中关键的三个要素是商业机会、创业资源和创业团队。

商机作为创业过程的核心要素，相应的，机会的发现、开发以及利用就是创业的核心，其中作为创业过程的起点，识别以及评估市场机会是具有关键意义的阶段。

资源作为支撑创业过程的必要要素，必须要合理地加以利用并控制，谨慎的使用资源。为了实现这一目的，创业者往往要全力设计出精巧的战略，这对新创企业来讲是极为重要的。

团队是新创企业的关键组织要素。为保证创业成功，创业领导者和创业团队的成员要具备多项基本素质：学习能力、自如应对逆境的能力、领导和沟通能力，但最为重要的是要能够适应不断变化的市场环境的团队柔性。

在该模型中蒂蒙斯提出创业过程是由商业机会驱动，由创业团队引领，由创业资源提供保障，创业过程是三个要素的匹配和平衡的过程。该模型强调弹性和动态平衡的重要性。蒂蒙斯指出创业是否成功，取决于这三个要素是否能够随着事业的发展，通过适当的搭配达到动态平衡。

商机、资源和团队在创业过程的不同阶段扮演着不同的角色。商机是创业过程的伊始，因此机会的发现与选择在前期准备时极为关键，当进入创业初期阶段，创业的重心是组建创业团队，对资源的需求在顺利启动创业活动后会随之逐渐增加。蒂蒙斯创业模型巧妙地用一个倒三角模型来描绘这三者的关系，如图 4－5 所示。

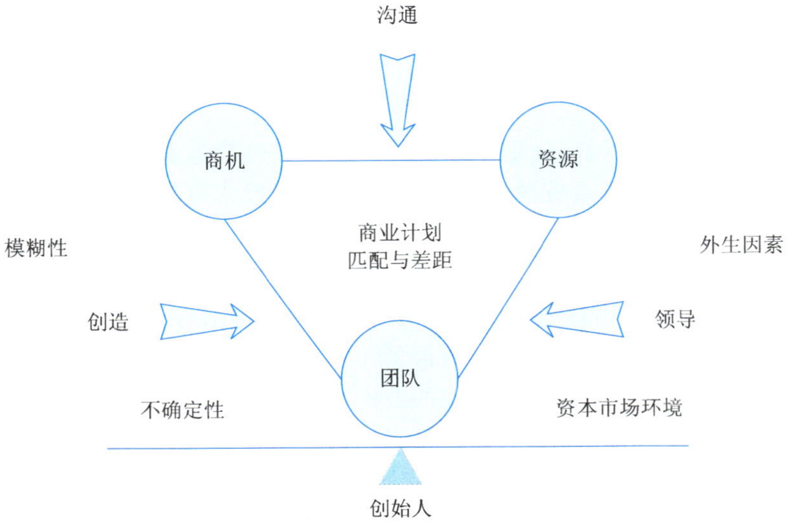

图 4－5　蒂蒙斯创业模型

模型中，团队、商机和资源三者之间始终保持着动态、互动关系。团队位于三角形的底端，由于在创业初始阶段，机会和资源两者不均衡，此阶段资源较为匮乏的资源，因而三角形将向左侧（商机）倾斜；随着企业的成长，资源随之不断增加，而机会的数量在此阶段变得有限，机会和资源两者再次出现不均衡，因而三角形开始逐渐向右侧（资源）倾斜。

在创业过程中，有诸多因素会影响创业活动，比如机会的模糊性、市场的不确定性、资本市场的风险以及外在环境的变迁等。因此，要保持并推动新企业的顺利进行，只有依靠创业者的领导能力、创造能力与沟通能力发现问题，适当调整机会、资源和团队之间的组合方式。创业者及其团队需要在不断探求更大商机的同时合理配置资源，才能使企业发展保持动态平衡。

三、萨尔曼创业模型

威廉·萨尔曼（William A. Sahlman）于1999年在《关于商业计划的思考——创业企业》〈Some Thoughts on Business Plan，The Entrepreneurial Venture〉一书中提出了以环境为中心的四要素创业模型，如图4－6所示。

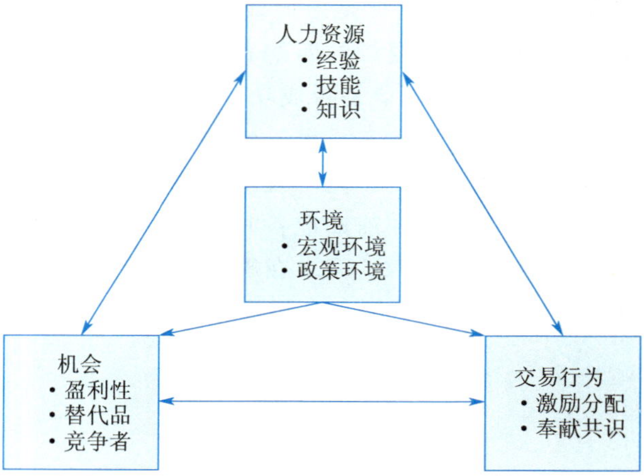

图4－6 萨尔曼创业模型

该模型包含四大要素，分别是环境——无法通过管理直接控制的外部因素；人——为创业提供服务或资源的人；机会——需要投入资源的任何活动；创业者的交易行为——创业者与资源之间直接或间接的联系。创业环境是指行业进入的壁垒、市场利率水平、相关政策法规和宏观经济形成等形成影响创业的外部环境。在这些要素中，**人**不仅仅指创业者个人，同时也包括各种直接或间接参与创业活动，并提供经验、技能和知识等资源的个体，例如雇员、律师、会计师、投资者、供应商等。**机会**既包括企业尚待开发的技术和市场，同时也包括创业过程中需要创业者投入资源的事物。**交易行为**是该模型的一大特点，它是利益相关者之间交互关系的表征，萨尔曼的创业模型很明确地指出创业过程中社会网络的重要性。

创业环境是影响整个创业过程的基础，人、机会和交易行为均会受到环境的影响，同时也会影响环境，只有通过这四个要素的相互协调、共同促进才能最终实现创业成功。

四、威克姆创业模型

1998年，菲利普·威克姆（Philip A. Wickham）在《战略创业》《Strategic Entrepreneurship》中提出基于学习的创业者、机会、组织和资源四要素创业模型，如图4-7所示。

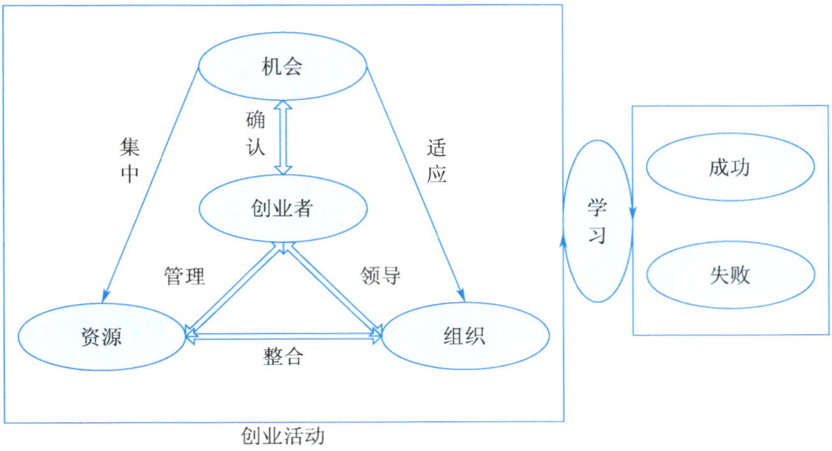

图4-7　威克姆创业模型

该模型认为，创业过程的核心是创业者，而创业组织实质上是学习型组织，创业过程即是创业组织的学习过程。通过不断学习，组织得以保持要素之间的动态匹配，这一过程当中处于中心位置的是创业者，其本质就是有效的处理机会、资源和组织三者之间的关系，通过确认机会、管理资源进而带领组织实施各项创业活动。在整个过程中，创业者通过组织不断强化地学习，能够根据识别到的机会聚集所需的资源，组织不断适应机会的变化，整合资源和组织，进而实现动态平衡并最终实现创业成功。

威克姆创业模型不仅说明了创业者的作用，同时也揭示了机会、资源与组织三者之间的相互关系：在要考虑资源的成本和风险的同时，依据机会利用的需要集中资本、人力、技术等资源；资源整合后形成组织，为适应所要开发的机会，组织内部包括资本结构、组织结构、程序和制度、组织文化等都逐渐开始成形并能够形成一个有机的整体。组织在面对机会和挑战做出反应的同时，要根据机会的变化随时来调整未来的应对模式，组织在成功与失败中不断地学习中成长。

上述四个经典创业模型都从不同的侧面对创业过程中的不同要素，以及要素之间相互作用的分析描述，并且对创业的几大基本要素从不同角度进行了说明。表4-2展示了对四个模型中普遍包含的创业者、机会、资源、组织/团队和外部环境这五个要素和特点的比较分析。

表 4－2　经典创业模型中的要素作用比较

模型要素	加纳创业模型	蒂蒙斯创业模型	萨尔曼创业模型	威克姆创业模型
创业者	新企业创业者具有与非创业者不同的特性，这些特性对创业有重要影响	创业者通过自身创造力、沟通能力和领导能力来整合机会、资源和团队之间的组合方式	创业者为创业提供资源和服务，与利益相关者互动进行交易行为	创业者的本职工作是要有效处理机会、资源和组织之间的关系
机会	定位商业机会被当作创业过程中的步骤之一	机会是创业过程的关键因素，创业源于对机会的识别	从产品的营利性、替代品和竞争者三方面来解释机会的内涵。机会引导资源整合，决定采用何种交易行为	强调机会的关键作用，资源的集中是基于机会的需要，同时组织的形成要适应机会的需要
资源	通过整合内外部资源创业者能够实现创业，而人力资源是创业者的主要资源	资源的整合源于团队的形成和团队对机会的把握，团队来实现机会和资源的互动	区分人力资本和其他资源，探讨资源与机会和交易行为之间的互动关系	资源受到创业者的管理，为机会识别和利用提供支持，且与组织的形成密切相关
组织/团队	新创建的组织不能被创业者简单的代替，组织中的特性应在创业过程中受到重视	创业团队是创业的关键组织要素，团队要具有能不断应对环境变化的品质和能力	模型中人不单指创业者，而是对创业有贡献的所有人，变相地体现了创业团队的重要性	在创业者的领导下，组织的构建要适应机会的需要，并且在创业过程中与资源不断整合
环境	特定的适宜的地区环境能够在一定程度上影响个体是否选择创业，进而影响创业成功与否	强调环境的不确定性，以及资本市场环境对领导力的影响，环境不确定性是模型动态变化的前提	强调环境的核心作用，其他三要素均以环境的变化进行相互作用从而相互进行调节，同时对环境产生反向作用	强调组织不断学习、适应环境的重要性，要不断从环境中获得并有效的利用知识

续表

模型要素	加纳创业模型	蒂蒙斯创业模型	萨尔曼创业模型	威克姆创业模型
特点	将创业过程作为要素引入，四个要素相互影响构成网状结构，强调创业是一个动态的活动，不能只关注创业者而忽略了过程，创业需要四者相互作用才能实现	机会的识别是创业活动的开始，强调弹性与动态平衡，三要素随时空变化保持动态平衡是这个模型的核心	将交易行为作为要素引入，指出社会网络在创业中的重要性，并强调大的外部环境与人和资源、机会和交易行为之间的交互关系，以及要素之间的适应性和匹配性	创业过程是学习过程，创业组织即学习型组织，创业者在这一过程中协调整合机会、资源和组织这三个重要因素通过创业活动的成功与失败的锻炼最终实现创业成功

资料来源：根据董保宝和葛宝山（2008）《经典创业模型比较研究》及相关材料整理。

“草根”的传奇创业精神

创业导向

创业导向（Entrepreneurial Orientation，简称 EO），又被称为企业家导向，聚焦于研究创业过程的关键特征。

【扩展阅读】

伊利：十年间两次成为哈佛商学院案例

2017 年 2 月 13 日下午，伊利集团董事长潘刚受邀在哈佛大学主题为“2020 在中国做生意”的课程上，以《顺应世界大势，拥抱中国机遇》为题发表的演讲赢得现场师生热情点赞，这已经是潘刚第二次受邀与哈佛商学院的 MBA 学院进行讨论了，事实上不仅是授课，伊利也在不久前第二次入选哈佛商学院的教学案例，早在 2007 年，哈佛商学院高级副院长麦伟略（McFarlan F · Warren）已经通过撰写《伊利：中国乳业的领军者》的案例教材将伊利引入哈佛商学院课堂。此次由哈佛商学院的柯伟林教授继续带领

研究团队于2016年开始撰写并完成了第二份案例《伊利集团：打造全球化乳业公司》。

柯伟林教授说："多年前，我们引入了伊利的第一个案例，对作为中国乳制品行业开拓者的伊利如何在产品，特别是农产品方面进行创新，以适应中国消费者的新需求。当时的伊利作为中国乳制品行业的领跑者，贡献非常卓越。今天，我们则更关注伊利的全球化发展，如伊利与美国、新西兰、意大利、荷兰等国的科技合作以及市场合作，我们看到一个中国的著名乳制品品牌，现在已经成为一个世界品牌。"

资料来源：根据网络资料整理。

思考一下，是什么让伊利作为一个受到世界顶级学府认可的成功案例，出现在哈佛的课堂上被未来的商业精英们讨论呢？如果将伊利的全球化过程看作是一个成熟企业的创业过程的话，那么伊利跻身全球乳制品领军行列就是这一战略成功最有利的证据，而企业内部高度的创业导正是伊利成功的重要原因。在这一过程中，潘刚的全球思维和全球视野帮助企业准确的捕捉到未来全球化大趋势的市场机会，并带领企业不惧失败的风险，先于其他人开拓创新，开辟未知的世界市场，以在新常态下实现长期生存与发展。有业内专家认为，伊利过去十年从中国行业领军者到全球化乳业公司的发展之路正是中国企业"走出去"，实现跨越式发展的缩影。随着伊利全球织网战略的深入，其下一个十年的发展更加值得期待。

一、创业导向的特征

在理论研究中，创业导向往往在创业导向型企业一次中出现。1983年丹尼·米勒(Danny Miller)在《三大类型企业中创业的关系》(The Correlates of Entrepreneurship in Three Types of Firms)中提到：在创业过程中，创业导向型企业相较于竞争对手而言，具有超前的行动性、能够积极参与创新和主动承担风险的特征。创业导向型企业与市场导向型企业相对应：市场导向型企业强调以客户的现有需求为中心，一般仅限于关注顾客已经清晰表达的需求；而创业导向型企业不只限于关注客户的现有需求，还会主动创造客户的未来需求。

创业导向和创业精神也有所不同，汤姆·伦普金(GTLumpkin)和格雷戈里·戴斯(Gregory G. Dess)在1996年发表的《阐明创业导向的构造并将其与绩效相连》(Clarifying the Entrepreneurial Orientation Construct and Linking it to Performance)对二者进行了区分：创业精神侧重于内容层面，而创业导向则是强调如何行动的层面。创业导向可以理解为企业家精神的实际开展过程，可视为存在于个体和组织两个不同的层面上的概念，在个体层面上，创业导向指创业者的一种人格倾向，包括承担风险的意愿、决断性、成就动机、控制倾向等；在组织层面上，创业导向指为组织提供创业决策和创业行动基础的战略制定过程，是组织进行与创业相关的过程、决策和活动的时候所表现出来特征。丹尼·米勒在1983对创业导向的定义用三个维度来测量，即创新性、超前行动性和风险承担性。

1. 创新性

创新性(Innovativeness)是指通过在新进程的研发中引入新产品和新服务以及技术领导所表现出的,对参与创造和实验的倾向性。熊彼特在《经济发展理论》中提出:经济发展的主要源泉是自身内部的管理创新、组织创新和技术创新,而不是劳动和资本。著名的经济学家富兰克·奈特认为创新就是公司为了满足顾客当前和潜在的需求,创造新的或改进现有的产品的行为,体现在产品、服务、技术和管理等多个方面。创新是创业者不可或缺的特殊工具,能够成为企业价值创造的源泉,由于引入阶段的产品或服务创新所遭遇的竞争程度较低,领先者可以独享其中的高额利润,随后市场中开始出现模仿的竞争对手或新的替代品,原有创新带来的利润也随之下降,市场逐渐步入成熟和衰退阶段。因此,企业要获取丰厚的利润就需要持续不断的创新。

2. 超前行动性

超前行动性(Proactiveness)是一个寻求机会的、前瞻性的视角,特征在于通过在竞争之前引入新产品和服务,并根据预期的未来需求行动。对于创业成功而言超前行动性是十分关键的,因为它预示着伴随着创新行动的一个前瞻的视角。因此超前行为要求企业和个人有思考的欲望和期待,并能够出发应对未来处境和威胁的行动。创业过程中表现为开发新产品、新服务、新技术和新业务等行为,这些行为能引领新企业进入新的市场,进而为企业营造良好的外部环境,而超前行动性表现了企业能否抢先于竞争者采取创业行动来试图成为行业领导者的能力。

Tips

通过一个标准企业,是单纯对环境做出反应,还是能通过引入新产品或新服务到市场来改变环境,可以判断企业是否具有超前行动性。

3. 风险承担性

风险承担性(Risk-taking)涉及采取大胆的行动,包括冒险进入未知的、大量借款、并且向企业承诺大量资源的未知环境。创业是在不确定情境下进行的活动,而不确定意味着风险是不可避免的。企业有风险承担性表明了企业愿意在结果极不确定的情况下开展商业活动的承诺意愿。理查德·坎蒂隆(Richard Cantillon)于1755年在其《开始的本质》《Essay on the Nature of Commence》一书中提到风险承担性也是企业家与雇员的最本质区别。实际上,企业家是在管理风险的同时,代替雇员承担了风险,而企业的盈利正是企业家承担风险的回报。只有通过高风险创业活动才能获得更高的投资回报。

事实上,在很多情况下,创业导向各维度并不是独立存在的,而是共同变化的,这表明创新性、超前行动性、风险的承担性是高度内在相关的。超前行动性越强的创业活动越有利于创新,而没有创新的风险承担无法带动创业的成功。企业创新并不能保证100%的成功,需要承担风险,但如果企业要通过模仿改变其技术或产品线来回避这种风险的话，就不能算是创业型企业，某种程度的超前行动或先动性的创新是必需的；相类似地，仅承担财务风险的企业也未必就是创业型企业，如果还从事产品或技术创新，便能算得上是创业型企业。

通过人的风险承担性和创新性的高低程度，可以大致区分出创业者、赌徒、幻想家和安于现状者，如图 4－8 所示。

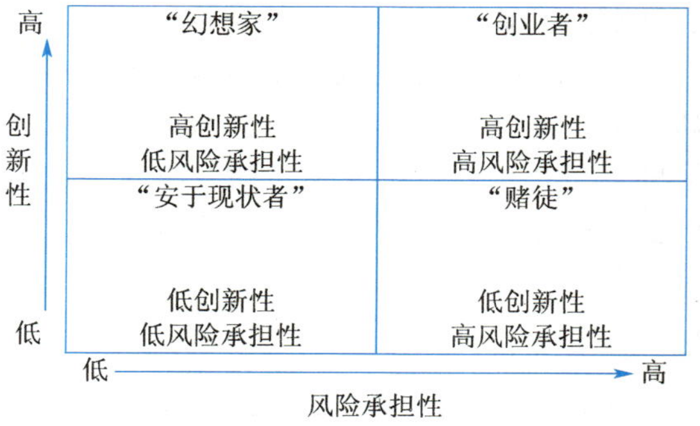

图 4－8　创业者与幻想家、赌徒和安于现状者的区别①

【扩展阅读】

创业导向的另外两个重要的特征

除了以上的三个特征以外，竞争侵略性和自主权也是创业导向的两个重要的特征。

竞争侵略性(Competitive Aggressiveness)的特征是采取强大的攻势姿态或者会对于竞争威胁报以侵略性的反击。1950 年，熊彼特的"创造性破坏"理论中将公司之间头对头(Head-to-Head)的竞争描述为"为了达到并保持在其他公司前面的这种持续不断的竞争"。总的来说竞争侵略性，指的就是包括攻击性的(如强行进入对手的市场)和防守性的(如防止对手侵占自己的市场份额)，公司积极挑战竞争对手的行为。这种行为可能是攻击性的，比如强行进入对手的市场；也可能是防守性的，比如防止对手侵占自己的市场份额。如果将超前行动性与竞争侵略性进行比较的话，前者主要着眼于未来需求，并能够战略性减缓生命周期成熟和消退阶段的劣势，强调如何主导环境塑造和机会寻求；而后者强调的是超越对手的努力程度，着眼于如何应对外部环境中的竞争和威胁。

自主性(Autonomy)是指创业者或创业团队采取的独立的行动，旨在开始一个新企业并实现其成果。简单地说，自主性指的是独立地提出观点并将其投入竞争实践中的倾向性，具有自主性的企业可以实现从商业思想的提出

① 《创业新时代》。

到实施全过程都能够不受到任何束缚的开展独立行动。在企业中鼓励自主权有助于挖掘具有创业潜质的人才,同时对于企业构建鼓励创新的机制有益处,通过鼓励自主性,企业可以形成创业的、积极向上的企业文化。

二、创业导向的重要性

创业导向到底有什么作用呢?下面我们通过圆通的例子来深入理解这个问题。

【案例】

圆通:喻渭蛟的激流勇进曲

喻渭蛟,最初为还掉150万元债务而开始创业,曾经最大的理想就是把桑塔纳换成丰田凯美瑞。2016年11月,中国快递业首家上市公司的名号被圆通速递收入囊中,喻渭蛟夫妻二人以超过当时顺丰快递创始人王卫的620亿元身家,一举成为当时中国民营快递业首富,而这一切和他具有的创业导向特征是分不开的。

一直以来,喻渭蛟给圆通的定位都是“新的变革者”,他认为市场是给有准备、经营有超前思维的人的,但承担的风险是不言而喻的:2002年,圆通在行业内率先喊出了“24小时不间断,一周七天不休息”的口号,引来业内一片反对之声,但到了下半年圆通的单日出件量就翻了好几倍;2005年,他不但第一个找到马云与淘宝网进行全面合作,并将价格降低了至少三分之一,这一决策的正确性在2007年圆通的业务开始猛增时显现了出来。

不能适应社会发展的企业必将被淘汰。当前,喻渭蛟已经开始为进一步创新做谋划,他利用在行业中已有的内引外联的独特优势,试图打造一个电子商务平台“全联网”,“圆通新模式”——B2P2C正在孕育中,这一模式一旦推广,电子商务与快递平台的无缝对接将指日可待,“超越自我,创民族品牌”,“做中国人的快递”!

注:B2P2C——B = business,商家;P = platform,平台;C = customer,客户。

资料来源:根据网络资料整理。

圆通的例子,不禁让人想到一个问题:为什么在起步较晚的情况下,圆通依然能做到业务不断翻新,业绩不断领先而脱颖而出?喻渭蛟带领圆通的例子很好地体现了其作为一个创业者在管理企业时表现出来的创业导向。喻渭蛟敢为人先,不断创造一个个“业内第一”(做第一个双休日接单、第一个与淘宝合作等),这充分体现了喻渭蛟的超前行动性和自主性;员工的迅速壮大,对快递业的竞争企业来讲，其竞争侵略性显而易见；为了捍卫自己的领先地位，他着眼于未来，不断探索创新；为了将圆通转型为正规军，将大批亲朋故友都遣返回家，并承诺未来负责这些前员工的各项开销，这无疑令他承担着新政推行不利的各项风险。

案例思考：

1. 创业者需要创业导向

当考虑个体创业导向时，就需要思考“一个人具备什么样的个人特质或者态度可能会提高他参与创业活动并成功的概率”。回答这个问题要考虑三方面的因素：一是个体的个性特质，二是个体所处的环境，三是个体受到成为关于创业的社会影响。创业态度和个性特质对于一个人参与商业或者不参与的可能性，暴露在创业商机中能够影响态度，可以确定的是有特定心理特质的创业者可能会有展现出特定程度的创业导向的趋势并且这种趋势可能会为组织提供益处。

培养个人良好的创业导向在很多方面都是有益的，即使是在学校教学中依然如此。例如，创业教学和构建教学方法时，对团队中的个人创业导向都有着很大的影响。换个说法，我们都知道学生团体的凝聚力会对团队的效率产生很大的影响，而了解学生的个人创业导向可以在一定程度上引导团队成员形成一个更加有凝聚力的项目小组，使团队制定选择决策和项目评估时会产生意想不到的效果。而创业导向的早期研究聚焦于企业层面，但对个体层面创业导向的理解对于未来企业所有者、商业孵化器，包括那些考虑是否要支持商业提案的潜在投资者而言都会是一件很有价值的事情。

2. 新企业需要创业导向

对于新企业而言，创业导向更是引导创业成功必不可少的一个要素。新企业与成熟企业有一点很大的区别在于，新企业面临新进入缺陷（Liability of Newness）。也就是说，无论在合法性还是客户、供应商等资源方面，新企业都较成熟企业有很大的不足，这就导致其在必要的资源获取和谋求企业生存方面都面临困境。由于刚刚成立，组织结构不完善，新企业的决策和行动一般来说并不取决于组织结构和行为惯例等因素，而是在很大程度上取决于创业者特征。1984 年唐纳德·坎布瑞克（Donald C. Hambrick）和菲利斯·梅森（Phyllis A. Mason）在《高阶：组织是其管理者的反映》《Upper Echelons: The Organization as A Reflection of its Top Managers》一文对高阶理论的阐述中提到了一个重要观点，就是创业者特征对组织绩效具有重要影响。在高度不确定的环境下，创业者的创业导向对于新企业发展是尤为重要。良好的创业导向能够帮助创业者更好地带领新企业，在存在新进入缺陷的情况下依然能贯彻创新精神，用一种超前的思维，不惧风险，在创业初期的困境中坚持前行。

3. 成熟企业需要创业导向

创业导向对企业形成更加适合企业发展的创业导向战略有很重要的意义，这种意义体现在公司绩效、盈利能力、成长和产品创新等方面。而要理解创业导向的形成需要明白三方面内容，即环境因素、组织因素和战略因素等组织构造方面的问题。我国学者蔡莉等(2011)研究发现，创业导向对新企业资源获取具有重要积极影响，如海尔集团是通过持续的产品和市场创新赢得市场优势的，而国美电器则是靠大胆的风险承担性赢得风险收益的。产生这一结果的主要原因在于，企业所处的产业状况、竞争地位和文化等环境都可能是存在差异的。另外，处于不同发展阶段的企业也会采用不同的创业导向战略组合。

【课堂活动】

角色扮演：创业导向如何在创业过程中发挥的影响作用

具体要求：

1. 分为 A、B 两个小组。

2. A 组扮演国内电商领军人阿里巴巴，B 组扮演国内电商后起之秀京东商城。

3. 每个小组分别阐述创业导向如何在创业过程中发挥的影响作用，并完成表 4-3。

表 4-3

	A 组：阿里巴巴	B 组：京东商城
相似之处		
不同之处		

本章思考与实践

1. 结合你了解的创业案例和所学知识，总结一下你创业所具有的特征？

2. 画图描述蒂蒙斯的创业模型，结合实际案例解释一下该模型中各要素的相互关系？

3. 创业的风险高还是就业的风险高？大学生创业风险主要来源于哪些方面？我们如何有效地规避创业风险？

第五章　创业者的思维与人生

【学习目标】

- 描述企业家精神的特征
- 概括创业者需要具备的创业素质
- 运用具体方法进行创业素质评估
- 制定素质提高的实施计划

【学习要点】

- 企业家精神的八个特征
- 创业者核心素质
- 创业者的神话与现实
- 创业素质评估的方法
- 创业素质提高的途径

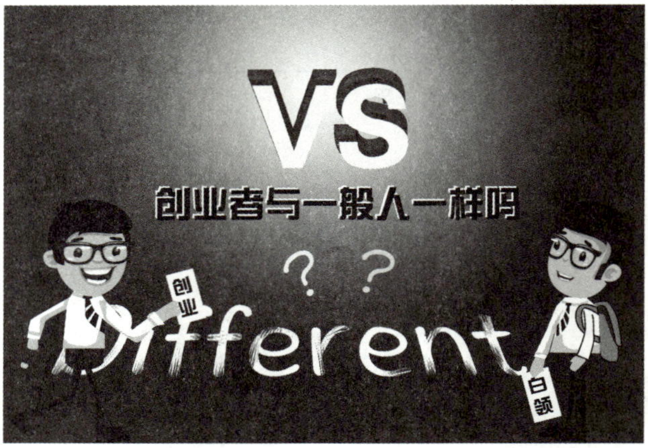

说起成功的创业者，你可能会想到微软的比尔·盖茨（Bill Gates）、脸谱的马克·扎克伯格（Mark Zuckerberg）、海尔的张瑞敏、腾讯的马化腾等。他们在你眼中是什么样的人呢？

熊彼特是这样评价的："他们不断地寻找新的财富机遇，无所畏惧地向着'无人区'奋力挺进，他们敢试天下所不敢，面对新的事物，总愿做第一个吃螃蟹的人！他们是当之无愧的英雄。那些循规蹈矩、千篇一律的商人，根本无法与之同日而语。这些企业家们从不知畏惧，当别人犹豫徘徊时，他们却勇敢地踏出一条自己的路;即使身处危机四伏的迷雾之中,他们也绝不因恐惧而战栗;没有经验、没有充足的信息,他们就紧紧地盯着追逐的核心,用自己的直觉做赌注;凭借坚强的意志力和冲破一切的力量,勇敢地向一切阻挠创新的势力宣战。于是,整日的辛苦劳作并不能消磨他们的变革,新的产品、现代化的厂房、更广阔的市场、很多雄心勃勃的计划都等待着他们去实现。哪怕别人将他们视为空想家,或是不可理喻的人,也不能叫他们停止!"①

企业家精神

一份创业者的档案

1944 年 10 月 25 日,出生于贵州安顺地区镇宁县一个贫困山区的小村庄。

1963 年,就读于重庆建筑工程学院(已并入重庆大学),大学毕业后,应征入伍,成为一名基建工程兵。

1983 年,国家撤销基建工程兵后,转业至深圳南海石油后勤服务基地。

1987 年,他集资 21000 元人民币创立华为公司。创立初期,华为靠代理香港某公司的程控交换机获得了第一桶金。

1993 年年末,C&C08 交换机终于研发成功,其价格比国外同类产品低 2/3,华为占领了市场。

2007 年初,他致信 IBM 公司 CEO 彭明盛,希望 IBM 公司派出财务人员,帮助华为实现财务管理模式的转型。

2011 年 12 月,他在华为内部论坛发布了《一江春水向东流》这篇文章,透露了华为的人人股份制。他还创立了华为的 CEO 轮值制度,每人轮值半年。

2018 年 3 月 22 日,华为投资控股有限公司发布公告,他不再担任副董事长,变为董事会成员。

2019 年 1 月 20 日,他在接受央视《面对面》访问时表示,主动放弃 100 名改革开放杰出贡献对象称号,称开会时坐不住两个小时。

2021 年 4 月,福布斯全球富豪榜发布,他以 12 亿美元财富位列榜单第 2378 位。

他现任华为技术有限公司董事、CEO。

资料来源:根据网络资料整理。

通过阅读上面的档案,我想你已经猜出他就是华为公司的创始人——任正非。这位 75 岁的企业家,在 150 分钟的采访里传递出的从容冷静,不卑不亢,难能可贵。一场采访下来,人们见证了这位华为掌门人的理性和自信。在任正非理智回答的背后,核心观点其实是数百年来整个世界都在追求的"企业家精神"和"尊重商业文明"的体现——在企业家社会里,开放和合作是应当提倡和鼓励的,而基于宽容和共存的理念和做法,将使得整个世界会朝着阳光的方向发展。说得更明

① 安耐特·舍尔佛.熊彼特传[M].刘斌,黄莎莉,译.北京:机械工业出版社,2010。

白一点就是，生意背后，还有一种道义，也就是任正非所说的"得道多助，失道寡助"。

任正非说了三句令人非常印象深刻的话："我们和美国有冲突，但最终还是要一起为人类做贡献"；"我们还是要非常感谢美国公司的，30 年来美国公司伴随着我们公司成长，做了很多贡献，教明白了我们怎么走路"；"美国企业和我们是共命运的，我们都是市场经济的主体。美国政客做这个工作可能低估了我们的力量。"

危机时刻，大家都很紧张。在全球化、企业互联的今天，其实，大家都在一条船上。面对美国的重压和咄咄逼人，任正非的冷静、自信背后，更展现了格局。

什么是格局和胸襟？

如果你是一个企业负责人，原来美国的大企业谷歌、高通是你的亲密合作伙伴，但突然有一天，伙伴说，对不起，我不能供应你这些东西。你的企业随即陷入生死存亡的困境。你会怎么样想？愤怒？指责？还是报复？

其实这三种情绪都是人之常情，可以理解。但更高的格局，还是接受，接受之后更应该考虑的问题是要战胜，要为自己谋出路。在现在这个特殊时刻，早已不单单是公司与公司之间的问题。

正如任正非说：美国供应商还在为我们备货，也在和政府做积极沟通。

任正非寻找的破局出路是——创新。

在创新上，任正非提到了要跨国创新，要开放。闭门造车、埋头苦干是没有任何意义的。他说："如果能够把优秀人才引进来，对我们改革是好的。如果还是强调自主创新，就会浪费非常多宝贵时间。"

"自主创新如果是一种精神，我支持；如果是一种行动，我就反对。"他还提到，应该全球寻找人才。完全依靠中国自主创新很难成功。"华为在全世界有 26 个研发能力中心，拥有在职的数学家 700 多人，物理学家 800 多人，化学家 120 多人。我们还有一个战略研究院，拿着大量的钱，向全世界著名大学的著名教授'撒胡椒面'，对这些钱我们没有投资回报的概念，而是使用美国'拜杜法案'原则，也就是说，受益的是大学。这样，从我们'喇叭口'延伸出去的科学家就更多了。"

拥抱全世界的人才来共同创新，并且不求回报的这种气度真的不是每个企业家都能拥有的。

最后我们再来说说任正非谈到的教育问题。他说，一个基础理论形成需要几十年的时间，如果大家都不认真去做理论，都去喊口号，几十年以后我们不会更加强大。所以，还是要踏踏实实做学问。"过去的方针是砸钱。芯片光砸钱不行，要砸数学家、物理学家等。但又有多少人还在认真读书？"

基础教育是国家的责任，踏踏实实做好基础教育才是立国之本。关于将来和美国竞赛，唯有提高教育，没有其他路。只有教师的政治和经济地位不断提升，才能使教育得到长足发展。

他认为数学是"基础学科"。而目前国内的学术泡沫盛行，没有直接经济效益的学科，很少有人去"踏踏实实做学问"。技术创新端已经真真切切感受到基础学科人才的缺乏。

任正非为我们树立了一个头脑清晰的企业家形象。虽然眼下华为的困境，被披上浓重的爱国主义、反对国际经济霸权、甚至阴谋论的色彩，但是任正非在大企业家的格局上提醒我们，华为也好，Google、微软也好，其他的芯片巨头也好，这些企业能够做到今天的地位和影响力，无非本着“为人服务”的共识。而任何单个国家的封锁禁运规定，只会是这个共识的暂时困难。

全球化的时代，没有一个国家、没有一家企业可以孤立存在。但在超级大国打压之下，没有自己的核心技术，没有勇气和志气，寄希望于对方的恩赐，也永远成不了一个伟大的企业。

当我们了解了企业家的创业故事后，会发现，他们身上拥有很多值得我们学习的优秀品质，如善于思考、勇于实践、坚持不懈等。这些优秀品质对于创业能否成功起着至关重要的作用。“领军人物好比是阿拉伯数字中的‘1’，有了这个‘1’，带上一个‘0’，它就是‘10’，两个‘0’就是‘100’，三个‘0’就是‘1 000’。”

善于即兴表演、思维敏捷、聪明机智、善于创造，这些都是描述优秀企业家的词汇。拿音乐作比方，它是爵士乐，需要独特的即兴表演的天赋；用体育作比方，它是勒布朗·詹姆斯的敏捷，柯蒂斯·马丁的全程突破，韦恩·格雷茨基的冰上魔法，或者老虎伍兹的竞争力。通过这些比喻，我们能深刻地了解企业家身上独具的精神特质。

企业家从事“创造性破坏”的动机，不一定是出自个人发财致富的欲望，他们与只想赚钱的普通商人或投机者不同，个人致富充其量仅是他部分目的，而最突出的动机来自追求“个人实现”的心理，即“企业家精神”。企业家精神是企业家思维模式的抽象表达，其核心是创造或识别机会并抓住机会。这种精神加快了新事物的原创力，也塑造了一批又一批优秀的企业家。作为时代的弄潮儿，我们应承接这种精神，并将它运用到未来的学习、生活、工作与创业之中。其特质表现在八个方面，如图 5－1 所示。

企业家精神的八个特征

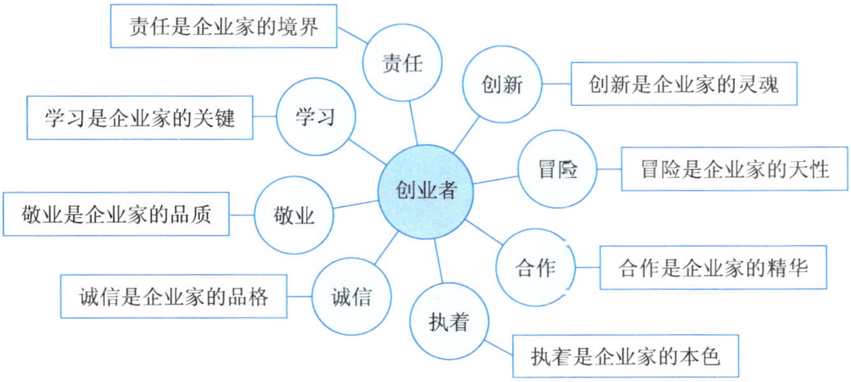

图 5－1　企业家精神的八个特征

一、创新是企业家的灵魂

创业过程的核心是不断发扬创新精神。企业家都善于运用已知信息、有限资源，突破常规、打破旧俗，创造性地解决问题与创造价值。他们愿意并且有能力将一个新想法或新发明变成一场成功的创新，同时创造出新的产品和商业模式，引领着整个行业和经济的长期发展。

二、冒险是企业家的天性

英国经济学家马歇尔教授认为，企业家是不同于一般职业阶层的特殊阶层，他们最大的特殊性是敢于冒险和承担风险。就像《美国企业家宣言》卷首语说的那样："我是不会选择去做一个普通人的。如果我能够做到的话，我有权成为一位不寻常的人。我寻找机会，但我不寻求安稳。我不希望在国家的照顾下成为一名有保障的公民，那将被人瞧不起而使我感到痛苦万分。我要做有意义的冒险。我要梦想，我要创造，我要失败，我也要成功。"

三、合作是企业家的智慧

创业之路是艰苦的，一定要结伴而行。相信很多人都可以从电影《中国合伙人》里看到创业团队的重要意义。俞敏洪创办新东方，除了自身的努力和奋斗外，很大程度上和"三驾马车"的另外两名成员（徐小平和王强）有着紧密的关联。同样，暴雪娱乐的三名创始人麦客·莫怀米（Michael Morhaime）、艾伦·阿德汉（Allen Adham）和弗兰克皮尔斯（Frank Pearce）也是团队协作的典范。

四、执着是企业家的本色

失败的考验，是每一个人都会经历的。有的人会轻言放弃，有的人会在困境中寻找希望。创业路途风雨莫测，坚持下来总会有成功的可能性。

万达的王健林："我一直坚持同一个观点，那就是企业家精神的核心有两点：一是创新精神，二是坚持精神"。

华为的任正非："华为的成功密码，28年坚持只做一件事：通信领域"。

阿里的马云："今天很残酷，明天更残酷，后天很美好，但大部分是死在明天晚上，所以每个人都不要放弃今天"。

万科的王石："站在整个人生的角度，管理企业与登山不无关系，同样需要坚韧的意志和不懈的精神，而登山，更如人生一样，虽时常不能预知结果，但只要坚持，终会成功"。

苹果的乔布斯："我相信，企业家成功与否，一半取决于是否坚持……除非你非常热衷所做的事情，否则就很可能挺不过来，会半途而废。必须有一个让你热血沸腾的想法，或是急速想要解决的问题，否则你就难以坚持"。

五、诚信是企业家的品格

从儒商鼻祖子贡到红顶商人胡雪岩，再到当代的李嘉诚和马云，中国历史上不断出现一个又一个杰出的企业家。在他们身上拥有一个共同值得我们学习的优秀品格——诚信。

【扩展阅读】

“无商不奸”的由来

一提到诚信问题，很多人就会联想到“无商不奸”。其实，这个词语是后人杜撰的，其原意为“无商不尖”，出典为旧时买米以升斗作量器，故有“升斗小民”之说。卖家在量米时会以一把红木戒尺之类削平升斗内隆起的米，以保证分量准足。银货两讫成交之后，商家会另外在米筐里余点米加在米斗上，如是已抹平的米表面便会鼓成一撮“尖头”，尽量让利。量好米再加点添点，已成习俗，即但凡做生意，总给客人一点添头。这是老派生意人一种生意噱头，这一小撮“添头”，很让客人受用。“无商不尖”还体现在去布庄扯布，“足尺放三”“加三放尺”；拷油拷酒也都有点添头。十里洋场的上海，在王家沙吃小笼馒头免费送蛋皮丝开洋清汤，“老大昌”称糖果奉送两根品牌三色棒头糖。总之，商家尽量让利，以博得回头客，获得客人的赞许和肯定，这些行为和做法叫作“无商不尖”。

资料来源：https://zhidao.baidu.com/question/809346988846763972.html。

六、敬业是企业家的品质

知之者不如好之者，好之者不如乐之者。敬业精神决定做事的态度，“做不做”与“做得好不好”是有区别的。阿里巴巴的童文红，被称为阿里“最励志”的合伙人。2000年，童文红进入阿里的第一个职位只是公司前台，之后才陆续负责集团行政、客服、人力资源等部门管理工作，现任阿里集团资深副总裁兼菜鸟首席运营官。阿里上市后，她成为马云背后9位亿万富豪的女性合伙人之一，这再次证明了敬业的重要性。

七、学习是企业家的关键

荀子曰：“学不可以已。”企业家都有强烈的求知欲与学习能力，他们不仅学习和掌握创业所需的各种知识与技能，还善于从其他创业者的成功与失败中获得经验与教训。“向竞争对手学习，然后走自己的路”，这是山姆·沃尔顿（Sam Walton）常常挂在嘴边的一句话，一旦发现竞争对手有先进的做法，即便是一个很小的细节，也立刻变为已用，并努力做到更好。

八、责任是企业家的境界

“我始终认为，无论是做父母还是做生意，无论是经营企业还是经营社团机构，虽然扮演的角色不同，但敢于担当、勇于承担责任的人会最接近成功，在你成就他人和社会的同时，他们也成就了你”，马来西亚华裔女企业家协会总会长谢叔珍接受新华社记者专访时说道。如果企业家没有对社会的使命感和责任感，那它就成了一部赚钱的机器；而一个对社会负有使命感和责任感的企业家，他不会被单一的逐利牵着走，他一定有自己的理想，立足于有益于社会的理想。

【Tips】

企业家精神更像是一种超越与升华，指引我们向着多方面去努力、去塑造。希望通过“榜样们”的创业实例，能够引发思考，激活创业斗志，点燃激情，敢于挑战自我。创业本身是一个风险性极高的社会活动，存在较高的不确定性。每个创业者的自身情况与所面对的创业环境各有差异，所表现出来的企业家精神也各不相同，但如果能做到敢于承担风险，善于与他人团结合作，创造性地组织资源，就能够提高创业成功率。

【课堂活动】

制定一份企业家访谈计划

具体要求：

1. 与你的小伙伴讨论并制定出一份企业家访谈计划，学习他们身上优秀的品质，发现自身存在的不足。

2. 完成企业家访谈计划表（见表5-1）。

表5-1　企业家访谈计划表

访谈目的			
访谈人物		访谈参加人	
访谈时间		访谈地点	
访谈问题1			
访谈问题2			
访谈问题3			
访谈问题4			
访谈问题5			

创业者画像

创业者画像

创业是一种充满魅力的人生选择，代表着更高的成就和更丰富的可能性。与多数人每天几点一线、平淡乏味的人生相比，创业者的人生无疑更加多姿多彩，在波澜起伏之后，对于人生也将会有独到的体会与感悟。当然，创业也同时意味着更多的风险与波折，很多创业者的经历都是跌宕起伏的。创业者能够有这样的人生经历，很大程度上取决于他们看待问题的思路和处理问题的方法。正是创业者面对社会所做出的敏锐而坚定的判断，才成就了他们的人生。

如何去理解和学习创业者的思维方式？他们与常人一样吗？如果让你给创业者画上一幅画像，会如何下笔？很多人往往感到缺少机遇、资金或者其他种种条件。而当周围的创业者成功之后，他们又会发现其实当时自己具有的资源也差不多少，只是当时与机遇擦肩而过。

一、创业者核心素质

通过全面剖析，我们总结出创业者需要具备的核心素质分别是知识素质、能力素质、身心素质，如图 5－2 所示。

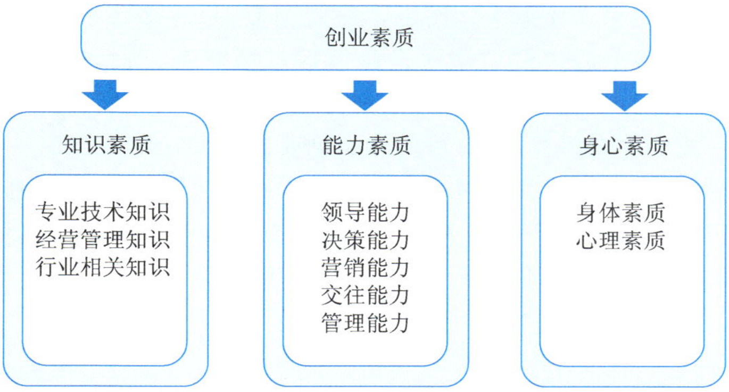

图 5－2　创业者需要具备的创业素质

1. 知识素质

创业者拥有的知识体系对创业成功起着举足轻重的作用。在知识大爆炸、竞争日益激烈的今天，单凭热情、勇气、经验或只有单一专业知识，要想成功创业是很困难的。要对在创办企业中所遇到的问题做出正确判断与决策，必须掌握广博的知识，并具有一专多能的知识素质。

（1）专业技术知识。专业技术知识是创办企业所必备的基础知识，是创业者掌握和运用专业知识进行专业生产或提供服务的知识体系。为了做好所选定的创业项目，既要熟悉相关专业的特殊性，还要拥有必要的专业知识。

课堂活动

根据创业项目分析所需的专业知识

具体要求：

根据不同的创业项目分析出所需的专业知识，完成表5-2。

表5-2

创业项目：网络游戏	所需专业知识：________
创业项目：互联网+农业	所需专业知识：________
创业项目：环保治理	所需专业知识：________
创业项目：跨境电商	所需专业知识：________
创业项目：包装设计	所需专业知识：________
创业项目：养老休闲	所需专业知识：________
创业项目：智能家居	所需专业知识：________
创业项目：婴儿食品	所需专业知识：________
创业项目：文化传媒	所需专业知识：________
创业项目：全息互动	所需专业知识：________

（2）经营管理知识。松下幸之助说："经营企业，是许多环节的共同运作，差一个念头，就决定了整个的失败。"创建企业包括市场调查、项目选择、组建团队、创业融资、企业注册、市场营销、组织管理、财务管理、风险管理等多个方面的知识体系。如果某一方面存在短板，就有可能影响创业成功率。

（3）行业相关知识。以其全才而制天下，是故临大事而不乱。在创业的过程中，可能会遇到法律纠纷、商务谈判、招投标等特殊事件，这就要求创业者不断完善自身的知识体系，补充行业相关知识，向着全才、通才去努力。

Tips

你需要不断地塑造自己，使自己：

1. 学会科学的经营管理知识和方法，提高管理水平；
2. 掌握与本企业相关的科学技术知识，依靠科技进步增强竞争能力；
3. 熟悉相关政策法规来维护自己的合法权益；
4. 知晓市场经济方面的知识，如财务会计、市场营销、国际贸易、国际金融等；
5. 了解有关世界历史、世界地理、社会生活、文学、艺术等人文素养方面的知识。

【案例】

知识成就创业梦想——即创业者王天的创业之路

机械工程专业学生王天，特别喜爱钻研机器人和智能控制等技术，并且积极参与科技创新活动。因为他在科创方面的突出表现，后被保送研究生直读博士，研究方向是跟机器人与智能控制相关的自动化专业。

2011年，几个朋友说有一个"智能公交"的项目，如果能够快速做出来，就能拿到订单。王天估算了所需的技术、资源以及工作量，自信地说："这事儿咱们能干，没问题。"在王天的统筹规划和总体设计下，一个由10人组成的技术团队马上投入到研发中。经过一个月的努力，他们的产品完成了并得到了合作商的认可。"智能公交"项目不仅使王天和他的团队获得了进入市场的机会，也使他们积累了研发经验和管理技能，王天自己也感到了创业环境的改善和政策的支持。

不久后，王天发现机器人、海洋行业、物联网技术是自己最擅长的方向，同时也是市场和政策强烈呼唤新产品的领域，他果断进入了该领域并投入了几乎全部的资本进行研发。在最困难的创业初期，员工提议要多接一些网站类赚钱较快的项目，但是王天坚持不能做那些"短平快"的项目，他认为那是在浪费宝贵的研发资源。

功夫不负有心人，2014年，一家企业非常认可王天的团队，并以千万级的投资额度与他们进行合作。王天审时度势，认为团队在智慧社区方向上可以大有可为。他们迅速地进行产品研发，又是一个月的时间，新的门禁类产品正式投入市场。

资料来源：根据网络资料整理。

案例思考：

2. 能力素质

想要创建企业，必须具有出色的创业能力。它是一种能够顺利实现创业目标的知识与技能。能力素质主要表现在五个方面，如图5-3所示。

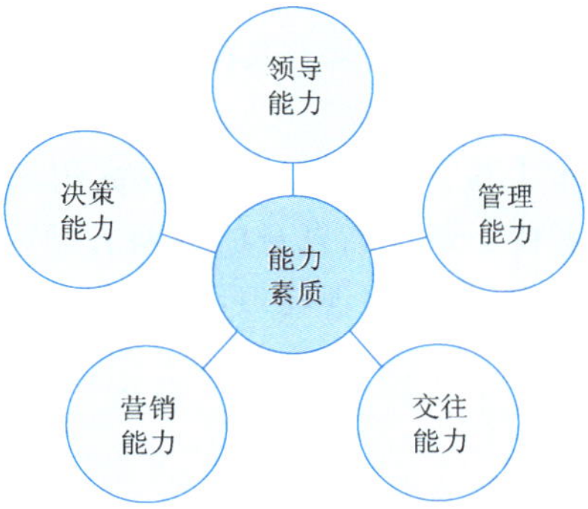

图5-3 创业者需要具备的能力素质

（1）领导能力。领导能力可以理解为创业者如何能够带领团队跟随他去完成一件事情的能力。这种能力是一系列的行为组合，通过这些行为能够激励创业团队成员完成团队的目标。

【扩展阅读】

六种领导风格

根据戈尔曼的研究，一共存在六种领导风格，每一种领导风格都源于情商的不同组成部分。

远见型领导　动员大家为了一个共同的想法而努力。

关系型领导　努力在员工之间营造一种和谐的氛围。

教练型领导　发展人才以备将来之需。

民主型领导　通过大家的参与而达成一致意见。

示范型领导　树立极高的绩效标准并且自己会带头做榜样。

命令型领导　需要别人的立即服从。

资料来源：http://wenku.baidu.com。

（2）决策能力。美国著名的管理学家赫伯特·西蒙（Herbert Simon）曾经提出“管理就是决策”的著名论点。无论在创建企业还是经营企业的过程中，创业者都会面对众多不同的选择（如企业选址、制定价格、竞争策略选择等），他们必须根据团队的具体情况采用科学的评估方法进行快速的决策。这种能力来源于他们在各种复杂情境中进行决策的经验积累。

（3）营销能力。营销能力是市场营销技能最直接的体现，也是所有市场销售行为结果的体现。对于创业者来说，制定行之有效的营销计划非常关键。新企业资金不足，难以支付大量的广告费用，一般只能通过创业者亲自拜访目标顾客获得订单。在美国成长型企业500强的调查中，有12%的创业者是通过中介机构取得早期收入的，另有88%的创业者则是向终端用户直接销售。而且，几乎所有的案例中，创业者多数是负责销售的中坚力量。

（4）交往能力。斯坦福研究中心指出：“一个人赚的钱，87.5%来自于人际关系，12.5%来自于所学的知识”。经营企业很多时候就是与人打交道的过程，创业者们在研发、采购、销售、融资等环节为了取得既定的效果，都要展示出他们的交往能力。

（5）管理能力。从根本上说，管理能力就是提高组织效率的能力。想要准确地把握组织的效率，创业者要不断提高自身的战略管理能力、文化管理能力、信息管理能力、人力资源管理能力、组织管理能力，详见表5-3。

表 5-3　　创业者管理能力要求

管理能力	具体表现
战略管理能力	具有战略眼光，能从总体上把握形势，既考虑当前利益，又考虑长远利益
文化管理能力	既能塑造新创企业积极向上的组织文化，又能不断借鉴和吸纳其他企业的优秀企业文化
信息管理能力	时刻关注市场信息，能够建立科学的信息情报系统，为企业的发展与决策奠定基础
组织管理能力	采用科学的方法使新创企业形成一个有机整体，并保证其高效率地运转
人力资源管理能力	在创建企业过程中善于发现人才、合理使用人才和主动培养人才

3. 身心素质

创业者的身心素质包括身体素质与心理素质两方面。

(1)身体素质。创业者需要具备健康的体魄和充沛的精力。新企业的经营与管理是艰苦而复杂的，他们不但要深入实际调查研究、处理文件、主持会议，而且要协调新创企业内外部关系，与各方人士交涉，每一项工作均需要付出巨大的心力和体力。因此，在创建企业之前，要衡量自己的身体条件，评估自己是否适合创业这条路。

(2)心理素质。创业者需要具备良好的心理素质。纵观大学生创业成功案例，可以看出，成功的创业者大多均不以物喜、不以己悲，面对成功和胜利不沾沾自喜，得意忘形；在碰到困难、挫折和失败时不灰心丧气，消极悲观。在心理素质中，最为重要的是自信心、独立性、坚韧性、敢为性、忍耐性、适应性。

【扩展阅读】

创业路上的五首歌

第一首——国歌：前进，前进，前进进。创业路上，将会面对各种困难，要顶住压力，勇往直前。

第二首——国际歌：从来就没有什么救世主，也不靠神仙皇帝，全靠我们自己。

第三首——好汉歌：该出手时就出手。遇到良好的商业机会，果断决策，牢牢把握。

第四首——敢问路在何方，路在我们的脚下。要善于走别人没有走过的路。

第五首——我的中国心。创业成功后，不要忘了回报祖国，回报社会，做一名有社会责任感的中国人。

Tips

创业者的画像是我们根据创业者在创业过程中所表现出来的优秀品质进行归纳，最终总结出来的。它只是一个理想模型，如图5－4所示。创业者首先要有强烈的创业动机。乔布斯创业是为了改变世界，马云创业是为众多中小企业创造价值。如果一个人创业仅仅是为了获得一份工作，他的创业成功率就不会太高。其次，健康的身心素质、专业的知识素质、全面的能力素质是创业者的内功，它们会对创业成功起着决定性的作用。最后，创业者在把握机会的同时，还要勇于承担风险。通过与这个机器人的对照，你会发现，现阶段你还存在很多方面的不足——它为你提供了发展与努力的方向。

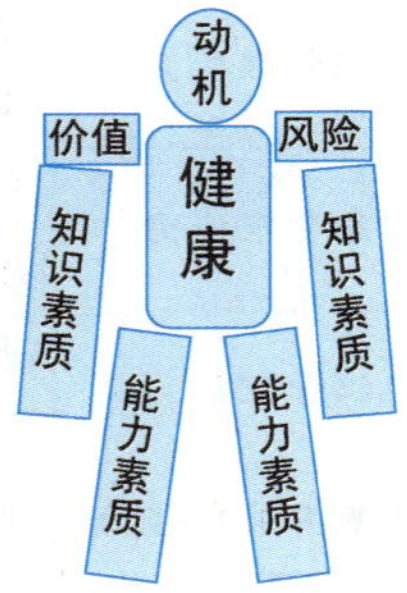

图5－4　创业者画像

二、年轻一代的创业者

在21世纪的前10年，中国的创业者大多来自60后、70后，这个群体凭借年龄和市场机会上的先发优势，在各个新兴领域跑马圈地、舍命狂奔。但是，随着新的产业、行业及其细分市场的不断出现，每一年仍然会有很多创业者加入这一行列，而且年龄上越来越年轻化，陆续涌现出以陈欧、李想、于敦德等为代表80后、90后创业新贵。

“421家庭”“社交需求”“移动互联网”“个性化”“信息多元”“泛娱乐化”“慢就业”等都是新时代年轻人身上显著的标签。美国尼尔森咨询公司曾对中国做过一份《90后生活形态和价值观研究报告》，报告中对中国年轻消费者提炼出四个关键词：正能量、若即若离、抓信息、开放。2018年是00后的成年元年，在他们陆续走向社会的时刻，腾讯发布了《00后研究报告》，报告中对00后的价值观总结出六个关键词：懂即自我、现实、关怀、平等、包容、适应；随后，企鹅智库基于自主开发的企鹅调研平台、产品预研中心和第三方合作大数据，发布了《00后&05后研究报告：超新生代如何规划自己的未来十年》，调研数据指出：独立、聪明、自信在最希望具备的品质中排名前三。在这些新特质的引领下，年轻人的生活、消费、工作、创业等都呈现出前所不同的方式，只有年轻的创业者才能更精准地知道内在动因，更能掌握年轻的消费群体需要什么，更懂得年轻消费群体的心理和市场趋势。中国目前有两亿的90后，随着他们逐渐融入社会，一场争夺90后消费市场的战争已悄然拉开。①

创业邦连续七年推出“30岁以下创业新贵”榜单，透过数十家投资机构和上百位投资人刺探最有创造力的年轻创业力量，寻找对时代、商业、技术、产品有清晰

① http://www.weibo.com/p/1001603795702047225288? mod=wenzhangmod。

和独特认知的青年创业家。这一代创业者不一定是最有前途的创业者，但肯定是最值得关注的一个新鲜群体！①

表 5－4 中列出的这些创业圈的年轻人，你知道吗？

表 5－4　　年轻创业者典型代表

创业者	性别	出生年份	创业项目	项目介绍
张旭豪	男	1985 年	饿了么	狼性扩张中的外卖公司
陈　第	男	1986 年	有米	手机应用广告平台
沈　鹏	男	1987 年	水滴互助	互帮互助的公益社群
苏　舒	男	1987 年	名医主刀	移动医疗手术平台
陆文勇	男	1987 年	e 袋洗	互联网洗衣
郑　超	男	1987 年	汽车超人	汽车应用软件
张少典	男	1988 年	森亿智能	医疗数据分析
印　奇	男	1988 年	Face＋＋	新型视觉服务平台
熊逸放	男	1989 年	亿航无人机	体感操控功能的无人机
张　翼	男	1989 年	掌门 1 对 1	中小学全科目在线 1 对 1 辅导
李　卉	女	1989 年	麦客	简洁易用的轻态表单工具
郭　列	男	1989 年	脸萌	荣登 iso 榜首的表情应用
宋　健	男	1990 年	多准数据	大数据精准营销服务
余佳文	男	1990 年	超级课程表	可以社交的课程表
戴　威	男	1991 年	ofo	解决城市出行问题的共享单车
陈安妮	女	1992 年	快看漫画	移动端漫画 APP
孙高峰	男	1993 年	宅米	区域化在线生活购物平台
温成辉	男	1993 年	礼物说	潮流逗比风格的礼物导购

从表 5－4 来看，这些年轻创业者除了来自内容、娱乐产业外，也有许多致力于企业服务、教育和互联网金融等领域的。这群年轻人总能在恰当的时候找到志同道合的合伙人，找到鼎力支持的资本。他们用激情把梦想点燃，凭实践将梦想落地。

① http://www.cyzone.cn/a/20160111/288255.html。

【案例】

印奇：登上福布斯的国产极客

旷视科技联合创始人印奇说："我们希望做一个像谷歌那样伟大的企业，用技术来改变世界，那个时候我们一定是一家广义的人工智能领域的公司，而不仅仅是人脸识别"。

正是因为"用技术改变世界"的情怀和信念，印奇将人脸识别技术迅速商业化，这位年仅30岁的中国小伙，一举登榜2015年福布斯，并排在了科技企业家榜中的首位。而更令人叹为观止的是，这位年轻小伙上榜的理由却是——"刷脸"。按照福布斯网站对旷视科技的介绍，这家获得了5 000万美元融资的创业企业，估值竟高达2亿美元。

与人脸识别结缘

2006年毕业于安徽省芜湖市第一中学的印奇，高中还没毕业便被清华大学相中，成为清华自主招生名额中的一员。进入清华后，印奇入选姚期智实验班。在这里，他便得以结识在他创业历程中最重要的两位小伙伴——唐文斌和杨沐。恰恰就是当年的这三位少年极客，造就了如今人脸识别技术的翘楚——旷视科技(Megvii)。

2011年，印奇与姚期智实验班的小伙伴唐文斌和杨沐创立了旷视科技。由于在当年11月份的黑马大赛中获得冠军，旷世科技得以在2个月后获得联想之星几百万元的天使投资。但印奇坦言，他们虽然已确定视觉识别的技术方向，但对于怎样让技术落地却没有想得很清楚。

2012年，几位小伙伴为了参加学校的挑战杯比赛，研制出了一款体感互动游戏《乌鸦来了》，这款游戏获得清华大学第三十届"挑战杯"特等奖，并一度冲到中国区APP Store排行榜的前五名。游戏的成功让印奇更加确定视觉识别技术必将迎来爆发，但开发游戏不是他想做的能改变世界的事情。于是，一群技术狂开始思索如何将炫酷的技术落地商业化。

用技术改变世界

2012年6月，Facebook收购了以色列人脸识别技术公司face.com后，他们发现，自己所做的技术绝不只是游戏这么简单，而是一个有着巨大市场空白的前沿技术。三人开始"回归"技术，悉心钻研人脸识别技术。本科毕业后，印奇赴美国哥伦比亚大学攻读3D相机方向博士学位。然而随着国内创业的氛围日益浓厚，印奇在完成两年的博士学习后，便回国正式创业。

这段学习经历弥补了团队在硬件上的短板，加速了人脸识别云平台技术的开发。2012年8月，旷视科技的核心产品Face++1.0上线，并很快迭代至3.0版本。印奇将其打造为一个开放的平台，上万个开发者在这里享受免费服务，并为平台提供200多万张图片。在不作商用的前提下，Face++借用这些图片及其标注信息进行算法学习。

如今，Face++平台图库数量超越10亿级，有1.5万个APP与其合作。平台上活跃的开发者超过2.4万人，阿里、美图、世纪佳缘等一批企业都与其建立合作关系，这使Face++成为使用量很大的人脸识别引擎。

“在小于10万人的样本中，我们的识别率已经非常高了。”印奇说。在互联网新闻图片的人脸识别评测中，Face++以97.27%的准确率力压之前业内第一的Facebook人脸团队。

“未来的银行可能不需要网点。”印奇笑着说，“你在手机或电脑装一个软件，就能实现远程认证。”Face++已与蚂蚁金服及一些商业银行展开战略合作。目前在泛金融领域，其市场占有率达到90%。

智能迎宾系统是旷视科技系统集成的一套完整硬件产品，理想状态是以后公司员工可以刷脸进门，并将访客信息提前录入。

从技术开发者转变为企业管理者

从技术开发者到企业管理者，是印奇面临的一大挑战。“除了特别重要的技术开发节点我会更多参与研发外，现在我大部分时间用于管理。”印奇说，他的“管理时间”中的大头是找人。旷视科技的八成员工都以定向挖掘和内推的方式招募，其中研发人员以“90后”居多，而商务运营方面的负责人主要是他从各大公司挖来的资深前辈。

如何让这些聪明人成为一个聪明的团队？印奇笑称自己不多的管人经验来自高中担任学生会主席、本科负责校学生会文化部的经历。但他坚信一流人才都是自我驱动，并不需要太多管理。

资料来源：根据网络资料整理。

在中国如火如荼的互联网大潮中，从不缺少创新的真正火种。年轻的印奇凭借着过硬的专业技术与敏锐的市场洞察力发现真正的市场机会，打造了属于自己的人脸识别帝国。尽管印奇本人的大名尚没有被广为人知，但旷视手中的人脸识别系统却早已在祖国大江南北，乃至全球得以生根发芽。看重“刷脸”在未来的广阔前景，马云早就选择了印奇。作为阿里巴巴的战略合作伙伴，旷视为支付宝开发人脸识别模块。在2016年3月16日的德国汉诺威IT博览会上，马云更是亲自演示了“刷脸”支付的神奇一面。

案例思考：

行动中反思

提起你们比较关注的创业者，比如大疆创新的创始人汪滔、微信的创始人张小龙、饿了么的创始人张旭豪，他们创办的公司现在看是比较成功的。但是，成功的创业者一定是少数，在他们成功的背后还有无数创业者已经倒下。

“我叫王某某，当我去年年中心潮澎湃创建泛崎科技的时候，我怎么也预想不到如今会坐在电脑前码下这段文字。我耗费了整整 400 天的时间，和大多数创业企业一样，从慷慨激昂地起航，到怅然若失地闭门歇业，这其中的经历变成了宝贵的财富。”“我是一名 90 后，现在是一家移动互联网创业公司里的一名员工。如果回到 2013 年，我的名片上印着是‘为你爱’创始人兼 CEO，现在的我却背负了一身债务，每月为了还债整夜辗转反侧。”这两段话转自两篇创业者的博客。通过他们的阐述，我们知道他们曾经是那么接近成功，最后却功亏一篑。

我们要感谢他们的坦诚与无私，他们将创业的经验与教训进行了总结，这会引起很多人深刻的思考。你已经做好了创业的准备吗？你会比他们更具备竞争优势吗？你在哪些方面还比较欠缺？你需要什么样的创业伙伴来弥补劣势？这些都需要进行反思的。

一、神话与现实

关于企业家和创业成功的传说、经典故事是那样经久不衰，即使是在高度信息化、高度进步的时代同样如此。在阅读历史时，那些奉行因果推理的读者们总会看到各种英雄、富有远见卓识的人及探险家，他们似乎都拥有着非凡的能力。之所以会有这种印象，是因为新闻媒体对于成功创业者的报道太过夸张而已。表 5－5 揭示了历来被奉行的创业神话以及经过研究总结出的现实情况。

表 5－5　创业者的神话与现实

神话	创业者无法塑造，而是天生的
现实	即使创业者天生就具备了特定的才智、创造力和充沛的精力，这些品质本身也只不过是未被塑形的泥巴和未经涂抹的画布
神话	任何人都能创建企业
现实	创业者如果识别出思路和商机之间的区别，而且思路要足够大气，他们创办企业成功的概率就比较大
神话	创业者是赌徒
现实	成功的创业者会精确计算自己的预期风险，小心翼翼
神话	创业者喜欢单枪匹马
现实	单个创业者通常只能达到维持生计。想单枪匹马地发展一家高潜力的企业是极其困难的
神话	创业者是他们自己的老板，他们完全独立
现实	创业者需要为很多人服务，其中包括合伙人、投资者、顾客等相关利益方
神话	创业者比大公司里的经理工作时间更长，工作更努力

续表

现实	一些研究报告说,创业者工作得更少
神话	创业者承受巨大的压力,付出高昂代价
现实	没有证据证明,创业者比其他的无数高要求的专业职位承受更大的压力
神话	如果创立一家企业并失败了,你将再也无法翻身
现实	失败常常是对创业者的学习经验和职业悟性提炼的过程
神话	钱是创立企业最重要的要素
现实	钱对于创业者而言就像是颜料和画笔对于画家那样,它是没有生命的工具
神话	创业者必须年轻并且精力充沛
现实	这些特征虽然会对成功有帮助,但年龄绝不是障碍
神话	万能的金钱回报是创业者唯一的驱动力
现实	个人的成就感、对自己命运的把握、实现他们的期望和梦想也是强有力的动机
神话	创业者追求权力,喜欢控制别人
现实	成功创业者的驱动力量来自对责任、成就和结果的追求,而不是为了权利本身
神话	如果创业者是有能力的,只需1～2年,它们就会成功
现实	风险投资家有一句古老的格言:柠檬只要两年半就成熟了,但李子需要七八年才能结果
神话	任何一个有好思路的创业者都能获得风险投资
现实	在创业者具有好思路的情况下,100个寻求风险资本的企业中只有1～3个最终获得投资
神话	如果创业者拥有足够的启动资金,就一定不会失败
现实	如果企业创立初期资金过于充裕,常常会造就安乐感和类似被宠坏的孩子的症状
神话	创业者是孤独的狼,它们无法与其他人一起工作
现实	最成功的创业者通常也是组建优秀团队的领导者
神话	除非你SAT和GMAT的分数达到600分以上,否则你就永远不可能成为成功的创业者
现实	创业智商是一个特定的组合,是由多种要素组成的结合题

历史为早期的创业者们涂上了神话色彩,似乎他们拥有非凡的能力和特殊的幸运。就如为未知的世界绘制地图一样,创业者们遵循着相似的规律创建新企业——他们都是利用现有资源来做一切自己能做的事情,要总是微笑着面对各种意外情况,都在为后来人勾勒关于新世界的蓝图。我们鼓励你摆脱那些关于创业

者们辉煌历史的传说，而专注于创业者们所总结出来的系统性创业原则，绘制自己的地图。

二、三种方法

反思的三种方法

知己知彼，百战不殆。在创业之前，需要进行充分的准备，其中对自己的创业素质进行正确的评估是非常重要的一个环节。你需要采用科学的方法对创业特质进行正确评估，找出自己的不足，不断完善自己，以提高创业成功的概率。

1. 他人评价法

心理学家指出，别人对你的态度是一面可以认识自己的“镜子”。每个人都处在一定的社会关系中，通过与他人相处，从他人对自己的态度中可看到自己在创业素质方面的优势和劣势，为自我评价和自我认识提供基础。

【课堂活动】

他人评价

具体要求：

1. 找一位了解你的家人、朋友或同学对你做出客观评价；
2. 完成创业者创业素质他人评价表见表5-6。

表5-6　创业者创业素质他人评价表

评价人	我身上具备的创业素质	我身上欠缺的创业素质
a		
b		
c		
d		
e		
f		

2. 类比分析法

见贤思齐，见不贤而内省。除了听取别人对自己的评价外，还可以通过学校中、社会上和自己地位、条件相类似的人进行比较来认识自己的创业素质，并以别人的行为作为确定自己的位置与形象的参照物。当看到别人的长处和短处时，就应该想想自己是否有同样的长处和短处。常常把自己与周围的学生创业者、朋友、同学相比，不仅有助于认识自己的创业素质，也有助于提高创业素质，激发自己奋发向上。

【课堂活动】

类比评价

具体要求：

1. 寻找几位人士作为你的参照对象，评价你的创业素质；
2. 完成创业者创业素质类比分析表（见表 5－7）。

表 5－7　创业者创业素质类比分析表

比较对象	我身上具备的创业素质	我身上欠缺的创业素质
a		
b		
c		
d		
e		
f		

3. 实践认知法

实践出真知。要想正确认识自己，发现自己是否具备较为全面的创业素质，洞悉自己的缺点和不足，还需参加创新创业实践活动，通过经历无数次的成功与失败，检验自己的创业素质，再将预期目标与实际效果进行对比，评估自己的预想是否准确，提高自己的判断能力。然后，制定学习和实践计划，以提高自己的创业素质。

【课堂活动】

实践评价

具体要求：

1. 寻找几次你参加过的实践活动，评价自身的创业素质；
2. 完成创业者创业素质实践认知表（见表 5－8）。

表 5－8　创业者创业素质实践认知表

参加的实践活动	我身上具备的创业素质	我身上欠缺的创业素质
a		
b		
c		
d		
e		
f		

三、创业素质全面测评

所有的测评都用于帮助认识自己，得分的高低不代表在这方面具有不良属性或者具有缺陷。因此，不需要给自己贴上一个“好”或“差”的标签。测评的目的在于更准确地认知自身的优劣势，为日后从事创业活动提供一个有价值的参考。

【课堂活动】

创业素质全面测评

通过完成下面的测评，评估自己的创业素质。

具体要求：

1. 实事求是地填写表5－9；
2. 填写每一项时，先阅读要求，然后再评价自己在这方面是优势、劣势还是不确定，在对应的空白处打对号；
3. 让另外一位家庭成员或者与自己关系比较密切的朋友对自己进行评价；
4. 最后计算出优势、劣势以及不确定的对号总数。

表5－9　创业素质测评表

评估内容		自我评估			他人评估		
		优势	劣势	不确定	优势	劣势	不确定
企业家精神	创新：创造性地解决问题						
	冒险：敢于承担风险						
	合作：善于与他人进行合作						
	敬业：把现有工作当成事业成功的内在需求						
	学习：持续学习，终生学习						
	责任：敢于承担责任						
	执着：百折不挠、坚持不懈的毅力和意志						
	诚信：说到做到						
知识素质	专业技术知识：生产产品、提供服务的实践知识						
	经营管理知识：有效经营企业所需的知识						
	行业相关知识：较为丰富的知识面						

续表

评估内容		自我评估			他人评估		
		优势	劣势	不确定	优势	劣势	不确定
能力素质	领导能力：善于领导团队，能够有效地激励他人						
	决策能力：果断地做出决策						
	营销能力：具备良好的市场营销技能						
	交际能力：善于沟通，妥善处理内外部关系						
	人力管理能力：善于发现、使用、培养人员						
	战略管理能力：眼光长远，能从总体上把握形势						
	组织管理能力：高效、科学地组织人员						
	信息管理能力：善于收集、整理与分析信息						
	文化管理能力：善于创造积极向上的组织氛围						
身心素质	身体素质：具有健康的体魄和充沛的精力						
	自信心：充满自信，坚持信仰如一						
	独立性：善于独立思考、独立工作						
	敢为性：敢于实践，敢冒风险						
	克制性：善于克制，能控制冲动						
	适应性：灵活地适应各种变化						
总计							

优势（合计）		劣势（合计）		不确定（合计）	

如果优势多，说明你创业潜质较高；如果劣势多，说明你目前还存在短板；如果不确定较多，说明自我认知或他人对你的认识不足，需要进一步使用其他的测

评方法。

Tips

现在的你也许在某些方面存在劣势，但不要灰心，这些劣势条件可以随着知识的积累与实践的增加而有所变化。测评的结果不是绝对，不要气馁，要充满信心！

创业者能教出来吗

大赛中成长的创业者——华鲸州

创业者能教出来吗？

创业者是否可以培养出来？创业能否成功取决于他们的天赋？这样的质疑一直在争论。我们能培养出马云吗？乔布斯、盖茨、戴尔不都没有上完大学吗！如果继续学习能创造出苹果、微软、戴尔这些伟大的公司吗？卡内基、贝尔、李嘉诚、宗庆后都没有上大学，但他们依然创造了一个又一个伟大的奇迹！这些例子似乎难以辩驳，甚至可以引发对教育的思考。

创业教育之父杰弗里·蒂蒙斯（Jeffry Timmons）教授认为："创业者在遗传上并非异于其他人。没有人天生就是创业者，每个人都有成为创业者的潜力。某个人是否成为创业者，是环境、生活经历和个人选择的结果。即使创业者天生就具备了特定的才智、创造力和充沛的精力，这些品质本身也不过是未被塑型的泥巴和未经涂抹的画布。创业者是通过多年积累相关技术、技能、精力和关系网才被塑造出来的，这当中包含着许多自我发展历程"。①

你可以通过三种途径提高创业素质，如图 5－5 所示。

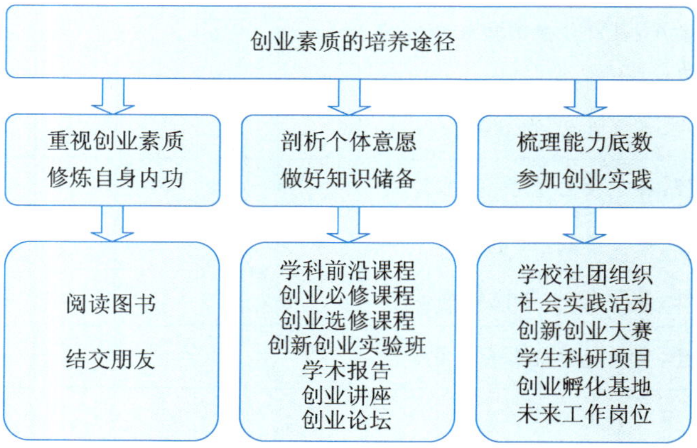

图 5－5　创业素质培养途径

① 杰弗里·蒂蒙斯，小斯蒂芬·斯皮内利．创业学[M]．周伟民，吕长春，译．北京：人民邮电出版社，2011．

一、重视创业素质，修炼自身内功

通过创业素质测评，你已经知道了自己在哪些方面存在短板。你要重视创业素质的自我培养，注重培养自己的能力，锤炼自己的胆量，培养自己的创业人格、创业思维、创业意识与技能。这里推荐两种方法：阅读书籍和结交朋友。

1. 阅读书籍

教材中只能提供创业的大致线索，更多的内容还要靠自己去学习与补充。

(1)《**大繁荣**》。作者是诺贝尔经济学奖得主、美国经济学家埃德蒙·菲尔普斯(Edmund S. Phelps)。这是一本兼具现实意义和思想深度的作品，《大繁荣》对任何关心经济增长源泉和社会发展未来的读者都是必读之选。

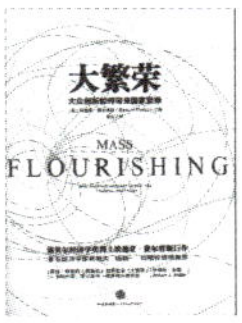

(2)《**共享经济时代**》。作者是雷切尔·博茨曼/路·罗杰斯，这是一部被美国《时代》周刊评为改变世界的十大创意之一的书籍。

(3)《**必然**》。作者是凯文·凯利(Kevin Kelly)。本书全面介绍了科技这个新物种的基因特征、所思所想、行为规则和未来走向。

(4)《**第三次工业革命**》。作者是杰里米·里夫金(Jeremy Rifkin)。本书为我们描绘了一个宏伟的蓝图：数以亿计的人们将在自己家里、办公室里、工厂里生产出自己的绿色能源，并在“能源互联网”上与大家分享，这就好像现在我们在网上发布、分享消息一样。能源民主化将从根本上重塑人际关系，它将影响我们如何做生意，如何管理社会，如何教育子女和如何生活。

(5)《**失控**》。作者是凯文·凯利(Kevin Kelly)。这是一本关于机器、系统、生物和社会的“大部头”。本书诞生于1994年，是关于社会进化、特别是互联网发展的“先知预言”。

2. 结交朋友

要创业，就要有资源积累，其中最为重要的就是人脉资源积累。你可能需要结识这样的几类朋友：

(1)**老师**：他们拥有丰富的人生阅历和扎实的专业知识。与他们交往，你收获的主要是谋划人生格局、设计创业项目的理念。

(2)**创业者**：他可能正在进行创业，也可能是创业成功人士。他们拥有丰富的创业经验。与他们交往，你收获的主要是落实创业设想、形成商业知性的方法。

(3)**公务员**：他们了解创业环境及相关政策。与他们交往，你收获的主要是适应创业环境、吸纳创业资源的策略。

(4)**同龄人**：你们处于同一个时代，共同成长，拥有共同的话题，与他们交往，你收获的主要是选择合作伙伴、组建创业团队的资源。

二、剖析个体意愿，做好知识储备

拿破仑·希尔(Napoleon Hill)告诉我们：有了目标才会成功。要想创业成功，你的知识储备够用吗？我们可以通过学校教育平台与在线教育平台这两种学习途径补充知识能量。

1. 学校教育平台

可以修读所在学校开设的研究方法、学科前沿、创业基础、就业创业指导以及财务、金融、法律、营销、管理等方面的必修课程和选修课程；还可以积极参加校内外相关学术报告、创业讲座及创业论坛。某些院校还开设了创新创业实验班，按照人才培养方案系统培养潜在创业者。

2. 在线学习平台

可以运用“互联网＋教育”的模式进行与创业相关课程的学习与修读。近年来，很多高校及社会教育机构建设了很多在线教育平台，要善于挖掘适合自己需求的教育平台，达到拓展知识的目的。比如下面六个教育资源平台：

创业者网——清华大学旗下专注于中国创业教育与经验分享的平台（http://www.cyz.org.cn/）；

网易公开课（http://open.163.com/）；

智慧树——来自台湾的共享课程（http://www.zhihuishu.com/）；

优课联盟——深圳大学（http://szu.benke.chaoxing.com/）；

中国大学 MOOC（http://www.icourse163.org/）；

MOOC 学院（http://mooc.icve.com.cn/）

三、梳理能力底数，参加创业实践

创业成功与否，完全取决于创业者创业能力的高低，同样的环境下，创业能力越强的人抓住机遇、成功创业的可能性就越大。这里提供五种途径提高创业能力。

1. 学校社团组织

可以利用大学社团得到实践锻炼。学校社团的每一项活动，从最初的策划到最后的实施是一个系统的综合过程。全程组织或参与，可锻炼组织、协作和资源利用的能力。

2. 社会实践活动

可以利用大学课余时间或寒暑假期寻找兼职工作，了解社会，扩宽视野，提高综合能力，如市场调查、团队协作、组织策划能力等。

3. 创新创业大赛

可以参加校内外的创业类比赛，如“创青春”全国创业计划大赛、全国“互联网＋”大学生创新创业大赛等，提高动手实践能力。

4. 学生科研项目

积极参与校内外的科研项目，如创新创业训练项目。通过参与科研项目，能够锻炼自己动手能力，寻找创业金点子，还能够向项目导师学习实践经验。

5. 创业孵化基地

可以利用高等学校的创业园或其他平台进行创业模拟训练。在参与创业实践的过程中,既为将来开展创业活动积累经验,也培养分析问题和解决问题的能力、组织协调能力、管理能力、应变能力、语言表达能力等,提高应对挫折、面对各种困难的心理准备,能提高创业成功率。

6. 未来工作岗位

在未来的工作中,能够学习到创业所需要的知识与技能,如市场销售、组织调动、人力资源管理、财务管理、物流管理等创业核心知识。还应与相关书籍对照进行学习,理论联系实际,积累大量的实践经验,为未来的创业打好基础。

【案例】

在创新创业大赛中成长的创业者

程健博,2014 年本科毕业于哈尔滨商业大学英才学院(人才培养实验班),在校期间学习的是食品科学与工程专业,同年被推免为哈尔滨商业大学食品工程学院研究生。2014 年 9 月创立哈尔滨同舟有限责任公司,采用 N2E、O2O 商业模式,以经营黑龙江绿色食品为主。

程健博是如何走上创业之路的?这要从 2012 年 12 月说起,是“挑战杯”竞赛第一次激起了这个男孩儿心中的涟漪。从那一刻起,他与挑战杯竞赛便有了不解之缘,也踏出了创业的第一步。食品专业出身的他很快将研发的“黑苦荞植物蛋白饮品”作为参赛作品,开始了自己的创新创业之路。

他从比赛落选到创业资金、经验、人脉、办公场所一无所有;再从比赛获奖到利用国家扶持政策无息贷款;从一个没有想过创业的普通男孩成长为一位拥有 2 项专利的“90 后”创业者;再从 2014 年“创青春”全国大学生创业大赛获国家级银奖,到 2015 年第十四届“挑战杯”全国大学生课外学术科技作品竞赛获国家级铜奖;日夜耕耘终于取得了硕果。

凭黑苦荞开辟创业新径,以挑战杯点燃逐梦激情。谁曾注意到耀眼光芒下的汗流浃背,谁能体会傲人业绩前的废寝忘食?积淀与磨合,他在逆境中生长涅槃;青春与热血,他在创新路上永不停歇。

公司成立至今,销售额稳步上升,经营的“特色龙江绿色食品”已销往浙江、江苏、广东、北京、上海、海南、四川多地,并获得了良好的口碑和稳定的客户。目前,有三家投资公司对“地道龙江”项目表现出了浓厚的兴趣,相关合作事宜正在积极洽谈。

拼一年春夏秋冬,搏一生无怨无悔。身处困境时,程健博经常跟自己团队说的一句话是:“大鹏一日同风起,扶摇直上九万里。鹰会在翅膀折断的地方长得更加强壮,我们会在绝境重生的地方坚强成长!”

资料来源:根据网络资料整理。

中国经济发展进入新常态，呼唤着当代大学生勇敢地投身于创业实践，在实践中不断增强自己的创新创业能力。程健博能够走上创业之路，源自于创业竞赛。在大赛中创建团队、梳理思路、制定计划，有益于发现自身的不足，也利于未来创业活动的开展。评委与专家的意见也在帮助他完善创业项目。目前，程健博的团队已经开始盈利，最初的想法一步步变为现实，我们期待着他们团队能够再创佳绩！

案例思考：

【课堂活动】

创业素质提升计划

具体要求：

1. 针对你的不足，与你的同学讨论并设计一份详细的创业素质提升计划；
2. 完成表 5－10。

表 5－10　创业素质提升计划表

实施时间	计划内容

Tips

1. 并不是所有的课程都适合你，要有针对性地选择。

2. 参加讲座或论坛时，一定要利用好提问环节，在互动过程中掌握自己所欠缺的知识。要注意的是一般社会上的创业论坛都是收费的。

3. 参加各种创业类比赛与科研项目有助于寻找创业金点子，学习导师的实践经验，还有可能获得创业资金的支持。

4. 积极利用各种创业园或其他平台进行创业孵化，在实践中培养创业素质，还可能享受到各种政策支持。

5. 先就业再创业，在工作中历练自己，培养创业素质，适时进行创业行动。

本章思考与实践

1. 约上你的伙伴做一次创业者访谈，讨论一些关于创业的话题。
2. 阅读图书《乔布斯传》，思考你在乔布斯身上学习到了什么？
3. 针对你的不足，制定一份创业素质提升计划。

第二篇　准备篇

当今社会,“大众创业,万众创新”大潮兴起。在经济发展新常态下,创新创业变得前所未有地重要。创业元年、跨境电商元年、四众、双创这些新词汇、新模式、新思维不断涌现。正可谓是创新创业风起,精英草根皆飞扬。在这样的一种环境下,对于希望并有志于创新创业的大学生来说,正是一个成就梦想的时代。我们鼓励每一个有智慧、有理想、肯吃苦的大学生投身于波澜壮阔的创新创业活动中。这不仅是创造财富的过程,更是实现人生价值的过程。

平静的湖面,练不出精悍的水手;安逸的环境,做不出时代的伟人。面对挫折时,坚韧的毅力和不屈的意志才是成功的关键。

“双创”时代,你准备好了吗?

第六章 创业路上的航标

【学习目标】

- 描述创意、创新、创业机会的联系与区别
- 阐释创业机会所具备的基本特征
- 运用寻找创业机会的具体途径，识别创业机会
- 应用四步创业机会选择法

【学习要点】

- 创意、创新、创业机会的联系与区别
- 创业机会的四种特征
- 机会识别方法：发挥优势资源
- 机会识别方法：关注市场动态
- 机会识别方法：运用思维方式
- 互联网时代下的创业机会
- 互联网思维
- 四步创业机会选择法

在神话传说中，独角兽是一种高贵而稀有的生物。在美国硅谷，人们把那些在新一轮融资时估值超过10亿美元的创业公司称为“独角兽”，而那些用创新颠覆传统的企业也成了“准独角兽”，它们都被视为“新经济”的代表。近年来，受益于国内创新创业环境，在中国这一片土地上，也诞生了一大批“独角兽”企业，大疆创新就是其中之一。大疆创始人、CEO兼CTO汪滔，其成功在于发现了小型无人机的真实需求，并利用自身技术优势与外部环境满足了人们的这种需求，创造了独

特的社会价值。汪滔结合自身的专业发现了创业机会，是不是他的运气太好了？为什么是他而不是其他人发现了机会？他如何判断机会的市场价值？这些问题都涉及创业机会的寻找与甄别。

创新创业的实质是具有创业精神的个体对具有价值的机会进行挖掘、开发、利用的过程。在一些创业故事中，创业机会的确定似乎可以瞬间完成，这是一种错觉和误导。汪滔和一系列的创业者一样，在发现了某一创意后，并没有立刻进行项目的组建与运营，而是通过查阅相关资料及询问相关人士等多种方法进行大量的市场调研。根据调研的结论，他再次修复与重塑创业机会，最终才创建公司。事实上，创业机会确定是非常复杂的，包括机会的来源、形成、甄选、评价等过程。作为创业者，这些问题都要进行学习，并发现其中的规律。

创意、创新、创业机会

任何重要的行动都来自于某种想法，创业活动更不例外。每个想法都是机会吗？它可能是一种创意或创新，但不一定就是机会。我们为了突出机会的重要性，强调识别机会更加注重甄别与评估，才将三者区分开来阐述。创意、创新与创业机会之间有着怎样的联系与差异呢？

别把创意当机会

一、创意是一种思想、概念或想法

创业活动的第一步就是要识别创业机会，而创业机会的好坏往往取决于创意。

【课堂活动】

创意投资

具体要求：

1. 和你的小伙伴一同讨论下面的创意。

2. 如果你是 VC(风险投资)，你会为他们投资吗？为什么？

商业创意 1：在传统门铃上进行改变。这种新的门铃根据不同的需求可以播放不同的铃声，还可以增加录音功能，如播放："我不在家，请您稍后联系。"

商业创意 2：随着人们对于养生健康的追求日益上升，保健按摩行业发展较快。现根据该市场需求，开发一款产品：保健按摩衣。将人体穴位在按摩衣上进行标注，可实现在家保健按摩。

创意是具有新颖性和创造性的想法，还没有成果进入成果转化阶段，这是机会产生的最前端。

对于创意，一般有四种可能性：一是创意低估，比如 1876 年，在西方联合国际公司内部会议中得出结论：电话作为沟通工具存在很多问题，因此这项产品不具备任何市场潜力；二是创意高估，比如爱迪生在 1910 年公开宣称：镍铁电池的出现将会使石油工业消失；三是创意不足，比如 1932 年，爱因斯坦指出：核能在实际上是无法获得的，因为原子不可能自动分裂；四是创意偏差，比如 1943 年，IBM 创始人指出：电脑未来的市场规模只有 5 台。

二、创新将创意变成有价值的成果

什么是创新？创新就是建立一种新的生产函数。创意是创新过程中的初始阶段，也是策划、谋划阶段；而创新是创意的转化阶段，需要产生有价值的成果。请你评价下面 5 个与创新有关的案例：

（1）一位化学女博士用了 8 年时间不仅发现了一种叫纳米银的离子，而且找到了让它服务 6.63 亿人的方式——她将纳米银离子嵌入纸中，做出一张史上最强的过滤纸，再用这样的纸及食用级的墨水，印制传播安全卫生饮水知识的书。

（2）一位大学本科生以“光伏温室”技术为主，研发出多项光伏应用与农业设施结合的先进产品。该产品既能充分利用温室占用的土地，又能充分进行光伏发电而不影响温室内作物生长。

（3）一位大学教师希望通过自己的努力能够在孟加拉国推行小额信贷，专门提供给因贫穷而无法获得传统银行贷款的创业者，进而真正帮助那些生活在贫穷状态中绝望的人们。

（4）一位大二的学生与她的老师共同开发出新型 CX 真菌（基因改造菌），这种产品可使种植业的秸秆加速降解，减少秸秆燃烧，从而减少雾霾，通过降解还可获得天然有机肥料，减少化肥的使用对土壤造成的污染。

（5）一位退休军官的创意：从政府那里购买淘汰的水陆两栖交通工具，并计划使用它们去开发旅游业务。

三、创业机会将创新发展成事业或企业

什么是机会？纽约大学柯兹纳教授认为：机会是未明确的市场需求或未充分使用的资源和能力。多数情况下，市场需求不明确，也很抽象，需要你敏锐地辨识，甚至创造。为了了解顾客需求，可以直接向顾客询问他们对待你产品的态度，他们可能希望更美好、更便宜、更便捷、更适用……这些都是你可以考虑的方向。你要坚信，你会经常带给消费者惊喜，带给消费者没有想到的产品和服务。

然而所有的创意、创新都能变成创业机会吗？答案当然是否定的。通过图 6-1所示，你能够更加清楚创意、创新与创业机会之间的内在关系。

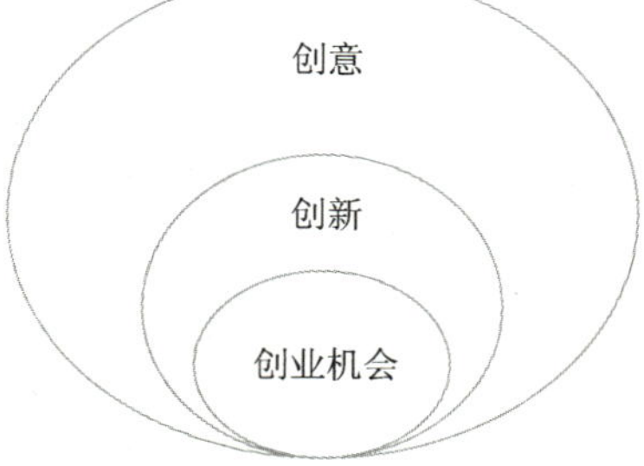

图 6-1　创意、创新和创业机会的关系

上文提到的5个与创新有关的案例都是创业机会吗？我们来分析一下：

第一个案例的创业者是丹柯维琪(Theresa Dankovich)，这本可以喝的书(Drinking Book)被时代杂志评为2015年最棒的25个设计之一。经过试验，这样一本看似小巧的书籍，平均每页可以过滤100升的饮用水。一本26页的书，可以满足一个人4年的饮水量。尽管这项研究仍需要进一步确定滤水系统是否可以过滤掉所有的污染物，包括病毒，但是研发者丹柯维琪博士很乐观，她介绍称，她正在寻求合作伙伴，筹集资金进行更多检测，最终投入大规模生产。

第二个案例的创业者是安徽农业大学2012级学生鲍恩财，他的产品已经进行市场推广并得到市场的认可。本人获评安徽省双创之星、创业之星，全国双创之星候选人。

第三个案例的创业者是穆罕默德·尤努斯(Muhammad Yunus)博士，他是孟加拉乡村银行(Grameen Bank，也译作格莱珉银行)的创始人，有“穷人的银行家”之称，并获得2006年诺贝尔和平奖。

第四个案例的创业者是黑龙江大学2014级在读学生白杨，他们的产品现在还在试验阶段，并未经过市场的验证，也没有进行企业化运作。

第五个案例的创业者已经将创意转化实际，真正建立了一家专门从事偏远荒野旅游的公司。

Tips

创意是创业机会的起点，你要多留意身边的创意；创新是创意的深化阶段，其结果要产生有价值的成果；创业机会才能将创新发展成事业，这一过程就是创业机会的识别。

创业机会的四种特征

胡润，英国注册会计师，1970年出生于卢森堡，是著名的《胡润百富》的创刊人。1990年，他留学于中国人民大学，并在安达信会计事务所(上海分部)成了一名会计师。后来，胡润遇到了一件麻烦事，即每次休假回到英国，大家都会很好奇地问他，中国什么样？这个问题看似简单，但却很难回答，关键是没有标准答案。偌大的一个中国，有5000多年的历史，10多亿的人口，他要说些什么呢？为此，胡润特别烦恼。1999年，当时正值中华人民共和国成立50周年，胡润想，不如给他们介绍50个中国特别成功的人，这样不就可以让他们知道新中国成立50年来的变化了吗？基于这样的想法，胡润推出了百富榜。

机会就在你的身边，如果没有留意身边的事情，就有可能错过了许多良机。一般而言，机会都是在反对声中开始，在掌声中成熟或结束。犹豫者失去机会，观望者没有机会，等待者永无机会。就像马克·吐温所说：“我极少能看到机会，往往在我看到机会的时候，它已经不再是机会了”。机会从来不对某一个人格外青睐，也不会对谁格外吝啬，我们所做的就是在它到来之前，努力做好准备。这个过程或许非常短暂，或许极度漫长。抓住机会，就能改变人生，成就梦想。

很多例子都告诉我们，机会识别是非常复杂、微妙、困难的过程。

一、机会是一种客观的存在

客观存在，是相对主观意志而言的。机会的角色是存在，你的角色是识别和把握。无论你看到看不到，抓住抓不住，机会都在那里。所以，有这样一句话：世界上并不缺少机会，只是缺少发现机会的慧眼。

乔治·艾略特（George Eliot）在她第一部作品《教区生活场景》的第一篇短篇小说《阿莫斯·巴顿牧师的悲惨命运》中，有一句名言：“人类假如不能利用机会，机会就会随着时光的波浪流向茫茫的大海，而变成不会孵化的蛋了”。多么有镜头感的语言。我们仿佛看到了机会的身影远离某些年轻的同学，因为他们忽视了这种自始至终不以我们的主观意志为转移的客观存在。

二、机会是一种无形的事物

机会总是隐藏在经济社会现象的背后，其真相往往被掩盖着，通常很难找到它的踪影。正如法国文学大师巴尔扎克所说：“机会女神总是披着面纱，让人难以看到她的真面目”。也正因为机会的这种隐蔽性特征，才使得它在人们的心目中神秘和可贵。如果机会没有了隐蔽性，你一眼便能识别它，那么，也就不称其为机会了。

【案例】

无意间发现的创业机会：微波炉

微波炉最早的名称是“爆米花和热团加热器”，它的出现源自一个武器研发项目。微波炉的发明者是美国自学成才的工程师珀西·勒巴朗·斯宾塞（Percy LeBaron Spencer），二战爆发后，他在一家公司从事雷达技术开发。

某一天，他在实验室做实验时，一块巧克力棒粘在了短裤上。斯宾塞注意到，当他运行磁控管时，裤子上的巧克力棒融化了。一般人可能认为，他身上的体温将巧克力融化。斯宾塞没有按照这种逻辑思维去判断这件事，相反，思维敏捷的他给出了一个更为科学的解释：肉眼看不见的辐射光线“将其煮熟了”。斯宾塞对这一发现充满了好奇，他利用这种装置让鸡蛋爆裂，还去烤爆米花。最后，他用箱子将其包装起来，作为一种烹饪美食的新工具推向市场。

资料来源：http://trisvr.com/keji/1011.html。

案例思考：

三、机会不会一直存在

机不可失，时不再来。凡是机会都有时效性，错过了时间，机会就失去了效用。机会的时效性表现为稍纵即逝和一去不返。同时，由于机会往往是被社会所共有的，只要稍一迟疑，机会就会被别人抢走。

【扩展阅读】

机会窗口

图 6－2 描述了一个一般化市场上的机会窗口。市场在不同时间成长的速度各不相同，随着市场快速扩大，就会有越来越多的创业机会。当一个市场变大、形成之后，环境就不一定那么有利了。因此，在市场开始扩展到足够大的程度，并开始形成一定结构时（例如，图 6－2 显示的第 5 年），机会窗口打开；当市场成熟了之后，这扇窗就开始关拢（例如，图 6－2 中显示的第 10 年）。

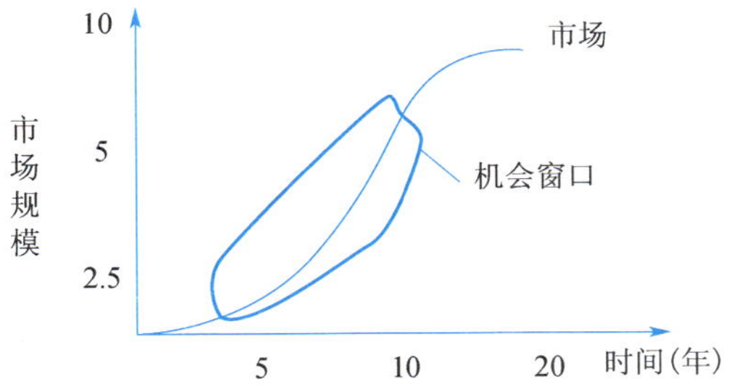

图 6－2 机会窗口一般模型

资料来源：杰弗里·蒂蒙斯，小斯蒂芬·斯皮内利．周伟民，吕长春，译．创业学[M]．北京：人民邮电出版社，2011 年，56 页。

四、机会往往有风险相伴

机会往往都与风险并存。由于大多数机会出现时间短，对它的本质往往看不太清楚，又因为它关系未来，受多方条件制约，机会常呈现若明若暗的状态。因而机会只属于那些有胆有识的人，在机遇和风险面前左顾右盼、裹足不前常常会坐失良机，但不顾条件一味蛮干也会受到惩罚。

【案例】

一个90后创业失败的故事

徐振江，是一位1996年出生的年轻创业者，他针对学生群体洗衣难的问题，推出了一款洗衣O2O产品，叫"9块洗"。顾名思义，9块钱就可以给学生提供一袋洗衣服务，通常每个袋子可以装进3～5件衣服。每袋成本基本控制在5元钱以内，4元钱净利。随后，他为了快速推进项目，开始到处找投资。进展很顺利，但他没料到，2014年下半年，"e袋洗"发力疯狂铺市场，他感到了压力与恐惧。他认为自己的团队没有那么大的能力去与之抗衡，以"e袋洗"的体量，只要简单的模式复制就可以把自己吃掉。2014年8月，徐振江跟投资人沟通，主动终止了项目，投资人也随之撤资。

资料来源：http://www.newdur.com/post/4634.html。

机会与风险是一对双胞胎，高收益的出现更能带来高风险。你要始终保持一个清醒的头脑来判断机会。你的产品到底具不具备竞争优势？有没有专注用户最细的需求？能否在某一方面建立相应的技术壁垒？在这些问题没有考虑清楚的时候，太过追求速度，盲目扩张，往往会出现高风险。

案例思考：

杰弗里·蒂蒙斯和小斯蒂芬·斯皮内利合著的《创业学》中有这样一段话："机会的识别就像你进行一次未知的旅程。想象一下，这就像一次要经过不同地形、经历各种天气条件的旅程。这个历程不仅要有充满阳光、笔直平坦的高速公路，也有迂回曲折、上下起伏的羊肠小路，这些小路可能把你逼到绝境，沿途你也可能遇到龙卷风、沙暴、飓风和火山爆发。你最常遇到的可能是在渺无人烟时耗尽了汽油，或在你最想不到的时候车爆胎了，而这就是你未来的旅程。"

机会的来源与识别

很多人深感创业项目难找，这往往是对市场洞察不深造成的，就像培根说过的一句话，"善于识别与把握时机是极为重要的。在一切大事业上，人在开始做事前要像千眼神那样视察时机，而在进行时要像千手神那样抓住时机。"机会既可能是自然生成的，也可能是需要你来创造的，而多数是后一种情况。机会可能就在你最熟悉的班级、校园、城市中，也可能蕴藏在你最擅长的专业、兴趣、经验中。多留意你生活中的细节，会有意想不到的收获。

你身边的创业机会

一、发挥优势资源，把握创业机会

发现优势，是对以往生活积累的审视。在过去的生命历程中形成了哪些技能？奠定了哪些知识？形成了怎样的结构？培养了哪些兴趣爱好？哪些事情能够做得更好？这些都可以称之为你的优势资源。

1. 专业优势

要善于发现所学专业的优势。在创业之路上，专业知识、同学、老师将是你的技术支持和人力支持。大学二年级学生比尔·休利特(Bill Hewlett)与戴维·帕卡德(Dave Packard)通过做论文《制造和评价一个可变频振荡器》发现了新技术，随后便申请了专利，租了公寓和车库成立了休利特·帕卡德公司，我们叫它惠普公司。太平洋战争爆发后，休利特入伍，负责太平洋部队信号设备的调查，惠普抓住了这一机遇腾飞起来。

2. 兴趣优势

兴趣，有的是与生俱来，有的则是后天养成。不论哪种情况，都是对潜藏自身某种特质的呼应，都是自身特质的外在表现。如果具有并能发现它，这将是你生命存在的形式。比如，音乐家以音符作为生命存在的形式，作家以文字作为生命存在的形式，画家以色彩作为生命存在的形式。你的兴趣爱好是什么？能否把它们转化成一个不错的机会？

3. 经验优势

你组织过哪些社团活动？策划过哪些商业方案？参加过哪些专业实习？有过哪些兼职经历？参加过哪些比赛？这些都有可能成为你的经验优势。你可以从自己的相关经验入手，选择创业机会。松下幸之助曾经做过电器插座生产线上的学徒，开心网的创始人程炳皓曾经参与新浪网的策划、运营以及上市。也许，你现在还没有走出象牙塔，没有太多的相关经验，但不要着急，在未来的工作中，你一定会积累丰富工作经验，它会成为你重要的优势。

【案例】

利用优势资源，发现创业机会

珠海习悦创始人王志鹏毕业于西安交通大学计算机专业。从本科到研究生，他一直和计算机技术打交道。

第一次创业：飞饭

第一次创业，是在西安交大读书时期因为一次不愉快的订餐经历引起的。当时他创办了一个互联网外卖平台——飞饭。还在念书的王志鹏为了考察外卖市场，白天奔波在学校周边的各个餐厅，晚上回去写代码。在创业最艰难的时期，只剩自己一个人运营，为了能够将创业持续下去，王志鹏选择了休学一年，全身心投入到创业之中。

经过不懈努力，飞饭于2013年获得了数百万的天使投资。在资本的助力下，飞饭的业务于2014年覆盖西北、华北两大片区，城市扩张至西安、珠海、湛江、茂名、咸阳等5个城市，日均交易额突破10万元，团队规模达到80多人。在与“饿了么”以及“美团”的直接竞争中，依旧保持了非常高的地方市场份额。最终，飞饭被一家公司收购。

第二次创业：珠海习悦

第一次创业之后，王志鹏本着对计算机技术的热爱，在2015年人工智能深度学习技术大爆发的机缘之下，他开启了二次创业。

当年4月，王志鹏来到珠海，创建了珠海习悦信息技术有限公司。一起加入公司的还有他的技术合伙人，国家计算机网络防范入侵中心的核心技术人员和谷歌工程师周文晖。珠海习悦专注于人工智能的核心深度学习技术，提供计算机视觉技术的研发与服务。

经过不断地技术攻关、研发，2015年6月底，珠海习悦的Deep Traffic Eye产品获得了来自政府的第一笔订单。2016年，珠海习悦能够提供云端业务与终端业务两大解决方案，产品应用的涵盖也从交通领域扩展至家居等多个领域，并与中科曙光、西门子、中国南方航空、政府交通部门、西安交通大学国家级重点实验室、新加坡A—STAR国立研究院等达成战略合作。

资料来源：根据网络资料整理。

案例思考：

【Tips】

你的优势资源可能不仅仅体现在专业、兴趣及经验方面，还可能体现在与你有直接关系的，可以为你所支配、掌握和运用的资源。比如家庭的、传承的，甚至是特殊居住地的，都可以成为你的优势资源。只要用心思考，一定会发现你独具的优势资源。

二、关注市场动态，挖掘创业机会

有哪些企业是刚刚成立的？又有哪些企业是逐渐走出市场的？它们进入市场以及被市场淘汰的原因是什么？仔细留意身边的市场动态，可能会挖掘到不错的机会。不少生存型企业的创业活动是模仿性的行为，可以模仿成功的模式，满足当地的需求；模仿行为多数是根据现有市场中的产品进行改良或升级，这种“模仿＋改良”式创新，也可能是一种选择；还可以把现有的市场进行细分，瞄准某一细分市场，采用产品横移，弥补新的市场空白点。

1. 打开眼界，模仿复制

做一件事需要专注，但在确定做什么之前一定要开阔眼界。对于适合你的事情而言，至少要看到十几种，这才有考察、对比、选择的机会，才有最好、最优、最适合的项目产生的可能。说到眼界，不能不提“万卷书，万里路”。何以打开眼界？读几本与创业机会有关的书，看几百个别人创业的故事，走访几个乃至十几个地方，接触一些专家，结交一些企业界人士。你会发现，可以做的事情不仅仅是开个店，你会有更广阔的思路、更有创意的点子、更有商业价值的机会。

此外，还可以通过代理或加盟的方式开展创业活动，他们成熟的管理模式与操作流程会让你省时省力。但是，加盟创业并非零风险。目前市场上加盟的品牌鱼龙混杂，甚至会出现骗子公司、传销组织。在做出加盟决策前，你要仔细核实加盟品牌的资质，深入了解加盟品牌的运作模式，最好选择运营时间在 5 年以上、拥有 10 家以上加盟店的成熟品牌。

Tips

模仿复制可能是一种最经济高效寻找机会的方法。你可以把身边创业项目向外进行延展，复制到其他区域；你还可以将参加展览会遇见的、出游时看见的、和别人谈话听到的、利用网络查到的创业项目，复制到你所在的区域。

2. 关注资源，深度挖掘

挖掘是发现机会的一个途径。面向天然、隐蔽的资源，经过寻找而发现，选择而确定，提炼而结晶，加工而升级，成为有市场价值的东西。可挖掘的具有资源性质的东西很多，范围很广。你把它们从隐蔽状态挖掘出来之后，既要尊重他们的原生态，因为这是特点、特色、独具的价值所在，也要改进、提升、完善，有的还要进行功能的转化、用途的变更、价值的延伸。

Tips

为了挖掘到一个不错的机会，创业团队可以运用头脑风暴，针对生活中某一物品构思新的产品。新产品的构思方向可以从异产品、异特征、异量值、异规则和异领域五个角度入手。

3. 市场细分，弥补空白

生活中，每天都会出现一些新鲜的事物，像"VR 眼镜""特斯拉""Apple Watch""云足疗""无人机""Uni. 有你"……每一个新技术或新产品的出现，都伴随着混乱、混沌、模糊的市场真空区域，这种真空区域恰恰就是新企业肥沃的土壤。仔细观察这些技术和产品，思考它们身上具备哪些特征、它们还可以应用到哪些领域、哪类人群最需要它们、将如何满足需求等问题，这个过程就是市场细分。在寻找目标客户的过程中，不要力求"大而全"，应利用有效资源，打造"小而强""小而精""小而美"的创业机会。

【案例】

瞄准细分市场，发现创业机会

专卖店并不稀奇，但做到只卖一款衣服，只卖一种颜色，只做实体店不做电商，而且一周只有半天营业，估计所有人都会认为这家店铺开不了多久就要关门。奇怪的是，偏偏有一家这样做的日本服装店，还取得了巨大的成功，每周开门的那天，很多人早早来排队，等待店主开门营业。这家店只卖 T 恤，而且只卖白色的，店名叫"＃FFFFFFT"，"＃FFFFFF"在计算机中代表白色的代码，后面加上了一个 T，意思是"白色 T 恤"。

店主叫夏木拓，他非常喜欢 T 恤，特别是白色的，甚至到了狂热的地步。他会到世界各地寻找各种品牌的白 T 恤，他搜集的白色 T 恤超过一百件。他发现许多人和他一样都喜欢白色 T 恤，虽然不像他这样狂热。因为白色不耐脏，许多人都会买好几件换着穿。结合他自己全球寻找白色 T 恤的经历，他突发奇想，于 2016 年 4 月，在东京涩谷区开了一间白 T 恤买手店。这里出售来自全球各地的各种品牌的白 T 恤，人们可以找到各种款式和不同版型的白 T 恤，价格从人民币 60 元至 1 200 元不等。

对于如何运营这样一个小众细分产品的店，夏木拓有自己的想法。

首先，这是针对小众细分人群，没有必要开在热门区域，即使开在偏远地方，目标客户也会找上门来。因此，他把店开在一处居民区底层的车库里，布置了简单的收银台和试衣间。然后，他做了一个出乎意料的决定——每周只在周六下午营业半天。他觉得这招非常高明，针对小众人群，本来目标客户就不多，如果每天营业，平摊到每天的人流量会少得可怜，还会占用看店的人力，不如把这些人集中在一个时间段，营业额不会少，还造成排队，吸引更多人和媒体的好奇心和关注。

由于每周只开门一天，很多文艺青年早早赶来排队，等待店主开门营业。这种奇怪的店，很容易在网络传播，这家小店开业刚一年，就登上了各种媒体头条，成为全球的网红小店，还吸引了许多外国顾客。许多人劝说店主在网上开店，但店主目前还没有这样的打算。他希望顾客们能亲手摸到不同材质的差异，能近距离观察每件衣服的细节，然后亲自试一试，就像挑选咖啡豆和红酒一样，这种体验只有实体店才有。

资料来源：根据网络资料整理。

这是一个追求个性化的时代，瞄准细分产品、小众人群，在这个时代反而更容易突围，并形成网络传播。对于创业者来说，找到自己喜欢和擅长的小众细分方向，做成这个领域的标杆，是非常不错的创业方向。

案例思考：

三、运用思维方式，创造创业机会

史蒂夫·乔布斯(Steve Jobs)说："一个企业的目标就是去创造那些消费者需要但无法形容和表达的需求"。机会的创造不仅体现在人们没见过、没用过的实物，更包括那些未听过、未曾预见的未来，以此刺激新的消费热点，创造新的生活方式。我们可以模仿，我们可以挖掘，但是更多的机会是需要运用独特的思维方式创造出来。

1. 痛点思维

痛点，顾名思义，就是痛苦的点，是用户在享用产品时的抱怨和不满，让人感到痛苦的接触点。转化到产品上来说，就是产品的原始需求中被大多数人反复表述过的一个有待解决的问题或有待实现的愿望。可以通过这种思维模式寻找机会，就像企业家约翰·加德纳说的"每个问题都是一个绝佳的隐藏着的机会"。用挑剔的眼光去看待事物，不便捷、不完善、不安全、不环保、不干净、不便宜、不牢靠、不够、不足、不爽等，这些都会产生好的创业机会。"你遇到最多的困难是什么""你听到最多的抱怨是什么""你认为最需要解决的问题是什么"，经常问自己这三个问题，能带来灵感。

【Tips】

痛点一般表现为两个方面：一是明显感到痛的点，渴望创造一种强悍的产品去解决问题，如打车软件、替身 APP；二是不那么痛的点，用户已经习惯于已有的方式，没有感觉到痛，而你需要创造一种新的解决方案去优化他们的体验，如 ipad。

未来10年5个必然趋势和流行思维

2. 趋势思维

趋势思维，就是在变化中看到未来的发展方向，通过预测的方式创造机会。

彼得·德鲁克(Peter F. Drucker)在《创新与企业家精神》一书中指出："变化为新颖且与众不同的事物的产生提供了机会"。没有变化，就没有机会。你要在瞬息万变中分析出未来的发展趋势，并加以利用。在我们的生活环境中，有哪些变化趋势呢？这些趋势能够为你带来怎样的机会？表格6-1为你提供了一些参考。

表6-1　利用环境变化趋势而发现的新机会一览表

环境类型	环境变化趋势	具体表现	产生的新机会
人口环境变化	社会老龄化	退休人数增多，平均寿命延长	养老院、老年护理、居家养老用品、高级陪护、家政服务
	男女比例失调	需要寻找终身伴侣的平台	婚介服务、交友俱乐部、征婚节目
	开放二胎	家庭成员数量变化	双人用品、保姆服务、蒙特梭利教育
	非家庭生活方式更加丰富	单身贵族，丁克家庭，周末夫妻，学生宿舍，三代同堂，养老院集体生活	方便食品、便携家具、简约生活方式、旅行社和旅游用品、自助游、自驾游社团、派对及聚餐用品
	家庭结构变化	大龄青年、宅男宅女、独生子女增多，离婚率增高，职业妇女、失业青年增多	婚介服务、职业培训、心理咨询、职介中心、就业创业培训
经济环境	实际收入提高	恩格尔系数越来越小	娱乐业、休闲业
	跨国企业、连锁企业增多	企业由集中经营转为零散分工合作(企业在不同地区)	统一管理的软件开发：网络视频会议、多方会话通信
	高储蓄率和净资产提高	银行存款增多，家庭固定资产增多	轻型汽车、家庭娱乐用品、高科技通信用品、教育和信息市场、投资顾问、理财师
	传统行业经济不景气	传统行业急需转型升级	传统行业转型升级服务、"互联网+"服务产品数量及比重调整
自然环境	自然资源短缺	自然资源日益减少	寻找替代品、开发新能源、开发节能产品、废物利用回收渠道
	环境污染	我们生活的环境日益恶化、生态破坏	生化、生态和环保方面的服务和产品、环境监测、环境治理

续表

环境类型	环境变化趋势	具体表现	产生的新机会
技术环境	信息技术	信息庞杂，无纸化办公，大型展会增多	软件定制、信息管理、编程人员、会展服务、广告、传媒、出版市场
	电子技术	出现网络通信、人工智能、机器人、VR、无人机及3D打印技术	相关产品的开发、保养与维护
	生物技术	近年生物学大力发展、创新	生物医疗、生物药品、物种杂交及化学化工方面的产品及服务
	新型材料	目前新材料有六十多万种	新型材料的利用、相关的所有产业应用
	空间技术	航天技术的发展	网站、软件、农业生产等
政治法律环境	食品卫生法	国家加强对食品安全卫生的监管	绿色、环保、无毒、无公害高质量食品、科学检验等
	消费者权益保护法	保护消费者利益越来越被重视	诚实守信的产品、质量过硬的产品、关于食品安全和环保类的咨询和服务
	鼓励特定商业活动	国家鼓励国产动画、鼓励建设停车场、鼓励电瓶汽车	喜羊羊与灰太狼等相关产品或服务；智能门禁及考勤系统、停车场系统、通道管理系统、电瓶汽车研发与保养、电瓶充电等
	社会主义文化大发展大繁荣	文化创意产业的发展	广告、建筑、艺术及古董市场、工艺、设计、流行设计与时尚、电影与录像带、休闲软件游戏、音乐、表演艺术、出版、软件与计算机服务业、电视与广播

续表

环境类型	环境变化趋势	具体表现	产生的新机会
社会文化环境	受教育水平	高学历无业人员增多，职场竞争更加激烈，创业者增多	在家办公、自由职业、短期劳务，便利交通、即时通信、技能培训、企业顾问
	强调个性化	不论是企业还是个人，都比以往更追求个性和特色	个性化产品、个性化标志、小批量产品、彰显个性的装饰
	SOHO 一族	喜欢在家办公及购物、理财，喜欢家居井然有序、安全、舒适，重视家庭生活	家庭美化、家政服务、家庭保安设备、办公用品及网络维护、网上培训、宠物饲养服务市场
	冒险猎奇者	喜欢旅游、野外探险、猎奇	冒险体验、极地探险、漂流，异国情调的产品经营，富有冒险倾向的娱乐市场
	另类个性者	追求素食、香薰、修炼、秘术、健身、另类、追求天然营养	健康咨询服务、保健产品、生态市场、安全环保产品、品质超群的产品、健身器材市场
	多维消费者	消费多元化、中西合璧、融汇古今，这类消费者已占6%	提供商品信息、消费指南，物美价廉、独特个性的商品，为多维生活方式提供便利
	享受生活者	追求精致品位生活、注重生活质量、追求名贵奢侈品	精心设计的优质服务、限量的奢侈品或者奢侈体验、服务极致的产品和服务
	自由职业者	追求自由独立、返璞归真，不追求白领生活、崇尚自然	为年轻企业家提供的服务、网络服务、信息和渠道服务、娱乐业
	延长寿命永葆青春	健康长寿、永葆青春是生活目标，追求新的医疗手段	健身产品，瑜伽锻炼、保健用品，老年护理、体育用品，疗养用品，美容用品和技术

3. 组合思维

组合思维，就是将现有的两项以上的技术、产品、服务、功能、原理等因素组合起来，实现新的用途和价值而获得创业机会。老子说过："世间万物负阴抱阳，相冲以为合"。这是说自然界的一切事物，都具有"合"的倾向。物理和数学之合可以产生计算机，化学和生物学之合可以产生基因工程。如何去"冲"呢？用人的智慧、创新意识和创造能力，用已经掌握的知识、长期积累的经验，将那些不相干、没联系的物质（技术、产品、服务、功能、原理等）组合、结合、融合在一起，创造出新的机会。比如，冶金与绘画组合产生了铁画，医疗与食品组合产生了药膳，金融与手机组合产生了移动支付。

【Tips】

运用组合思维创造机会的案例有很多，当下最热的“互联网＋”就是组合思维。

【案例】

90后男生开公司估值过亿，与总理谈大学生创业

李克强总理主持召开的科教文卫体届人士和基层群众代表座谈会，一个年轻面孔引起了全国观众的关注，他就是广州中医药大学2014届毕业生王锐旭。虽然毕业仅半年，但他创办的九尾科技有限公司估值已经上亿元。王锐旭是一位“90后”大学生创业者，因为家里困难，他从大学一年级就开始在社会上兼职。他曾花250元在某中介公司办了会员卡，“说是负责在未来四年为我介绍兼职，可是交了钱就没了下文。后来才知道这是诈骗公司。”不少人上当受骗后可能会自怨自艾，而王锐旭却看到了其中的创业机会。他开发了“兼职猫”APP产品，为大学生提供免费、海量、安全、个性化的兼职信息服务，为大学生们介绍真实可靠的兼职。他创业只有三年，从大学二年级创立的从事校园商业推广的“魔灯团队”到大学三年级创立的“九尾科技有限公司”，他成功拿到百万元的天使投资，成为一位年轻的“90后”CEO，其公司的估值已经超过亿元。

资料来源：http://www.ycpinke.com/edu/news/20150129/92249.html。

案例思考：

互联网时代下的创业机会

互联网时代下的创业机会

吃喝在美团、穿衣在淘宝、出行有携程、社交朋友圈、不懂找百度……互联网时代不仅仅给我们带来了生活便利，也给我们带来了创业机会。

一、几个名词

C2C、B2C、B2B、O2O、C2B，看到这些充斥互联网的名词，是不是既熟悉又陌生？你了解它们的含义吗？你能够在哪种模式中找到创业机会？

1. C2C 模式

C2C(Customer to Customer)：客户自己把东西放上网去卖，是个人与个人之间的电子商务，如淘宝、拍拍、易趣、滴滴。C2C 的主要盈利模式是会员费、交易提成费、广告费用、排名竞价费用、支付环节费用等。

2. B2C 模式

B2C(Business to Customer)：企业通过互联网为消费者提供一个新型的购物环境——网上商店，直接面向消费者销售产品和服务，如京东、当当、卓越、神州专车。这种形式的电子商务一般以网络零售业为主，主要借助互联网开展在线销售活动。

3. B2B 模式

B2B(Business to Business)：企业对企业的电子商务模式，进入电子商务交易的供需双方都是商家(或企业、公司)，他们使用互联网技术或各种商务网络平台完成交易的过程，如阿里巴巴、慧聪、中国制造网。

4. O2O 模式

O2O(Online to Offline)，即把线下商务机会与互联网结合在一起，让互联网成为线下交易的前台，也就是线上揽客、线下体验，如美团、饿了么。O2O 模式的特点在于把线上和线下的优势完美结合，让消费者在享受线上优惠价格的同时，又可享受线下贴心服务。

5. C2B 模式

C2B(Customer to Business)，即消费者到企业，是互联网经济时代新的商业模式，如 U－deals、当家物业联盟。客户发布自己想要的产品，然后由商家来决定是否接受客户的要约。假如商家接受客户的要约，那么交易成功；假如商家不接受客户的要约，那么就是交易失败。C2B 模式的核心，是通过聚合分散分布但数量庞大的用户形成一个强大的采购集团，以此来改变 B2C 模式中用户一对一出价的弱势地位，使之享受到以大批发商的价格买单件商品的利益。①

【Tips】

每种电子商务模式都有不同的运行方式及经营重点，你要根据自己的创意、灵感选择适合模式。需要注意的是：电子商务是一种工具，借助它可能使你的创业活动事半功倍！

二、互联网思维

什么是互联网思维？互联网思维具备哪些显著的特征？你应该如何利用它

① http://news.mbalib.com/story/93480。

们去塑造你的互联网思维？

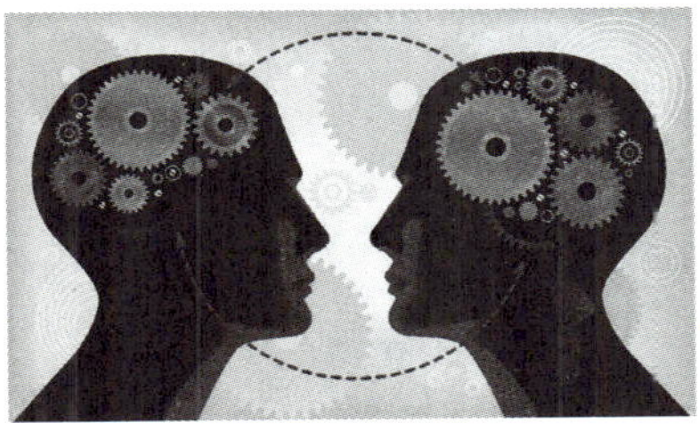

互联网思维，就是在互联网＋、大数据、云计算等科技不断发展的背景下，对市场、用户、产品、企业价值链乃至对整个商业生态系统进行重新审视的思考方式。相对于工业化思维而言，互联网思维是一种商业民主化思维、用户至上思维。这种思维下的产品和服务是一个有机的生命体，自带媒体属性，其企业组织也一定是扁平化的。

1. 用户思维

用户思维，是指在价值链各个环节中都要“以用户为中心”去考虑问题。作为创业者，必须从整个价值链的各个环节，创建起“以用户为中心”的企业文化。只有深度理解用户，才能成功。众多互联网产品捉住了“草根一族”的需求。这是一个人人自称“草根”而骨子里自以为是“高富帅”“白富美”的时代。如果你的产品不能让用户成为产品的一部分，不能和他们连接在一起，产品就容易失败。

2. 简约思维

互联网时代的到来，使得人们接触到信息越来越多。如何让顾客在最短的时间内在众多信息中瞄准自己的产品，就变成一件难事。“大道至简”，越简单的东西越容易传播。例如 RoseOnly 将其品牌定位为高端人群，买花者需要与收花者身份证号绑定，且每人只能绑定一次，意味着“一生只爱一人”。它于 2013 年 2 月正式上线，8 月份就做到了月销售额近 1 000 万元。

3. 极致思维

专注才能做到极致。极致思维，就是要把产品和用户体验做到极致，逾越用户预期。阿芙精油是著名的淘宝品牌，有两个小细节可以看出其对服务体验的极致追求：一是客服 24 小时轮流上班，使用 Thinkpad 小红帽工作，这种电脑切换窗口更加便捷，可以让消费者少等几秒钟；二是设有 CSO（首席惊喜官），他们每日在用户留言中寻找潜在的推销员或专家，找到之后会给对方寄出包裹，为这个可能的“意见领袖”制造惊喜。

4. 迭代思维

“迅速开发”是互联网产品开发的典型方法论，是一种以人为焦点、迭代、循序渐进的开发方法，是迭代思维的精髓所在。它允许有所不足，不停试错，在连续迭代中完善产品。只有快速地对消费者需求做出反应，产品才更容易贴近消费者，如 Zynga 游戏公司每周对游戏进行数次更新，小米 MIUI 系统坚持每周迭代。

Tips

对传统企业而言，迭代思维更偏重在迭代的意识，意味着你必须要及时甚至实时关注消费者需求，掌握消费者需求的变化。

5. 流量思维

任何一个互联网产品，只要用户活跃数量到达一定水平，就会形成质变，从而带来创业机会或价值。QQ若没有当年的坚持，也不能有今天的腾讯帝国。互联网产品大多用免费计谋尽力争取用户、锁定用户。当年的360安全卫士，用免费杀毒软件进入市场，抢占了大量卡巴斯基、瑞星等杀毒软件的客户。

Tips

免费是最昂贵的。不是所有的项目都能选择免费，要因产品、资源、时机而定。

6. 社会化思维

社会化思维的焦点是“网”，企业面临的客户以“网”的形式存在，这将改变企业生产、销售、营销等整个形态。某智能手表的品牌，通过10条群发，近100个微群讨论，3 000多人转发，11小时预订售出18 698只T-Watch智能手表，订单金额达900多万元。

Tips

口碑营销不是自说自话，一定是站在用户的角度、以用户的方式和用户沟通。

众包也是社会化思维的一种表现，它是以“蜂群思维”和层级架构为焦点的互联网协作模式。维基百科就是典型的众包产品。传统企业要思考怎样利用外脑，不用招募，便可“天下贤才入吾彀中”。

7. 大数据思维

在网络上，用户通常会形成信息、行为、关系三个层面的数据。这些数据的沉淀，有助于进行预测和决议。银泰网上线后，购物中央铺设了大量免费wifi，当一位已注册账号的客人进入实体店，通过手机与wifi连接，他与银泰的所有互动记录会逐一在后台呈现，银泰就能据此判别消费者的购物偏好，最终实现商品和库存的可视化，达到与用户之间的沟通。

8. 平台思维

互联网的平台思维就是开放、共享、共赢的思维。平台思维的精髓，在于打造一个多主体共赢互利的生态圈。运用平台思维最有可能成就产业巨头。全球最大的 100 家企业里，有 60 家企业的主要收入来自平台商业模式，如苹果、谷歌。

9. 跨界思维

互联网和新科技的发展使许多产业的界限变得模糊。互联网企业的触角已无孔不入，图书、金融、电信、娱乐、交通、媒体等各个领域都有互联网的存在。跨界应该是现在互联网上谈论最多的思维模式，例如苹果跨界进入手机领域，微信跨界进入金融领域。一旦拥有用户数据，又能掌握用户思维，就能够携用户以令市场。①

三、"互联网＋"

"互联网＋"是指将移动互联网、云计算、大数据、人工智能、物联网等新一代信息技术与经济社会各个领域紧密结合，培育基于互联网新时代的新产品、新服务、新业态、新模式。"互联网＋"是互联网思维的进一步实践成果。作为创业者，要分析这种新的商业现象和商业逻辑，思考如何为己所用。

案例

荔枝微课：让知识的传递更便捷

8 月 2 日，福布斯中国公布了 2018 年中国"30 位 30 岁以下精英"（"30 Under 30"）榜单。其中，华南理工大学校友、荔枝微课联合创始人兼 CEO 黄冠成功入选，成为"消费科技"领域精英人物。

① 转引自 http://www.360doc.cn/article/7700262_469318500.html。

“30 Under 30”是由《福布斯》美国总部发起，旨在发掘各行各业30位30岁以下的精英。据悉，本次榜单首次涵盖了20个不同领域，收集了活跃中国经济生活中600位青年才俊，其评选标准则包括青年领袖需在各自领域拥有杰出表现、具备企业家精神，并拥有在未来50年改变世界的潜力等。

黄冠从小就是“电脑迷”，小学六年级，他通过开发打字练习软件，赚到了人生第一桶金。初中时期，他便通过互联网自学计算机，直到2009年，他以高考状元身份进入华南理工大学，开始了计算机探索的新阶段。

作为华南理工大学创新创业人才培养的典型代表，黄冠拥有优秀的计算机能力和创新能力，为后来的创业奠定坚实的基础。他从大三就开始创业，先后创办了电影FM网站、互联网公司等，带领团队在创新创业道路上不断摸索前进。

2016年6月，黄冠与联合创始人陈劢成立“荔枝微课”项目，基于互联网生态大环境，线上教育具备无限开发空间，而荔枝微课也在知识付费红利期，平台实现指数型上升和井喷式的爆发，超过20万专业机构和100万优质讲师入驻，授权听课人次超过3亿，成为国内领先的大众知识分享平台。

与此同时，通过开展“双千”讲师孵化计划、小程序开发大赛，荔枝微课帮助年轻人创新创业，关注并参与教育慈善项目，助力社会公益事业。对于黄冠而言，这是他最大的收获，却不是终点。在第三届中国“互联网+”大学生创新创业大赛中，荔枝微课项目获得全国金奖。

以荔枝微课为代表的知识分享平台已经成为互联网+时代的教育新趋势，持续输出有价值的知识、技能和经验，让用户高效获取技能素养，为内容创业者创建变现舞台。而黄冠入选“福布斯榜单”，将激励更多的年轻人，为实现梦想和价值而奋斗。

对于福布斯的肯定，黄冠表示，这是荔枝微课专注知识分享，打造微信生态的新教育模式的最佳收获。未来，他将带领荔枝微课，在互联网教育事业的道路上走得更远，传递分享知识，帮助更多人学习成长。

资料来源：“华南理工大学”微信公众号

案例思考：

“互联网+”还能应用到哪些领域？又能给你带来哪些创业机会？通过阅读表6-2，希望能够给你带来灵感。

表 6－2　“互联网＋”创业机会一览表

应用领域	创业机会
工业	“移动互联网＋工业”“云计算＋工业”“物联网＋工业”“网络众包＋工业”
金融	在线理财、电商小贷、众筹平台、P2P 网络信贷、“互联网＋支付”“互联网＋银行”
商贸	跨境电商、“互联网＋零售”“互联网＋批发”“互联网＋团购”“互联网＋促销”
农业	“互联网＋数据分析”“互联网＋技术指导”“互联网＋城乡对接”
服务业	“互联网＋培训”“互联网＋招聘”“互联网＋资源寻找”“互联网＋便民服务”“互联网＋科研转化”“互联网＋方案设计”“互联网＋设备引进”“互联网＋车间改造”“互联网＋上门服务”
智慧城市	“互联网＋智慧家居”“互联网＋智慧生活”“互联网＋智慧交通”“互联网＋智慧教育”“互联网＋智慧医疗”
通讯	“互联网＋信息传递”“互联网＋视频”“互联网＋交友”
交通	打车软件、专车软件、拼车软件、“互联网＋巴士”、实时导航、订票系统
民生	城市(乡镇)生活平台、城市(乡镇)服务平台、实时天气
旅游	在线购票、景区导览、规划路线、在线导游、酒店预订、“互联网＋旅游用品”
医疗	网上挂号、在线询诊、网络支付，在线咨询、网络售药、在线查询
教育	微课、慕课、网络咨询、网络考试、网络教育平台
政务	网络化办公、移动电子政务、网络资源共享平台
品牌推广	互动营销、微营销、跨界营销、大数据营销、社会化营销、跨屏传播
供应链	“互联网＋消费者＋商家”“互联网＋商家＋商家”“互联网＋民众＋政府”
公益	关注留守儿童、互联网＋养老、爱心帮扶、线上义工

【Tips】

互联网固然在颠覆传统创业模式，但创业的经验和智慧还是需要传承和借鉴的。“互联网＋”是一种手段与工具，真正的核心还在人类丰富的想象力与善于发现市场机会的洞察力。

甄选创业机会

甄选创业机会，就是在众多机会中选择出既适合自己又具有高潜力商业价值的创业机会。最坏的创业是没有选择的机会，最有希望的创业是有较多机会可选，但若不能识别和选择机会，创业者又必会陷入最坏的境地。

甄选创业机会，一是要分析自己是否能够把握创业机会，评价自己与机会的匹配情况；二是要从大量"貌似创业"的创业机会中，发现真正的机会；三是要从数个真正的创业机会中，发现最具有价值的。

一、创业者与机会匹配

中国经纬创投合伙人左玲烨说："识别创业机会，本质上是要在诸多创业机会中发现适合以创业的方式为市场提供有价值的产品或业务的创业机会，而且这个创业机会是适合团队 A 的，不适合团队 B 的"。不管创业机会是创业者自己识别到的还是别人建议的，也不管创业机会是偶然发现的还是系统调查发现，兴奋之余，首先应该问自己的问题是：这个机会适合我吗？为什么应该是我而不是别人？

并非所有机会都适合每个人。一位高校教师可能因为参与一次学生的竞赛而发现了一个高科技行业内的机会，但是，他不太可能放弃教师职业而进入高科技行业创业，因为他缺乏必需的技术知识和在高科技行业内的关系网络。换句话说，即使看到了有价值的创业机会，个体也可能因没有相应的技能、知识、关系等而放弃创业活动，或者把机会信息传递给其他更适合的人，或者是进一步提炼加工机会从而将其出售给其他高科技企业。当然，创业活动往往不会拘泥于当前的资源约束，可以整合外部的资源开发机会，但这需要具备资源整合的能力。

并非所有的机会都有足够大的价值潜力来填补把握机会所付出的成本，包括市场调查、产品测试、营销和促销、雇佣员工、购买设备和原材料等一系列与机会开发活动相关的成本，还包括为创业所付出的时间、精力，以及放弃更好工作机会而产生的机会成本。研究发现，创业者的创业机会成本越高，所把握的创业机会的价值创造潜力也就越大，所创办的新企业的成长潜力也越高。

学者们逐渐认同创业活动是创业者与创业机会的结合，其核心观点是：一方面你去识别并开发创业机会，另一方面创业机会也在选择你，只有你和创业机会之间存在着恰当的匹配关系时，创业活动才最可能发生。①

二、四步创业机会选择法

时间既是朋友，也是敌人。科学高效的判断方法是由先做加法、再做减法、标准排序、重点测试这四个步骤组成的，可以快速筛选创业机会。

---

① 张玉利. 创业管理[M]. 北京：机械工业出版社，2014。

1. 先做加法

先做加法的目的是打开眼界，知道“可做的事情原来这么多！”知道得越多，选择的余地就越大，就越有机会发现最好的、最适合自己的项目。

四步让你选商机

【课堂活动】

完成“先做加法”创业机会汇总表

具体要求：

1. 通过表 6－3 扩宽你的思路，增加你的创业机会数量；
2. 与你团队其他成员的创业机会进行汇总。

表 6－3　“先做加法”创业机会汇总表

创业机会来源	产生的创业机会
发挥专业优势	
发挥兴趣优势	
发挥经验优势	
打开眼界，模仿复制	
关注资源，深度挖掘	
市场细分，弥补空白	
利用痛点思维	
关注人口环境变化	
关注经济环境变化	
关注自然环境变化	
关注技术环境变化	
关注政治法律环境变化	
关注社会文化环境变化	
利用组合思维	
利用互联网思维	

完成表 6－3 后，你会发现身边的创业机会原来有这么多。然而，但这不代表每种创业机会都具有可行性和高潜力，这只是我们初步筛选的第一步。随着我们逐渐深入，你会发现剩下的越来越少。

2. 再做减法

众多的私人股权投资者和风险资本家在选择投资项目时，100 个创业计划中被选中的不会超过 5 个。从这两个数字中我们可以看出筛选优秀的创业思路有多重要。在筛选的过程中，要用挑剔的眼光来看待所产生的创业机会，客观而快速地做出评价。这就是第二个步骤——再做减法，帮你找到应该放弃的创业机会。

再做减法，就是根据以下 16 条规则排除掉“违规”创业机会。

(1)政策限制。国家明确规定了有些领域是民间资本不能进入的，或者有些创业机会因地域性规则制度受到限制。

(2)不环保。国家对于环保的要求越来越严格。不能污染环境和破坏生态是高压线。

(3)与易燃易爆品相关的创业机会必定增加生产、储备、运输、销售的难度和风险，并时刻受到有关部门的监督。

(4)安全难度大。比如食品，特别是婴儿及儿童食品，没有从原料采购到生产加工再到分销渠道的全程监控的把握，就不要涉足。

(5)行业夕阳。任何一个行业都有生命周期。如果某创业机会已经处于该行业的衰退期，许多使用价值已经被新技术所替代，就可选择放弃。

(6)不可持续。有许多创业机会，短时间可能存在，但种种原因导致企业不能长时间地经营下去。

(7)季节性强。不绝对排除，但季节性的销售，终归要面对生产与销售的均衡。

(8)没有清晰的目标客户。是不是已经证实产品谁来购买。

(9)价格低，且需求小。如果产品价格较低，销售数量较小，还没有被反复购买的情况，就要重新考虑该项目是否有存在的价值。

(10)直接面对强大竞争对手。对手已有品牌、技术、市场和消费者认知，密集地占据你所在的区域。与其直接对抗是不明智的，除非有足够优势。

(11)壁垒很高。高壁垒包括资金数量、起点规模、技术含量、工艺难度、检测过程、认证标准。占了其中一个就要慎重。

(12)技术缺失。团队没有创业机会所必需的技术，包括三个方面：一是团队没有技术；二是团队买不起技术或专利；三是聘用不到拥有技术的人进入团队。

(13)创业机会所需原料、材料、辅助材料日益减少，或者被国家和垄断组织控制着。

(14)重量与价值比偏大。单个产品重量很大，同时价值很小，利润会被运费吃掉，无法开辟外地市场。

(15)没有优势。技术、产品、成本、功能、特色、地域、自然资源、经营模式等与竞争对手比较，如果没有竞争优势，企业的生存就会出现问题。

(16)严重依附于他人。创业机会的存在是建立再“别的存在”的基础之上，而这个“别的存在”又是不稳定的，不能为自己所控制，如原料、技术、市场等。

【Tips】

16 条删减规则是编者根据相关资料总结得出，属于大多数法则，并不代表绝对。这 16 条在某些时候可能会限制你企业的发展，或者会降低创业的成功率。如果你能找到相应的解决办法，将其劣势转化优势，也可能是一个不错的创业机会。

【课堂活动】

排除“违规”的创业机会

具体要求：

1. 与你的团队成员共同讨论所有的创业机会；
2. 运用“再做减法”删减创业机会。

做完减法之后，观察一下你们的表格，还剩下多少创业机会。如果都删减掉了，你们就需要重新寻找新的创业机会，或是修复你们删掉的创业构想。

3. 标准排序

标准排序，就是将你剩下的创业机会按照一定的标准由高分数向低分数排序，它是初选创业机会中“优中选优”的过程。创业机会排序的标准由市场需求和团队优势两个要素组成，每一个要素又由五个子项组成，排序时可以将其量化为分数，符合一项标准即可得 1 分，参见表 6 - 4。

表 6 - 4　“标准排序”创业机会评分表

创业机会	市场需求（每项 1 分）		团队优势（每项 1 分）		总得分
	现有的需求		专业的知识		
	潜在的需求		经验的积累		
	持久的需求		拥有的资源		
	目标顾客清楚		独有的强项		
	目标顾客具有支付能力		特别的兴趣		
	市场需求得分		团队优势得分		

标准制定后，你们将剩下的创业机会依次带入两个标准之中，每个创业机会的市场需求与团队优势的得分就出来了。再按照最后的总得分进行排序，每个创业机会的“需求强度”和“优势顺序”便可一目了然。[①]

① 赵延忱. 大学生创业教程[M]. 北京：北京大学出版社，2010。

【课堂活动】

将创业机会进行排序

具体要求：

1. 小组根据市场需求与团队优势共同讨论剩下的创业机会；
2. 将剩下的项目进行评分、排序，并根据表 6-4 制作一个评分汇总表。

这一轮的审查会让你再一次了解所有的创业机会，同时也会进一步开拓你的思路，完善你创业机会的构思。经过标准排序后，你会发现哪个创业机会的市场前景最大，哪个创业机会最适合你的团队，从而确定你们团队的主选创业机会与备选创业机会。如果整体分数都不高，或者市场需求得分与团队优势得分相差较大，就说明团队现有的创业机会仍然不完善，需要你进一步调整或重塑。

4. 重点测试

重点测试是初选创业机会的最后一步。前面的初步判断，都是在“假设”的前提下进行的。你的产品有无缺陷？你的产品能够满足消费者的需求吗？你与这个创业机会真的匹配吗？这些问题都需要你进一步验证和评估它们的可行性，即市场调研。首先测试主选创业机会，如果测试结果不理想，又不能进行修正与完善，再测试备选创业机会。

三、系统甄选创业机会

采取假设加上简单计算的方法初步判断创业机会，一方面是为了快速行动，另一方面是因为不定的环境难以预测。因此，仅有初始判断是不够的。如果条件允许，我们可以参考蒂蒙斯(Jeffry A. Timmons)教授提出的观点进行系统甄选创业机会。具体内容如下：

最终造就了好企业的想法不是灵机一动的偶然想法，真正的创业机会有四项锁定标准：①为客户或最终用户创造或增加了极大价值；②能做到这一点的原因是它们能够解决一项重大问题，或满足某种重大需求或愿望，因此有人愿意付高价购买；③有需求旺盛的市场和丰厚的利润，还具有容易赚钱的特点：规模大；成长速度快；毛利润高；较早实现了充足的自由现金流；盈利潜力大以及为投资者提供切实可行又极具吸引力的回报；④就当时的时间和市场来说，它们很匹配创始人及其管理团队，风险回报率也比较令人满意。

创业者应该从行业和市场、经济因素、收获条件、竞争优势、管理团队、致命缺陷问题、个人标准、理想与现实的战略差异八个方面评价创业机会的价值潜力，并围绕这八个方面形成了 53 项指标，参见表 6-5。①

① 杰弗里·蒂蒙斯，小斯蒂芬·斯皮内利. 创业学[M]. 周伟民，吕长春，译. 北京：人民邮电出版社，2011.

表 6－5 蒂蒙斯创业机会评价框架

评价项目	创业机会的价值潜力	你的创业机会是否具备
行业和市场	1. 市场容易识别，可以带来持续收入	
	2. 顾客可以接受产品或服务，愿意为此付费	
	3. 产品的附加价值高	
	4. 产品对市场的影响力高	
	5. 将要开发的产品生命长久	
	6. 项目所在的行业是新兴行业，竞争不完善	
	7. 市场规模大，销售潜力达到 1 000 万到 10 亿	
	8. 市场成长率在 30%～50%甚至更高	
	9. 现有厂商的生产能力几乎完全饱和	
	10. 在五年内能占据市场的领导地位，达到 20%以上	
	11. 拥有低成本的供货商，具有成本优势	
经济因素	12. 达到盈亏平衡点所需要的时间在 1.5～2 年以下	
	13. 盈亏平衡点不会逐渐提高	
	14. 投资回报率在 25%以上	
	15. 项目对资金的要求不是很大，能够获得融资	
	16. 销售额的年增长率高于 15%	
	17. 有良好现金流量，能占到销售额的 20%甚至 30%以上	
	18. 能获得持久的毛利，毛利率要达到 40%以上	
	19. 能获得持久的税后利润，税后利润率超过 10%	
	20. 资产集中程度低	
	21. 运营资金不多，需求量是逐渐增加的	
	22. 研究开发工作对资金的要求不高	
收获条件	23. 项目带来的附加价值具有较高的战略意义	
	24. 存在现有的或可预料的退出方式	
	25. 资本市场环境有利，可以实现资本的流动	

续表

评价项目	创业机会的价值潜力	你的创业机会是否具备
竞争优势	26. 固定成本和可变成本低	
	27. 对成本、价格和销售的控制较高	
	28. 已经获得或可以获得对专利所有权的保护	
	29. 竞争对手尚未觉醒，竞争较弱	
	30. 拥有专利或具有某种独占性	
	31. 拥有发展良好的网络关系，容易获得合同	
	32. 拥有杰出的关键人员和管理团队	
管理团队	33. 创业者团队是一个优秀管理者的组合	
	34. 行业和技术经验达到了本行业内的最高水平	
	35. 管理团队的正直廉洁程度能达到最高水准	
	36. 管理团队知道自己缺乏哪些方面的知识	
致命缺陷	37. 不存在任何致命缺陷问题	
个人标准	38. 个人目标与创业活动相符合	
	39. 创业家可以做到在有限的风险下实现成功	
	40. 创业家能接受薪水减少等损失	
	41. 创业家渴望进行创业这种生活方式，而不只是为了赚大钱	
	42. 创业家可以承受适当的风险	
	43. 创业家在压力下状态依然良好	
理想与现实的战略差异	44. 理想与现实情况相吻合	
	45. 管理团队已经是最好的	
	46. 在客户服务管理方面有很好的服务理念	
	47. 所创办的事业顺应时代潮流	

续表

评价项目	创业机会的价值潜力	你的创业机会是否具备
理想与现实的战略差异	48. 所采取的技术具有突破性，不存在许多替代品或竞争对手	
	49. 具备灵活的适应能力，能快速地进行取舍	
	50. 始终在寻找新的机会	
	51. 定价与市场领先者几乎持平	
	52. 能够获得销售渠道，或已经拥有现成的网络	
	53. 能够允许失败	

在做系统甄选创业机会时，一定要注意创业本身就是不确定性的商业活动，你不可能对框架里的全部内容做出客观的评价。客观只是相对的，某些要素是难以评估和把握的。过分强调数据，反而会把困难放大，弱化你承担风险的能力，最后失去创业的激情。切记：没有任何一个企业家或创业者会等到所有指标评价结果都完美时再去创业，那时已经没有创业机会了。有时，甄选创业机会还需要你做主观判断或假设判断，最终决定是否将创业机会付之于行动的人是你——拥有创业梦想的年轻人。

Tips

创业机会的识别与评估只是创业路上的第一步。为了能使这一充满意义的旅程更加顺利，你还要制定相应的创业计划，而在形成计划书的过程中，仍须不断完善、整改、塑造你的创业机会。大学生朋友们，拿起航标，让我们起航吧！

本章思考与实践

1. 做一次某种产品的头脑风暴活动，发现你身边的创业机会。

2. 结合自己的兴趣爱好，寻找一个自己喜欢的创业项目。

3. 根据你找到的创业机会，写一份 SWOT 分析报告，并征求老师和同学们的意见。

第七章　发挥商业模式的力量

【学习目标】

- 说出商业模式的概念
- 识别商业模式的特征
- 掌握商业模式的价值构成
- 描述商业模式画布的构造块
- 运用商业模式画布
- 构建互联网经济下的商业模式

【学习要点】

- 商业模式的九个构造块
- 商业模式画布
- 商业模式的价值三角形
- 价值创造的行动模型
- 盈利模式的五种方式
- 互联网经济下的四种基本商业模式

新经济时代下，无数的商业模式创新正在涌现，颠覆性的全新商业模式是我们这个时代的标志。那些全新商业模式的设计者和执行者成为商业世界的新贵，他们发现新的挖掘顾客价值的秘密，改变着行业的竞争规则。传统的商业运营模式正在经受前所未有的考验，有的被无情淘汰，有的却能绝处逢生。如何用模式突围、如何用模式创造新的传奇，是所有创业者的困惑。

本章就来和你一起探寻应对市场竞争的利器——商业模式，共同找到它创新的路径。

盒马鲜生背后的那些创新

成长利器：商业模式的本质

不论是传统企业还是新兴企业，也不论企业规模大小，管理者一谈到商业模式这个词都很兴奋。正如管理学大师彼得·德鲁克所说："21 世纪企业间的竞争，已经不再是产品和服务间的竞争，而是商业模式之间的竞争"。既然商业模式这样重要，到底什么是商业模式呢？

商业模式（Business Model）是企业成长的利器，是以价值创造为核心，描述了企业如何创造价值、传递价值和获取价值的基本原理。简单说来，商业模式就是企业从为客户创造价值的角度出发，发现可满足客户需求的价值后，通过对自身内部和外部资源进行整合，进而打造企业利润空间的商业系统。

【案例】

3Glasses 的商业模式战略

3Glasses 创始人王洁大学毕业后，进入了一家广告公司工作，短短一年时间便结束了这份不是很"酷"的工作。王洁开始接触三维仿真，也就是我们今天所说的虚拟现实，此次的结缘也注定了王洁将在虚拟现实的路上风雨兼程。

"经纬度"是王洁创办的第一家公司，主要为建筑设计、智慧城市等提供三维仿真定制解决方案。值得一提的是，王洁所创办的"经纬度"是国内唯一一家创立 10 余年且没有拿过融资的虚拟现实公司。后来因为行业应用需求，在资源整合和技术评定之后，3Glasses 于 2012 年底正式立项，而原有的团队也在人员和资源上进行了重组，并且成立了深圳市虚拟现实科技有限公司。

王洁通过打造有梦想的团队，开发分发平台、加速产品性能更新，支持线下推广等战略打造 3Glasses VR（Virtual Reality，即虚拟现实）的商业模式。

因为有梦想，团队才会成功。3Glasses 的 VR 头显项目在当时没有任何可以参考和借鉴的产品。为了研发 VR 头显，3Glasses 的研发团队为了从数以万计的元器件中寻找适合虚拟现实要求的元器件，做了无数次的尝试。终于在经历 23 个月、702 天、16 848 个小时的研发与测试后，自主开发完成了中国第一台量产的虚拟现实头盔 D1（亚洲首款、全球第二款量产），并于 2014 年在深圳富士康工厂出货。2015 年，3Glasses 推出了全球首款量产 2K 虚拟现实头盔 D2。

开发分发平台，主攻三大业务。3Glasses 专注于智能穿戴设备、虚拟现实、增强现实等领域研发工作已有超过 10 年的时间。目前 3Glasses 将要基于自己的硬件开发自己的分发平台，并将 3Glasses 主要涉及业务归结为三方面：一是硬件的销售，主要是 VR 头显；其次，3Glasses 推出了自己的 VR SDK，与重要的游戏引擎基本都已经达成相关合作，将更有助于开发者方便、高效地开发 VR 内容；第三，3Glasses 拥有了自己的内容分发平台，他们会在这个分发平台上为用户提供丰富的内容及为开发者提供变现的途径。

从开发者版本到消费者版本过渡，在产品性能上呈现质的飞跃。3Glasses 一直致力于产品的升级、优化用户体验，所以产品的更新迭代是越来越快的，而且每代产品在性能上也有很大的提高。2016 年，3Glasses 被微软选为首批 VR 头显合作伙伴，成为了国内唯一一家与微软达成战略合作的 VR 头盔厂商。3Glasses 每一次迭代在主要参数上较上一代都至少提升一倍，从推出单品到推出系列，硬件的更新频率也明显加快，产品在性能上更是呈现出质的飞跃，完成了从开发者版本到消费者版本的过渡。

首创第一个成功的 VR 商业模式。在保持 VR 头显等硬件产品技术领先的同时，3Glasses 还首创了被业界公认的第一个成功的虚拟现实商业模式——VR 线下体验点模式。如今，由 3Glasses 提供硬件设备的线下体验店多达 5 000 多个，单月体验 3 000 万人次。同时，3Glasses 也在积极拓展 VR 内容服务和行业应用，将业务不断拓展至街机游艺、旅游、教育等多个领域的 VR 应用，且建立了 VR 内容服务平台 VRSHOW，拥有 1 000 多个全球开发者合作伙伴、10 000 多个 VR 应用、400 多个签约 VR 游戏，200 多项 VR 行业成功案例。

可以说，3Glasses 如今已成长为覆盖 VR/MR 软硬件及开发工具、内容平台、行业解决方案等综合业务的科技公司，引领国内 VR 领域的潮流。

资料来源：http://mt.sohu.com/20160323/n441746983.shtml。

王洁的 3Glasses 利用行业先行者的技术和团队优势，以在真实世界里再造一个平行世界作为价值主张，瞄准细分市场，构建线上和线下互联的平台，以消费级别 VR 硬件为企业的关键业务，多渠道地扩展盈利来源，打造出 VR 产业的独特商业模式。

案例思考：

机遇空间：重新定义第三空间

一、商业模式的价值三角形

“价值”是商业活动中永恒的核心。商业模式是以企业提出明确的价值主张为开端，以价值创造为核心，描述了企业如何创造价值、传递价值和获取价值的基本原理。价值主张、价值创造与价值获取构成了一个稳定的三角形结构，帮助企业构建自己的核心商业模式，如图 7－1 所示。

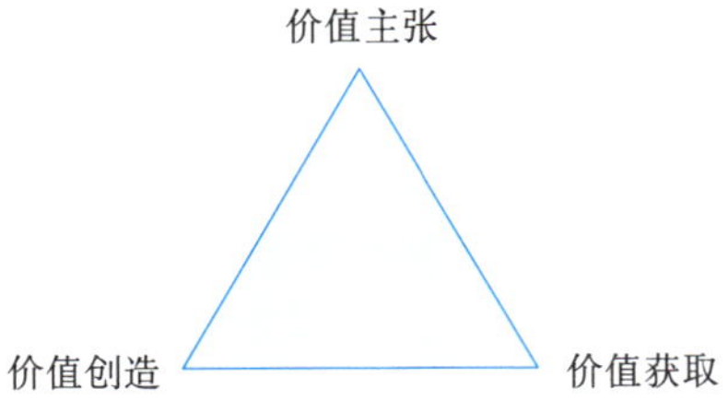

图 7－1　商业模式的价值三角形

1. 价值主张

你能为客户提供什么价值？产品需要创新，商业模式同样需要创新，甚至比产品创新更为重要。商业模式创新的关键，是提出独特的客户价值主张。客户价值主张，是企业通过其产品所能向消费者提供的价值，体现的是企业对消费者的实用意义。我们可以把价值主张理解为用户痛点，可以为用户需求做出哪方面的改变。

价值主张告诉消费者，为什么他们应该选择你而不是你的竞争对手，并且从一开始就把你的产品或者服务能带来的好处，清晰明了地传达给消费者。在设定你的企业价值主张之前，要回答以下三个问题：一是，企业的目标客户是谁？每一个企业的商业模式，首要工作就是要选择客户、定义客户。创业起步必须切入到一个精准的客户群，切入越精准，风险越小。为了精准地定位目标客户，你要先能够给客户画“素描”，当你有了一幅清晰的素描画像后，可以帮助企业的销售系统快速找到目标客户群。成功的商业模式都源于对精准目标客户的定位。二是，要解决什么重要问题，或是要满足客户的哪项重要需求？创业者需要回答客户真正所关心的问题：“你可以为我带来什么？”“你可以超出我的什么期待？”。客户在意的永远是自身的感受，但客户真正的需求大多都是隐藏的，他们往往自身都无法将其清晰地描述。企业必须时时地根据自己的产品特色，提供给客户独特的价值主张。三是，提供什么样的产品？承诺再美好的价值主张终究是需要你的产品来实现。你可以通过创新技术或服务、提升和迭代产品功能、提供更优秀的设计、建立能够和竞争对手区隔的品牌或是降低客户使用风险的角度来塑造和开发产品。例如，苹果的卖点是最酷的产品。

【案例】

唯品会的核心价值：商品精选导购

唯品会并不具备明显的价格优势，独有商品也并不多，配送服务相比顺丰等快递公司也有一定的差距。产品、价格与服务是通常认为的衡量电子商务成功与否的三个关键要素，而唯品会在这三者上相比很多电商网站并不占优势。那么，唯品会的价值何在呢？它的价值主张又是什么？

不管是从商品还是价格的角度上来说，淘宝、天猫上确实存在大量的商品可以形成对唯品会的替代效应，但是海量的品类、鱼龙混杂的商家以及参差不齐的商品为消费者的购物带来了极大的不便。淘宝的商品品类（SKU）是以数十亿计的，天猫应该在数千万的级别，消费者在这样的购物环境中找到适合自己的商品有时并不比大海捞针容易多少，而其中假冒伪劣商品的大量存在更是增加了购物的难度。所以，依托于淘宝的诸如美丽说、蘑菇街之类的导购网站一诞生就获得了快速的发展，一度也令淘宝非常紧张。

唯品会并不是一家导购网站，但其最大的价值恰恰是导购所创造的。购物本应当是件轻松、快乐的事情，但置身于网上海量的商品中往往感受到的是茫然。唯品会的价值就在于其站在独立第三方的角度，从海量的商品中为消费者做了一次精选，并且由于这些商品基本上都有一定的品牌认知度，产品质量也相对有保证。因此，唯品会能通过口碑逐渐地在消费者中间建立信任感。

唯品会依靠对商品的精选优化了消费者的购物流程，使得消费者的购物行为变得轻松与快乐，这是唯品会商业模式的核心。也正是通过这样的模式，唯品会实现了与大型电商平台淘宝、天猫等的区隔，建立了独特的品牌形象。

资料来源：http://www.tmtpost.com/70220.html。

案例思考：

2. 价值创造

蓝海战略是由欧洲工商管理学院的金（Kim）和莫博涅（Mauborgne）在他们的畅销书《蓝海战略》中提出的。蓝海战略倡导通过价值创新来开辟出全新的、没有竞争的市场空间。这也就意味着客户价值创新要通过创造新的益处为客户增加价值，同时还要通过去除一些低价值的益处来降低成本，如图 7－2 所示。蓝海战略，是通过改变现有的商业模式来区分于竞争对手的模式，从而创造出新的行业，为我们提供了一个有效的客户价值创新创造的模型。

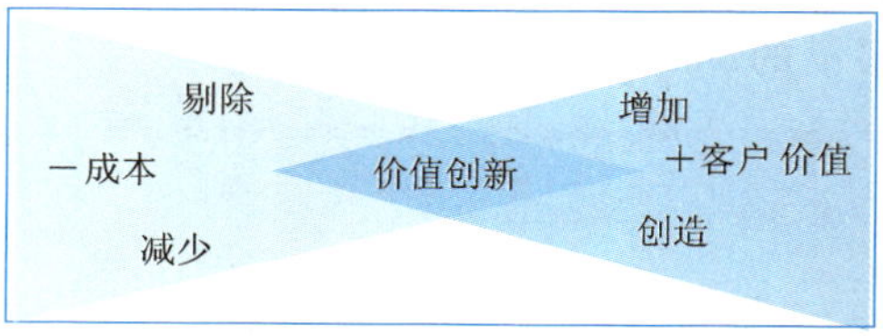

图 7－2　客户价值创新创造①

① 亚历山大·奥斯特瓦德．商业模式新生代．北京：机械工业出版社出版，2011．

为了获取客户价值，金和莫博涅突出了“四项行动框架”的分析工具，如图 7－3 所示。

剔　除	增　加
你的行业里哪种长期受到竞争的因素可以被淘汰？	哪种因素应该被提升到行业的标准之上？
减　少	**创　造**
哪种因素应该被降到行业标准之下？	哪种行业中没有的因素应该被创造出来？

图 7－3　四项行动模型

创业者可以利用分析工具中的四个重要问题来检查和重构你的商业逻辑。

一是，哪些被产业认定为理所当然的元素需要剔除？

这个问题帮助创业者剔除产业中企业之间竞争攀比的元素，这些元素经常被认为理所当然，虽然他们不再具有价值。

二是，哪些元素的含量应该被减少到产业标准之下？

这个问题促使做出决定，看看现有产品或服务是否在功能上设计过头，是否只为竞争和打败竞争对手，企业所给超过顾客所需并徒然增加成本。

三是，哪些元素的含量应该被增加到产业标准之上？

这个问题促使创业者去发掘产业中消费者不得不做出的妥协。

四是，哪些产业中从未有过的元素需要创造？

这个问题帮助创业者发现买方价值的全新源泉，以创造新需求改变产业定价标准。

综合图 7－2 和图 7－3，我们可以清晰地知道，客户的价值创新可以通过分析价值主张中的哪些元素可以被剔除、减少、增加或是重新创造来实现。第一个目标在于通过减少或去除一些相对价值低的服务和功能来降低成本；第二个目标则是要加强或创造出一些相对价值高的但对成本基础影响不大的功能和服务。

掌握蓝海战略的价值创造模型和分析工具，创业者就可以在你的产品和客户关系中打开价值创造的大门。

【案例】

卡洛驰的蓝海沉浮

卡洛驰（Crocs）的丑鞋，几乎风靡全球。Crocs 在成立短短 5 年内，创造了 20 亿美元市值，比竞争对手的品牌高出一倍。公司到底用了什么妙招，在如此短的时间里创造了制鞋业的神话？

Crocs 可以说是外行秒杀内行的代表，其 10 名高管中有 9 名没有任何鞋履行业的经验。这一帮酷爱冲浪、水上活动的科技极客，从高科技行业转进了低科技领域，竟是为了解决自己的痛点。这几个科技宅男当初想找一双能在玩水时不会滑，也能在日常生活中穿的凉鞋时，在市面上却找不到。于是，他们想能不能自己做一双这样的鞋，最终开发出 Crocs。

简单来说，Crocs 是用做高科技产品的打法来造鞋，堪称制鞋业的戴尔。一台笔记本电脑，从设计到生产上市，大约要 6 到 9 个月的时间。几乎雷同的是，卡洛驰的凉鞋也是用同样的时间来打造，从中国代工厂到各国消费者脚上。套用了高科技的高效率产出，Crocs 在短短两年内营业收入增长了 8 倍，成为全球鞋类异军突起的新品牌。和他们之前生产科技产品不同的是，一双鞋的价格只是手机的十分之一，但其毛利率竟高达 55%～60%。

带着一点点童心色彩，一点点摇滚味道。美国时尚杂志评论起 Crocs 的成功之道，就是轻松跨界，赢得跨人种、跨族群的青睐。Crocs 不只是鞋子，更是一种 Fun Product（有趣产品）。Crocs 不仅在供应链上与一般鞋业不同，从一开始 Crocs 就不把自己定位于鞋类，也希望消费者不以鞋子来看待它，而是以一项时尚产品来搭配。Crocs 的策略是，先抓住消费者的眼睛，再以脚的触感，让消费者乖乖掏钱。

但经历过那个繁荣时期之后，持续创新乏力，门槛低，易被山寨，商业模式上的缺陷使 Crocs 公司业绩急转直下。

资料来源：根据网络资料整理。

案例思考：

【课堂活动】

价值创造描述

具体要求：

1. 与你的同学讨论并制定出一份你们确定的创业项目的价值创造图；
2. 在课堂上与班级同学分享小组项目的价值创造内容。

3. 价值获取

盈利模式是获取商业模式价值的最终形式。不同商业模式决定了企业不同的盈利模式，要想让你的企业也成为常青树，就必须为企业设计可持续的盈利模式。创业者可以通过五种方式设计你的盈利模式。

(1)利润来自直接客户的盈利模式。利润来自直接客户是一种最直接的盈利模式,其逻辑是:我为客户提供产品,客户为这种产品进行付费,创业者从这种付费中扣除企业成本,剩下就是企业的利润。这是最常见的盈利模式,快消品行业、服装业、传统家电业、汽车行业等都是采取直接销售产品向客户赚取利润。

我国绝大多数企业都在采取这种盈利模式,这种利润直接来自于客户,有着自己的局限性。例如,盈利点较为单一,容易使企业陷入行业内的恶性成本竞争;单一的盈利模式容易被竞争对手模仿,往往造成两败俱伤。

当然,盈利模式无所谓优劣,关键在于适合和有效。创业者应在有可能的条件下,选择利润点更多,能为多方共赢的盈利模式。

【案例】

东北饺子王喜家德的模式创新

喜家德的诞生

喜家德的创始人名叫高德福,出生于黑龙江鹤岗市,是个土生土长的东北汉子。他之所以选择做饺子,其实是走了许多"弯路"后得出的结果。

早在1990年,高德福就想到靠餐饮创业。不过当时的他还太年轻,只想着赚钱,却没想过怎么做才能赚钱。当时只要是市场上火爆的餐饮品类,高德福全都会就跟着去做什么。

结果十几年下来,高德福在老家开了20多家餐厅,面馆、海鲜酒楼、火锅店,全都试过。虽然其中有盈有亏,但仔细算下来,却根本没赚到多少钱。

高德福开始总结原因,他发现,那些一直亏损的餐厅,几乎全都是他一时兴起跟风开的。反而是那些他觉得不赚钱,但做的都是他熟悉的菜式的餐厅收益更高。

看来要想获得成功,还是应该从自己熟悉的领域入手。领悟到这点的高德福,关掉了那些多余的店面,专心经营剩下的餐厅。果然从此以后,那几家店的生意比之前有了很大的改变。这也让高德福有了自信,决定再开一家新店。但这次开的新店不同,他要把它做成一个品牌,扩张到全国。

经过深思熟虑后,高德福决定开一家饺子馆。一方面,因为自己是东北人,饺子是自己最了解的食物;另一方面,因为饺子是全中国人都喜欢吃的传统食物,有着广大的受众群体。

2002年,高德福在老家鹤岗开了第一间喜家德水饺店。

五年摸索,一鸣惊人

刚开始的时候,饺子馆的生意还算过得去,这让高德福有点得意,马上就有了开新店的想法。于是只过了一年,高德福就在哈尔滨开了第二间喜家德。但俗话说的好,欲速则不达。第一间门店都没站稳,哪来的余力经营第二间门店呢?当时喜家德在鹤岗也只是小有名气,在哈尔滨却是名不见经传。再加上选址地点太差，第二间喜家德只开了 11 个月，就关门了。

但高德福仍不死心，他一年后卷土重新，还是选择在哈尔滨开分店。

由于上次的经验，这次分店成功撑了下来，没有关门。但不关门也不代表是好事，因为在很长一段时间里，这家分店都在不停亏损，甚至还影响到本部的业绩。两次教训，让高德福决定沉下心来重新钻研店面的商业模式。他成立了产品研发部，专门研究怎么做出独特美味的饺子。终于在 2008 年，连续亏损了 5 年的喜家德，实现了第一次盈利。也是从这一年开始，喜家德走上向全国扩张之路。10 多年后，喜家德已经从一家东北地方小店，变成了在全国 40 多座城市拥有 500 多家门店的餐饮巨头。

经营之道

从最初 5 年不断亏损的地方小店，到后来翻身逆转成为东北著名的餐饮品牌，这中间究竟有何秘诀？

1. 用户体验至上

喜家德创立之初就做了许多超前的事：定位做水饺，只卖五种饺子；改变了饺子馆论斤卖的传统，论克卖，一盘 360 克；颠覆了传统的元宝形饺子，做成一字形，增强口感。

在高德福看来，一家餐厅若想成功，最重要的就是要用优质产品来为顾客提供最好的用户体验。当店里有许多种类的饺子的时候，确实可以满足不同顾客的需求，但如果当天有卖不完的饺子，那要怎么处理呢？丢了浪费成本，留下第二天用又影响味道和口感，会降低用户体验。但如果只做 5 款饺子，就能严格把控数量，不仅能降低成本，还能保证每天用的都是新鲜饺子。同时，公司的研发部门也能将精力全部放在这 5 款饺子上。据说，喜家德的产品研发部每天都在研究如何提升饺子的品质，比如材料搭配、营养价值等。

2. 标准化运营

在市面上，许多饺子馆为了提高翻台率，都会采用全程冷链的半成品速冻饺子。但这样效率虽高，饺子的美味程度却会减分。虽然也要少部分饺子店坚持“现包现做”，但这样又会出现上餐太慢的问题。为了解决这个难题，喜家德很早就采用了标准化的运营模式。

2006 年，喜家德在哈尔滨建立了第一个城市中央厨房。每天，所有食材都会送到中央厨房，统一加工做成饺子后，再送到当地各家门店。其中每道加工环节都有严格的流程和标准，比如时间、温度都有精确的数字要求。为了做出厚度一样的饺子皮，就连擀面杖都是特制的，上面还标有刻度。在原材料的采购上，喜家德要求也很高。如果在蔬菜上看到有黑点白斑，马上就会致电供应商问清缘由。要是供应商送货的卡车发现有卫生问题，更是直接不让进门。这种严格的要求一度“逼疯供应商”，但时间久了后，却变成了一套“参考体系”。据一些与喜家德合作的供应商表示，当他们和其他餐饮公司合作时，只要说喜家德也是自己的合作方，对方就会感到放心。

3. 重视人才

最初创建喜家德的时候,高德福就给自己定了一个目标,那就是要将喜家德做成可以传承百年的品牌,让门店开遍全球。要做到这点,他认为最重要的就是要有可靠的人才。为了鼓励员工为公司卖力,喜家德设置了一套股权激励制。高德福非常清楚:未来的事业将从雇佣制变成合伙人制,企业提供一个平台,大家依托平台提供的资源和机会,成长为企业合伙人,不再是单纯的打工,而是自己给自己当老板。在这种理念下,喜家德摸索出了一套358模式:3就是3%,即所有店长考核成绩排名靠前的,可以获得干股收益,这部分不用投资,是完完全全的分红;5就是5%,如果店长培养出新店长,并符合考评标准,就有机会接新店,成为小区经理,可以在新店投资入股5%;8就是8%,如果一名店长培养出了5名店长,成为区域经理,并符合考评标准,再开新店,可以在新店投资入股8%。

除此之外,喜家德还在公司内部创办了培训中心。凡是入职喜家德的面点师,都要被送到哪里封闭式学习。这样做的目的,既是为了让员工入职后可以更快上手,同时也是为了培养更多人才,为今后发展打下坚实的基础。

"一生只做好一件事。"这是高德福的座右铭,同时也是喜家德的经营理念。正是因为这种专心致志、精益求精的态度,才能让喜家德在连亏5年后,还能实现绝地反击,并一步步走到今天的地位。

资料来源:根据 http://dy. 163. com/v2/article/detail/DP3317KJ0519LFJD. html 和 http://tech. ifeng. com/a/20180723/45078821_0. shtml 整理

案例思考:

(2)利润来自"产品+内容"的盈利模式。在产品的基础之上,添加内容或衍生服务,就能够创造出远远高于纯粹产品带来的利润。这种盈利模式,我们把它叫作"产品+内容"的盈利模式。这样,企业的盈利点由单一的产品盈利,变成了产品与内容的双重盈利,无疑为企业增加了盈利来源。"产品+内容"的盈利模式甚至可以帮助创业者突破产业边界,完成颠覆式创新。

(3)利润来自第三方的盈利模式。随着互联网经济的发展,来自第三方的盈利模式逐渐盛行。很多互联网企业的盈利模式,都是客户用最低的价格或是免费的方式购买和使用产品或服务,而企业的利润来源主要是相关的第三方。

天下没有免费的午餐。第三方付费的盈利模式的一般规律是:平台免费,增值收费;产品免费,衍生服务收费。最典型的例子就是我们熟悉的360、微信、QQ、搜狐等互联网企业,它们的基础产品功能对普通大众消费者免费开放,主要通过第三方广告、游戏、购物和支付等增值付费盈利。

第三方付费模式虽然可以快速地帮你聚集一部分客户,为企业的盈利创造机会，但你一定要对项目了如指掌，明确哪些环节是最能够打动消费者、哪些环节能为企业带来最大流量，优化设计企业的盈利模式。

（4）利润来自“主业＋副业”的盈利模式。一些企业开始进行盈利模式的创新，他们把主营业务或主导产品做成吸引客户的基础或平台，在主营业务上不赚钱或少赚钱，而靠副业或延伸业务来赚取利润。

吉利是最早使用这种模式的企业，“剃须刀＋刀片”的盈利模式让吉利赚得钵满盆盈。我们再以惠普打印机为例解释一下：惠普的打印机采取低价销售策略，先通过打印机作为“诱饵”，增加顾客的购买欲望，然而配套的打印墨盒却非常昂贵，墨盒又是消耗品，惠普可以通过墨盒大赚一笔。

（5）利润来自“授权收费”的盈利模式。授权收费盈利模式，是指从某一产品、产品形象、商标或服务，重复地通过授权等方式收获利润。

打造“授权收费”的盈利模式，可以是一个卡通形象，可以是一个伟大的故事，可以是一个有价值的信息，也可以是一种技术，甚至是其他任何一种资产，盈利的模式就是不断地重复叙述它们，使用它们。例如，世界上最昂贵的猫——Hello Kitty（凯蒂猫）、世界上最著名的狗——SNOOPY（史努比）等卡通形象，都是授权收费最经典的案例。

【案例】

KEEP 的盈利模式

根据灼识咨询报告，中国目前是世界上健身人数最多的国家。Keep 做为中国领先的运动科技公司，中国最大的线上健身平台，深耕健身垂直领域，打造商业闭环，服务健身用户全生命周期作为一家线上健身平台。那么 Keep 是如何赚钱的呢？

Keep 宣扬的理念：“哪有什么天生如此，只是我们天天坚持。自律给我自由。”Keep 有三大业务，分别是线上健身内容、智能健身设备和配套运动产品：线上健身内容主要包括健身直播课和录播课，是 Keep 引流的主要手段；智能健身设备主要包括运动手环、跑步机等设备；配套运动产品主要包括瑜伽垫等运动装备和健康食品。

从收入来源看，Keep 的收入来源有三大部分：(1) 自有品牌产品销售、会员订阅及在线付费内容、广告和其他服务。其中，自有品牌产品销售即出售智能健身设备和配套运动产品获得的收入，是 Keep 的主要收入来源，收入占比约 60%左右。(2) 其次是会员订阅及在在线付费内容，收入占比约 30%主要。(3) 广告收入占比较小，仅 10%左右。

Keep 是一个致力于提供健身教学、跑步、骑行、交友及健身饮食指导、装备购买等一站式运动解决方案的平台。Keep 的盈利模式相对清晰，通过内容引流，在平台上卖货创收。KEEP 同时也面临着流量流失和新的商业模式需要迭代的困境，也在不断尝试多方位的突围，例如，KEEP也尝试过线下健身、开始打造直播课程等。公司未来将围绕扩大用户、丰富内容、开放平台、技术创新、强化品牌、加强变现六个战略方向规划布局。

资料来源：根据网络资料整理。

案例思考：

二、成功商业模式的特征

据《科学投资》杂志早期的一项调查显示：在创业企业中，因为战略原因而失败的只有23%，因为执行原因而夭折的也只不过是28%，但因为没有找到赢利模式而走上绝路的却高达49%。没有一个合理的赢利模式或商业模式，不管企业名气有多大，资产有多大，也必定走向衰亡。

像Uber、Airbnb、宜家、亚马逊等，都是优秀的商业模式的代表。成功的企业都有它赖以成名的商业模式，那么这些商业模式都有哪些可遵循的特征？成功的商业模式都有哪些突出一个企业不同于其他企业的独特性？

虽然，现在还没有一个始终正确的商业模式，但靠谱的商业模式都具有四个特征，能够让企业在经营之时透过现象找到自我的商业模式。

1. 成功的商业模式要能够提供独特价值

独特价值是企业经营的核心主题。独特价值是产品和服务独特性的组合，这种组合要么可以向客户提供额外的价值；要么使得客户能用更低的价格获得同样的利益，或者用同样的价格获得更多的利益。

2. 成功的商业模式要能够持续盈利

企业能否持续的盈利是我们判断其商业模式是否成功的重要标准。持续盈利要求企业能够盈利，并且在不断的迭代中具有强劲的持续获利能力，而不是昙花一现。

3. 成功的商业模式是难以模仿的

商业模式越难以被竞争对手模仿，说明你的企业市场竞争壁垒就越高，保护你的企业在市场获利的时间就越长。这就需要为你的企业打造与众不同的特点和运营机制，可以是产品的，可以是管理体系的，也可以是客户服务系统等。这就要求创业者对行业和企业有深入的了解和研究，构建高的进入门槛，把竞争者挡在门外。

4. 成功的商业模式能够持续创新

创新是一切商业的灵魂，在信息和产品多样化的年代，有效的创新决定着你的产品或服务能否被消费者青睐。但商业环境的瞬息万变，又逼迫创业者不得不如履薄冰，对变化做出反应甚至是勇敢地在变化之前进行自我革命。每个成功的商业模式，都是在以上各要素的约束和对弈下，将创业者的能力和资源发挥到极限。一时翘楚的商业模式，可能在区区几年后以失败收场。腾讯创始人马化腾说过，如果我们没有研发出微信，可能现在 QQ 已经倒塌。在创新的路上，创业者无法停歇。

构建工具：商业模式画布

揭开 BM 的神秘面纱

瑞士学者亚历山大·奥斯特瓦德与比利时学者伊夫·皮尼厄合著的《商业模式新生代》一书，将商业模式设计成简洁易懂的可视化版式，以绘图形式将其比喻成了一个个商业模式画布（Business Model Canvas），主要用来帮创业者建立、测试自身的商业模式的可行性，从而避免挥霍资金或者盲目地叠加产品功能。

商业模式画布由九个方格组成，每一个方格都代表着成千上万种可能性和替代方案，你要做的就是找到最佳的那一个。如图 7－4 和表 7－1 所示。

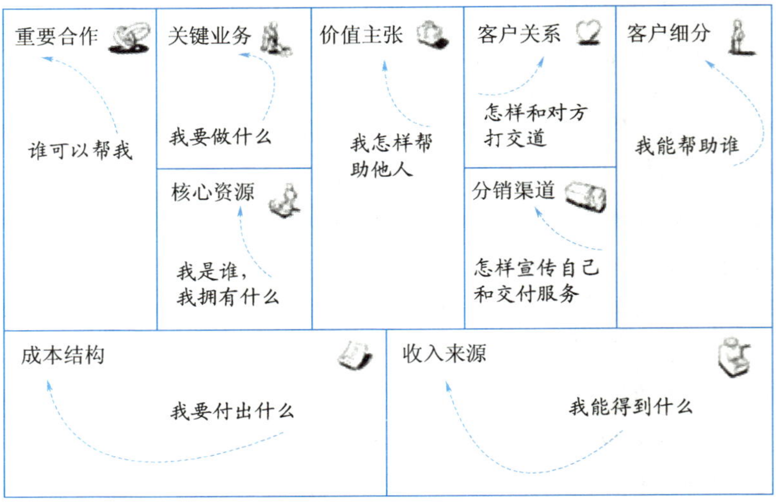

图 7－4　商业模式画布①

表 7－1　商业模式的九个构造块

构造块	主要内容
客户细分	一个企业想要接触和服务的不同人群或组织。 我们正在为谁创造价值？谁是我们最重要的客户？

① 亚历山大·奥斯特瓦德. 商业模式新生代. 北京：机械工业出版社出版，2011.

续表

构造块	主要内容
价值主张	为特定客户细分创造价值的系列产品和服务。 我们该向客户传递什么样的价值？我们正在帮助我们的客户解决哪一类难题？我们正在满足哪些客户的需求？我们正在提供给客户细分群体哪些系列的产品和服务？
分销渠道	企业是如何沟通接触其客户细分而传递其价值主张。 通过哪些渠道可以接触我们的客户细分群体？我们的渠道如何整合？哪些渠道最有效？哪些渠道成本效益最好？如何把我们的渠道与客户的例行程序进行整合？
客户关系	企业与特定客户细分群体建立的关系类型。 我们希望与每个客户细分群体建立和保持何种关系？哪些关系我们已经建立了？这些关系成本如何？如何把它们与商业模式的其余部分进行整合？
收入来源	企业从每个客户群体中获取的现金收入。 什么样的价值能让客户愿意付费？他们现在付费买什么？他们是如何支付费用的？他们更愿意如何支付费用？每个收入来源占总收入的比例是多少？
核心资源	让商业模式有效运转所必需的最重要的因素。 我们的价值主张需要什么样的核心资源？我们的渠道通路需要什么样的核心资源？我们的客户关系呢？收入来源呢？
关键业务	为了确保其商业模式可行，企业必须做的最重要的事情。 我们的价值主张需要哪些关键业务？我们的渠道通道需要哪些关键业务？我们的客户关系呢？收入来源呢？
重要合作	让商业模式有效运作所需的供应商与合作伙伴的网络。 谁是我们的重要伙伴？谁是我们的重要供应商？我们正在从伙伴那里获取哪些核心资源？合作伙伴都执行哪些关键业务？
成本结构	运营一个商业模式所引发的所有成本。 什么是我们商业模式中最重要的固有成本？哪些核心资源花费最多？哪些关键业务花费最多？

九个构造块并不是独立存在，而是相互支撑，共同展示出企业创造盈利的逻辑。这些构造块覆盖了商业的四个核心方面，即客户、产品或服务、基础资源和财务能力。相信通过这九个基本构造块就可以很好地描述和定义企业的商业模式。

【案例】

良品铺子的商业模式

2006年8月在武汉成立的良品铺子，于2012年4月入驻天猫，正式进入电商平台，这之后就犹如青云直上。

线上销售比线下平台更强调品牌的价值。这是由于线下品牌受到距离限制，同样一个商品人们更愿意近距离消费，哪怕质量差些；而线上销售，送货上门，空间格局被打破，口碑好的品牌自然更受青睐。良品铺子在企业创立最初就确定了非常重要的一点，即企业的商业模式。

良品铺子这个名字，也是起源于联合创始人对这个品牌的理解，希望通过自己的努力，去做一家有良心的铺子，给大家提供放心的食品，所以品质一直是作为良品铺子核心追求的目标。“良品”代表企业一种态度和责任心，“铺子”传统称法为开店，也叫开铺面，品牌形象寓意好。

良品铺子在线下渠道建立实体店去做支撑，真正和顾客生活相关联。电商平台本身是基于实物基础上的一个虚拟平台，拥有线下实体店，消费者能放心购买，一次线下实体店的消费，消费者会对商家形成一个具体的印象，包括食品味道、包装、店面形象、服务等，促进线上消费。

门店形象升级改造，产品包装形象多样，将门店打造成“欢乐畅游、趣味环绕、时尚可爱且具有极度方便营销功能”的快乐消费体验中心。良品铺子目前拥有线下门店近2 000家，涉及湖北、湖南、江西、四川四省，公司拥有1 500多种美食，原产地来自世界11个国家和地区，涉及中国20多个省份和自治区。

良品铺子在线上渠道主要做信息系统平台的建设、用户体验的创新、整个组织架构的变革三个方向。

信息平台搭建：打造一套全渠道的业务支撑平台，实现了对线上平台业务的支撑；成立一些独立的创新组织，例如微信团队、APP团队，去引领创新组织形成企业新的核心竞争力。

用户体验创新：良品铺子发现消费者已经不再依赖于传统的渠道，只会在逛街的时候看到某个实体的门店，进去找一找可能有自己喜欢的东西，买好走人，整个交易过程从交流、交易，到最后交付、离开，顾客一离开，我们和顾客的连接就中断了，直到这个顾客下一次在我们的某一个店铺出现，重复同样的动作。商家和顾客之间没有持续的交互。

但是在互联网时代，真正的用户体验是从什么时候开始？是顾客买了商家的东西，这个时候才是和顾客互动的开始。因此良品铺子非常注重构建全渠道的会员体系，大数据平台分析消费者属性，心理和消费行为模式。

组织结构变化：从创建信息团队，到现在这个团队将近120个人，人员实际上也是随着企业的信息化建设，在不断的衍生和变化。整个信息团队细分技术中心、运营维护、数据分析三部分：技术中心负责整个产品的规划、创新项目的研究；运营维护负责整个后端数据上线后的支撑；数据分析主要是大数据分析和研究，为企业提供决策。

除了线下线上的渠道联合，良品铺子还积极拓展商品品类，组建了约100人的研发团队，专门研究什么样的零食最受消费者喜欢。在现有的产品基础上，不断丰富线上和线下的商品品类，给顾客带来更加丰富全面的美食畅享，让目标消费群体对良品铺子产生“只有想不到，没有找不到”的思维定式，为目标受众打造专业的零食王国。

良品铺子甚至能做到：当线上的顾客通过任何一个渠道入口，找到商品，然后下单的时候，可以选择实体店提货也可以选择第三方快递送货，也可以到门店重新去寻找自己喜欢的东西，重新更改、下单、退货，整个流程可以把不同的渠道进行交叉和关联。

资料来源：根据网络资料整理。

就良品铺子而言，无论是“互联网＋”还是“＋互联网”，最后的核心都是回归到产品本质，所以，良品铺子一直在做的事情是——不断提升产品品质，研发出更多超越消费者期望值的产品。另外，在良品铺子看来，互联网是一种思维体系而不是一个工具，是所有流程再造的思维关键点。

案例思考：

课堂活动

为“名创优品”做一份商业模式画布

阅读下面的案例，完成商业模式画布。具体要求：

1. 根据以下的“名创优品”的案例，与你的同学讨论它在商业模式设计与执行中都有哪些创新；

2. 完成其商业模式画布，填写表7-2。

表 7－2

<table>
<tr><td rowspan="2">重要伙伴</td><td>关键业务</td><td rowspan="2">价值主张</td><td>客户关系</td><td rowspan="2">客户细分</td></tr>
<tr><td>核心资源</td><td>分销渠道</td></tr>
<tr><td colspan="3">成本结构</td><td colspan="2">收入来源</td></tr>
</table>

【案例】

MINISO 名创优品的商业模式

2013 年成立的名创优品，以“优质、创意、低价”为特点的新型生活方式集合门店业态的商业模式，正在撼动整个零售市场，成为零售行业的“破坏者”。名创优品在全球开出了 1 300 多家门店。名创优品的成功证明了拥有一个非常棒的商业模式的实体零售品牌是可能和可以很好服务于广大消费者的。

独特的品牌定位

定位为日本快时尚设计师品牌的名创优品，凭借着独特的品牌定位以及品牌核心价值，以优质、创意、低价完美演绎了品牌定位的差异化优势、海量商品的吸引力、高性价比的消费黏性。“简约、自然、富质感”的生活哲学和“自然、自在，回归本质”的品牌主张，以每七天上一批炫酷新款、走低价新锐路线的品牌核心优势赢得消费者们的青睐和热捧。

一流的产品

名创优品坚持从世界各地选取合适的优质素材，其中超过 80%的产品源于日本、中国、韩国、新加坡及马来西亚等地，80%日本原创设计产品大大确保了名创优品的品牌调性。一流的供应链确保了“品质高度”，名创优品再大刀阔斧砍去被品牌看作是生死攸关的广告费、包装费，以及渠道和营销费用等，再通过广开店面、海量采购进一步压低生产成本，用极致的产品打爆市场，造势民众口碑，成功将大多数产品售价压低至10元，创造震惊业界的“价格洼地”。这一高一低的有质感低价的张力，可谓是一剑封喉。

一流的店铺

数据显示，名创优品一直保持超高速的增长态势驰骋纵横，国内店面已覆盖中国香港、澳门、北京、上海、广州等国内各大城市高端核心商圈，成为各大商场的主力商店以及重要商业符号，并以每月开店80到100家速度“攻城略地”，扩张速度遥遥领先其他快时尚品牌。

高效率、高运转的物流配送体系

在物流投入方面，名创优品在日本总部统一安排设计和研发产品，再经由各出售国的管理部门向总部推荐经严格审核的代工（OEM）厂商，层层筛选后力争本地化生产，优化用工和运输成本。例如在中国市场出售的产品，90%中国制造，日本总部质检合格后就地投放本地市场销售。目前，名创优品形成了中国六大仓：华南仓和浙江仓、北京仓和成都仓、武汉仓和东北仓。完善的物流配送体系，不仅缩短上市时间，也节约物流成本。

完美的IT系统

公司店铺的集约化管理提供的强大后台管理运作才是真正核心所在。网络化管理方式逐渐让连锁店实现了小前台大后台的运作框架，公司后台完成市场调研，产品设计开发，商品库存管控，店铺整体规划，销售数据分析，终端营销方案制定，全网品牌营销策略，以及完善的物流配送体系，这些模块的真正到位才有效地支持了店铺前台的正常运转。

独特的商业合体模式

新型生活方式集合店的商业模式创新是其成功的关键。名创优品的本质是“互联网＋”新兴先进零售商业模式的颠覆创新，是互联网思维在实体零售行业的践行和应用，是“去中间环节”和“微利多销”等合力生成的真正优质低价。正是把握潮流趋势与消费心理，名创优品通过商品价格、品类、款式的吸引力，促成顾客一次乃至重复消费，形成口碑及忠实顾客群，同时加快商品的周转次数，从而实现良好的经营效益。

资料来源：中国联合商报，http://www.linkshop.com.cn/web/archives/2015/330657.shtml。

“互联网＋”下的商业模式

随着工业经济时代演进到互联网时代，商业模式发生了极大的改变。在互联网的不确定性下，以往的商业模式被颠覆，传统意义上可依托的壁垒被打破，任何的经验主义都显得苍白无力。黑莓、诺基亚、东芝、摩托罗拉等多家国外著名传统电子厂商被兼并或者倒闭的消息接踵而至，而依托互联网技术应用的公司却在快速成长。互联网改变了交易场所，拓展了交易时间，丰富了交易品类，加快了交易速度，减少了中间环节。可以说，互联网颠覆了以往的商业模式。

“互联网＋”下的商业模式利用平等、开放、协作、分享的互联网精神，构建商业生态系统，颠覆和重构整个商业价值链。目前，主要有社群模式、平台模式、跨界模式、长尾模式四种基本类型。

一、社群商业模式

按照传统方式理解，社群就是以血缘与地理位置为划分的一种传统人际关系结构。而互联网的出现，带来了超越地域的联系与连接，社群成为一种拥有强关系、相同兴趣、爱好或者价值认同感的人共同组成的一个群体。互联网的发展，使信息交流越来越便捷，志同道合的人更容易聚在一起，形成社群。同时，互联网将散落在各地的星星点点的分散需求聚拢在一个平台上，形成新的共同的需求，并形成了规模，创造了新的价值。

例如，微信最开始就是一个社交工具，先是通过工具属性、社交属性和价值内容的核心功能过滤到海量的目标用户，加入了朋友圈点赞与评论等社群功能，继而添加了微信支付、精选商品、电影票、手机话费充值等商业功能。目前，较成功的社群有三类。具体如下：

1. 产品型社群

产品型社群的典型企业就是小米科技。小米科技初创时精心挑选了100位超级用户，参与MIUI的设计、研发、反馈等。借助这100人的口碑传播，MIUI迅速得以推广。这100多人就是社群的第一批种子用户，这些用户具有强大的参与度，与企业是一种平行的关系，而不是单纯的消费者与商家的关系。单纯的消费者想要更多的是利益（比如打折、优惠券等），而这100多的用户更加具有包容性，包容企业的过错，参与企业产品的研发。他们之间有着朋友间“患难与共”的联系。像是小米科技有最新的版本体验、配件研发的成功等，都会第一时间告诉这群人，形成一种朋友间的连接。相应地，即使小米手机软硬件出现问题，这群用户会尽力去拥护和帮助，而不是离开。因此，小米科技的成功，和最早的这一批社群用户有着莫大的关系。

2. 自媒体社群

自媒体社群的典型人物就是罗振宇。罗振宇的《罗辑思维》是社群经济最早的定义者与实践者，尤其是罗振宇在四个月内两次招募付费会员，入账会员费近千万的故事，让人对社群商业的力量惊叹不已，而他做的是每天一段语音，每周一期视频脱口秀，不带重复，和当下生活联系紧密，接地气，能够引人深思、给人启发，持续而优质的自媒体内容，塑造了他的魅力人格。关键是这种魅力人格，产生了铁杆用户，他们拥护支持罗振宇，甚至愿意付出金钱。而罗振宇也给予这些用户关于《罗辑思维》的定制图书，各种活动的优先权利，这种关系不强化粉丝，更像朋友。用户对罗振宇的支持好比朋友间的欣赏，而罗振宇对用户好比朋友间的帮助，提供有用观点等。

3. 学习型社群

学习型社群的典型代表是颠覆式创新研习社。颠覆式创新研习社以年为单位收取会费，聚集一波爱学习的人群，是针对互联网思维的学习组织。进入该社群的学员都是想改变自己或是怀有创业梦想的人，有着相同的学习爱好。研习社主要为学员找名师提供大课供社员学习，而社员在学习知识的同时还可以认识到志同道合的朋友进行社交。两者间的联系围绕着一个关键词——学习。学习为纽带聚集一帮人，形成一个学习社群。

【案例】

"知乎"的商业化道路有多远？

知乎是一个真实的网络问答社群，氛围友好且理性，连接各行各业的精英。用户分享着彼此的专业知识、经验和见解，为中文互联网源源不断地提供高质量的信息。

用户定位

定位于高端用户，输出优质内容的知乎，在众多的知识产品中脱颖而出独树一帜，给用户心中深深打下了坚实的烙印。高质量内容是每个人都想阅读、分享的，但是这种高质量的内容是稀缺的有门槛的，它需要有知识经验的人去创造内容，而这些人是内容的源泉。纵观知乎的内容你会发现，互联网、科技、商业还是大家谈论的主要话题，知识广度不够，内容不够多元化、高端用户稀缺是知乎产品运营将面临的痛点，这种现象的出现源于创新工场的资源以及李开复、徐小平、蔡文胜这一批天使投资人对于产品的传播带动作用，他们就像是一针兴奋剂，让知乎的用户直冲而上，但是随着产品的发展用户的疲劳，"后创新"时代的知乎经历用户增长大起大落之后，显得有点疲惫，像是在半山腰蓄力。

内容定位

用户围绕着某一感兴趣的话题进行相关的讨论，同时你可以关注和你兴趣一致的人。对于概念性的解释，网络百科几乎涵盖了你所有的疑问；但是对于发散思维的整合，却是知乎的一大特色。知乎鼓励在问答过程中进行讨论，以拓宽问题的发散性。知乎对于低劣内容的控制相比于其他网站做得已经相当不错，它独特的产品筛选机制，开放的编辑模式试图把低俗内容充分过滤。

盈利模式

知乎的盈利模式可以总结为，第一种是根据某一话题的产生和讨论精编图书出版，各种关于旅游、游戏、健康等攻略的付费下载，以及知乎的杂志，如知乎日报、知乎周刊等产品；第二种是名人访谈，知乎邀请各领域的知名人士包括作家、明星、创业者、产品经理、CEO来知乎访谈，单独设置网上访谈专区，形成以访谈嘉宾为主题的知乎小组，为以后的知乎小组铺路；第三种是开发游戏，游戏是互联网最赚钱的盈利模式，从腾讯的财报可以看出游戏收入几乎占据腾讯总收入的一半，微信、陌陌都在移动端开发属于自己的游戏，鉴于知乎知识型产品的特质，所以知乎的游戏应该紧扣知识这个主线即知识型游戏；第四种是众筹平台，设立创投孵化器，解决小企业小团队的融资、人力需求。

知乎要想成为一个互联网的巨型产品，要走的路还很长。这种在互联网大潮中，依旧坚持小而美，夯实科技互联网领域的优质用户和坚持高质量内容的企业，在商业化的道路上仍需探索前行。

资料来源：根据网络资料整理。

案例思考：

二、平台商业模式

平台战略就是以客户价值为核心，构建关联多方主体的生态经营系统，平台上的业务单元之间会产生协同效应，并且每个业务单元都会获得自己的价值增值。平台的业务参与者越多，平台就越具有价值。就像开网店的创业者越多，阿里巴巴越有价值；使用搜索引擎的人越多，百度的价值就越大。

在开放、共享和共赢的经济发展趋势下，平台战略越来越成为企业发展的核心战略。当然，当你的企业如果不具备构建平台实力的时候，那就要思考怎样利用现有平台。

平台模式中，很多企业选择免费模式。一般是将每个消费者都需要的服务免费提供，比如能确保安全上网的软件；增值部分收费，比如360安全卫士进行电脑清理免费，如额外需要人工维修服务就需要付费；此外，还有部分产品免费、其他产品收费，如个人客户免费、第三方收费，个人客户免费、企业客户收费等形式。

【案例】

大学生创业：突破传统商业模式

通过集中聚焦于某些效率低下或有潜在改进空间的领域，大学生创业者正在对传统的商业模式进行成功变革。

家具行业或许是最为传统的行业之一，这正是22岁的Emory大学的学生肖恩·贝尔尼克(Sean Belnick)创办BizChair.com网站的原因。贝尔尼克的目标是简化家具购买流程，直接出售给客户。2008年他的销售收入可达4 200万美元。“我看到这个行业实际上没有在网络上出现，意识到这是个机会，可以创造出一种向人们出售家具的更有效方式。”贝尔尼克说，“客户赚到了，我们也赚到了，大家都很满意，除了那些中间商。”

贝尔尼克知道，要和资本实力大得多的竞争者挑战，独辟蹊径是很重要的。BizChair.com现在销售一系列不同的办公和家用家具，刚开始创业的时候则主要集中在办公椅上。“开始的时候，找出一个关键点来，要把这个点做得比其他所有的竞争者都好。”贝尔尼克说，“一旦成功地建立起你的初始地位，就能从此实现发展”。

对于29岁的苏尼尔·拉贾曼(Sunil Rajaraman)与两位合作伙伴来说，专注和效率也同样重要。他们开始着手改变好莱坞做生意的方式。他们三人了解这个行业对于变化反应迟疑，但这并不能阻止他们创办Scripped.com网站，这是一个专业培育、购买和出售剧本的在线市场。

“我只是遵循生活中的拱形哲学。”拉贾曼说，“如果我看到一个体系中没有效率的地方，就得修正它。Scripped.com只是一种更聪明的办法，确保最有才华的作家能为他们的作品找到出路”。拉贾曼是一名MBA(工商管理硕士)，毕业于加利福尼亚大学。

利用有限的资源，创始人们知道他们必须聪明地选择迎接竞争或是公司被风险摧毁。“许多新成立的公司想同时尝试得太多。”拉贾曼的合伙人弗瑞尔(Zak Freer)说，他是一名南加州大学的MFA(艺术硕士)。另外一名创始人巴克利(Ryan Buckley)是麻省理工学院的研究生，他认为“我们知道必须建立一种战略，专注于吸引有才华的作家，而不是面对所有人来做全能的网站”。

资料来源：http://magazine.cyzone.cn/article/197457.html.

案例思考：

三、跨界商业模式

跨界(Crossover)是指跨越行业、领域进行合作，又被称为跨界协作。可以说，“跨界协作”满足了互联网模糊原有边界创造新价值的需求，通过跨越不同的领域、行业乃至文化、意识形态，而碰撞出新的事物。

跨界协作使得很多曾经不相干甚至不兼容的元素获得连接，产生价值。正如中国移动、中国电信和中国联通在移动通信市场上打斗多年，有一天蓦然回首，才发现动了它们“奶酪”的竟然是腾讯的微信，微信成了移动通信的跨界者。阿里巴巴做起了金融，长虹电视做起了互联网……如果从深层次分析，不难发现互联网提供了无边界存在的可能性。

【案例】

1 Rebel 健身房的跨界经营

提及都市中的健身房，许多人联想到的都是摆满健身器材的素色环境，与时尚二字毫无关联。对于伦敦的健身爱好者来说，健身房噩梦般的惨淡体验将一去不复返。伦敦的 1 Rebel 将健身房作为精品商店来打造，功能性与美感兼顾。邀请零售设计专家 Sheridan&Co 打造的肖尔迪奇工业风（Industrial Shoreditch—Style）、宽敞的更衣室里保留了砖墙裸露了铜管配上金属风格的铜面储物柜，最高端的美容护肤品也摆在镜前随意使用。更不用说最新技术的跑步机、健身板和室内自行车机，和顶级的运动品零售和时尚的果蔬汁吧。

除了超乎寻常的内饰之外，1 Rebel 的商业模式也超乎传统，没有每个月收取的会员费，只推出三个“随时预约，即用即付”的项目 Rebel Ride、Rebel Reshape 和 Remuble 分别对应动感单车、跑步机和拳击课，简单又不累赘。

资料来源：https://sanwen8.cn/p/30dKam8.html。

案例思考：

四、长尾商业模式

长尾概念由克里斯·安德森提出，这个概念描述了媒体行业从面向大量用户销售少数拳头产品，到销售庞大数量的利基产品的转变。虽然每种利基产品相对而言只产生小额销售量，但利基产品销售总额可以与传统面向大量用户销售少数拳头产品的销售模式媲美。

在互联网时代，空间概念和成本概念发生重大的变化，长尾部分的成本大大降低。这个时候，很多精明的商业创新从长尾开始了，人们开始关注尾部也将可能产生巨大的总体效益。

【案例】

亚马逊网站的长尾实践

作为长尾理论的最佳实践者，亚马逊网站上提供的产品种类毋庸置疑是零售业中最为庞大的。尤其那些处于长尾末端的商品，全世界的零售商中也只有亚马逊能够保证持续供给了。有很多亚马逊提供的日用消费品，并不是在所有超市都能买到，即便有的话，也会经常断货，或者是价格偏高。而亚马逊则能为消费者提供稳定的供货，加上亚马逊网购不收消费税，并且提供免运费和其他折扣优惠，让这种“订阅”式购物在价格上无懈可击。对于亚马逊本身来说，推行这项“定购并省钱”服务虽然降低了商品价格，减少了单位销售收入，却能够为降低库存成本、增加用户黏度带来积极影响。

尤其对那些长尾商品来说，由于需求量相比大众商品要小得多，其仓库出货量很不确定。而当有一定数量的用户加入这项“订阅”式购物服务后，网站的进货频率和出货量都变成可预测的。这些数据不仅是亚马逊与供应商签订合同时的重要依据，也是其与供应商进行价格谈判的有利筹码。

资料来源：根据网络资料整理。

案例思考：

本章思考与实践

1. 除了本章提供的商业模式，请再举出一个商业模式创新的案例，并能够和其他同学分享。

2. 说明价值获取在商业模式构建中的重要性，请设计你的创业项目的盈利模式。

3. 请结合本章商业模式的学习，选择一家企业，对他的商业模式进行分析，并画出这家企业的商业模式画布。

第八章 众人拾柴火焰高

【学习目标】

- 指出创业团队的涵义及其重要性
- 描述创业团队的角色及其构成
- 归纳创业团队组建的基本原则
- 说明创业团队的股权分配原则
- 掌握创业团队管理的基本策略

【学习要点】

- 创业团队的重要性
- 发扬团队精神
- 创业团队中的关键角色及其构成
- 寻找合伙人的原则
- 股权分配
- 创业团队的管理
- 高效创业团队的特征

创业者在创业初期总是会遇到各种难题，有人说项目不好找，有人说资金最难搞，有人说市场最难跑，有人说人才最难求。我们且不去讨论项目、市场、资金、人才哪个最重要，它们都是创业所必要的资源，缺少任何一种资源都不可能创业成功。但从创业的本质来看，创业行为的实施，抑或说创业活动的执行，其主体仍然是人，这就决定了人是创业成功的关键。

一人拾柴火不旺，众人拾柴火焰高。一个优秀的创业者会为实现创业梦想而不断努力寻找合适的创业伙伴，因为他知道，只有找到对的人才能同舟共济，乘风破浪，成功创业。虽说没有团队的创业不一定会失败，但要创建一个没有团队而具有高成长性的企业却是极其困难的。团队的主要价值在于团队成员间能够相互配合，贡献各自的力量，这种力量既包括智慧、能力和优势，也包括时间和精力，以此来提高创业成功率以及新创企业的生存与发展能力。创业团队的凝聚力、合作精神、立足长远目标的敬业精神都会帮助新创企业度过难关，加快成长步伐。关于团队及其人员构成、选取标准、怎么找人、如何管理都是不可忽视的。

创业的基石——团队

蚂蚁军团

团队的力量

【案例】

王兴和他的创业团队

王兴和王慧文是清华的同学兼室友。2001 年清华大学毕业后，王兴去了美国特拉华大学，王慧文去了中科院声学所。在美国，王兴知道了世界正在发生的变化，比如社交网络。2003 年底，两个人一起退学，再加上王兴的高中同学赖斌强，三个人开始创业。

赖斌强是三个人里唯一计算机专业出身的人。他们先搞 SNS，又搞输入法，两年折腾了差不多 10 个项目，都没什么起色，最后决定再回到 SNS，专注在校园上。2005 年 12 月 8 日，校内网正式上线。杨俊、付栋平和陈亮也就是在这个时候分别加入这个团队的。校内网四处寻找融资的时候，人人公司的董事长兼 CEO 陈一舟不断向王兴开出收购价码。面对财务困境，校内网的三位创始人意见分歧。赖斌强强烈赞成卖，王慧文强烈反对卖，王兴居中偏向不卖。结果是校内网卖给了陈一舟。那时候，王兴对公司的控制力不够。这件事也让王兴认识到“如何更好地掌控公司”是创业者的基本目标。必须指出的是，掌控不是帝王术、不是权谋。一位 CEO 对一家公司的掌控，是通过正确的组织架构、正确的人、正确的资源调配而实现目标。校内网不能算太成功，但每人拿到了不少的钱，也不能算失败。

2007 年，校内网（改名为人人网）锁定期一过，王兴和郭万怀、杨俊、付栋平再加上来自百度的穆荣均，一起创建了饭否和海内网。后来饭否被关，为了让团队有事干，又创建了美团网。

王慧文、赖斌强结伴出去欧洲、东南亚游玩了一年，回来，拉着陈亮一起搞了淘房网。淘房网进展也不是很顺利，花了很多钱去做广告，但效果并不好。这也是王慧文学到的一个教训。2010 年 12 月，王兴说服王慧文加入美团，当初的那个创业小团队又聚到了一起。

即使是在饭否被关停的时候，王兴的团队都没有散。穆荣均说，这个团队没散，有一个原因是，王兴很努力，从不停止尝试。团队里有些人觉得王兴有点儿像刘备。刘备落魄的时候，张飞、关羽们也愿意跟着，早期还老打败仗。刘备三顾茅庐，王兴六次拜访干嘉伟。干嘉伟婉拒了拉手网吴波的几次邀请，原因是他看到了葛优代言的广告。他之前在阿里干了11年，见过泡沫也见过危机，觉得钱应该花在投入产出比最好的线上，而不应该浪费在又贵、转化率又低的电视广告上。干嘉伟站在外面看美团，“电子商务是鼠标加水泥，他们以前都是玩鼠标的，水泥基本上没见过，但他们很勇敢地冲进了一个自己以前非常陌生的领域。做事情非常的敬业、非常的认真。”最终，干嘉伟成为美团第一位COO，并帮助美团打造出一支强有力的地面部队。

到今天，校内、饭否的早期核心团队大多都还在美团点评，并担任核心职位。这是一个让人钦佩的事情——一起创业10年多，核心团队都没有流失。

王兴认为，随着公司的团队规模变大，每个人在承担的事情会发生变化，是很常见的问题。一个公司高速增长，最理想的情况是所有人都随着业务成长高速成长，从最下面补充人。但是美团所在的行业特征是快速成长，都是几倍的成长。所以，美团一方面尽量给大家提供机会，但另一方面还要引入一些人，也不能完全靠内部人员成长起来，会有一些摩擦，这也是正常的。

实际上，美团除了王兴，职位都在不停的变化。王慧文一开始做技术，又去做产品，还负责过市场，最后去搞外卖。职位的升降也很正常，美团10号员工，水滴互助创始人沈鹏提到过，干嘉伟加入美团后第一件事就是划分了大区，他相当于降了级。但沈鹏发现干嘉伟在阿里也是这样上上下下的，干过总监又被降到主管，再一点点自己做回来。

王兴依然是美团网产品的超级用户，但不会像以前做产品经理一样，直接插手该怎么改。而是建立制度、分配资源，调动大家的积极性，监督过程，获得正面的结果。有人问王兴如何理解CEO的职责，他回答CEO没法让别人代劳的职责是：

第一，设计公司整体愿景和所有战略，确保传达给所有利益相关方，不仅是管理层，包括所有员工，不光是公司内部人，包括股东、消费者、商户和合作伙伴。

第二，招到并留住最优秀的人。

第三，确保公司始终要有足够的资金，这和空气一样。其他事情都应该找最专业的、最好的人来做。

资料来源：根据网络资料整理

案例思考：

人心齐，泰山移。我们常说，团结就是力量。创业过程中，创业活动更多地表现为团队合作的形式，因为个体是无法独自拥有创立并运营企业所需要的全部技能、经验、知识、关系或者声誉。想要创业成功，寻找合适的伙伴组合创业是非常必要的。有史以来，任何一个成功伟大的企业，其背后一定有一个坚不可摧的优秀团队。

一、创业团队是一个特殊的群体

管理学家斯蒂芬·P·罗宾斯（Stephen P. Robbins）认为，“团队就是由两个或者两个以上的，相互作用，相互依赖的个体，为了特定目标而按照一定规则结合在一起的组织”。可以说，团队是群体的特殊形态，是一种为了实现某一目标而相互协作、相互依赖，并共同承担责任的个体所组成的正式群体。

那么，创业团队又是一个什么样的团队呢？它与一般团队有什么不同呢？

1. 团队组建的目的不同

一般团队组建的目的是为了解决某类或者某个具体问题，而创业团队组建的目的是为了开创新企业或者拓展新事业。

2. 职位层级不同

一般情况下，创业团队的成员处在高层管理者的位置上，他们会对企业重大问题决策产生影响，甚至会关系到企业的存亡；而一般团队其成员并不都处于组织的高层位置，其决策影响力是有限的。

3. 权益分享不同

创业团队其成员一般在企业中拥有股份，以便使团队成员具有更强烈的责任感来关注企业成长并积极参与决策；而一般团队成员并不必然拥有股份，团队整体相应的责任感和使命感不强烈。

4. 关注视角不同

创业团队关注的多是关乎企业发展的全局性、战略性的决策问题，是一个比较宏观的，带有战略发展意义的问题；而一般团队关注的则多是一些比较微观的、具体的战术性和执行性的问题。

5. 依赖程度不同

创业团队成员对企业有一种深厚的情感，其连续性承诺（由于员工对组织投入而产生的一种机会成本，足以让成员不离开组织的倾向）、情感性承诺（个体对组织的认同感）和规范性承诺（个人受社会规范影响而不离开组织的倾向）都比较高。一般团队中，成员对组织的连续性承诺、情感性承诺和规范性承诺并不高。

从以上的对比中，我们能够总结出创业团队的内涵。创业团队是由技能互补、贡献互补的创业者组成的特殊群体，具有特定的工作目标，成员间互相依赖、技能互补、成果共享、责任共担，通过成员间的共同协作和努力完成共同目标的特殊群体。

二、团队创业优于个人创业

团队创业相对于个人创业，具有非常明显的优势，这些优势来自于创业资源、信息获取和决策风险等方面。

1. 创业资源更丰富

知识、技术、资金、社会关系网、人才等都是创业所需的必要资源，这些创业资源的获取直接影响创业绩效，没有足够的创业资源支持，我们就无法实现创业梦想。团队创业可以实现知识的互补，丰富知识结构；团队创业相较于个人创业，可以提高技术的全面性和竞争力，减少前期的研发成本，并且容易获得更多的创新想法；团队创业相较于个人创业，拓宽了融资渠道，减少创业融资获取障碍；社会关系网是非常重要的创业资源，如果你不具有人脉优势，团队可以弥补这种资源的缺憾。个人的智慧和力量是有限的，团队的力量是无限的。

2. 信息收集更全面

创业过程中，创业者要时刻关注市场的信息和变化。创业者获得的信息越全面、越准确，就越能够确保你在市场竞争中掌握主动权。创业者之所以寻求团队合作，是因为要弥补创业目标与自身能力间的差距。创业团队成员可以在知识、能力和经验等方面实现互补，让团队能够获取更为全面的信息。

3. 决策风险更小

无论创业者个人能力有多强，都难免会有判断失误和决策偏差的时候，这给创业带来巨大的风险。如果组建创业团队，就可以极大地降低决策风险。因为通常情况下，创业团队在面对各种创业决策时，可以充分发挥成员的积极性和创造力，充分讨论决策方案，有效降低决策风险。

创业团队容易出现意见分歧，矛盾和摩擦，但这些都是不可避免的。我们需要考虑的是如何去打造一个高效的创业团队，使团队的力量发挥到极致。因此，科学有效的管理显得更为重要。

【Tips】

是否选择团队创业，还需要创业者根据项目属性、规模、业务量及项目所需启动资金等综合因素进行考量。比如小甜品店、奶茶店、零食店等创业项目，由于项目过小，并且是实体项目，规模不大，业务量有限，启动资金不多，选择个人创业比较合适。

三、团队精神

有这样一个故事：三只老鼠结伴去偷油，可是油缸非常深，油在缸底，它们只能闻到油的香味，却喝不到油，老鼠很焦急。突然，一只老鼠想出一个很棒的办法，它提出三只老鼠一只咬着另一只的尾巴，吊下缸底去喝油。大家经过讨论取得了一致的共识，并决定轮流喝油。有福同享啊，谁也不能独自享用。于是，第一只老鼠最先吊下去喝油，它在缸底下想："油只有这么一点点，大家轮流喝多不过瘾啊，今天算俺运气好，第一个下来喝油，不如自己先喝个痛快。"加在中间的第二只老鼠也在想："下面的油没多少，万一让第一只老鼠把油喝光了，俺岂不是要喝西北风吗？我这么辛苦地吊在中间让那小子独自享受呢？我看还是把它松开，干脆自己跳下去喝个痛快！"最上面的老鼠也在想：油就那么少，等他们两个吃饱喝足了，哪还有我的份呀，不行，必须立即做出决断，于是最上面的老鼠就放开了中间这只老鼠的尾巴。它们争先恐后地跳到缸底，浑身湿透，一副狼狈的样子，加上脚滑缸深，它们就再也没有跳出来。

尽管三只老鼠表面上看来是在一起合作，可它们彼此各怀心事，这样的合作宁愿没有的好。单打独斗只考虑自己的利益难以成功，真正的强者应该讲究双赢，追求团队合作精神，团结就是力量。创业更需要团队，需要具有合作意识、协作精神、做事高效的团队。

团队精神是创业团队的灵魂，它决定了团队的凝聚力、协作效率和竞争力。何为团队精神？团队精神是大局意识、协作精神和服务精神的集中体现，其核心是协同合作，反映的是个体利益与整体利益的统一，进而保证团队的高效率运转。团队精神要求团队成员甘于奉献，但并不等于团队成员牺牲自我。团队精神的基础是尊重个人的兴趣和成就，核心是协同合作，最高境界是全体成员的向心力、凝聚力。微软在用人的时候就非常注重团队精神，理由是即使你才华横溢，有超群的技术，但如果你不懂得与人合作，那么就不能发挥出最好的成绩，只有把企业内部有着不同的文化背景和知识结构的各种人才有效地联合起来，才能更好地实现高效的配合，达到事半功倍的效果。

团队精神使团队成员齐心协力，拧成一股绳，朝着一个目标努力，对团队中的个人来说，团队的目标即是个人必须努力的方向，将团队的整体目标分解成各个小目标，在每个成员身上都得到落实。

四、创业团队中的关键角色

西游记团队角色分析

一个理想的创业团队一般由目标一致、技能互补和贡献互补的创业者构成，他们在团队中扮演着一定的角色，每一个角色都是成功创业所必需的，如图 8-1 所示。

这八种角色，它们各有特点，优势互补，这种互补不仅有性格的互补，更有职务能力、专业知识、社会背景和实践经验的互补，参见表 8-1。缺乏任何一种角色，团队都会出现各种各样的问题或不足，你需要高度重视团队全面角色建设。

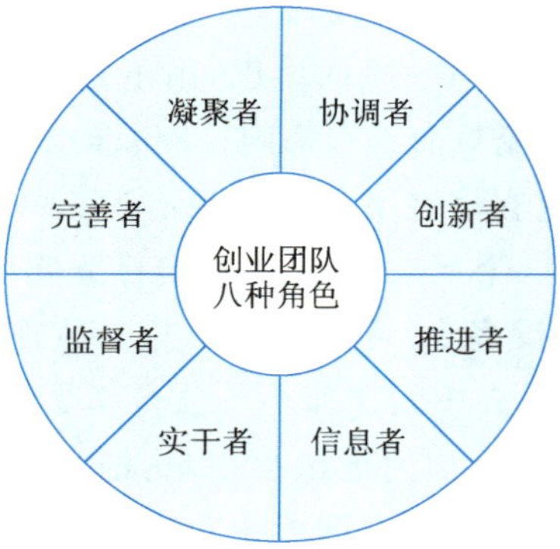

图 8-1　创业团队八种角色

表 8-1　创业团队角色分析表

团队角色	角色特征	角色优点	角色缺点
凝聚者	擅长人际交往，温和、敏感	有适应周围环境的能力，能促进团队的合作	危急时刻往往优柔寡断
协调者	沉着、自信、有控制局面的能力	对各种有价值的意见不带偏见地兼容并蓄，看问题较客观	在智能以及创造力方面略显不足
推进者	思维敏捷、开朗、主动探索	有干劲，随时准备向传统、低效率、自满自足挑战	好激起争端，爱冲动，易急躁
创新者	有个性、思想深刻、不拘一格	才华横溢，富有想象力、智慧，知识面广	高高在上、不重细节、不拘礼仪
信息者	性格外向，热情、好奇、联系广泛、信息灵通	人际交往能力强，不断探索新的事物，勇于迎接新的挑战	事过境迁，兴趣马上转移
实干者	勤奋务实，认真，踏实肯干	有组织能力和实践经验、工作勤奋、有自我约束力	缺乏灵活性与冒险意识
监督者	清醒、理智、谨慎	判断力强，分辨力强，讲求实际	缺乏鼓动和激发他人的能力，自己也不容易被别人鼓动和激发
完善者	勤勤恳恳，尽职尽责，积极投入，找出差错与遗漏，有紧迫感	理想主义者，追求完美，持之以恒	常常拘泥于细节，容易焦虑，不洒脱

【Tips】

创业初期，由于相应的资源有限，在创业团队中一人承担多种角色是十分常见的，也是非常正常的。重要的是你要先定位自己的角色，在了解这些角色的特点的基础上，为其他角色去物色合适的人选。

【扩展阅读】

创业团队里至少要有这 6 种人

第 1 种：不受约束的技术天才

“现在人们普遍认为，高科技创业最好拥有具备技术知识的人才。”Bernd Schoner 说，“你也会希望有人能够领导团队的技术进程。”

第 2 种：绝对领导者

Bernd Schoner 说，通常情况下，一个公司里，有一个能发号施令的人是很重要的。

“对于较大的创始人团队来说，如果同时存在五种不同的意见，并且都同等重要，那么这种情况是非常棘手的。民主是伟大的，但是在创业企业中却不是。”Bernd Schoner 说，“领导者或者首席执行官并不需要总是正确的，但你需要这么一个人，他要是一个能够让别人尊敬的领袖人物，这就是一件好事。”

第 3 种：行业资深人士

Bernd Schoner 说，在年轻的创业企业团队里往往缺少这种人，但他强调，在团队里有一些经验老到的人员是非常重要的。

“真正了解行业的某些人是极具价值的。他们的作用不仅是竭力想创造酷的或者新的东西，他们真正具有经验，能够明白一个特定的行业需要的是什么。”他说。

第 4 种：销售人才

“销售人才是不仅仅懂得技术，而且也懂得如何把它卖给客户的人。年轻的技术人员往往会忽略团队中销售专家的价值。但当我们想让人付钱时，就和技术无关——而是与我们能够提供给顾客的价值有关。”

第 5 种：super star

公司里的 super star 是什么？Bernd Schoner 解释说，他可以是科技天才，也可以是首席执行官，但他必须是具有个人魅力，可以把人们团结到公司周围的人。

"这个人可以建立自己的营销战略，他是那个你想把他送到专题讨论会以及行业研讨会上的人！" Bernd Schoner 说。

第 6 种：理财专家

特别是当你还没有把产品推向市场时，随时掌握成本是很重要的。

"拥有金融人才是重要的。你要有人具备足够的处理数字的能力。"然而，如果你的公司还没有足够大到能养超过 5 个员工时，Bernd Schoner 说，你可以把这个人从名单上去除，只要团队中有其他人有很强的资金管理意识就行了。

资料来源：http://www.cyzone.cn/a/20140508/257372.html。

你的小伙伴在哪里

你好，我的创业小伙伴

案例

复星"五剑客"

2007 年 7 月 16 日，复星集团在香港联交所整体成功上市，融资 128 亿港元，成为当年香港联交所第三大 IPO，同时也是香港史上第六大 IPO。中国周刊有一篇报道叫作"郭广昌的商业帝国"，介绍了复星集团董事长郭广昌的成功轨迹，"复旦五虎"打造了郭广昌的商业帝国。

复星的核心团队共五个人：郭广昌，梁信军，汪群斌，范伟，谈剑，他们均毕业于复旦大学，被称作复旦五虎。他们的团队具有以下特点：

1. 相互信任。1992 年二十四五岁的"复旦五虎"拼凑起 3.8 万元一起创业，早期收获的 1 亿元是在生物医药领域获得的。郭广昌没有任何生物医药专业基础，但当他知道了生物工程和医药有前景后，充分信任具有专业基础的梁信军、汪群斌等人，并在他们的组织下在这个领域中大赚了一笔。相互的信任让他们不断取得成绩。

2. 志同道合，能力互补。"复旦五虎"都毕业于复旦大学，他们在复星身居要职。现任复星集团董事长的郭广昌毕业于复旦哲学系；复星集团副董事长是毕业于复旦遗传学系的梁信军；CEO 是汪群斌，毕业于复旦遗传学系；复星集团联席总裁、复地集团董事长是范伟，毕业于复旦遗传工程系；谈剑，毕业于复旦计算机专业，现任复星集团监事会主席、软件体育产业总经理。志同道合让他们聚在一起，能力互补让他们把企业发展壮大。

3. 各尽其才，个人能力得到了最大限度发挥。梁信军对这个"五人团队"的评价是："郭广昌不保守，从来没有觉得有什么事情只能想不能做，他的系统思维能力很强，处事比较公正，是一个很合格的董事长；在他之外，最适合做总经理的是汪群斌，他对行业的战略意识敏锐，情商智商兼具，行动能力、业务能力、学习能力和业务操作能力很强，是个领袖型的企业家；范伟，与他们两人的优点很像，差异的地方就是他不太爱说话，但从品牌策划上，他又是其他人所不能及的；谈剑的学习能力很强，有段时间她分管我们的行政的时候，在财务上做得非常专业，一般的财务总监都比不过她。而且，在人际关系与业务合作上，她都很有一套。"

资料来源：http://www.fanwen99.cn/article/成功的创业团队案例.htm。

案例思考：

创业者能否走得更远，取决于创业者的基本素质和他所创建的团队。创建团队，就是一个寻找人才的过程。

大家走到一起来，多是机缘巧合，要么是兴趣相投、专业技术相似的同学朋友，要么是有着共同想法的人合伙创业。然而，新创企业在吸引人才上要比大企业逊色得多，这就形成了创业团队组建的困境。如何去改变这样的困境，是对创业者领导才能的考验。

一、团队组建的基本原则

团队组建原则

组建合适的创业团队，不是一件容易的事情，人才往往是"可遇而不可求"的，也是最难获取的创业资源之一。我们需要什么样的创业伙伴？到哪里去寻找合适的创业伙伴？如果你没有更好的主意，可以参考以下原则：

1. 取长补短，优势互补

人有所长，必有所短。创业伙伴之间的优势最好呈互补关系。选择的时候要知己所短，看他人之长，以后也要学会包容他人之短。所谓取长补短，是取别人的长补自己的短，此为团队组建的首要原则。如果你性格内向，不善于交际，只适合从事技术工作时，那你就最好找富有公关能力、善于沟通、能够处理复杂问题的伙伴；如果你是急性子，脾气比较暴躁且又很难改正，那最好找脾气温和、处事冷静的伙伴。

事实上，优势互补原则，更重要的是依托创业项目的特点来组建团队，这是你应该考虑的重要因素。如果项目所蕴含的不确定性较高，价值创造潜力大，往往意味着创业过程中面临的任务越为复杂，挑战性越强，那么，理性组建创业团队可能会更好地应对创业过程中的复杂任务，有利于成功创业。比如做"互联网＋绿色农产品"项目，你的团队就需要有互联网技术人才、绿色农产品营销人才、企业管理人才等。

这种理性组建，主要强调团队成员间的技能互补、知识互补、能力互补、性格互补、观念互补，这种平衡和补充的作用可以保证新创企业健康有序地发展。

2. 志同道合，目标明确

志同道合，意味着志趣相投。相似的价值观、理想及信念让彼此信任、坚定和依赖，志同道合的人更容易“抱成团”。创业要面对很多不确定的因素，风险大，是否具有共同的兴趣点，是否具有共同的创业梦想，对于提升和保持团队的凝聚力是非常重要的。很多创业的成功实例，并不是因为团队成员有多优秀，而是因为团队成员之间的齐心协力；而创业失败也并不是因为团队结构的缺陷，而在于团队成员间的内部争斗和关系涣散。

你的团队成员需要有梦想，能够为了做出一番事业走到一起，而不是为了简单的现实利益。美国政治家、企业家、最大独立计算机服务公司 EDS 创始人罗斯·佩罗曾经说过：“我在找人，找那些喜欢赢得胜利的人。如果我没找到，我就找那些憎恨失败的人。”团队成员必须对企业的创业项目有热情，任何成员，不管其专业水平多么高，如果对创业事业的信心不足，都将无法适应创业的需求。

【案例】

“饿了么”学生团队创业记

从 2008 年到现在，9 年的时间，在遭遇了烧钱竞争、巨头碾压和资本追逐之后，“饿了么”从 2 个大学生的创业项目变成了拥有 15 000 多人的大公司，一跃成为中国最受瞩目也最有价值的初创公司之一。它是时代精神高度凝聚的符号：创业热潮、O2O 风口、残酷竞争与补贴大战、巨头格局下的合纵连横以及一个“成功”的创业故事。饿了么如何从 2 个人的团队发展到现在的规模？这个创业团队经历了什么呢？

1. 饿着肚子一夜畅谈出的创业梦

2008 年的一个晚上，还在上海交通大学机械与动力工程学院读硕士一年级的张旭豪与几个室友在宿舍里打电脑游戏，玩到午夜 12 点，饿了。打电话到餐馆叫外卖，要么打不通，要么不送。大家又抱怨又无奈，饿着肚子聊起来。“这外卖为什么不能晚上送呢？”“晚上生意少，赚不到钱。”“倒不如我们自己去取。”“干脆我们包个外卖吧。”

没想到聊着聊着，创业兴趣被聊了出来。这几个研一的硕士生开始讨论和设计自己的外卖模式，这一聊就聊到了凌晨四五点。

创业就这样从不起眼的送外卖服务开始了。张旭豪和康嘉等同学一起，将交大闵行校区附近的餐馆信息搜罗齐备，印成一本“饿了么”的外送广告小册子在校园分发，然后在宿舍接听订餐电话。接到订单后，他们先到餐馆取快餐，再送给顾客。这一模式完全依靠体力维持业务运转，没有太大的扩张空间。唯一的好处是现金流充沛，餐费由他们代收，餐馆一周结一次款。每天从午间干到午夜，要接150～200份订单，每单抽成15%。

2. 业务扩张，创业团队不断壮大

这种模式真是苦活，团队里有两人选择退出，张旭豪不得不改变。他准备取消热线电话，取消代店外送，让顾客与店家在网上自助下单接单。

网络并非他们的专长，张旭豪在校园网上发帖，招来软件学院的叶峰入伙。他们没有照搬或修改其他网站的架构，而是编制和开发新的架构。足足用了半年时间开发出的网络平台可按需实现个性化功能，而在平台那边，饭店实时接到网络订单，可直接打印订单及外送地址。在网址注册上，他们也不用“www.”和“.com”，掐头去尾只用了简简单单的“ele.me”。

平台刚上线，加盟店就达到了30家左右，每天订单量达500～600单，且每月以60%至70%的速度增加。校方推荐和鼓励他们不断参加创业大赛、申请创业基金，团队先后获得至少45万元资助和奖励。

交大闵行校区已被攻下，“饿了么”开始向外突破。此时，华东师大国贸专业的闵婕慕名而来，成为“饿了么”团队第一个外校生，也是第一个女生。她被聘为高校市场负责人。

随着业务的扩张，张旭豪又在网上找到曾经拥有同样梦想的人——陈强(上海工程技术大学毕业生，曾在校开办“QQorder”订餐网站3年，以失败告终)，并聘请其出山，担任“饿了么”首席运营官。

3. 共同的理想，共筑创业梦想

吸引学生可以靠线上、线下的广告，吸引更多商家加盟就要靠“扫街”了。“饿了么”通常两人一组，沿街进店推销。一拍即合的当然是少数，更多商家都是将信将疑——“凭什么我在你网上开个页面、放份菜单，你就要抽成8%?”张旭豪的策略是“谈，不断谈，谈到老板不想跟你再谈，就谈成了”。最忙时，他们每天“扫”100家饭店，其中最难谈的饭店就天天回访，“谈”了40多个回合才拿下。

就这样，拥有7所高校的松江大学园区成为“饿了么”的地盘。就这样，张旭豪电脑里的定制地图上，沪东北、沪东南的所有大学及市中心的办公区写字楼都被标上了红点，慢慢地还有杭州、北京……

“饿了么”有个奇怪的公司名字：拉扎斯。张旭豪说，这是梵文“激情”的音译。作为一个26岁的上海青年，他有着与脸谱网站创始人马克·扎克伯格一样的年龄和英文名。他们中不止一人放弃海外深造或外企工作，但不放弃的就是那份创业激情。

资料来源：根据网络资料整理。

案例思考：

马化腾的股权之计

3. 完善股权，兼顾权益

值得注意的是，志同道合可能让你走向一个误区，就是把团队成员（合伙人）等同于兄弟。创业初期，当企业发展并不明朗的时候，创业者更多考虑的是企业的利益，而耻于谈钱，友谊是维系你们之间关系的主要纽带。这种关系貌似牢固，其实内藏很多隐患。当企业发展步入正轨，运营平稳，利润增加的时候，个人的利益观念就会凸显，矛盾随之产生。因此，在创建团队时，即使是最好的朋友也应该建立一个合理的利益分配制度并得到团队成员的支持，建立健全股权制度，这样可以避免出现团队冲突。

（1）谁可以参与初创股权分配？可以参与初创股权分配的人，就是一起做事的人，在创业层面，应该是能背靠背，各自独当一面，发挥包括研发、运营、资金、渠道等优势，有效整合资源的合伙人。特别需要注意的是，“不能保证持续资源提供者”“兼职者”“专家顾问”“早期员工”“不认同合伙事业发展理念，不能长期坚持，不能同舟共济的人”①，最好不参与股权分配。

（2）股权蛋糕如何切？公司股权不能由合伙人分光。随着企业的成长发展，不可或缺的支持还包括新合伙人、核心员工和投资人。所以，在切股权蛋糕时，应当具有长远眼光，预留好未来需要引进的新合伙人的股权，预留员工激励股权份额，还有未来需要引进的投资人需要稀释的份额。

对于具体预留份额，没有固定比例，需根据实际情况而定。这些预留的股权份额，可以由 CEO 合伙人代持。

当然，这里的“预留”是针对普通有限责任公司，对于股份有限公司，则不存在这个问题。合伙人股权比例分配还需要综合考虑合伙人的出资比例、项目的 CEO 应取得相对多的股权、综合评估每个合伙人的优势、科学评估每位合伙人在初创过程中各个阶段的作用，必须要有明显的股权梯次，绝对不能是均等的比例。如果是三个合伙人，最为科学的比例结构是 5∶3∶2。

【案例】

新东方三个合伙人，怎么就成了散伙人？

电影《中国合伙人》风靡大江南北。电影的最后，三位合伙人分道扬镳，一句经典台词：“千万别跟好朋友合伙开公司”一时引起社会热议。

而现实中，也就是剧本的原型人物——新东方的三位创始人俞敏洪、徐小平、王强，他们将新东方做成中国教育第一股，被称为“新东方的三驾马车”，最终却也以“分家”收场。

初创时，三驾马车可谓黄金搭档，每人 33% 的股份，各司其职，但是新东

① 资料来源：http://www.cyzone.cn/a/20150423/272786.html.

方做大后，矛盾逐渐凸显。首当其冲的是，因为利益的关系，新东方新的业务难以开展。北京的新业务还能均等掌控，但是如果到上海、广州去发展，上海和广州算谁的业绩？图书出版公司算谁的业绩？远程教育公司算谁的业绩？其次，新东方早期管理层中有不少裙带关系。外界因此戏称新东方人力资源的特点是“三老”，老同学、老乡、老妈。当时俞敏洪的母亲是公司的合伙人之一。这一点令从西方留学回来，视“规则为王”的王强无法容忍。

2000年，俞敏洪制定出一套统一战略，对学校进行股份制改革。

第一，合理的股份增发机制，让有能力新股东推进新业务。公司每年都有期权，俞敏洪每年申请期权，发给能干的人，谁干的多，就发给谁，这些“新人”能持续拿到新东方的股权。这样新业务不断由有能力新股东来参与、推进。

第二，用10%的代持股份吸引新管理者，撇开裙带关系。新东方共一亿股，在公司股份制改革中，怎么分？俞敏洪特别询问了一家咨询公司，咨询公司要求作为创始人的他持有55%的股份，称这样可以更好的控制公司发展。在分股时，俞敏洪被分到55%，但他拿出10%作为代持股份，自己只拿45%。为什么拿出10%？因为俞敏洪觉得新东方需要新的管理者。按他自己的话说，“家族成员再在新东方，会形成新东方的发展障碍”。

俞敏洪花了4年时间周旋在管理层、地方、部门之间，总算把松散合伙制变成真正股份制，但问题没有完全解决。

大家对于分完股份后的权利分配仍存在分歧。

当时会出现这样的问题：到底谁是第一副总裁？因为俞敏洪是创始人，大家认为他当第一总裁都没问题，但是谁当第一副总裁、谁当第二副总裁就有了疑问，徐小平和王强都会问“凭什么让我当第二副总裁？”

颇具戏剧性的情节是：一次俞敏洪得知徐小平带员工进行“革命”，反对他的改革，便直接让人把徐小平的办公室占了。徐小平上班一看，见到自己办公室里坐着别人，几乎说不出话来。

分歧的最后，徐小平、王强离开新东方，“战争”宣告结束。离开后的两人创立真格基金，成为业界著名的天使投资人。

散伙后，他们依然维系着革命友谊，每年抽出空闲进行两三次聚会，偶尔给对方写信。但三人不再像过去那样无所不谈。

未来，三人会不会再合作？

“三个人一起玩是好，但是要和不同的人玩，才会玩出不同的意思。”则是俞敏洪笑着给出的答案。

其实，三个人散伙，首先说明公司没事先设定具体管理制度；其次，“规则大于人情”，用兄弟情义来追求共同利益，无法长久；第三，作为公司最高决策层，企业怎么走，每个人的权力利益怎么分配，如果不能非常明确扔在桌面上，只是自己在消化，按照自己的时间表走，注定让公司陷入混乱。

资料来源：根据网络资料整理

案例思考：

【Tips】

在确定股权分配时，你可以考虑遵循三个重要原则。第一，重视契约精神。把确定的股权分配方案以公司章程形式写入法律文件，以契约形式明确创业团队成员的利益和分配机制，这样有利于保障团队的稳定；第二，遵循贡献决定权利原则分配股权比例。我们的目标是把蛋糕做大，在现实操作中，依据出资额来确定股权，但以技术为出资方式的团队成员，需要谨慎考虑技术的商业价值，在资金和技术之间做出合理的权衡；第三，控制权与决策权相统一的原则。在创业初期，更需要集权和统一指挥，控制权与决策权的统一。

你需要一支高效的创业团队

二、设计团队组建计划

每一个创业团队都有其特殊性，没有任何一种模式是可以完全复制的。但是，如果我们按照一定的计划和程序去组建团队，就会收到事半功倍的效果，提高团队组建效率、优化团队资源。图 8－2 所示的流程，仅供参考。

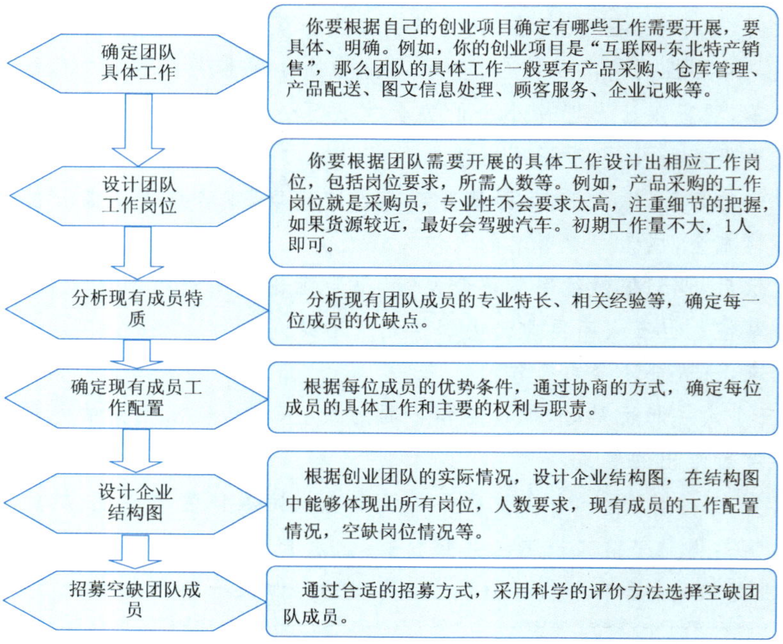

图 8－2　创业团队组建流程图

师生共创，
打造智慧
农业项目

三、创业团队招募渠道

其实很多时候，我们的创业伙伴就在身边。在某些情况下，亲密的友人更可能成为的创业伙伴，但是也不排除我们可以在其他环境下遇到理想的合作伙伴。比如：

1. 社团组织

学校里有很多社团组织，那里有很多活跃的、有理想有抱负、有特长、有技能的大学生，在这里，你可以找到志同道合的朋友，也可以找到兴趣相同的伙伴。

2. 社交场合

社交场合很多，比如各种学术或技能比赛、文艺汇演、学术会议，还有各种公共活动等，应该有意识地去关注一些合适的群体，主动结交朋友。

3. 创客空间

目前各地不断涌现更多的创客空间，在那里我们可以找到更明确的合作伙伴。

4. 他人推荐

良好的人才资源很多时候来自于他人的推荐，这种推荐方式，已经对创业伙伴进行了初步筛选，既节省了时间和精力，又节省了一定的资金成本。

5. 公开招聘

我们可以通过一些互联网平台发布招聘信息，去公开招聘你的创业伙伴。

【课堂活动】

团队分工与招募

具体要求：

1. 按照团队组建流程，讨论并确定团队现有成员的分工；
2. 如有空缺岗位，请讨论并选择你的招募渠道。

四、重视契约

创业团队的合伙协议，即创业契约，可以说是创业团队的宪法，也可以说是合伙人之间的游戏规则。其价值不仅仅是对合伙人之间彼此权利义务的保护和规范，更是对创业企业权益的保护。所以，创业团队一定要充分重视合伙协议。

合伙协议应该说明创业的具体目的、各合伙人的出资（包括资金、设备、专利、服务、特有技术、关系网等）情况，明确各合伙人的责、权、利、股权分配以及退出机制等内容。

打造高效的创业团队

团队管理的那些事儿

团队组建之初，其凝聚力、创造力、竞争力和协作力都不能达到最好的状态，不能成为理想型团队。随着时间的流逝和企业的成长，团队的权力分配、理念分歧、利益冲突等问题也会浮出水面。初建团队有着各种各样的问题，但可以通过有效的管理，实现 1+1>2。

一、高效创业团队的特征

不是每一个创业团队都能做到“1+1>2”，只有高效的创业团队才能发挥团队优势，实现创业目标。高效的团队相对于一般团队有更高的工作效率，有更为明确的发展目标，强调“赋能授权”。团队成员在有效的领导下能够做到相互信任、有效沟通、积极配合。尽管每个高效的创业团队各有特点，可我们还是能找出他们身上相似的共性特征：

1. 目标明确

团队成员对所要达到的目标有清楚地了解，能够为团队成员指引方向、提供推动力，能够激励团队成员把个人的目标升华到群体目标中去，提高团队的绩效水平，并坚信这一目标包含着重大的意义和价值。同时将团队的共同目标转化为具体的，易于评价和衡量的现实可行的绩效目标，作为团队绩效评估的重要依据。

2. 领导有效

经验证明，一个团队有无合格的领导者，乃是团队工作能否实现高效的首要因素。有效的领导者能够让团队凝聚在一起共同克服最艰难的问题，为团队指明前途之所在。高效团队的领导者往往承担的是教练和后盾的角色，他们对团队提供支持，指导与激励，强有力地带领他们去实现组织和团队的目标和任务。

3. 沟通良好

良好的沟通既是高效团队的外在表现，又是营造团队和谐人际关系的重要手段。充分的沟通交流，乃是团队成员协调一致的基础。团队成员只有在沟通后才能准确地了解彼此的想法，才能确保团队成员行为与团队步调相一致。通过沟通，团队成员分享信息、理顺情绪、化解矛盾，最终达成共识，和谐相处，使团队更具有战斗力。

4. 相互信任

成员间的相互信任是高效创业团队的显著特征，每个人对于团队中的其他成员的品行和能力都应该是确信不疑的，信任是团队和谐人际关系形成的重要因素。高效创业团队成员具有批评与自我批评的宽厚态度，才能拥有彼此和谐共处、同“舟”共事的条件，才能让信息畅通，不出现人为梗阻，确保团队目标顺利实现。

5. 承诺一致

高效的团队其成员对团队表现出高度的忠诚和一致的承诺，对团队目标有奉献精神，愿为实现这一目标而调动自己最大的潜能。有了共同的承诺，团队成员便会将共同的理念、共同的目标转化为共同的行为，使团队具有高度的凝聚力和亲和力。

6. 制度完善

“没有规矩，不成方圆”，完善的规章制度能使团队工作有章可循，有章可依，能使团队全体成员的行为保持一致，实行制度化等管理上的飞跃。实践证明，这一飞跃能有效地解决组织内、组织间不必要的内耗和外耗，从而带来组织的蓬勃向上和高效运转。

二、如何实现“1+1>2”？

古希腊“斯巴达方阵”用团队精神创造了一个个不败的神话。斯巴达国王列奥尼达斯率领仅有 300 人的斯巴达方阵，却让波斯军队付出了 20 000 条生命的代价。斯巴达方阵中，并不是 100+100 的人数叠加，而是发挥了 100×100 的几何效应，因此才能战胜数十倍于自己的敌人。中国古代也不乏卓越的团队所创造的团队不败的神话：威猛神勇的明朝戚家军，用严明的军纪和超强的团队凝聚力，成为历史上唯一没有打过败仗的军队；而历史闻名的“巨鹿之战”“官渡之战”“赤壁之战”“淝水之战”，都是依靠团队所创造的“1+1>2”的力量，演绎出来的“以少胜多”的经典案例。

新东方打造高效的创业团队

绝大多数的创业团队在组建之初并不是高效的创业团队，不具备比较全面的优势，团队凝聚力不强。但这并不意味着不能拥有高效的创业团队，如何打造高效的创业团队还需要去认真思考，学习有效的管理团队的技巧和方法。

【案例】

高度融合的宜家家居

IKEA（宜家家居）是世界上家居品牌知名度最高的公司之一，而它所创建的团队文化更是独具特色，为他人称道，也是它成功的关键所在。该公司的团队以家具的品类来分，一个团队共同负责同一家具部的工作（比如办公家具、厨房用品、地毯、沙发）。宜家家居是瑞典的公司，公司文化在很大程度上折射出瑞典的民族文化：平等、低调、朴实、现代。宜家的低调平民文化不仅反映在其家具的价格上，而且表现在其公司上层领导的个人风格上。宜家的创始人非常富有，但他穿着朴素，生活简单。宜家的招牌广告语是：“你不必富有，只需机灵（You don't have to be rich，just smart）。”它创造的团队文化也具有类似特征。而且最有意思的是，为了鼓励团队成员间的高度融合和协作，公司并不给每个员工明确的岗位说明，相反，他们要求团队成员自己商榷讨论决定谁负责什么，整个团队该如何运作最为有效等，然后如此执行。团队的领导人也没有特殊的头衔，与他人平等，主要起协调沟通的作用，理顺团队并让每个人都能充满乐趣地工作。

这样平等模糊的团队文化开始在美国的宜家家居实行时遇到了相当大的障碍。美国文化虽然讲求平等，但平等的程度没有瑞典文化来得彻底和广泛。另外，美国文化讲求精确，岗位也好，职责也好，都需要有明确定义，一旦含糊，便不知所措。所以，一开始员工的离职率很高。但公司认为，这是宜家的核心文化的重要部分，就坚持了下来。在此过程中，当地的应聘者慢慢也熟悉了宜家的文化，认同的人才被聘任，整个运作就变得越来越顺利。

因为宜家只是一个家居用品店，每个人的工作内容都不复杂，每个人都能胜任他人的工作，没有人是不可取代的。所以，团队的管理关键在于队员之间的互相磨合和默契，在于创造积极向上的、彼此信任和喜欢的团队气氛。这样在任何人忙不过来的时候，暂时有空闲的人就会主动帮助，见缝插针，让顾客得到良好满意的服务。宜家实施的团队整体奖励方式可以鼓励彼此间的合作，将这种激励模式扩大到整个商店，就会产生整个商店即是一个大团队的效果。宜家专门规定将一年中的某一天用来奖励所有员工，如何做呢？把在那一天售出的家具的全部收入分给每个员工。商店的员工因此对宜家都有强烈的归属感，将自己视为大家庭中的一员，于是就更加努力。这样的正向循环使公司的气氛越来越好。

资料来源：根据网络资料整理。

只要抓准了团队的特征有针对性地管理，各种各样的团队都可能被打造成优秀的团队。领导的作用重要但又不能凸显，关键但又不能过分强调。领导要在管理的同时让团队成员感受到是他们自己在管理整个团队。当每一个成员都产生自己是团队的主人时，他们就再也不必苦苦思索是否要合作的问题，而会全心地贡献自己的力量。

案例思考：

团队沟通的技巧

1. 建立有效沟通

松下幸之助说："企业管理过去是沟通，现在是沟通，未来还是沟通"。有效的沟通能够帮助你化解团队成员间的冲突，做出正确的团队决策，提高创业团队工作效率。想要进行有效沟通，首先你要知道沟通的原理，如图 8－3 所示。

通过沟通原理图，能清楚地了解沟通的原理。同时，在沟通的过程中，它也能帮助你把握需要注意的事项：

(1)信息的发出者要确保表达方式正确。成功的沟通有赖于信息发出者将他的思想转变成为接受者思想的一部分,并真正地融为一体。

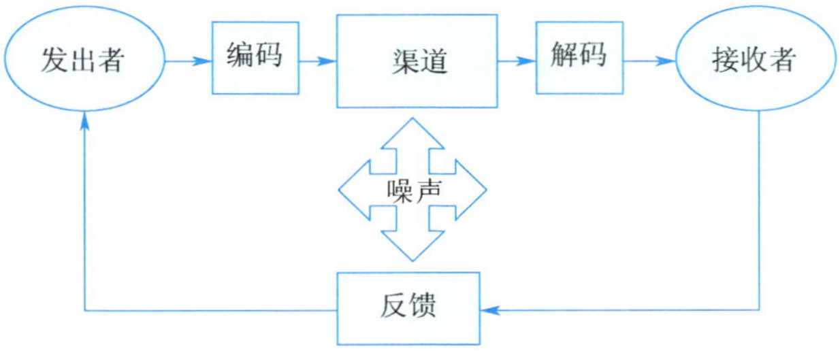

图 8-3　沟通原理

(2)信息的接受者采用正确方式去接受信息。如在面对面的沟通中,接受者首先要给对方留出讲话的时间,其次听话听音,也就是讲话时不要打断,应做好准备,以便恰当时给对方以回应,鼓励对方讲下去。

(3)解码与编码要一致。由于每个人的知识结构、地域文化等因素各不相同,所以在沟通的过程中,要确保发出者与接受者在同一“频道”上。

(4)沟通要及时反馈,确保信息传递的准确性。

(5)降低噪音,确保信息的可传递性。

创业团队经常使用的沟通方式为语言沟通、非语言沟通及电子媒介沟通,具体内容参见表 8-2。

表 8-2　创业团队沟通方式

沟通方式	具体形式
语言沟通	口头沟通包括交谈、座谈、会议、演讲、谈判等 书面沟通包括通知、通告、简历、合同、方案、会议记录等
非语言沟通	包括利用物体、姿势手势、表情目光、语调声调、接触、空间距离等
电子媒介沟通	包括电子邮件、聊天软件、电话、网络会议等

2. 提倡科学决策

美国著名管理学家赫伯特·西蒙指出:“决策是管理的心脏,管理是由一系列决策组成的,管理就是决策”。创业团队经常出现意见分歧,需要掌握科学的决策方法。可参见表 8-3 中的相关规则。

表 8-3　创业团队决策规则

决策规则	具体要求
全体一致规则	要求创业团队成员意见一致才通过决议
绝对多数规则	要求创业团队成员中超过 50%成员同意才能通过决议
评分表决规则	要求每个团队成员对备选的意见进行评分,平均分最高的意见就是创业团队的决策
同意规则	要求多数团队成员赞成的方案不断修改直到得到少数团队成员的同意

续表

决策规则	具体要求
采集规则	要求尽量满足不同团队成员的需要
分委员会规则	要求群体将决策评价的权力授予团队内的一个小组，小组则向团队推荐行动方案
多数人规则	要求在创业团队决策中占某项决策人数最多的人有决定权，但不一定要过半数
独裁规则	要求由团队负责人决定
参与规则	要求按照受到决策影响的程度大小来分配决定权的规则

3. 实施冲突管理

在创办企业过程中，创业团队必然会出现团队冲突。团队成员间的意见分歧与对抗，势必造成团队与个人之间的不和，破坏良好关系，影响团队目标的实现。因此，必须发挥创业团队的优势条件，采用正确的方法管理团队冲突。

在管理冲突之前，要知道导致团队冲突的原因，才能化解矛盾，改善和优化创业团队。表格 8－4 显示了冲突的原因及预防策略。

表 8－4　创业团队冲突管理表

冲突原因	预防冲突
资源竞争	创业之初通过团队成员协商的方式将资源使用计划确定下来
目标冲突	拟定一个能满足各团队成员目标的计划，同时设计出子目标服从方案
责任模糊	明确团队成员的责任与权力，职责不能出现重叠情况
沟通不畅	加强团队成员间正式和非正式的沟通
相互依赖性	加强团队内部的信息公开与共享，建立崇尚合作的团队文化
地位斗争	建立合理的评价体系，防止本位主义，强调团队整体观念

当了解预防冲突的策略后，还需要知道处理创业团队冲突的方法，见表 8－5。

表 8－5　解决创业团队冲突的五种方法

方法	表现	优点	缺点	适用的情景
避免——事缓则圆	• 临时或永久的拖延解决冲突 • 时间冲淡一切 • 寻求不必为他人承担责任的自由 • 避免压力和对抗	• 可以争取更多的时间 • 能够让冲突双方冷静下来 • 可以暂时维系团队内部的关系	• 冲突并没有解决 • 可能会失去解决冲突的最好时机 • 难以激发团队的动能和创造力 • 没有学习和成长的机会	• 冲突微不足道，或只是暂时的，不值得耗费时间和精力来处理 • 冲突双方都很不冷静时

续表

方法	表现	优点	缺点	适用的情景
竞争——获胜不是最重要的，但它是头等大事	• 尽管别人有疑虑或不同看法，还是把意见或解决办法强加于他人 • 寻求更高的可控度和可计算的风险 • 重视有形的结果和个人成就感 • 希望自己的权利被尊重	• 提高办事效率，迅速完成任务 • 短期内在自己的利益、强势地位、影响力和控制力方面有好的收益	• 无法吸收更好的建议 • 很难维系团队的关系 • 口服心不服 • 长期会带来双输的风险	• 必须立即采取紧急的行动时 • 明显您更有理由，且占有优势时 • 为了组织长期的生存与发展，必须采取某些临时的强制措施时
妥协——你退一步，我退一步	• 使各方都在自己最初的立场上做出让步，以达成各方面可以接受的目标 • 寻求公平，合理和冷静的冲突处理 • 避免极端情况，期望融洽的结果	• 尽量弱化冲突双方的差异，更强调双方的共同利益 • 平衡自身收益、关系和时间的投入	• 通过交换而带来的结果并不是解决冲突的最好方法 • 可能没有触及冲突的真正核心，而是就事论事地加以折中	• 冲突不是非常重要或者没有足够的时间来寻求可以满足所有人愿望的解决办法的团队 • 对团队而言，协议的达成要比没有达成协议更好
包容——用仁慈去感化	• 把自己的立场放在次要的位置上，牺牲自己的利益以维护与其他人的关系 • 希望借助对他人的关照和自我牺牲，取得认可 • 寻求信任他人的机会	• 内部关系融洽，团队凝聚力高 • 可能激发他人的潜能	• 不一定能得到最佳的结果 • 无法激发团队的智慧 • 过多的包容会变成纵容	• 维护关系比自身获胜的收益更加重要非原则性的冲突 • 在短期内为避免团队分裂而必须维护团队和谐的局面
协作——1＋1＞2	• 冲突各方愿意共同了解冲突的内在原因，分享信息，共同寻求对各方都有利的方案 • 同时寻求高的收益和更好的关系 • 达成不寻常的解决方案	• 通过满足冲突各方的需求，进一步增强了团队的关系 • 提高团队协作解决冲突的能力 • 团队更理解彼此的需求，并建立更高的信任感	• 需要更多的时间和精力	• 有较充实的时间处理冲突 • 实现目标和维系关系同样重要，期望达成长期的高纯净的团队

Tips

除了上面我们提到的五种办法外，有时还会采用交涉谈判、第三方仲裁的方式处理冲突。同时，你要知道充满冲突的创业团队等于一座火山，没有任何冲突的创业团队等于一潭死水。因此，激发团队冲突也是创业者经常使用的一种管理办法。

4. 建立激励机制

世界著名学者托斯·沃森说："企业成败的关键在于能否激励员工的力量与才能"。要善于激励你的团队，提高团队成员的工作积极性和竞争力，进而挖掘团队的全部潜力。激励团队的具体方法有很多，比如福利奖励、认同奖励、培训机会、团队活动、关怀生活、参与机会等。需要根据团队成员的实际情况，建立适合的激励机制。

5. 健全规章制度

孟轲说："离娄之明，公输子之巧，不以规矩，不能成方圆。"创业团队需要建立完善的团队规章制度，规章制度的制定能够将所有创业团队成员紧密地凝聚在一起，提高行事效率，发挥团队力量，以达到超越个体力量简单相加的效果。同时规章制度的制定还可以维护团队与团队成员的利益，达到个人和团队的高度统一。因此，你需要与全体团队成员达成共识，形成共同遵守创业团队的规章制度。创业团队规章制度主要包括管理、运营和考核三方面内容。

一般来说，在制定创业团队规章制度时，可以遵循四个步骤，如图 8－4 所示。

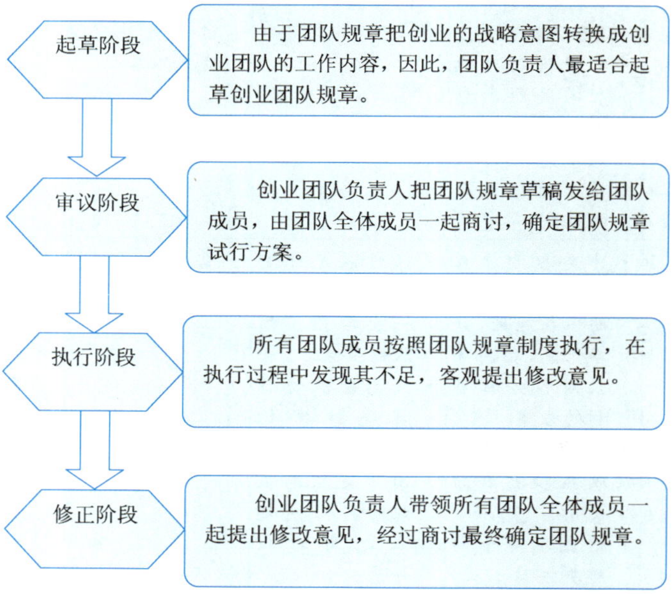

图 8－4　制定创业团队规章制度的步骤

课堂活动

制定团队的规章制度

具体要求：

1. 小组讨论并制定出团队的规章制度；

2. 讨论其可行性。

6. 培育团队精神

“事成于和睦，力生于团结”。塑造团队精神，有助于集中创业团队中的人、财、物，发挥团队效应，在最短的时间内创造出最新的产品，提高生产效率，增强团队竞争力，从而使创业团队在竞争中立于不败之地。因此，需要在建立和完善团队规章制度的同时，强调创业团队精神的建设。

(1)确立合理的团队目标，鼓舞团队成员团结奋进。

(2)建立沟通与协调机制，塑造开放、健康、积极向上的文化氛围。

(3)树立“以人为本”的经营理念，建设尊重、爱护、关心团队成员的情感平台。

(4)建立科学的激励体系，激发团队成员的力量与才情。

本章思考与实践

1. 根据你的创业项目，请制定一份团队组建方案。

2. 请为你的创业团队拟定一份合伙协议。

3. 创业初期你如何将你的团队力量发挥到极致？

第九章 获得投“资”人的青睐

【学习目标】

- 描述创业资源分类和资源整合策略
- 结合项目制定资源获取计划
- 区别股权融资与债权融资
- 描述风险投资的投资重点
- 说出创业融资的基本流程

【学习要点】

- 资源整合的五个关键要素
- 创业融资的七个渠道
- 股权融资与债权融资的优势与劣势
- 全面认识风险投资
- 创业融资的五个步骤

“资”,不是单单的资金,而是众多资源。在这个竞争激烈的时代,资源的争夺也愈加激烈,新企业的第一要务是生存,这就要找到足够的资源来支持自身的发展。创业者能否成功地开发出机会,进而推动创业活动向前发展,通常取决于他们掌握和整合到的资源,以及对资源的利用能力。其中,资金的获取能力可谓是重中之重,大多数创业者会说,创建企业最难的就是筹集资金。本章我们就来聊一聊,在创业的道路上,如何获得投“资”人的青睐。

☞创业资源整合

资源整合
创造共赢

随着知识经济的深入发展，资源整合越来越成为新企业经营中提升核心竞争力的关键，它不仅是系统论的思维方式，还是优化配置的重要决策。让资源被整合的各方都满意，关键在互补，核心在共赢。

所谓资源整合，是在企业诊断与行业分析的基础上，以共赢为核心，坚持市场导向的战略定位，通过组织变革、规范高效的流程优化、科学合理地设计薪酬考核，营造健康向上的企业文化，以及系统地提升企业的核心竞争力。创业者不仅要成为生产经营的高手，还要成为一个卓有成效的资源整合专家。

一、创业资源整合的关键要点

为了拥有独特能力和特点，新企业在资源整合过程中应注意四方面关键要点。

1. 信息整合

在信息经济时代，如何获取有用信息并进行加工处理，找出商业机会，已成为许多新企业发展的共同诉求。一个拥有信息优势的企业，就会赢在起跑线上，能够对市场、消费者的需求和行业环境从容应对。

2. 平台整合

新企业要有平台整合的意识，一个符合企业实际需求的平台，有利于企业能力的发挥，也有利于信息交流和多方共赢。

3. 能力整合

新企业的能力整合，一般是从单一能力到综合能力不断完善的过程。企业在整合各项能力的过程中，要加强内部能力培养，如企业的战略决策能力、产品研发能力、管理能力等。

4. 人才整合

新企业通过运用组织制度、组织激励、组织文化等，与团队成员在目标、愿景、价值观等方面进行相互磨合、适应、促进和提升，形成高凝聚力的团队。

【案例】

披荆斩棘，实现梦想——李刚的创业故事

拉着室友和同事一起创业

2011年11月11日，当时正在读博二的李刚在导师鼓励下开始创业，成立了哈尔滨中智拓图地理信息技术有限公司。"一张营业执照、两张桌子、三个合伙人、4 000块钱，这就是我创业初期的全部。"公司的合伙人，一个是他专科时的寝室二哥，另一个是他之前公司的技术骨干，没有太多犹豫，三个年轻人为了同一个梦想携手同行。

公司成立后，李刚带着他设计的“时空搜索引擎”项目参加了当年哈尔滨市第二届大学生创业大赛，收获了二等奖。可当时由于缺乏资金，团队必须一边靠设计软件赚钱，一边对项目进行研发，这大大地拉长了产品研发周期。最终，因为同类产品的抢先问世，李刚的“时空搜索引擎”项目被迫暂停。通过此事也让李刚明白了自己选择创业是正确的，也懂得创业不能只靠技术，公司的管理运营和强大的资金支持才是关键。

想明白了这一点，李刚开始结合自己“垄断性”的技术能力疯狂赚钱。地理信息系统是一个相对综合的学科，不仅涉及土地信息技术，还包括大数据挖掘和管理，以及软件开发，李刚刚好同时具备这些能力。

他先后承接了松花江流域跨界风险源识别预警系统的软件开发、哈市供水管网地理信息系统的软件开发部分、哈市水源地管理信息系统和环境安全防控地图数据库等大项目，仅 2013 年，李刚的销售额就达到了 100 多万。对于一个成立两年的小公司来说，这是不错的成绩，但他却不以为意：做这些工程都是为了生存，我们还是要开发自己的产品。

不忘初心，深耕本行

尽管李刚同时也在运作几个平台的产品，并且都进展的很顺利，但李刚始终没有放弃自己的“老本行”——地理信息系统服务。

如果总结李刚这些年完成的项目，会发现有两个明显的特点：一是项目有核心技术难点，都是别人做不了，或者研发成本抵不上利润预期的；二是项目是国家重点科研项目，高新技术前沿方向，又是市场空白的。也正是因为依托自身的技术能力，李刚的公司获得了百万级的天使轮投资。

2015 年 10 月底，他注册成立了“哈尔滨图景科技有限公司”，主要经营基于全景机器人的室内地理信息自动采集和发布。提到全景项目，李刚非常自豪，现在团队可以利用全景机器人捕捉室内图像，应用大功率 wifi 技术实现全景机器人的定位，系统工作站将采集到的定位信息转化为坐标信息，将采集到的图像信息进行预处理、统一坐标变换、图像配准、图像融合和全景拼接形成 360°全景虚拟图像，最终根据用户需求输出指定格式的全景图像。他们的全景机器人目前已获得实用新型专利证书。

目前，李刚的创业团队已从最初的 3 人发展到约 40 人，他对团队成员要求是：不要打工者，只要合伙人。为了激励大家的工作热情，他与几位合伙人拿出部分股权分给员工，“从 4 000 元钱起家，我们就有明确的股权分割。如果你一开始就稀里糊涂，想等公司规模大了再说，那你的公司永远也做不大。”李刚说。对于他来说，创业在于折腾，要拼命折腾出自己想要的人生。

资料来源：根据网络资料整理。

李刚的企业，最初没有资金，没有名气，可是短短4年做到可以和国内知名的大企业比拼。这正是依托他敏锐的市场嗅觉，对信息、市场、资金、技术、人才等资源的整合，攻克技术难关，降低成本，形成核心壁垒，建立竞争优势。

案例思考：

二、创业资源的分类

创业资源是企业创建及成长过程中所需要的各种生产要素和支撑条件。在资源具备上，一般来说，要符合两种条件：一是要有进入一个行业的起码资源；二是具备差异性资源。我们可以从多个角度了解创业资源的类型。

按照属性，创业资源可以分为人力资源、社会资源、财务资源、物质资源、技术资源和组织资源。

按照存在形态，创业资源可以分为有形资源和无形资源。有形资源是那些有物质形态、价值可用货币度量的资源，如自然资源、厂房、机器设备、原材料、产品、资金等；无形资源是那些非物质形态的、价值难以用货币精确度量的资源，如信息资源、人力资源、政策资源以及企业的信誉、形象等。值得注意的是，无形资源往往是撬动有形资源的重要手段。

按照来源，创业资源可以分为内部资源和外部资源。内部资源来自于内部的积累，如创业者和团队拥有的创业资金、技术、创业机会信息等；外部资源是创业者从外部获取的各种资源，包括朋友、亲戚、商务伙伴或其他投资者筹集到的投资资金、经营空间、设备和其他原材料等。其中，自有资源拥有的情况会影响外部资源的获得和运用。

【课堂活动】

创业资源评估

具体要求：

1. 与你的同学讨论并列出团队现有的创业资源；
2. 设计一份详细的创业资源整合计划。

三、创业资源整合的途径

新企业资源整合的方式主要包括新企业之间的整合、新企业与产业资本的整合，以及新企业与金融资本的整合。

1. 新企业之间的协同效应

新企业虽然会具备一定的能力，但同时也不可避免地存在不足。因此，同行之间以及产业上下游企业通过策略联盟或股权置换方式整合资源，在人力资源、物质资源、客户资源、技术资源等方面互补优势和协同发展，形成一定范围的利益共同体。

2. 新企业与产业资本的集群效应

通过新企业与产业资本的整合可以形成产业群落。产业群落由一批新企业和几个核心企业组成，以核心企业为枢纽，产业的上、中、下游企业之间彼此衔接，产供销连成一体，形成群体的竞争优势。

3. 新企业与金融资本的倍增效应

新企业可以通过与金融资本整合，筹集资金，加快成长速度。企业与金融资本整合方式可以分为债务融资和股权融资两大类。新企业可以根据自身的优势和资源整合能力来选择金融资本整合的方式。

四、资源聚合，大有可为

任何一个创业者都不可能把一切创业资源都准备充足。大学生创业者关键要学会聚合资源，寻求资源配置和市场需求的最佳结合点，一定会大有可为。

1. 专注聚焦

新企业的人员、资金等资源往往不足，如何提高现有资源的利用效率是创业者面临的难题。万事开头难，创业初期，需要发扬一个精神：聚焦聚焦再聚焦。

在移动互联网时代，信息爆炸，消费者的注意力成为稀缺资源，企业要面面俱到是不可能成功的。创业者首先要学会放弃各种诱惑，将企业有限资源聚焦到有利可图的市场细分领域，成为某种产品或服务的代表，打造“小而美”、“小而强”的企业。

细分化的产品是将其中一个亮点功能做到极致，不与大企业直接拼抢市场，等到消费者对聚焦产品产生信任，新企业获得市场和资本认可后，就可以进一步扩展产品品类，扩大企业版图了。所以，创业者要有跨界连接、整合资源的思维，以差异化的路径寻找到新的市场“蓝海”。

2. 协同价值链资源

“共赢模式”鼓励我们在进行资源整合时寻找互惠互利的解决办法，分享双方或多方资讯及报酬，即要发挥双方优势，尊重彼此的差异，合作互补，取得“1+1>2”的效果。比如，通过组织和协调，把企业内部彼此相关但却彼此分离的职能整合起来，把企业外部既参与共同的使命又拥有独立经济利益的合作伙伴整合成一个为客户服务的系统；或者，根据企业的发展战略和市场需求对有关的资源进行重新配置，以突显企业的核心竞争力，并寻求资源配置与客户需求的最佳结合点。其最终目的是，要通过组织制度安排和管理运作协调来增强企业的竞争优势，提高客户服务水平等。

在资源整合过程中，最忌单方追求利益最大化，而应设计好共同获利的盈利模式。这个获利预期不一定都是经济利益，而是一个各方不同利益追求的综合平衡。比如，欧普与万科的战略合作就是目前灯饰行业资源整合的成功案例。万科将在其装修楼盘中使用欧普的家居照明系列产品；欧普专业照明设计师将直接参与万科装修房的装修过程，为万科房地产的客厅、卧室、厨房、浴室、餐厅、阳台和玄关提供科学的照明设计。

共赢理念既适用于创业的合作伙伴，也适用于行业上下游的商业伙伴，甚至同行业竞争对手。如果双方达到共赢，将会为再一次的合作打下基础。

3. 融入创业生态圈

新创企业应善于利用创业平台，整合内外创新创业资源，融入创业生态系统。现在的创业孵化平台，早已不再是提供一个办公间、一点资金补贴的单一模式，而是在入驻企业有创意的初期就开始扮演一个全链条、全过程的陪伴式角色。

我们身边有越来越多的产业化创业平台在助力创业团队向前奔跑。充分利用创客空间、创业孵化器、大学生创业园区等创业平台，与资源互补的专业团队相互协同、资源共享，融入创新创业的生态圈，可以大大降低创业成本。

创业平台整合了多个相辅相成的服务链，包括协助与政府优惠政策对接、工商和税务服务、提供工作地点、精良的创业导师资源、免费的法律帮助新创企业避免触碰法律底线，财务顾问或会计代理公司为企业健全会计体系，为企业导入可靠的早期投资机构等，切实解决创业过程的各类问题，帮助实现创业梦想。

开启创业融资之路

90后创立闪修侠——受资本追捧的独角兽

一、创业融资的原则

新企业对资金的需求往往较大，为保证融资的顺利进行，维护融资各方的利益，必须遵守一定的原则。

(1)互利性原则。融资的双方要遵循互利互让，但这种原则不是平均分配利益，各方的利益要通过协议或者是股份来确定，这样才能保证双方在融资过程中资金的顺利融通。

乔布斯的创业融资

(2)合法性原则。借贷双方必须遵循相应的借贷条款的规定，股票融资必须遵循公司法以及上市公司和股票交易的规定。在融资过程，融资双方不得进行非法融资和参与非法融资。

(3)诚信原则。融资双方应依据合同形成的契约关系要求双方都必须保持诚信。

(4)适度性原则。在融资活动中，资金需求的适度性原则包括融资资金的适度性、融资期限的适度性、融资方式的适度性和约定条款的适度性。

(5)低成本性原则。降低融资成本不仅可以提高创业者的收益率，还可以减轻其还本付息的负担，主要可以通过融资地点的选择、融资货币的选择和融资方式的恰当的选择来降低融资成本。

“债权”还是“股权”这是个问题

二、融资的方式

按照资金来源的性质不同，融资可以分为债权融资和股权融资两种，具体见表 9－1。

表 9－1　各种融资渠道及相互关系

资金性质	融资方式	资金来源
股权融资	资本金	内源融资
	折旧资金	
	留存利润	
	天使投资	外源融资
	风险投资	
	股权众筹	
	发行股票	
债权融资	民间资金	
	其他企业资金	
	银行信贷资金	
	非银行金融机构（典当、租赁融资）	
	商业信用	

资料来源：选编自孙德林、黄林等编著．创业基础教程．北京：高等教育出版社．2012。

创业者可以通过分析两种融资类型的优缺点，做出自己的融资决策。

1．债权融资的优缺点

债权融资是借款性资金，资金所有人提供资金给资金使用人，然后在约定时间收回本金，并获得预先约定的固定报酬（利息）。

债权融资的优点是创业者可以保持对企业的有效控制权，并且享有未来可能的高额回报率。只要按期偿还贷款，债权方就无权过问公司的发展方向。

但债权融资也有弊端，主要是如果不能保证经营收益高于资金成本，企业会出现资不抵债。债权融资提高了企业的负债率，给企业再次筹集资金带来了困难。

2．股权融资的优缺点

股权融资是投资性资金，是指企业通过发行股票、直接投资等方式融资，投资者占有企业的股份。

天使徐小平

股权融资的优点主要体现在以下三个方面：一是股权融资可以帮助企业实现

跨越式发展，企业可以通过富余的资金和优厚的资源，快速领先对手，占领行业制高点；二是股权融资成功的企业，代表资本市场对企业商业模式的认可，对企业未来良好的预期，对企业提高行业知名度和吸引人才有积极作用；三是有实力的风险投资机构，不仅仅可以投入充裕的资金，更重要的是会带来如客户资源、政府资源、人脉资源等涵盖企业发展每个重要阶段所需的资源。

股权融资的主要缺点在于面临股份稀释，创业者可能失去企业的控制权。尤其是在一些重大决策时，当创业者与投资方意见存在分歧，会大大降低企业决策效率。

3. 债权融资与股权融资的比较

新企业千差万别，所涉及行业、面临风险、预期收益都有较大差异，使得不同的企业有不同的融资要求。新企业可以通过表 9－2 列出的债券融资与股权融资的比较情况，并结合自身状况，进行权衡与选择。

表 9－2　债权融资与股权融资的比较

比较项目	债权融资	股权融资
本金	到期归还本金	不能从企业抽回，可以向第三方转让
资金成本	按照事先约定固定金额的利息	估计企业经营情况变动
风险承担	高风险	低风险
企业控制权	不破坏企业的控制权	按比例或约定享有，分散企业控制权

课堂活动

创业资金来源规划

具体要求：

1. 列出你的团队现有的可能资金来源和数目；
2. 规划未来创业中资金债权融资与股权融资的比例。

知己知彼，选好融资加油站

兵马未动，粮草先行。资金是企业的血脉，要创业就要有资金投入。大学生创业者社会经验不足，缺乏社会关系，融资更是难上加难。资金不足、没有好的融资方案，成为大学生创业行动的障碍。融资是每个企业在不同发展阶段都要面对的，选择什么样的融资方式，采取什么样的融资手段，都会直接或间接地影响企业的成本，而对谁融资则会对企业经营战略产生影响。要突破资金限制，首先要了解融资的主要渠道，如图 9－1 所示。

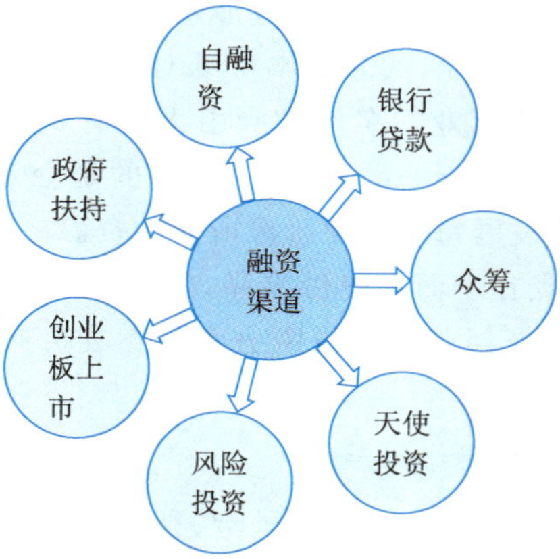

图 9-1　创业融资主要渠道

一、自融资

大多数创业者都是一切从零开始。在前途不明朗的情况下，很难从银行及其他金融机构得到启动资金。因此，靠创业者自己出资或从家庭、亲朋好友那里筹集资金，就成为优先选择的方式。

【Tips】

从家人、朋友处获得的资金最好以借贷方式，而不是采取股权方式。股权方式可以让他们成为股东，如果恰巧不懂经营管理，又想干预公司日常经营活动，这对公司长远发展是非常不利的。

二、商业银行贷款

银行贷款被誉为创业融资的"蓄水池"，银行财力雄厚，而且大多数有政府背景，资金来源可靠。这类贷款要求创业者提供担保，包括抵押贷款、担保贷款和贴现贷款。但新企业风险较高，价值评估困难，银行大多不会冒太大风险提供贷款。

为了缓解中小企业融资困难，我国金融机构推出许多小额贷款等金融产品和支持政策。大学生创业者应密切关注银行贷款的产品，以选择最适合自己的。

三、众筹

众筹(Crowdfunding)由发起人、跟投人、平台构成，是指通过互联网方式发布筹款项目并募集资金，以支持发起的个人或企业的行为，具有低门槛、多样性、依靠大众力量、注重创意的特征。众筹可以完成传统金融业所无法完成的资源优化配置。众筹网站的鼻祖 Kickstarter，自 2009 年在布鲁克林成立以来，已为平台上产品募集超过 35 亿美元的资金，帮助有理想的卖家将梦想变成现实。

众筹解决了用户和资金两方面的问题，使普通群众从创投的旁观者变成了参与者。通过众筹，制造商可以先把产品设计拿出来，看一看是不是有足够的用户喜欢这个产品，预期的利润是否能覆盖开发这款产品的固定成本。从商业的角度，众筹模式可以将产品市场检验的时间提前，降低产品风险。阿里巴巴推出的娱乐宝就是一个非常好的例子，既募集了资金，又宣传了产品，甚至借此成功卖出了电影票。

我国的众筹主要分为产品众筹和股权众筹，大部分还停留在产品众筹阶段。在未来，更吸引人的股权众筹才是众筹领域真正的春天。股权众筹是指基于互联网渠道，初创的新企业可以通过众筹平台出让一定比例股份，让很多素不相识的人知道创业者做的项目，普通投资者通过出资入股公司，获得未来收益。需要注意的是：我国法律对公司的众筹股东上限有明确规定，有限公司不能超过 50 人，股份公司不能超过 200 人。

四、天使投资

天使投资(Angel Investment)是自由投资者或非正式机构对有创意的创业项目或小型初创企业进行的一次性的前期投资。一笔典型的天使投资往往只是几十万美元，是风险投资家随后可能投入资金的零头，但对新企业的生死存亡起到至关重要的作用，当然也会获得丰厚的回报。

天使投资——创业者的婴儿奶粉

成功拿下天使投资人

【案例】

天使投资助力"学问 Live"

学问 Live 是由二次创业的 90 后大学生杨弘浩创办的一个针对大学生群体的知识经验和技能分享平台，获得由口袋兼职、有米科技联合领投，中科招商、分众传媒 VP、米汇跟投的 500 万元天使融资。

相信每个大学生在刚进入大学时期都会存在很多的困惑，比如要不要加入学生会、如果打算出国留学需要如何筹备等，他们极度渴望成长，但是又缺乏这方面相关的内容辅导。学问 Live 通过聚集校园意见领袖以及教育相关的专业 PGC 机构为大学生解决这些成长的困惑。

上一个创业项目积累了社群基础和资源

在学问 Live 上的内容大致分为三类，即大学生职业生涯规划、掌握的技能和体验猎奇。而在内容输出方面，主要依托于上一个创业项目的资源积累和当下与教育辅导机构的合作，如学问 Live 与义工旅行、青春成长和求职等相关的机构合作，持续提供专业内容，满足大学生在各方面的需求。

学问 Live 项目 CEO 杨弘浩是 90 后连续创业者，创办过一家互联网大学生社群众筹公司——“比逗众筹西餐厅”和“比逗 Share”。在过去的两年创业过程中，杨弘浩带领团队，以大学生为主的年轻人群，开发了一套社群众筹商业模式，通过众筹与社群的结合，用众筹连接线上社群与线下社区。杨弘浩已经在北上广津众筹建立了 12 间线下大学生西餐厅，超过 2 000 名在校大学生及校友参与投资其中；线上通过比逗 share 分享平台，共开展过数百场基于微信的线上分享活动，以及几十场基于线下比逗西餐厅的大学生社区活动，累计数百万大学生参与其中。

市场、团队、资源等条件成熟

学问 Live 之所以在目前阶段选择知识技能分享方面的创业，得益于多方面时机的成熟。第一，知乎、分答等公司对于内容付费市场的培育；第二，学问 Live 团队具有丰富的针对大学生人群的线上分享直播，线下社区活动经验，校园资源的积累以及以众筹为代表的丰富的商业变现方式的运作能力；第三，投资方带来的庞大新媒体及内容渠道资源，目前已经达成合作的中国最大的社会化媒体营销平台——米汇，最活跃的大学生兼职平台——口袋兼职，除此之外还有诸多高质量内容合作方，如疯狂粤语、EASIN 国际义工旅行等。

资料来源：http://www.cyzone.cn/a/20161102/305169.html。

对于大学生市场，“衣食住行”的消费量级就是千亿级别，如果加上“教育”则更大。学问 Live 的目标正是通过对于大学生知识经验的运营，通过以人和知识作为入口，重构校园产品的商业形态。

案例思考：

五、风险投资

风险投资（Venture Capital，VC）是一种股本投资，是风险投资公司投资于新企业以及非凡成长潜力的企业的资本。资本以参股形式进入创业企业，一般与企业相伴 5～7 年。

风险投资最大的特征是高风险、高回报，其失败率在 80%左右，很有可能血本无归，而一旦成功便可获得超高额回报。中国富豪榜上的曾经做过首富的网易、阿里巴巴等公司都在创业阶段获得过 VC 的注资。创业者寻找投资人，就要做到知己知彼。

风险投资分为早期和中晚期投资，如果项目还没有盈利，还没有一个经过认可的商业模式，应该考虑早期风险投资。而如果项目比较成熟，则可以选择中晚期风险投资。请注意，千万不要找错投资人，因为所有风险投资商都有自己的战略与投资的规模和范围。

1. 种子资本(Seed Capital)

初创企业除了求助于专门的金融渠道(如政府的扶持性贷款)以外,企业可以将目光投向提供“种子资本”的风险投资基金。种子资本主要是为那些处于产品开发阶段的企业提供小笔融资。

由于这类企业甚至在很长一段时期内(一年以上)都难以提供具有商业前景的产品,所以投资风险极大。对“种子资本”具有强烈需求的往往是一些高科技公司,如生物技术公司。它们在产品明确成型和得到市场认可前的数年里,便需要定期注入资金,以支持其研究和开发。

2. 导入资本(Start-up Funds)

当创业企业有了较明确的市场前景后,由于资金短缺,企业便可寻求“导入资本”,以支持企业的产品试验和市场试销。但是由于技术风险和市场风险的存在,企业要想激发风险投资家的投资热情,除了本身达到一定的规模外,对导入资本的需求也应该达到相应的额度。这是因为从交易成本(包括法律咨询成本、会计成本等)角度考虑,投资较大公司比投资较小公司更具有投资的规模效应。

3. 发展资本(Development Capital)

企业扩张期引入“发展资本”的一个重要作用就在于协助企业巩固这些企业在行业中的地位,为它们进一步在公开资本市场获得权益融资打下基础。尽管该阶段的风险投资的回报并不太高,但对于风险投资家而言,却具有很大的吸引力,原因就在于所投资的风险企业已经进入成熟期,包括市场风险、技术风险和管理风险在内的各种风险已经大大降低,企业能够提供一个相对稳定和可预见性的现金流。

【扩展阅读】

投后管理成为 VC 机构的发展新风向

近几年,VC 机构的管理发生很多变化,大部分 VC 都成立了投后管理机构,投后管理成为 VC 很重要的标配。新募集的基金,也把投后管理作为自己很重要的团队。

从投后管理的角度来讲,哪些东西最重要?绝大部分投资人认为,帮助公司融到下一轮是最重要的投后管理工作,对于企业来讲,走到下一轮是很重要的一个台阶。

另外一个很有趣的特点是,品牌战略咨询也成为投资后管理非常重要的环节。差不多 80% 的投后管理的团队都认为这是一个公司非常重要的方面,原因是什么呢?

整个市场上竞争越来越激烈,现在投资人为自己去做品牌宣传已屡见不鲜,也有很多人在这方面做得非常出色,使得自己公司在市场上的影响力,在资本市场上的影响力越来越强。在资本市场上不落后于竞争对手,投后管理和品牌战略咨询,成为 VC 非常关注的新方向。

六、创业板上市

创业板市场着眼于创业，是指主板市场之外满足中小企业和新兴行业新企业融资需要和创业投资退出需求的证券市场。创业板不过分强调企业规模和以往业绩，更看重企业的未来前景和成长空间，这为急需资金的新企业提供了必要金融支持，有利于促进创业企业的发展。

我国创业板市场于2009年10月正式开板，首批28家公司在创业板市场挂牌上市。深交所数据显示，截至2018年10月末，创业板上市公司已达734家，占沪深两市公司总数的约20%，总市值约4万亿元，相比九年前上涨了26倍。创业板持续发挥资本市场作用，为中国经济转型升级注入新动能。

七、政府扶持基金

国家和各地方政府在支持新企业发展方面，纷纷推出诸如税收优惠、小额贷款、中小企业担保、创业基地建设等政策。

除了前面介绍的融资渠道以外，大学生还可以通过"新三板"市场融资、典当融资、设备租赁融资、商业信用融资、供应链融资、大学生创业大赛基金等渠道获得融资。

【案例】

西少爷的难题

"千万别跟最好的朋友合伙开公司。"这是由佟大为饰演《中国合伙人》王阳说出的经典台词。如果你以为这只是电影中一个笑料那你就错了，因为这句话在"西少爷肉夹馍"上应验了。

为何"中国合伙人"的小伙伴们能"有难同当"，却不能"有福同享"呢？

孟兵、宋鑫、罗高景三人是在西安交通大学北京校友会上认识的（此时袁泽陆还未加入）。已在投资机构工作3年的宋鑫，早就有了想要出来创业的想法，于是通过校友会的关系认识了有技术能力的孟兵等人。三人一拍即合，2013年4月份，成立了名为"奇点兄弟"的科技公司。由于孟兵承担了主要的产品研发工作，因此孟兵、宋鑫、罗高景的股权比例分别为40%、30%、30%。

公司成立之初，业绩实在不佳，创始人之间的相互指责：宋鑫认为产品本身存在问题因此才会卖不出去，而孟兵则将责任归结为销售不力。

2013年10月，孟、宋、罗三人不再坚持之前的项目，开始转做肉夹馍，袁泽陆也在这时候加入，形成西少爷四个创始人的状态。

在开店之前，他们不忘用冲击性话题来开路，一篇名为《我为什么要辞职去卖肉夹馍》的文章悄然产生。文章里，北京的繁华、高悬的房价、物质的爱情、平凡枯燥的工作，一切都太有代入感，处处都敲击着白领和即将就业的大学生的心，于是，文章一夜之间被疯传。

而火爆的名气，更多的是靠名校高学历、名企高薪职位，对应的却是小摊、肉夹馍这些奇妙的组合来引爆的。随着西少爷的走红，孟、宋之间的不满在一片红火之下被暂时地“和谐”掉了。

红火的销售业绩加上“互联网思维”的外衣，孟兵以创业明星的姿态登上各类媒体讲述创业故事。西少爷开业不到一周，便有投资机构找来，并给出了 4 000 万元的估值。

四个人认为，这时候需要引入投资来扩大业务，但就在引入投资、协商股权架构的过程中，孟、宋之间的矛盾被彻底激发。价值观的差异以及合伙人之间长期积压的不和，经大股东投票，宋鑫被迫离开公司经营管理层。对于宋鑫的股份，孟、袁、罗三人给出的方案是，27 万元加 2%的股份，买回宋鑫手中 30%的股份。“这 27 万元是宋鑫之前在公司工资的 4 倍，4 倍的投资回报应该也可以。”但宋鑫要 1 000 万元，理由是当时西少爷的估值有 4 000 万元，他可以分得 1/4。“这根本是不可能的”，袁泽陆如此说道。

由于一直没有谈拢，目前宋鑫仍然有“奇点兄弟”近 30%的股权。同时，宋鑫另起炉灶，重新开了名为“新西少”的肉夹馍店。

然而，宋鑫的一封公开信把西少爷的矛盾纷争再次升级。宋鑫发公开信提出，公司初创时曾在发起过两次众筹，共筹得 85 万元，但西少爷一直没有公开财报，分红等几项事宜也并未跟进。对此，袁泽陆解释称，公司会按照财报季度来向股东公开财报，而分红需要按照公司法的规定，通过股东大会来决议如何分红，分多少。

对于分红，双方还有一个争议点在于，能分几家店的收益。按照协议，众筹股东可以分得他们众筹起来的五道口店，和由这家店的收益所开起来的另外两家店。目前西少爷共有四家店，在宋鑫离开之后，孟兵三人注册了新的公司“奇点同舟”，之后所开的三家店所属于新公司。“这三家店的资金是用天使投资开起来的，没有用到五道口店的资金，如果分红的话，目前也只能分五道口这一家店。”袁泽陆如此解释道。

对于众筹人无法拿回本钱，西少爷方面的回应是，按照《公司法》的话，股东是没有办法这样随便退出的，需要经过协议。鉴于特殊情况便同意退还本钱，但宋鑫方面迟迟没有给出转账凭证。双方各执一词，真相很难还原。

西少爷创始人之一宋鑫以自身股东知情权无法得到履行为由，将曾参与创立的奇点兄弟计算机科技北京有限公司告上了法庭。宋鑫表示，最终的诉求，一方面是确保自己在西少爷品牌的共有财产，另一方面是确保此前参与众筹的人拿到分红权。

资料来源：http://www.cb.com.cn/companies/2015_0207/1112629.html。

一家前途无量的明星创业公司，创始人团队却分崩离析。这家创业公司暴露出合伙人在股权、融资、众筹等问题，对于许多正走在创业路上的创业团队，可谓是前车之鉴。

案例思考：

新企业融资如何估值？

创业的路上需要融资时，总是需要创业者说出企业的价值几何。虽然企业估值不是简单的数字估值，更像是艺术，但是我们可以通过一些基本的方法估算企业价值，做到心中有数。

一、可比公司估值法

首先要挑选与非上市公司同行业可比或可参照的上市公司，以同类公司的股价与财务数据为依据，计算出主要财务比率，然后用这些比率作为市场价格乘数来推断目标公司的价值，比如P/E(市盈率，价格/利润)法、P/S(价格/销售额)法。目前，P/E法是国内风险投资市场较常用的估值方法。通常，我们所说的上市公司市盈率有两种：

历史市盈率(TrailingP/E)，即当前市值/公司上一个财务年度的利润(或前12个月的利润)。

预测市盈率(ForwardP/E)，即当前市值/公司当前财务年度的利润(或未来12个月的利润)。

投资人是投资一个公司的未来，是对公司未来的经营能力给出目前的价格，所以他们用P/E法估值就是：**公司价值＝预测市盈率×公司未来12个月的利润**。

二、可比交易分析法

挑选与初创企业同行业、在估值前一段合适时期被投资、并购的公司，基于融资或并购交易的定价依据作为参考，从中获取有用的财务或非财务数据，求出一些相应的融资价格乘数，据此评估目标公司。

例如，A公司刚刚获得融资，B公司在业务领域跟A公司相同，经营规模上(比如收入)比A公司大一倍，那么投资人对B公司的估值应该是A公司估值的一倍左右。可比交易法不对市场价值进行分析，而只是统计同类公司融资并购价格的平均溢价水平，再用这个溢价水平计算出目标公司的价值。

三、现金流折现法

这是一种较为成熟的估值方法。通过预测公司未来自由现金流、资本成本，对公司未来自由现金流进行贴现，公司价值即为未来现金流的现值。

贴现率是处理预测风险的最有效的方法，因为初创企业的预测现金流有很大的不确定性，其贴现率比成熟公司的贴现率要高得多。寻求种子资金的初创企业资本成本也许在50%～100%之间，早期创业企业的资本成本为40%～60%，晚期创业企业的资本成本为30%～50%。对比来看，经营记录较成熟的企业，资本成本为10%～25%之间。

四、资产法

资产法是假设一个谨慎的投资者不会支付超过与目标公司同样效用的资产的收购成本。这个方法给出了最现实的数据，通常是以公司发展所支出的资金为基础。其不足之处在于假定价值等同于使用的资金，投资者没有考虑与企业运营相关的所有无形价值。另外，资产法没有考虑到未来预测经济收益的价值。所以，资产法对企业估值，结果是最低的。①

风险投资的投资逻辑

打动VC的实战策略

一、创业团队是核心

人才是取胜之本，资产只是一个数字，人才是企业真正的财富。谁获得优秀的人才，谁就拥有竞争力。投资人当然也是深谙此道，投资人投资的是“人”，团队是投资决策的首要着眼点，团队掌舵人更是考察的重点。所以，创业者应该把自己的时间很大一部分分配到对企业的选人与用人上。

【扩展阅读】

股权与期权

股权

创业者通常采用两种方式确定公司的股权结构，一是按照股东的出资比例进行分配；二是在股东之间平均分配。前者容易触发股东贡献和持股比例不匹配的问题，后者则会削弱核心创始人对公司的控制力，影响公司的决策效率。

早期公司的股份是很宝贵的，创业者要珍惜，不要轻易地给出，可以通过奖金等方式做替代。

① 林汶奎. 从零开始学融资. 北京：现代出版社，2016.

期权

期权是将企业部分股份提前留出，用于激励员工（包括创始人自己、高管、骨干、普通员工），是初创企业实施股权激励计划最普遍采用的形式，硅谷的惯例是预留公司全部股份的10%～20%作为期权池。

由于每轮融资都会稀释期权池的股权比例，因此，一般在每次融资时均调整（扩大）期权池，以不断吸引新的人才。

二、创业项目符合时代趋势

投资人每天会收到大量的创业计划书，他们没有时间一一与有创业融资需求的创业者见面。投资人筛选项目的标准之一就是创业项目是否在趋势上选择行业、市场规模、商业模式等。超强的市场意识，勇于捕捉机会、挖掘市场，在别人不曾发现或没有开发完善的市场机会中开创企业，这样的创业者更容易成功，也更容易获得风险投资的青睐。

【案例】

把握"健康"的创业趋势，Tmoji获千万级Pre-A轮融资

成立不到1年的Tmoji在获得天使轮数百万融资后，2017年再次获得险峰长青投资的千万级Pre-A轮融资，此轮融资将用于完善生产线及后期推广上。

Tmoji成立于2016年6月，倡导健康积极的生活理念，以草本饮料为首个产品，在未来发展不同品类的健康预包装食品，打造中国最优秀的健康创意食品品牌。

Tmoji让中国人轻松面对亚健康。中国医学专家指出，目前中国"亚健康"人群比例达70%。我国"食疗"历史悠久，是我们的祖先在千百年的医疗实践中总结出来的养生治病精髓，根据不同亚健康人群，不同体质类型，可采用中医食疗或以保健食品进行针对性防范与治疗。

Tmoji草本饮料是以《黄帝内经》中的五行学说为基础，针对不同人群体质调制配方，精心熬制出的既健康又美味的茶饮。在人们享受美味的同时，还可以改善亚健康状态。

为了展现其自然的味道和营养，Tmoji产品团队走访全国不同草本原料的产地，以统一标准，严格进行筛选。最终甄选出优质的草本原料及新鲜果蔬，用以制作产品。同时，Tmoji邀请到了广州中医药大学经验丰富的中医学教授共同进行配方研发改良，使用控温熬煮的方式，让草本原料和果蔬中的营养成分可以彻底地释放到产品当中，让一款产品在保证口味良好的同时，也能够兼顾对身体有益的营养成分。

产品全面升级，持续领航行业高标准。由于 Tmoji 不含添加剂及防腐剂，采用热熬煮冷灌装的技术，保质期只有 5～7 天，必须使用冷链运输。为此，Tmoji 走访了全国的 OEM（定点生产）工厂，找到一家符合所有灌装需求的 OEM 工厂。先是将原来的 PET 材质改成铝瓶，并采用 92 ℃～98 ℃高温熬煮高温灌装的技术，解决瓶口及瓶身的细菌问题。灌装前还会充入部分氮气，避免高温灌装过程产生的气压差导致铝瓶变形。目前该工厂一条生产线的日产量达到 5 万～6 万瓶，且损耗率不到 0.1%。保质期也延长至 3～6 个月。

引入本轮融资，主要看中的是险峰长青对健康饮食行业的理解与对公司未来发展战略的认同，其次用于公司股权的合理量化和获得资本方的背书，此轮融资将用于完善生产线及后期推广上，很快 Tmoji 就会开始进行下一轮融资的准备。

资料来源：http://www.chuangkem.com/archives/104928。

Tmoji 将“传统与前卫”结合，满足现代人对美味和健康的多重追求。虽然才上线了半年，但 Tmoji 的商业模式很明晰，这也是它能获得投资并快速成长的秘诀：以线上销售为主，捆绑服务号销售和电商预订等多重模式，通过前期填写的体质测试及直接购买渠道下单，继而进行统一的以周为频次的冷链配送。同时，多元开发健康餐厅、高端会所、航空等多重渠道。

案例思考：

三、执着心是关键

创业历程不是一场百米冲刺，而更像是一次马拉松的旅程。像马云、史玉柱这样的企业家，在创业的道路上都经历过浮浮沉沉、九死一生，但他们对创业的执着之心从未动摇。风险投资人投资的是未来，伴随着巨大的不确定性，他们更愿意将资金交付给那些不放弃，笃定所从事项目未来的创业者。

【案例】

将创业作为一种信仰

雷军成就了小米的神话，王兴终于在美团项目上铁树开花。他们都有过不那么“成功”的经历，但最后能两次三次折腾后终成正果，并不是瞎折腾，相反是在失败经验积累的基础上，洞悉规律，积蓄资源，从而一发必中。

3 年成就小米神话的雷军

雷军做手机，颠覆了“中华酷联”的国产手机格局。雷军做电视，让深圳的传统电视品牌胆寒而心惊。雷军 3 年给小米做了 300 亿人民币的销售额，这是一个让普通人根本无法想象的神话般的企业发展速度。但又有谁知道雷军在成就小米的神话前又交了多少学费呢？

雷军的第一次创业是他还是武汉大学学生的时候，那时候雷军和他的朋友四个人开了一家公司。没有经验，没有资源，没有客户。公司做仿制汉卡，结果不久连技术也被人盗用。团队吃饭都成了问题，但最麻烦的是四个人股份一样，遇到问题到底听谁的呢？雷军最后提出散伙，这是他第一次失败的创业经历。之后，他进入金山，2007 年在金山上市后，雷军以“身体原因”宣布退休。2011 年，做了多年天使投资人的雷军，年过 40 岁复出创办“小米科技”。雷军在“小米”3 年的成功颠覆了所有人的认知，他的成功是依赖于他过去 10 多年的经验、资源和人脉积累。

连续创业者王兴

美团创始人王兴这么多年的互联网创业生涯可用“跌宕起伏”四个字来表达。他做过多个 SNS 项目，经历过校内网的资金断裂不得不售出，也经历过“饭否”的无奈关闭，但最后依靠美团强势成功。

2003 年，王兴从美国特拉华大学中止学业，拉着好兄弟王慧文回国一起创业。不会编程就自学编程，连续做了好几个项目，也连续失败了好几个项目。对王兴来说，校内网已经是在他折腾了多个不成功项目后的一个小小的成功。虽然没能大成，但毕竟能卖得掉也不算失败。一方面积累了一些原始资金，另外一方面，培养锻炼了团队，深刻理解了互联网市场。所以很快，王兴的团队就开始折腾新项目。“饭否”就是这样一个阶段下的产物。但不幸的是因为无力监管和控制“饭否”上的违反法律法规的内容，“饭否”在 2009 年的 7 月被有关部门关闭。对于内容管理，王兴并不是不想控制，他甚至对“饭否”的用户说过一句话：不是“饭否”和谐你，就是“饭否”被和谐。

“饭否”被关闭这样的打击并没有让王兴放弃。他终于借着团购这一风潮强势翻身。再次创业“美团”，经过多轮的融资和团购大战。“美团”毫无疑义地成为中国第一的团购网站。

资料来源：根据网络资料整理。

在创业中，项目可以失败，但要注意积累资源，而不是很多创业者只知道烧钱，等烧完钱一无所有，又怎么能东山再起呢？雷军、王兴在多次创业中，善于积累和保留资源和经验，最终成就了“小米”和“美团”的成功。项目可以失败，但人生不能轻易言败。善于在低谷积累资源，积蓄能量，然后顺势而为，待机而发，终究能成功。美国硅谷的无数成功创业者如此，中国创业者亦然。

案例思考：

创业融资，step by step

融资维艰。在融资的路上，你需要用很大一部分精力与投资公司打交道。只有熟识融资流程，才能与风险投资缔造一段“完美姻缘”。一般来说，融资的流程包括以下八个步骤，如图 9－2 所示。

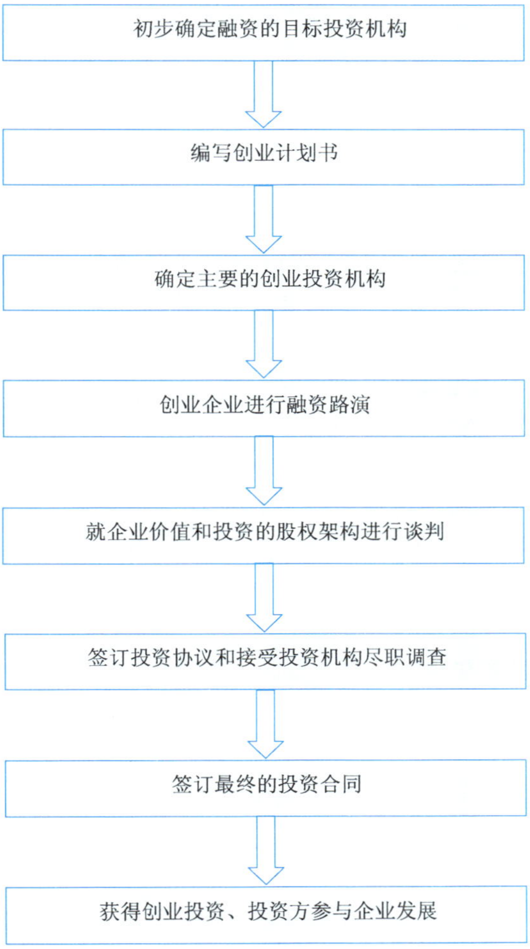

图 9－2　创业者创业融资的主要步骤

创业融资

D 轮融资超 1 亿美金，Keep 的融资和变现逻辑

在了解自身资金需求、所在行业一般融资规模和筛选目标投资机构之后，新企业就可以按照流程进入正式融资阶段。

中国知名天使投资人和投资机构

一、初选投资人

投资者并不是什么行业都投，或者说只要好项目就投。就像我们上面提到的，每个投资机构都有自己的投资逻辑。所以，不要觉得浪费时间就省去了筛选投资人的工作。作为创始人，这个工作必须由你自己完成，绝不能省略。

有的时候，虽然某些投资机构非常优秀，但是与你的目标并不匹配，这时必须选择放弃。同时，还要将那些行业内信用不良的投资方剔除，以免影响企业的后续融资。

【扩展阅读】

怎样选择投资人

投资公司所具备的资源不同，能给新企业带来的帮助也不尽相同。同样，新企业的每个发展阶段不同，需要的资源也不同。新企业如何能筹到资金，就需要学会选择与自己相适应的投资方。

定位自己的企业

选择合适的VC，创业者首先要了解自己的企业，制定出企业战略和发展目标。创业者作为企业的掌舵人，要对企业的价值做到心中有数，必须要明确企业所处的竞争环境、市场环境、目标客户和业务方向，知道自己企业的盈利空间。

了解融资成本的重要性

对创业者来说，要对融资有着正确的认识，融资都是有代价和成本的，包括资金成本、控制权成本和人力资源成本等，这些对企业来说都有很大影响。

调查风险投资的投资背景

创业找到VC后，也要对投资公司的性质和资金来源的合法性进行基本调查，以免产生法律纠纷，导致企业错失最佳的融资时机，甚至被追究法律责任。

明确VC的投资年限

创业者要知道VC提供的资金是有时间年限的，超过年限投资方就会撤回当初投资的全部或部分资金。创业者必须在有限的时间内达到投资方的预期回报。

选择提供合适资源的VC

每个VC机构和每个新企业的理念和价值观都不同，要做到相互匹配就需要把有兴趣的投资人的投资经历认真梳理。现在很多国内的VC都会把他们能为创业者提供的服务罗列出来，例如扶持计划、业务发展、客户推广、市场拓展等。

二、写一份可行的创业计划书

一份翔实的创业计划书是融资的敲门砖，可是投资人桌子上有着堆积如山的计划书，你怎样才能脱颖而出呢？如何撰写计划书，详见第十二章。

三、进行一场融资路演

路演（Road Show）是创业者在公共场所进行演说、演示产品、推介理念，让企业与投资双方在短时间集中达成投资意向的一种有效手段。做一场令投资人难以忘怀的路演，你需要精心准备一份有视觉冲击力的PPT、现场DEMO演示等，还要提高你的演讲能力。

四、进行创业融资谈判

无论你的创业计划和路演展示做得多好，若在融资谈判时表现糟糕，仍很难获得投资。

1. 了解谈判双方的目标

在开始关键性谈判前，创业者要清楚投融资双方的目标是不同的（见表9-3）。只有创业者了解投融资双方的目标差异，能够有倾向地以投资方视角去思考，才能设计出有效的谈判攻略。

表9-3　投资方与创业者目标比较

投资方目标	创业者目标
较低的风险和较高的回报	领导自己创办的企业
保障投资增值	足够的资金实现自己的理想
方便投资退出	较高的回报
通过董事会影响企业决策	保留较多股权和企业控制权
有管理能力和良好经营记录的企业	易于合作、有良好记录的投资商
持续的营业额及市场份额的增长	除了资金之外其他的帮助

2. 施展融资谈判技巧

融资谈判是投融资双方为各自多争取利益的一场博弈，要想在谈判中占据有利位置，需要掌握有效的谈判技巧。

（1）**展现项目的价值**。虽然投资方打算给你的企业投入资金，为你的项目“输血”，可他们最看重的是企业本身的价值，即项目是否具有自我“造血”能力。

在投资方看来，项目的价值在于优秀的管理团队、足够大的市场和独特的产品三者的结合。因此，创业者应从这三个方面入手，在谈判中突出自身的竞争优势、强调新创企业的成长性，以吸引潜在投资方。

（2）**突出项目的投资回报率**。投资人关注的是所投企业的投资回报率是否能够达到或超过预期值。所以，创业者要向投资方强调项目的投资回报率。

然而，在推介项目时，虽然要尽量保持开诚布公的谈判氛围，向投资人披露企业信息，但是没到谈判的最关键时刻，都必须将自己的底牌盖好，保持一定的信息不对称。比如，当被问及“企业详细的股权结构”“核心的技术”等问题，就要含蓄表达，有选择性地应答。

紧紧抓住企业的控制权

（3）**守住企业控制权底线**。没有创业者愿意让别人控制企业命运，可是，也没有任何一条法律能够确保创业者始终保留企业的控制权。尤其是多轮融资后，创始人的股份不可避免地被稀释。所以要仔细地挑选投资方，在谈判中去尽量争取权益，并且留意合作条款中的法律细节。

扩展阅读

创业融资的误区

误区一：股权融资比例稀释过高

创业公司的融资节奏，一般天使轮是百万级，A轮千万级，B轮以后是亿级——在这轮融到钱“烧”出下一个里程碑就可以了，按这样的预估来计划未来融资的节奏。如果一开始就融到很多钱，意味着未来稀释的空间不大，或者是达到下一个里程碑时还有很多剩余的钱没有花出去，这对创始人来说很吃亏。因此第一轮融资出让股权尽量不要超过20%。

误区二：股权融资限制性条件多

有的创业者为了筹到资金，与投资人签订一些不合理协议。初创企业的发展路线还没有明确，正处于不稳定时期，创业者无法按照自己的思路和节奏制定发展规划和开拓市场，最终结局很可能是双输。

误区三：股权融资和投资人经营理念相悖

创业者是为了筹得资金，而投资人是为了获得收益，但创业者寻找一个志同道合的投资人的重要性远远胜过遇到那些财大气粗的投资人。

误区四：融资后缺乏与投资人沟通

有些人融到钱之后不会支配，忽视了与投资人的沟通。在天使阶段时，资金很珍贵，在资金的使用上与投资人保持良好互动沟通，会让投资人对你更有信心，在下一轮融资时可能会帮到你。我们见到过很多投资人和创始人在资金分配方面沟通不畅，导致关系比较僵的案例，这就得不偿失。与投资人一定要保证良好的定期正向沟通，能够使创业者在筹集到资金的同时获得额外的回报。

【课堂活动】

融资谈判技能训练

具体要求：

1. 与你的同学讨论并设计一份详细的融资谈判计划；
2. 展示你的谈判融资计划。

五、双方签订投资协议

为了确保每一项投资的“安全”，投资方会对创业者再出两道考题，即Termsheet（投资条款清单）和尽职调查。

1. Termsheet

Termsheet（投资条款清单）是投资公司与创业公司就未来投资交易所达成的原则性约定。虽然Termsheet只是意向性的，不具有法律效应，但是拿到Termsheet是创业者融资的最关键的里程碑，它表明了投资方的诚意和要投资的决心。

【Tips】

Termsheet **的最主要内容有：投资额、作价和投资工具，公司治理结构，清算和退出方法**。

由于每个投资者的要求不同，每个被投资的对象的具体情况不同，条款清单的细节也千差万别。创业者要做的就是带着律师把条款仔细研究一遍，然后与投资方针对投资条款进行谈判。即使在谈判中投资方会态度强硬，创业者还是要摆明立场，对不公平的条款和可能影响企业运作的条款据理力争。

2. 接受尽职调查

如果投融资双方就投资条款达成一致，投资方就开始对企业进行尽职调查。尽职调查就是投资方要尽到自己的责任，对企业进行真实性调查，主要内容如图9－3所示。

当通过了投资方的尽职调查后，还有最后一关——由律师起草投资协议。之后，只需要静待投资资金到账了。

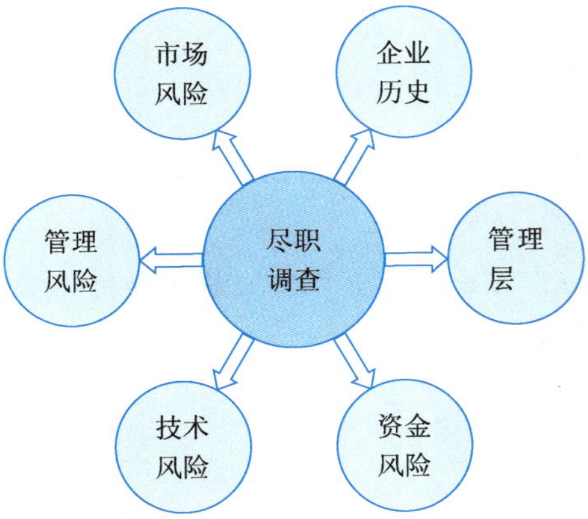

图 9－3　融资尽职调查主要内容

本章思考与实践

1. 走访学校的创业园，为有需要的创业团队策划一次众筹活动，完成一份众筹方案。

2. 请根据本章所学内容，结合小组创业项目，拟定一份融资计划。

3. 和你的小伙伴做一次 VC 访谈，近距离接触一下风投，聊聊投融资在实战中的一些故事。

第十章 实施创新创业训练

【学习目标】

· 认知大学生创新创业训练计划项目
· 理解创新训练、创业训练、创业实践的训练内涵和实践内容
· 归纳三类项目的具体实践流程、方法和途径
· 结合专业或兴趣，规划并实施创新创业训练

【学习要点】

· 创新创业训练计划项目的类别、关系和意义
· 创新训练项目的选题范围、注意事项和流程
· 创业训练项目的选题范围、注意事项和类型
· 创业实践项目的实施前期准备、主要问题和切入点

通过前面章节的学习，你已经初步认识了创新创业，了解了各级政府、社会各界和学校对大学生创新创业工作的各项鼓励政策和支持体系，你是否有了结合自己的专业所长、兴趣爱好进行创新创业活动跃跃欲试的想法呢？你是否萌发了跃跃欲试的想法呢？无论你的“Idea”是基于自身的专业、兴趣爱好，还是偶然发现的市场机会，我想你一定有了自己的答案，但无论答案是“Yes”、“No”还是“Uncertainty”，其实创新创业就在你我的身边。

创新创业看似“任重而道远”，但你通过有规划地学习和实践，就能发现创新创业虽“任重”但“道不远”。

首先在课堂中，你可以通过学习来获取专业的前沿知识与理论，以及积累从事创新创业活动的必要常识与知识；其次在实践中，通过参加学校组织的各种创新创业竞赛、学科竞赛、学生科研项目、社团实践活动等将所学知识有效地转化为行动；同时积极投身于社会实践活动之中，依托企业参观实习、行业技能培训、市场专项调研等活动，不断丰富阅历和经验，明确发展方向，探视未来工作领域，这都将成为不断塑造自我、夯实本领的有效途径。

简言之，践行是最好的方法。无论选择创新还是创业，“大学生创新创业训练计划”是最便捷、最有效的途径之一，创新训练（开创之箭）、创业训练（磨炼之箭）和创业实践（奋斗之箭）“三箭”将帮助你成就梦想。

实施创新创业训练计划

认知大学生创新创业训练计划

大学生创新创业训练计划项目

扩展阅读

第十一届全国大学生创新创业年会在厦门举行

第四届大学生双创大赛总决赛在厦门大学拉开帷幕，而在集美大学，由教育部主办的第十一届全国大学生创新创业年会今天（10 月 13 日）也同期举行，来自全国各地的学生、教师、企业家等近 1 000 名代表齐聚一堂，展示交流创新创业新成果，探索创新创业教育新路径。

本次年会共有 255 所高校的 394 个成果入选，其中创新创业展示项目有 218 项，代表了全国各高校最新的创新创业教育成果。手臂力觉反馈系统，是东南大学创业团队的最新研发成果，系统融合人机交互、虚拟现实、仿生智能计算等技术，可以广泛应用于模拟训练、医疗康复等领域。团队负责人表示，他们也希望通过在本次年会上的展示，让这项技术实现更多的产业化应用。

据了解，全国大学生创新创业年会是依托国家“大学生创新创业训练计划”开展的一项重要年度性活动，目的是进一步深化高校创新创业教育，搭建创新创业交流展示平台，促进高校创新创业教育和文化建设。本届年会入选的成果覆盖理、工、农、医等学科门类，年会期间还举办丰富多彩的学术交流、学生联谊等活动，并组织参会学生前往厦大现场观摩第四届中国“互联网＋”大学生创新创业大赛总决赛，参与各项同期活动。

资料来源：2018 年 10 月 13 日厦门广电网。

一、创新创业训练计划

大学生创新创业训练计划是教育部为提升高校人才培养质量、转变教育思想观念、改革人才培养模式，增强学生的创新能力和在创新基础上的创业能力，而面向在校学生开展的创新创业能力训练项目。

二、创新创业训练计划的类别

1. 按种类分

创新创业训练计划项目的种类及说明如图 10－1 所示。

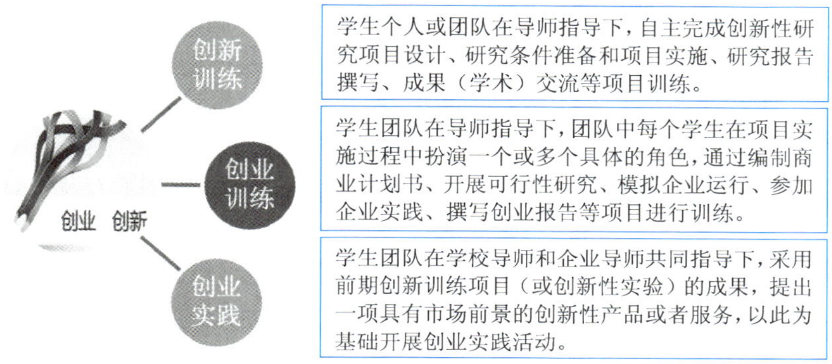

图 10－1　创新创业训练计划项目的种类及说明

2. 按级别分

创新创业训练计划项目的层次及说明如图 10－2 所示。

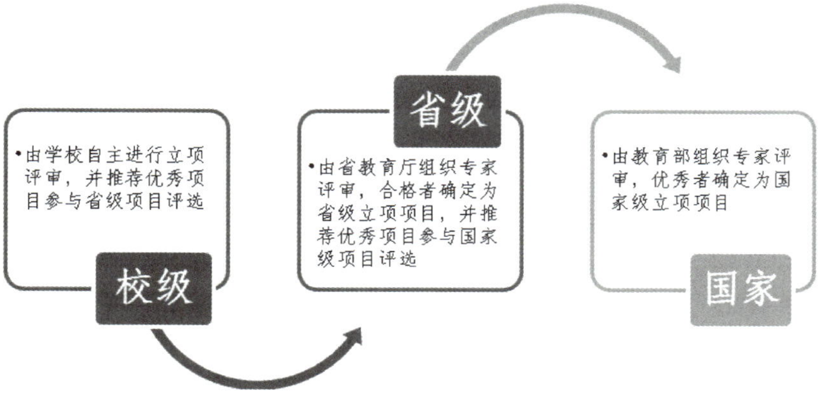

图 10－2　创新创业训练计划项目的层次及说明

三、创新训练、创业训练、创业实践的关系

三类项目密切关联并形成递进关系。

如图 10－3 可见，从面向学生的群体分类上看：创新训练是面向全体学生的；

创业训练则是面向有创业意愿的部分学生；创业实践则是面向极少部分已经创业或正准备创业的学生，可谓学生中的“创业精英”。

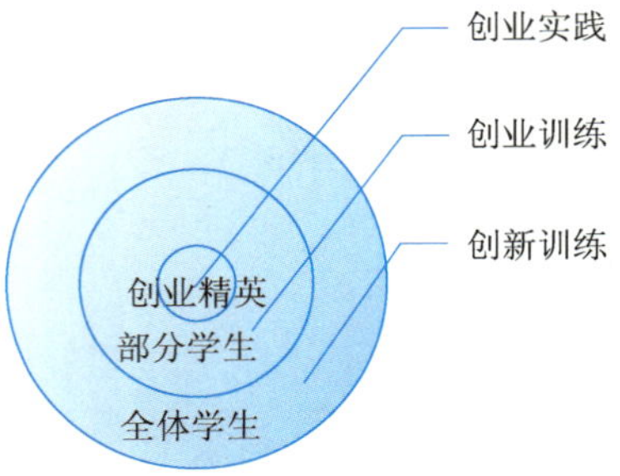

图 10－3　创新创业训练计划项目的递进关系

从项目的实施效果上看：创新训练中部分具有市场潜质的成果可转化为创业项目；创业训练则是结合创新训练的成果，通过组建团队、进行市场调研、制定销售计划、预测财务投入等进行项目前期的创业规划，即撰写创业计划书，具有承上启下的作用；创业项目则是按照创业计划进行真实地实施，即创业行动。

四、创新创业训练计划申请规则

（1）项目申报每年进行一次，通常申报时间为 5 月中旬，如果有意愿参加，一定要提前做好准备；

（2）项目申请人为普通高等学校的本专科学生个人或团队，并鼓励跨学科、跨专业、跨年级组建组队申报项目；

（3）每个项目团队指导教师和项目主持人不得超过 2 人，项目组成员人数应控制在 5 人以内，并且有明确的任务分工；

（4）在年度内，每名学生只能负责一个项目，指导教师仅限指导一个团队，不得同时在不同项目之间交叉申报。

五、创新创业训练计划项目资金支持

每个省份、学校都不一样，可查阅学校和省教育厅的立项通知。一般情况下，省级财政支持省属高校的立项，如果你的学校是部属院校，项目研究资金则由教育部给予支持。

六、参与创新创业训练计划项目的意义

参与大学生创新创业训练计划项目有哪些帮助和影响呢？除了对专业前沿理论和知识、结合专业的实践能力提升以外，在普适性的知识、素质、能力方面还会有显著的提升，主要体现在以下 10 个方面（如图 10－4 所示）：

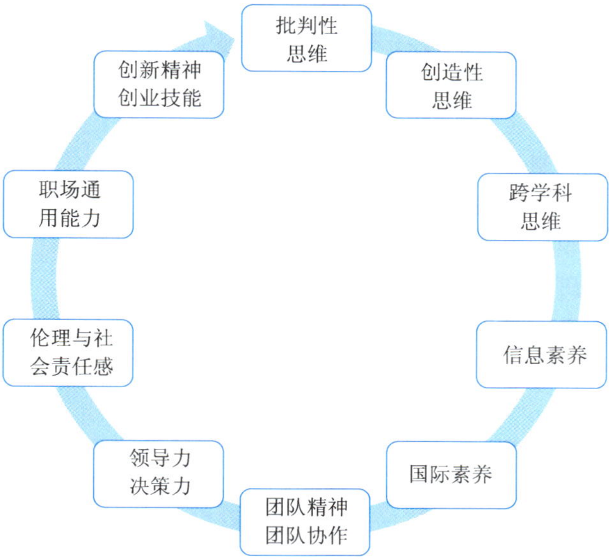

图 10－4　普适性的知识、素质、能力

【课堂活动】

创新训练、创业训练、创业实践的关系

具体要求：

1. 与你的伙伴讨论一下三类项目的区别与联系；
2. 分享小组的观点。

“开创之箭”——创新训练项目

全面的创新训练

汤之《盘铭》曰：“苟日新，日日新，又日新”。——《礼记·大学》，其释义是商朝的开国君主成汤刻在澡盆上的警词，旨在激励自己自强不息，创新不已。文中三个“新”字，本义是指洗澡除去肌肤上的污垢，使身体焕然一新，在这里引申为精神上的弃旧图新。因此，这句话的意思是：如果能每天除旧更新，就要持之以恒。

古人尚讲创新，作为今世的我们更应该注重创新，因为创新是时代的主旋律，是人类社会发展的基石。作为大学生，利用好大学生创新创业训练计划项目中的创新训练，做好基于专业基础上的“开创”，正是培养和提升创新精神、创新能力的重要方式和载体。

一、创新训练项目选题

创新训练项目可结合专业所学、兴趣爱好、经济社会发展中的难点或热点问题等内容来进行选题，具体参考范围如下：

一是，导师所在研的科研或技术研发（技术服务）课题中的子项目；

二是，开放实验室、实习基地或实训活动中综合性、设计性、创新性的实验与训练项目；

三是，可完成的制作项目，例如：发明、创作、设计等；

四是，专业中的课题研究或前沿探索；

五是，基于问题导向的社会调查项目；

六是，其他有研究与实践价值的项目。

除此之外，如果立项研究内容与区域社会经济发展、与区域产业行业发展结合的话，很有价值；如果研究项目能够转化成创业项目，就更好了。

选题样例

样例一：供给侧改革视域下黑龙江省新型农业经营体系构建研究

项目简介：该项目在供给侧改革的视域下，对黑龙江省新型农业经营体系的构建进行研究。特别是基于农业供给侧改革、新型农业经营体系以及供给侧改革和新型农业经营体系之间的内涵关系的基础理论，对黑龙江省新型农业经营体系的状况进行了分析，阐述供给侧改革视域下影响黑龙江省新型农业经营体系的关键性因素，提出如何构建和保障该体系的对策和建议。

选题点评：随着供给侧结构性改革的深入，劳动力、土地、资本、创新成为经济社会发展的四大要素，新型农业经营体系也面临着新的挑战和历史性的发展机遇。本课题以黑龙江省新型农业经营体系为切入点，对新型农业经营主体类别、发展状况以及其发展所面临的问题的探视具有很好的研究意义。另一方面，课题组关注现代农业产业化联合体，对农业经济发展趋势进行剖析，具有很好的应用价值。

样例二：论大数据时代下城市土地集约利用的创新与长远发展

项目简介：随着城市工业化、商业化的进一步加剧，对土地资源有效配置也提出了更高的要求。结合当今国家“十三五”倡导的大数据概念，在资源逐步开放共享的条件下，树立大数据意识，促进相关数据完全共享，将少量的“样本数据”转变为海量的“全体数据”，使得政府能够依据数据进行土地决策：在现有的土地利用方式基础上，结合各城市具体数据情况加以整合（通过研究关于城市土地集约利用的大数据类型和收集方式方法，以及数据可视化和处理平台，将数据的分析内容结合起来做预测判断），提出更为高效的城市土地集约利用方法。

选题点评：选题紧跟社会热点，符合政策需求方向，具有较强的时效性、针对性和现实性；选题紧密结合专业理论知识，运用模型分析、提出最优解决方案，体现了较强的专业综合性、实验性；利用“大数据”互联网思维开展测试分析，形成可视化的处理平台，对电子政务的发展和科学合理地预测判断有十分重要的应用价值。

二、创新训练项目选题注意事项

创新训练项目选题是极为重要的，这关乎立项是否成功并且能否完成，在选题过程中应该注意以下七个方面的事项：

一是，涉及研究内容一定要从具体的问题入手，避免“大而空”的问题；

二是，对于大学生来说，尽可能选择描述性的研究选题，避免过于抽象的选题；

三是，尽量从学科专业和感兴趣的范围内选题；

四是，选题一定要考虑实施研究和训练的可行性；

五是，选题要明确所提出和解决的内容；

六是，选题要对解决现实问题有指导作用；

七是，善于从社会现象中寻找和发现问题，应尽可能反映社会的焦点、难点问题。

对于选择一个好的题目，首先要明确研究或训练方向，其次通过阅读、查阅资料或实际调研浓缩内容，最后细化研究或训练内容，做到聚焦。

三、创新训练项目实施流程

创新训练项目的实施流程是怎样的呢？如图 10－5 所示。

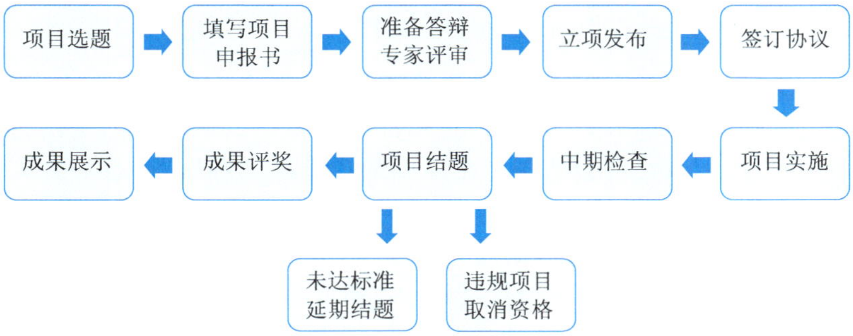

图 10－5　创新训练项目实施流程

在项目的研究和实施过程中，特别要注意项目的研究进度规划和时间管理，这点很重要，所以在填写项目申报书时就要提前考虑好，这样能够有效避免由于学业任务重而导致项目不能按时按质完成所带来的影响。

【Tips】

项目立项期限一般为 1 年，建议分为前期调研、中期实施、后期总结的研究进度规划。

制定合理的项目研究计划，并根据目标制定时间节点，有效进行时间节点管理，确保各阶段任务按时完成。

做好进度控制，最好将完成时间提前，以便因突发事件或学业任务导致规定时间不能完成。

建议在实施过程中，采用管理学中的 PDCA 循环模型（质量环），主要包括 4 个阶段：P（Plan）——计划，制订计划，确定方针、目标和活动内容；D（Do）——执行，实现计划中的内容；C（Check）——检查，总结执行计划的结果，找出问题；A（Action）——行动，对检查结果进行处理。PDCA 循环的 4 个阶段不是运行一次就完结，而是周而复始，一个循环结束了，解决了一部分问题，可能还有问题没有解决或者又出现了新问题，那就需要进行下一个 PDCA 循环。

课堂活动

制定创新训练计划

具体要求：

1. 结合你的专业确定一个创业训练项目的选题；

2. 为了完成创新训练项目，与你的伙伴讨论并制定一份详细的计划。

“磨炼之箭”——创业训练项目

部分的创业训练

战国的孟轲在《孟子·告子下》之说中提出“天将降大任于斯人也，必先苦其心志，劳其筋骨，饿其体肤，空乏其身，行拂乱其所为”，以形象化的手法指出凡要成就一番大事业的人，必定会遇到意想不到的重重阻力和困难，身心各方面都要经受艰苦地磨炼。对于在校的大学生来说，学习和实践其实就是一种磨炼，不仅是品格、意识、心理、精神地磨炼，更是实现梦想、成就未来地磨炼。如果你有意愿选择创新创业之路，那创业训练项目就是你走向成功前很好的一种磨炼方式。

一、创新训练和创业训练的关系

创新训练和创业训练的关系是怎样的呢？简言之，创业训练是在创新训练基础上的创业活动，创新训练更注重开拓性和原创性地启发和实践，而创业训练更注重用商业的思维、规则、方式来模拟商业活动，提升团队合作意识、市场调研分析能力、企业管理能力、财务决策能力和解决经济社会实际问题的能力。可以这样说，创新训练是创业训练的前提和基础，创业训练是创新训练的体现和延伸。

二、创业训练项目选题

创业训练项目选题主要来源于以下五个方向：

一是，已经完成的创新训练项目，并且具有明显的商业应用价值；

二是，已获得有关的实验成果、原创设计、创意产品、发明专利等；

三是，基于对社会生活调查研究所发现的“痛点”问题，并且解决“痛点”的成果可以转化为创业项目；

四是，结合自身专业的各类实践训练内容，例如：你是学国际经济与贸易专业的，基于“一带一路”国之战略，在“互联网＋贸易”的新兴产业背景下，你想从事跨境电子商务产品销售，并且拥有从事该业务的基本技能；

五是，已熟知或创新商业模式，适合在一定区域范围内进行尝试的项目。

选题样例

样例一：惠农生物农药科技有限公司

项目简介：惠农生物农药科技有限公司是一家从事新型混合生物农药杀虫剂

研究、生产与贸易的拟建高科技企业，其专利技术是基于阿维菌素与苏云金杆菌及其他辅料复配混合剂，并将其专利技术进行产品化，从而解决现阶段我国农药杀虫剂所面临的重要"痛点"问题。

选题点评：项目选题具有较强的针对性和应用性。首先，我国耕地面积广阔，用于防治病虫害的农药年需求量巨大且产量明显不足，因此市场空间巨大；第二，使用的农药大多为化学农药，对土壤、水源、微生物产生的破坏作用明显，而生物农药对改良土壤有显著的作用；第三，积极响应国家"生态农业""绿色农业"号召，不污染环境的生物农药必将成为未来农业生产中防治病虫害重要的产品，符合农业发展趋势。

样例二：儿童星梦园

项目简介：总结国外儿童文化产业成功案例，靶向目前国内儿童剧、儿童动画和儿童图书等行业存在的现实问题，得以将中国优秀传统文化与儿童文化产业有机融合，提出原创性方案——儿童星梦园计划，探索儿童文化产业提升的新途径。

选题点评：儿童文化产业市场潜力巨大，开发具有民族文化特色、符合儿童文化趣味的产品是一个很有意义和具有挑战性的项目。项目既有理论研究，又进行了大量的社会调研，不仅提出了对策建议，还开发了儿童玩具产品，制订了创业计划方案，进行了创业实践，是一个融自主性、综合性、创新性、实践性和应用性为一体的好选题。

三、创业训练项目类型

无论选择哪个方向，创业训练项目一定是结合创业活动而开展的训练，从项目类型上大致可分为七类，如图 10 - 6 所示。

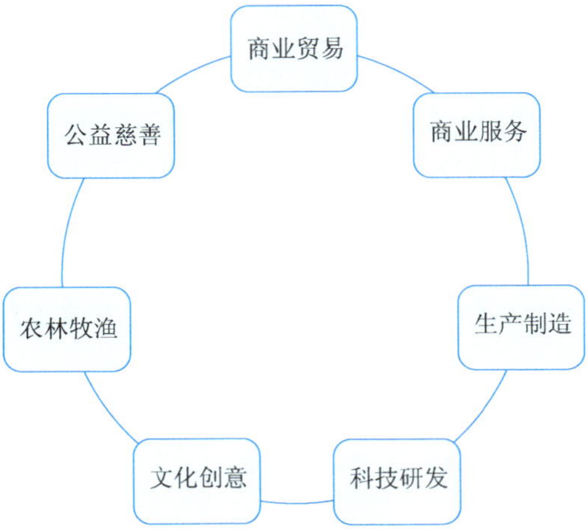

图 10 - 6　创业训练项目的七大类型

切记，不同类型的创业项目，均有独有的特征，训练时应选择适合自己兴趣爱好、技能擅长的项目。

四、创业训练项目实施注意事项

创业训练是磨炼创业技能最好地训练方式，其训练的结构性、系统性更为明显。在训练实施过程中，项目负责人需要从组建团队开始，阶段性地实施基于项目的市场调研、团队组织结构及分工设计、管理流程制定、产品开发、供应链上下游选择、财务预算规划、模拟新企业开办等训练流程，最终完成项目市场调研报告及创业计划书的撰写。

关于市场调研的具体内容、方法和流程，可参见第十一章；关于企业开办及经营管理可重点学习第十三章、第十四章、第十五章的相关知识内容；创业计划书撰写及要求请参见第十二章的教学内容。

创业训练项目实施过程中应注意的事项，主要有以下两个方面：

1. 团队成员与指导教师的选择

作为项目负责人，如何有效地选择团队成员，并且做好任务分工很重要。而选择适合项目的指导教师，将为完成项目提供强有力的指导保障。

(1)选择团队成员时一定要注意具有互补性；

(2)选择的成员一定是可控的，换言之，你安排的任务他可以按时按质地完成，否则这些任务最终都将落在你自己身上；

(3)团队成员不在多，而在精，不要“挂名的”；

(4)选择指导教师一定是对你研究或训练项目能有指导帮助的，在你和团队进行创业训练时，指导教师不仅要懂你的专业而且要了解创业计划，一般情况下可选择两位教师担任。

2. 项目的经费预算与使用管理

做好项目的经费预算是对完成项目研究最有力的保障之一，如何制定合理的项目经费预算并有效使用似乎很难，注意好以下五点，就不会在经费方面出现问题了。

(1)细化研究内容，测算使用方向和额度，例如对项目进行市场调研，就需要测算好调研的费用，包括交通费、问卷印刷费和人工费等；

(2)事先了解校、省、国家各类立项支持额度，做好相应的研究事项测算；

(3)询问了解学校项目经费使用、管理和报销的操作细则与流程，保证预算类别和额度的有效使用；

(4)加强财务基本知识学习，对票据的规范性、合法性有所了解，及时记账，及时了解经费使用情况。

课堂活动

制定创业训练计划

具体要求：

1. 结合你团队的创业项目，制定一份合理的创业训练计划；
2. 与你的伙伴讨论计划的可行性，并向其他同学分享你们的计划。

☞"奋斗之箭"——创业实践项目

精英的创业实践

一、"精英们"的创业实践项目

我们一起学习了创新训练和创业训练，之所以称之为"训练"，就是将你所掌握的知识、技能进行特定的练习，强化本领；而"实践"是指有意识地改造社会和自然的活动，即实际行动。

每一个创业者都是行动的践行者，是真刀实枪地在市场中拼搏、奋战。创业项目不是一个只停留在头脑中的完美 Idea。正如马云所说，"一个方案是一流的Idea加三流的实施；另外一个方案，一流的实施，三流的 Idea，哪个好？我选择一流的实施，三流的 Idea"。可见实施的重要性。

在大学期间，学业是大学生的首要任务。由于大学生的经验与阅历、管理与资金的不足，能够真正开展创业活动的大学生毕竟是极少数，根据全国最新的统计数据也就 4%。大学生创新创业训练计划也体现了创业实践群体的"小众化"，其项目比例为 10%，但就是这 10%却孕育和助推了众多的大学生创业，使其成为这个时代大学生中的"精英"。

二、实施创业实践项目的前期准备

创业实践项目的实施过程其实就是创业的过程，因此充满了各种各样的困难和风险，为了有效面对创业、做到理性创业，需要在实施创业实践前做好各项准备工作，主要包括以下八点：

一是再次验证你的创业项目，并在实施过程中依照创业计划逐一开展；二是要组建一支跨专业的多元化团队，明确人员在团队内的分工；三是如果已经准备注册企业了，那你一定要十分清晰地考虑好股权结构问题；四是创业项目是否来自你或团队成员的技术研发或发明创造，如果是，切记申请专利是保护性的选择；五是你的创业场所是否找到了，如果没有可以向学校相关部门申请或选择其他方式；六是你的创业资金准备得怎么样了，资金是创业项目启动的基础；七是你是否已经聘请了相关的教师、企业家、创业者担任你的创业导师，创业导师在你的创业过程中可以起到积极的助推作用，为你的创业实践提供支持和帮助；八是你是否已经清楚知道所在地市对大学生创业的所有优惠政策和资金扶持项目。

三、创业实践中存在的主要问题

创业是一项极为困难的事情，在创业过程中存在着大量的变数，只有提前了解并防患于未然，才能提升创业实践的成功率。大学生在创业实践中主要存在以下问题：

一是，创业实践目标不清晰，看中短期效果；二是，资金困难、社会资源缺乏；三是，创业方向选择盲目，难以找到精准的创业切点；四是，存在着"眼高手低"的问题，实践动手能力明显不足；五是，心理准备不足，风险承担能力较弱；六是，存在“一个和尚挑水吃，两个和尚抬水吃，三个和尚没水吃”的现象，团队合作意识较差；七是，缺少理性思维，做事易感情用事。

四、创业实践项目切入点的选择

大学生创业实践中存在的大部分问题与实践项目的选择密切相关，因此，能否找到合适的切入点，选择适合的创业实践项目，直接决定着创业实践活动的成败。一般来说，大学生创业实践项目切入点选择应考虑以下几个方面：

一是，项目应基于专业产生，易于知识支撑；二是，项目内容应与大学生学习、生活相关联，易于把握；三是，项目的风险应与大学生心理承受的能力相适应，易于调整；四是，项目所需资金门槛应与大学生的身份相适应，易于开展；五是，项目的时间性要求应与大学生学习任务相适应，易于完成。

选题样例

样例：基于AR技术的儿童玩教产品研发与应用

项目简介：哈尔滨越泰科技发展有限公司是专注于增强现实技术的研发型企业，依托自身的专利技术，将3D模型、三维动画、游戏引擎与传统玩教相结合，形成了以“儿童课程体系＋八大智力开发”为核心的系列AR儿童玩教产品。同时，公司也为商业地产、展览展示等行业提供AR的定制化技术解决方案。

选题点评：首先，创业项目选题符合现实市场的需求和趋势，一是AR产业迅猛增长的趋势，预计到2020年，全球的AR的市场规模将达到1 200亿美元；二是儿童玩教产品市场空间巨大，两者的紧密结合带来无限的商机。其次，通过AR技术的引入，让原本平面、静态化的儿童图书、卡片变成了有声音、有图像、有动画的多维度立体模式，对信息技术的传达也变得更加直观，更适合于孩子们在轻松和快乐的环境中学习和成长。项目可持续性、成长性显著。

课堂活动

创业实践项目的考虑

具体要求：

1. 结合团队的情况考虑你们是否具备开展创业实践项目的条件？
2. 与你的伙伴讨论开展创业实践项目还需要做好哪些准备工作？

本章思考与实践

1. 与你的专业教师谈谈，确定一个创新训练项目的选题。
2. 结合团队的创业项目，与你的伙伴讨论适合申报的项目类型。
3. 如果申报创业实践项目，思考你在哪些方面还比较欠缺？如何能够弥补现在的不足？

第三篇　实践篇

当你做好了创新创业准备后，一定会摩拳擦掌、跃跃欲试，想要大干一场吧？请满怀创新创业热情的大学生朋友们在此稍稍停顿一下，仔细思考以下问题。

- 怎么进行市场调研？
- 怎么完善创业计划？
- 怎么进行创建企业？
- 怎么做好市场营销？
- 怎么管理初创企业？

本篇将会为你解决这些创新创业实践问题，帮助你迈好创新创业的第一步。

“纸上得来终觉浅，绝知此事要躬行。”创新创业贵在行动，重在实践。

只有播种，才能有收获！

只有奋斗，才能抬头挺胸！

只有启程，才能到达理想的目标！

只有实践，才能实现成功的梦想！

第十一章 市场调研

【学习目标】

- 指出市场调研的重要性及作用
- 归纳市场调研的内容与方法
- 掌握深度评估创业项目的基本方法
- 结合市场调研结果，撰写市场调研报告

【学习要点】

- 市场调研的意义
- 市场调研的步骤
- 市场调研的内容
- 市场调研的方法
- 项目深度评估的指标与方法
- 撰写市场调研报告

创业项目的识别、评估和运营是创业活动的核心与重点，各种创业资源也都是围绕着创业项目整合在一起的，所以进一步确定创业项目的可行性就显得尤为重要。市场是创业的根本点和出发点，了解市场是企业生产经营的前提，你若想提高创业成功的概率，必须实事求是，从市场的实际情况出发，运用科学的方法，制定详细的调研方案，切切实实地去了解市场环境、消费者需求、行业现状、竞争情况等，为深度评估项目提供必要的依据，也为新创企业运营提供现实参考。

市场调研概述

市场调研对于创业者而言，如同情报之于军队，是明确方向、战略决策和计划制定的重要依据。没有系统客观的市场调研与预测，仅凭经验或不够全面的信息，就做出各种经营决策是非常危险的，甚至会导致创业失败。

什么是市场调研呢？简单地说，市场调研就是要以市场为对象，运用科学的方法，有目的，有步骤，系统地搜集、记录、整理有关市场信息和资料，分析市场情况，了解市场的现状及其发展趋势，为市场预测和营销决策提供客观可靠的资料和数据的过程。在本章中，我们主要谈谈基于创业项目的市场调研，进而验证项目的可行性，有助于降低创业风险。

【案例】

无限逼近真相：胶卷相机的终结

与跨国公司耗时巨大的市场调研相比，中国企业更多依靠的是对市场敏锐的洞察力来获悉市场的真相、捕捉市场的机会。

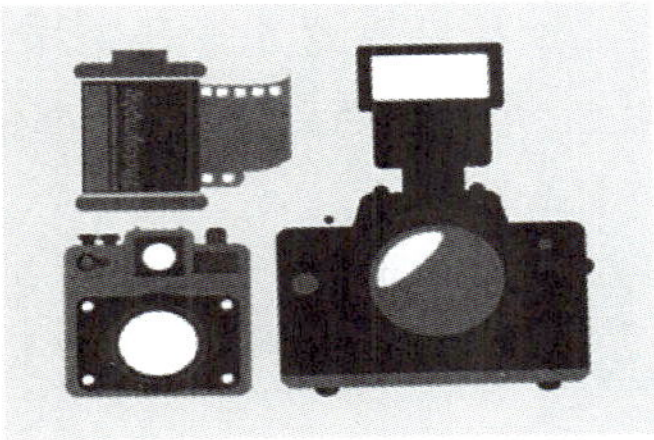

某知名相机公司的营销副总做了一次胶卷相机的市场调研。当时，照相机市场已经开始经历深刻的变化，即胶卷相机受到数码相机严重冲击。

然而，作为曾经创造过辉煌的国产相机企业之一，这家大型国企无论从情感上还是经营上都倾向于尽可能延长胶卷相机的寿命。某些调研公司和专家提供的市调报告也充分说明胶卷相机向底层市场转移，延续5年的销售问题不大。

凭着个人的生活经验，这位营销副总感到农村市场并不像人们想象的那样有如此大的消费滞后期，但要得出最终结论，必须有调研的支撑。

他调研的范围没有局限在照材市场、商场柜台，而是换一种思路，转向与相机密切相连的冲洗店。在安庆的某乡镇唯一的主街上有两家冲洗店，小店同时兼营的相机的确是以傻瓜型的胶卷相机为主，看不到几架数码相机。

如果调研到此为止，那么自然可以得出较为乐观的结论，但我们所看到的许多情况并不一定是真实的，现象的背后常常另有答案。

副总和小店的老板闲聊："为什么不卖数码相机啊？"

老板说："老百姓哪会在我们这种小店买啊，都是去城里买的。人家觉得城里的东西可靠，价钱也便宜。"

"那你这些胶卷相机还有人买吗？"

"逢年过节的时候，还卖两台。不过，如果是亲戚朋友，我就劝他们去买数码相机了。"

副总又问："我看你店里也在用数码相机照婚纱照了，你怎么冲洗呢？"

老板说："很简单啊，我在这里照完了，用互联网发给安庆的冲洗店，最多两天，他就让班车给我捎回来了。"

"为什么你现在拍照都用数码相机呢？"

"又方便又省钱啊。你看，我用数码相机拍照片，想拍几张就拍几张，根本不用担心浪费胶卷，而且拍完之后在电脑里就可以修图，以前胶卷冲洗出来的要调个光都很麻烦呢。"

"你把照片拿到安庆去洗印，不是让人家把钱都赚走了吗？"

"是啊，我准备进数码打印的设备了，听说也不贵，操作比胶卷冲印的还更简单。"

从这家小店出来，这位副总很久没有言语。接下来，在若干个乡镇冲印馆的调研访谈，答案如同一辙。回到上海，他做的第一件事就是向公司写报告。他已经确信，所谓将销售通道下沉农村市场既不现实也无意义，信息与物流的进步、互联网与电脑的普及引发的产品更新速度之快远远超乎之前的判断，现在最明智的做法是尽快进入收官阶段，停止胶卷相机的生产和投入，毫不迟疑地清理库存，撤离越早，损失越小。

如果没有这次亲历的市场调研，或者调研只停留在考察冲洗店的照相设备上，就去盲目地相信胶卷相机市场还存在的话，那么公司的损失将是难以想象的。

资料来源：根据网络资料整理。

案例思考：

可口可乐：一次市场调研失败的教训

一、市场调研是必要的

《孙子兵法·谋攻篇》说："知己知彼，百战不殆"。什么是"知己知彼"？从市场营销的角度来看，所谓"知己知彼"就是要了解自己、了解顾客、了解竞争对手。只有在获得大量可靠的市场信息的基础上，才能做到"知己知彼，百战不殆"，才能在激烈的市场竞争中站稳脚跟。市场调研是我们的"雷达"或"眼睛"，它可以帮助我们把握准确的市场信息，对创业项目的可行性进行分析，了解行业发展现状，进行准确的市场定位，并为新创企业的经营计划提供必要的依据。

1. 有助于进一步分析创业项目的可行性

通过市场调研，我们对拟提供产品或服务的市场潜在需求、消费者情况、产品或服务的吸引力、市场竞争情况等信息会有一个大概的了解，以此进一步验证项目的可行性。通过对所需资源丰裕程度和获取难易度的调查，可以对项目运作的可能性做出判断；市场调研还可以对市场未来的发展趋势及消费习惯的变化进行预测，以此来判断项目的持久性。你可以根据调研信息适当对创业计划做出调整，使创业团队能够更好地驾驭创业项目。

2. 有助于新创企业进行科学的市场定位

我们都知道，每个创业项目都有所属的行业，了解行业信息，不仅要对行业的生命周期阶段、行业机会窗的大小有所了解，还要对行业竞争状况、行业的进入和退出壁垒等进行分析判断；此外，在市场调研中，重点要对消费者进行研究，据此我们可以更加明确我们的细分市场是什么，确定差异化优势，从而做出科学的市场定位。

3. 市场调研是新创企业经营决策的客观依据

创业的任何经营决策都必须立足市场，了解内外部的环境信息，而要掌握信息，就必须进行市场调研。掌握这些信息，你会对市场有更全面的了解，调整创业项目价值实现的方式和途径，团队建设和管理目标更加明确，企业初创期的战略、规划都会有据可循。

二、市场调研的原则

1. 实事求是原则

市场调研切记要避免人为的主观偏见，调查资料必须真实、客观地反映客观实际。有些调查结果可能和我们的预期不太一致，比如市场需求可能不像我们预期的那样好，在这种情况下，只要整个调查过程是科学的，数据是真实的，就应该尊重事实，千万不可擅自修改数据，或者忽视信息传递给我们的风险信号。只有尊重客观规律，坚持实事求是，调查才能得出客观的结论，依此才能做出正确的决策。

2. 科学全面原则

所谓科学全面原则就是要根据调查的目的，通过科学的方法全面系统地收集相关的市场信息和资料。由于市场复杂多变，如果在调查时不能全面考虑问题，难免会本末倒置，事倍功半。同时，市场调研要在科学方法的指导下进行，这就要求你要从市场调研的设计到资料数据的收集，再到数据的分析、统计和处理等过程必须严格遵循科学的程序，全面系统地反映市场经济运行状况。

3. 经济节约原则

一般来说，市场调研的范围较广，周期较长，人员使用量也比较大。创业前期，资金紧缺，所以你必须要考虑经济预算，争取用较少的资金获得更多的客观资料。在调查内容不变的前提下，采用不同的调查手段，费用支出会有所差别。同样，在支出相同的条件下，不同的调查方案也会产生不同的效果。

4. 时效性原则

时间就是金钱，效率就是效益。成功的市场调研应该及时捕捉市场上任何有价值的情报信息，及时分析，及时反馈，为你制定经营策略提供依据。

5. 保密性原则

市场调研所获得的信息和资料是十分宝贵的，这些有价值的信息蕴涵着某些商业机密，如果资料外泄会给你的创业带来意外风险；此外，你要注意对被调查者提供的信息保密，不论被调查者提供的是什么信息，也不论该信息的重要程度如何，都不能将其信息外漏，这也是履行我们最初对被调查者的承诺。

三、市场调研的步骤

市场调研的科学全面性的重要体现就是市场调研各环节前后衔接的紧密性，任何一个环节出现问题都无法保证调查结果的准确性。所以，你需要了解市场调研的程序与步骤，才能制定一份科学有效的调研方案。如图 11－1 所示。

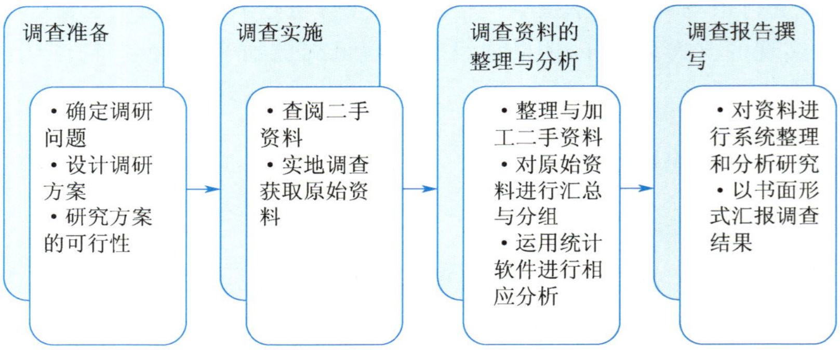

图 11－1 市场调研程序

1. 调研准备

（1）**确定调研问题**。想准确、科学地确定研究目标不是一件容易的事。如果目标过于宽泛，实际的研究设计将会比较困难；反之，如果目标过于狭窄，又不能达到调研的目的。那么应该如何确定调研问题呢？我们的最终目标是要确定创业项目的可行性，为创业初期的市场营销提供依据和参考。这样我们的问题就可以明确和细化，在制定调研方案时，依据调研目的去设计调研内容和调研方法。

（2）**设计调研方案**。做事需有计划，按照计划有条不紊的实施，会事半功倍。调研方案是针对调研目的的具体设计，是指导调研工作展开的依据。主要包括调研目的与要求、调研方法及调研对象等。需要注意的是，在明确调研目的前提下，需要量化调研指标，我们需要综合考虑经费、统计能力和调查方式的支撑情况，选择那些相关度比较高，而且可以客观、精准度量的指标。

为了使预期的调研能够保质完成，必须预先规划每一阶段需要完成的任务，制定一份详细的时间安排表，见表 11－1。

表 11－1　　市场调研工作计划表

时间	调研指标	调研内容	调研方法	调研地点	调研对象	人员配备	经费

(3)**评价调研方案**。面对复杂的市场环境，为了确保调研取得成效，我们应该对调研方案的科学性做进一步的评估和论证，也就是要对调研方案进行可行性评价，看其是否体现了调研目的和要求，是否完整、科学、有针对性、有可操作性。

2. 调研实施

在完成上述准备工作之后，市场调研就进入了实质性的阶段，这也是市场调研中的最基础性的工作，组织人员深入实际，按照计划方案实施调研，收集、记录相关信息和资料，资料的收集可以从两个方面进行，即查阅二手资料和实地调查获取的原始资料。

(1)**整理与分析**。与原始资料相比，二手资料的收集相对比较容易，所花的费用和时间也相对较少。有些二手资料，如由国家统计局普查结果所提供的数据是可以直接引用和借鉴的。但二手资料也可能缺乏准确性和时效性，所以，在使用二手资料之前，有必要对二手资料进行整理与加工。

实地调查，需要收集和记录好所有信息，这些信息资料最初只是一堆资料而已，并不能系统反映相关信息，需要我们对其加以编辑、组织、汇总、分类和制表，变成可供分析解读的信息，最后借助相关软件对数据进行分析。

(2)**调研报告撰写**。将调研中收集的资料加以系统整理和分析研究，并以书面的形式完成调查结果的总结，也是市场调研的最终成果。一份好的调研报告，能为你提供有效的市场策划指导，也为争取合作伙伴和投资商发挥非常关键的作用。

【课堂活动】

制定调研方案

具体要求：

1. 与你的伙伴制定一份调研方案；
2. 讨论调研方案的可行性。

未雨绸缪

市场调研的重要性已经毋庸置疑，你也一定决心好好去考察一下市场，可是调研什么？如何调研呢？

市场瞬息万变，我们应该对影响市场变化的主要因素进行全面调研，当然，市场调研的成败不仅在于调查的内容明确、有针对性，还在于实施科学正确的方法。

一、市场调研的内容

为了验证创业项目的可行性，也为初创期企业的经营活动提供充分的依据和资料，我们需要对市场环境、竞争对手、消费者需求状况等展开调查。

1. 环境调查

【案例】

沈阳飞龙的“失误”

沈阳飞龙医药保健品集团自1991年组建以来，前4年完成销售额20亿元，实现利润4.2亿元，成长为全国保健业的领导者，其生产的延生护宝液成为明星产品。

然而从1994年下半年开始，国内保健品市场一片混乱，到1995年年初，全国一下子冒出2.8万种保健品，泛滥成灾，严重冲击了“沈阳飞龙”的销售。经过调研发现，起初卫生部门对保健品审批非常严格，如今，条件放松很多，发放保健品许可证时，检测标准参照食品标准。

标准的放松造成了保健品市场的失控，凡是液体类的保健品按饮料标准检测，与检验汽水一样，只要大肠杆菌不超标就可以生产。加之保健品不受广告法的限制，从而使保健品的营销环境发生了翻天覆地的变化。由于“沈阳飞龙”管理层信息不足，被放松的政策打得措手不及，销售量严重滑坡。

资料来源：李世杰. 市场调查与预测. 北京：清华出版社，2011.

沈阳飞龙医药保健品集团的“失误”告诉我们：如果不注重政策环境的变化，再优秀的企业也会沦为落伍者。

案例思考：

（1）**政策法律环境调查**。调研政策法律环境是十分必要的，因为它会给我们的创业活动带来实际与潜在的影响力，这项调查主要是针对现在和未来的国内、国际的政治态势和走向，以及有关出台或即将出台的方针、政策、法律法规、条例、规章制度等方面信息进行调查，它会对新创企业未来的经营状况产生重要的影响。在“大众创业，万众创新”的时代背景下，国家、政府、学校都给予大学生创业很多优惠政策，并且配备完善相关的软硬件设施，创造更好的创业环境，相信在前面的学习中你已经了解了详细情况。

（2）**经济环境调查**。对于经济环境调查，我们重点需要了解国家、国际经济环境变化可能会对企业产品形成影响的因素。比如 GDP 的增长率、积累与消费的比例、基建规模（国家在一定时期内投入基本建设的资金总额）、社会商品零售总额、人口增长率、就业率和主要产品产量等。调研这些内容的目的主要有两个：一是判断和确定企业的服务方向是否合适；二是通过调研主要产品产量，按相关比例测算本企业产品的需要量。同时，这些因素还会直接影响企业未来的经营成本和销售收入，进而影响创业项目的可行性。

（3）**社会环境调查**。社会环境调查就是要了解我们所服务的市场，其社会成员在民族特征、文化传统、价值观念、宗教信仰、教育水平以及风俗习惯等因素上的状况。主要包括人口规模、年龄结构、收入分布、消费结构和水平以及人口流动性等指标。从人口规模的调查中我们可以掌握地区的市场容量，年龄结构则决定消费品的种类及推广方式，收入状况、消费结构和水平则决定市场的需求。总之，社会环境调查十分关键，应该具体量化一些调研指标。

（4）**科技环境调查**。该项调研主要是调研与本企业提供的产品或服务有关的科技现状和发展趋势。包括与企业生产经营有关的新技术、新工艺、新材料及其应用前景。此项调研的目的：一是掌握同行业的技术动态以确定本企业的发展方向；二是正确地进行产品决策，确定产品的差异化优势，进行准确的市场定位。

（5）**行业环境调查**。每个创业项目都有其所属的行业，要想做好这个项目，你需要对该项目行业有较为全面的了解。分析项目所在行业的竞争特征和产业的吸引力，将最终决定是否值得进入该领域创业，并为你制定行业竞争战略提供帮助。行业环境调查需要了解整个行业市场、地区市场的销售状况和销售能力，以及行业所处的生命周期、行业竞争结构等因素。

我们可以查阅行业报纸、专业期刊，这里面集中了行业方面的企业动态、竞争态势、市场状况等信息，是我们了解行业竞争态势的重要窗口。还可以通过图书馆查阅资料，图书馆里的一些市场研究报告、一定时期的消费数据汇总、同类企业的资料文献汇编等是重要的信息来源。

2. 竞争对手调查

对竞争对手的调查要从寻找和分析竞争对手开始。首先要知道，谁是你的直接竞争对手、谁是你的间接竞争对手。直接竞争对手是指那些提供和你相类似的产品或服务的企业，他们和你争夺的是同一市场和目标顾客，你必须详细调查；间接竞争对手是那些提供替代品的企业，与你提供的产品或服务一样可以满足消费者的基本需求。其次，你还要关注未来可能的竞争者，因为随着你的经营范围的变化，就会出现一些新的竞争对手。

要想识别所有的竞争对手是比较困难的，但是我们可以列举出一些自己能够意识到的竞争对手，对其经营状况进行详细的分析。我们了解竞争对手的信息渠道主要来源于企业名录和企业年鉴、专利文献、上市公司年报、竞争对手新产品展示以及广告。

3. 消费者需求调查

消费者需求是消费者为满足个人和家庭生活的需要，购买产品和服务的欲望和要求。消费者需求的调查和分析是企业经营成败的核心之一，应该对消费者需求特征、影响消费者消费的关键因素进行全面调研。

你要明确谁是自己产品的消费者？他们为什么购买？他们是如何做出购买决策的？有哪些因素影响他们的购买行为？可以参考如下具体指标进行调研：

（1）**消费者基本情况**。了解现有的和潜在的目标顾客群的年龄、性别、职业、民族、受教育程度，消费者数量及地区分布状况；消费者的个人收入、购买力的大小、购买商品的数量。综合分析消费者特征、消费者需求、生活方式以及人口变化等情况。

（2）**消费者消费动机**。购买动机调查主要是弄清楚产生各种购买行为的主要原因，比如了解市场上的消费者为什么只采用某种行为方式？为什么他们购买这些产品而不是别的产品？为什么他们在这些地方而不去其他地方消费？

（3）**消费者购买行为**。消费者购买行为调查，就是对消费者购买模式和习惯的调查，即了解消费者在何时购买（When）、在何处购买（Where）、由谁购买（Who）、如何购买（How）和为什么购买（Why）。

通过消费者需求调查，可以帮助我们正确进行产品定位和目标市场定位，减少我们在产品选择和市场选择上的失误，并可以在充分调研的基础上，进一步评估潜在市场的吸引力和企业在该市场的竞争力，从而制定相应的经营策略。

向史玉柱学习商机评估

【案例】

向史玉柱学习商机评估

“谁消费我的产品，我就要把他研究透。一天不研究透，我就痛苦一天。”这是史玉柱经常挂在嘴边的话。史玉柱能够将他的产品（脑白金、征途）在一片红海深处创造了一片蓝海，与其详细的市场调研是分不开的。

“每个人需求都是不一样的，如果你不能花钱请调查公司去调查，不能拿着一张表在路上拦着人家去打勾，那么只能去跟人们聊天，拉家常。”为了让玩家更喜欢《征途》，史玉柱先后和600名玩家进行过深入交流，并以玩家的需求为原动力进行设计。

“我们研究后发现，中国网游用户的金字塔其实很大，有70%的玩家是在小城市和农村。我曾经直接进到网吧里和玩家聊天，有个玩家是安徽利兴县一个乡里的农民，他告诉我，他们那里闲时几十个农民在网吧里打游戏是常事。”

根据史玉柱对中国玩家阶层的“划分”，一种玩家是喜欢泡在网上，有大把时间投入练级的“骨灰级”游戏爱好者；另一种是工作较忙的玩家，没有那么多时间玩游戏，但是有较强的消费能力。这两部分人在需求上的互补性，不仅形成了网游“代练”、装备交易市场，也成为《征途》的主要利润贡献来源。

而对游戏《征途》的盈利方式，史玉柱概括为：“赚有钱人的钱，而对消费能力低的玩家实行免费。可能在我们的游戏中，有一半的人不花钱，但他们同样起到关键作用，因为玩游戏的人多，才能让有钱的玩家更愿意出钱。比如，我们知道有的玩家，每月拿出2万元买装备，我们要给有钱人花钱得到提升的机会。”

资料来源：根据网络资料整理。

“消费者洞察”始终是市场调研的原点，一旦偏离了营销的原点，产品研发、品牌定位、广告传播、渠道构建、市场开拓只会南辕北辙，背离正确的方向，在错误的道路上渐行渐远。而史玉柱的创业神话，追根溯源是善于调研，准确把握消费者的需求。

案例思考：

二、市场调研的方法

方法得当，事半功倍。比较常用的市场调研方法主要有：文案调查法、抽样调查法、询问调查法、观察调查法和实验调查法。

1. 文案调查法

文案调查法是指通过搜集各种文献资料摘取与市场调研内容相关的调研方法。文献资料包括年检、报告、文件、报表、网络数据库等，文案调查所获得的资料属于二手资料，行业环境调查中的很多重要指标都可以利用文案调查法获得。

雀巢速溶咖啡的市场调查

文案调查法有很多优点，收集比较容易，成本相对较低，实施方便、自由，尤其互联网，已经成为文案调查方法的主要载体和途径；其缺点在于二手资料随着时间的推移和市场环境的变化，不能准确反映当下的市场环境。总之，文案调查是市场调研过程中短期获得初步信息的一种重要调研方法。

【Tips】

互联网是收集信息最有效的方式，你输入一个关键词就可以查阅大量的相关信息，除了百度，浏览以下的几个网站或许会有意外惊喜。

国内咨询机构网站数据报告列表：

1. 艾瑞网（互联网行业报告）
2. 中国互联网网络信息中心
3. 199IT 互联网数据中心——所有行业报告
4. 爱媒网
5. 中国产业信息研究
6. 阿里研究院
7. 知识库
8. 36 氪研究院
9. 中国经济信息网
10. 中国产业信息网
11. 全球经济数据库

行业统计：

1. 国家统计局
2. 各种行业协会网站
3. 券商
4. 第三方资讯机构，如东方财富、同花顺、和讯网、文华财经、新浪财经、百度、巨潮、中证等

其他网站：

1. 全球经济数据
2. 经济指标
3. 万得数据

2. 抽样调查法

抽样调查法是根据概率统计的随机原则，从被研究的总体中抽出一部分个体作为样本进行分析、概括，以此推断整体特征的一种非全局性的调查方法。抽样调查适用于那些调查对象数量庞大，难以进行全面调查的情况。

抽样调查法的特点是技术性强，这种方法实施的主要环节有二个：一是要注意抽样客观性，避免主观人为倾向；二是选点取样要具有代表性，使样本的特征能较为充分地表现事物的总体特征。

【扩展阅读】

市场调研中的抽样问题分析

抽样方法有很多种，较为常见的方法就是系统抽样方法，系统抽样是先将总体各单位按某一标志顺序，然后根据一定的抽样距离从总体中抽取样本。抽样距离的确定由总体单位除以样本总数而得，这种抽样在总体范围比较大时，可以保证抽取的样本单位在总体中分布均匀，从而使抽取的样本更能体现总体的属性。

以入户访问为例：要从120户居民中选出7户，系统（等距）抽样的过程如下：

(1)先将120户居民从1到120编号；

(2)决定间隔数，120÷7—1=16.1，间隔数定为16；

(3)随机地抽取一个编号；

(4)以随机选取的第一个编号为起点，每间隔16抽取一个编号，直到抽取7户为止。

一、实地抽样流程

确定居委会范围，选定起点、路线、间隔、选户、画图、抄录地址。

1.确定居委会范围

抽样前，需先沿着抽样居委会的边缘行走一遍以熟悉其居委会管辖范围，确保抽中的样本都属于该居委会。

2.选定起点

在该居委会内选择项目所要求的起点，应是楼内的住户，选点应尽量选择靠近大路的明显建筑物或标志物，或便于按右手原则画线作图的住户。

3.抽样原则

右手原则：选定起点后，沿着前进方向的右手边行走，在拐弯处往右转，除非死胡同和超出所管辖区，否则不得左转，抽取的样本户须靠抽样员的右手边。

4.路线

所走的路线一定要连续，不可出现交叉，除非遇到工地、机关大院、工厂可断开(在巷内遇到此情况可往回折)切不可东抄几户，西抄几户，中间段开，如遇到机关大院有守卫经劝说都不能进入的可标明原因后跳开。

5.间隔

间隔户数根据各项目的要求而定；也有的项目需要逐户记录。

6.选户

每次抽取户数根据各项目的要求抽取。

(1)地址表上记录一定是常住居民，凡工厂、公司、店铺、宾馆、商业大厦等不是居民的房屋一律不抽，也不计在间隔户中。

(2)每一个地址只代表一个家庭住户。

(3)如住房没有具体门牌或房号，则须注明是几楼，右手的第几户，如：三楼右一。

(4)新楼未住或已搬迁的空户不抽，有电子防盗门的或确认访问员不能与被访户发生直接接触的住户不能抽。

(5)不能看着楼下的信箱抽取住户地址。

(6)巷中的巷超过20米最好不要抽。

(7)地下或半地下住户不抽。

7. 画图

为了保证访问员能够顺利找到地址入户访问须画出抽样的路线图。抽样员需要把所走的路线(路、巷、门牌号)在图上详细注明。

(1)标出起点及起点附近的明显标志物或建筑物。

(2)划出行走路线。

(3)标出街道名称。

(4)表明车站站名、车次。

(5)注明楼号、楼层、单元号、单元户数及抽取方向。

(6)附方向标。

二、抽样员注意事项

抽样员应注意：①路线清晰、明白；②地址表字迹清楚，不得随意省略；③若所抽样地址有大量拆迁工作或其他问题必须请示更换抽样块，若该居委会较小，可在邻近的居委会继续抽；④如果要用2张或以上的地址表，第二页的第一个地址应紧接第一页地址表的最后一个地址；⑤户数不等于门牌号，而是实际住户(例：10号内有3家住户，则算作3户)若无门牌号可用间隔标明或用特征标记也可；⑥每栋楼最后一户如有剩余，应连续算入间隔。

如果这一带较多楼是没有编号的，可自编楼号，但必须要在图上详细说明。抽楼层不能抄信箱，须上楼摸清楼层结构按右手原则抽样。

资料来源：http://www.cyzone.cn/a/20081211/62539.html。

3. 询问调查法

询问调查法也称访谈法，是访问者通过口头交谈等方式向被访者了解实际情况的方法。询问调查一般是访问者向被访问者做的面对面的直接调查，是通过口头交流方式获取信息的口头调查。它是市场调研中最常用、最基本的调研方法。其形式比较多样，如入户访问、街头拦截式访问、问卷调查、网络调查、电话调查等。

(1)**入户访问调查**。调查人员按照抽样方案中的要求，到抽中的家庭或单位中，以问卷或调查提纲进行面对面的直接访问。这种方式能够确保被访者在一个自己熟悉的、安全的环境里接受访谈。

入户访问调查的优点：①可以获取较多的信息和较高质量的数据，入户访问时间一般比较长，双方有充分的实践进行交流，问题的设计可以复杂一些，可以多一些开放式的问题；②灵活度高，可控性强，调查人员可以根据调查提纲灵活掌握问答的顺序和内容；③面对面的交流，调查人员可以进行细微的考察，观察被访者的态度、语气等，以此来判断被访者所提供资料的真实性和有效性。

入户访问调查的缺点：①耗时耗成本；②调查效果受调查人员影响较大，其专业素质、与人交往的能力、工作责任感等都会影响直接影响调查效果；③拒访率还是比较高的，一般来说，绝大多数人都不愿意接受不速之客的来访，会产生安全等方面的顾虑。

(2)**街头拦截式访问**。此种方法相对简单，街面、超市、写字楼、停车场、车站、学校等场所，人员较为密集的地方均可进行这样的访问调查。

街头拦截式访问费用低于入户访问，这是其最大的优势，这是因为调查人员大部分时间用于访问本身，而不像入户访问那样需要长时间寻找被访者，从而提高了访问效率。拦截访问除了费用低以外，在直接面对被访者进行启发式调研上具有同入户访问一样的优势。其不足之处在于，拒访率较高，最好在进行调研时给予一些物质奖励，以争得更多被访者的支持与配合。

(3)**问卷调查**。问卷调查法是市场调研采用的最为普遍的方法之一，它是以书面的形式了解被调查对象的反应和看法，并以此获得资料和信息的方法。问卷形式通常简单明了，无须调查人员就调查目标向被调查者做详细解释，而只需要稍做说明，被调查者即可答卷，大大节省了调研时间，提高了调查效率。

按照问卷的媒介，比较常用的问卷调查形式有实地问卷、网络问卷和信函问卷。随着互联网的普及，问卷调查可以通过互联网及其调查系统（如问卷星、微信平台等）把传统的调查、分析方法在线化和智能化。

①调查问卷的设计原则。决定市场调研质量的关键是市场调研问卷的设计，把握设计原则是十分必要的。

• 合理性原则。问卷必须与调查主题紧密相关，违背这一点，再精美的问卷都是无用的。如果要调查消费者对某类化妆品的需求，问卷内容就应该包括被调查者的基本情况，如性别、年龄、皮肤性质等；其购买力和购买欲，包括收入水平、职业、受教育程度等；消费者对于此类化妆品的评价，如价格、效果等。

• 有效性原则。通过调查问卷获得的信息资料应该对创业者的市场营销决策和其他研究问题具有一定的指导意义。

• 一般性原则。问题设置要具有普遍意义，不能出现常识性错误，否则，不仅不利于调查资料的整理和分析，也会使被调查者质疑我们的调研水平。

• 逻辑性原则。问卷的设计要有整体感，问题与问题之间的逻辑性要符合人们的正常思维习惯，注意问题不能出现同义重复。

• 便于整理和分析。一份优秀的问卷设计除了考虑紧密结合调查主题与方便信息收集外，还要考虑调查结果统计和分析的方便，并且能够通过数据清楚地说明所要调查的问题。只有这样，我们的调研才能达到预期的效果。

②问卷的结构。问卷结构通常包括引言、填写说明、主体三部分，主体由封闭式问题和开放式问题组成。

• 引言。引言就是问候语，也称问卷说明，其作用是让调研对象者明确我们的目的，引起他们的兴趣和重视，争取他们的积极配合。引言的内容就是要告诉调查对象“我是谁”“我要做什么”“做这件事情的目的和意义”“我需要你的支持与合作”“我的承诺”和“填写要求”。为了给被调查者留下良好的“第一印象”，引言的语气要谦虚，态度要诚恳，文字要简洁、准确，打消被调查者的顾虑。下面是一个小例子：

女士们，先生们：

您好！

我们是××创业团队，我们正在进行××产品或服务的市场情况进行调查，我们很想知道您对××产品或服务的一些认识与评价，以便进一步完善我们的市场。以下问题请您根据实际想法作答，我们向您承诺，您在本调查中提供的任何信息都不会对外泄露，请您放心答题。

感谢您的支持与配合！

• 填写说明。填写说明即填写要求，将问卷作答的具体要求和规范说清楚，不要太长，简明扼要即可。

• 主体。问卷的主体设置有两种问题，一种是开放式问题（不设置答案，由被调查者自由回答的问题）；另一种是封闭式问题（事先设计好问题和答案，被调查者只需从中选择自己认为最佳的答案）。

③问卷设计的注意事项。为了使调查问卷能够更好地实现调研目的，在设计调查问卷时除了要遵循设计原则，在设计问题时还须注意如下事项：

• 问题设计排列要科学合理。问题的排列要有合理的顺序，一般先要提出开阔性的问题，然后由近及远，逐步启发，由简单到复杂，逐步深入，不要一下子提出复杂的问题。此外，要注意先行问题对后续问题产生的影响。

• 问题措辞要简单、通俗，对专门术语必须加以解释。简单通俗的语言易于被不同文化背景、不同阶层的消费者理解和接受，也可以避免因不明题意或理解错误而产生的回答偏差。因此，在问题设计中要尽量避免使用专业性词汇或字母缩写。例如：“您认为本店的 POP 广告如何？”一般消费者不一定知道 POP 广告的意思，因而也就无从回答。

• 杜绝无意义的诱导。问卷设计应保持中立，不能暗示或带有倾向性，不要诱导被调查者按照调查者的意图回答问题，否则会造成调查资料的失真。例如：xx 牌啤酒制作精细泡沫丰富，味道醇正，您是否喜欢？这样的问题容易诱导被调查者得出肯定或否定性结论，也容易引起被调查者的反感，结论缺乏客观性。

• 提供明晰的标准。在问卷调查中，常常会涉及频度的问题，例如，每天上网几个小时，多长时间换一部手机等等。在设计这类问题时，如何设置频度选项是需要仔细斟酌的。频度的选择要足够广，能覆盖绝大多数受访者的可能情况，频度的选择还要足够敏感，体现结果的差异；同时在设计时要尽量少使用副词，如经常、偶尔等，因为每个人对这些频度的理解是不同的。例如，您是否经常化妆？设置答案为：A. 偶尔 B. 有时 C. 经常 D. 从不。我们看到，四个频度选项里只有“从不”一词的含义是非常明确的，它代表了零发生率，其他三项的含义都是非常不明确的，建立在这样的数据上的结论是非常不可靠的。

• 提问要有艺术性，避免引起反感。

例如：某电脑零售商的一个调研问题。

A. 您至今未买电脑的原因是什么？

a. 买不起　b. 没有用　c. 不懂　d. 软件少

B. 您至今未买电脑的原因是什么？

a. 价格高　b. 用途较少　c. 性能不了解　d. 其他

显然B组问句更有艺术性，更能使被调查者愉快地合作，而A组的提问比较容易引起反感，影响调查结果的准确性。

· 封闭式问题答案尽量丰富。答案越丰富，越能够开拓被调查者的思路，启发其给我们传输更多的有效信息。

【课堂活动】

设计调研问卷

具体要求：

1. 为了了解潜在消费者的真实需求，结合小组的创业项目，设计一份创业调研问卷；

2. 讨论调研问卷的可行性。

4. 观察调查法

英国社会学家C. A. Mosen曾说："观察可称为科学研究的第一方法"。观察调查法就是研究者根据一定的调研目的，研究提纲或观察表，用自己的感官和辅助工具（照相设备、录像设备等）直接观察被研究对象，然后通过思考、比较、鉴别，从而获得资料的一种方法。也是我们获得直接创业经验的主要方法，这种方法比现成信息资料的解读或汇总更为鲜活和有效。

为了验证创业项目的可行性，也为了更好地洞悉市场，我们需要对市场环境和消费者行为进行细致观察，记录相关信息，获得调查资料。如对某一社区的社会环境调查，就可以通过观察该地区的企业数量、企业类型、街道状况、交通状况、人流量等来进行判断。对消费者行为的调查，例如，在超市入口处，通常陈列着厂家推销的新产品或商店推销的季节性商品，顾客走进超市时，多半会驻足观看甚至选购这些商品。我们就可以利用这一机会，观察消费者对新产品或季节性产品的关注情况和购买情况。

随着科学技术的发展，越来越多的先进仪器被逐渐应用到市场调研中，如摄像机、检测器等，借助这些仪器，我们可以观察和记录被调查对象的行为或所发生的事情，以提高调查的准确性。最常见的是利用扫描仪对商品条形码做记录，以了解消费者对某些商品促销活动的反应，以及对公司利润的影响。与其他几种调查方法相比，观察法具有自然、真实、客观、直接、及时的优点；但其缺点也比较明显，受时间、观察者自身以及观察深度的限制。

5. 实验调查法

实验调查法源于心理学，它是指市场实验者有目的、有意识地通过改变或控制一个或几个市场影响因素，来观察市场现象的变化规律，从而认识市场现象的本质的一种实践活动。

实验调查法是一种具有实践性、动态性、综合性的直接调查方法，它是所有调查方法中最为科学，也是最具科技含量的一种方法。它要求先设定一个实验环境，预设各种影响因素或条件，通过实验对比，对市场需求、市场环境或营销过程中的某些变量之间的关系及其变化进行分析，具有客观、实用、主动、可控、可重复等特点。

表 11－2　市场调研参考指标与方法

市场调研内容		调研指标	调研方法
环境调查	政策法律环境	现在及未来国内、国际政治态势和走向	文案调查法
		国家、地方出台和即将出台的创业政策、行业政策、法律法规或条例等	文案调查法
	经济环境调查	GDP 计划的增长率	文案调查法
		积累与消费的比例	文案调查法
		基建规模、基建投资	文案调查法
		社会商品零售总额	文案调查法
		人口增长率	文案调查法
		就业率	文案调查法
		主要产品产量	文案调查法
	科技环境调查	与项目有关的新技术、新工艺和新材料	文案调查法
	社会环境调查	目标市场消费者的民族特征、文化传统、风俗习惯、价值观念、宗教信仰、教育水平	文案调查法、观察法
		目标市场的人口规模	文案调查法、观察法
		目标市场的年龄结构	文案调查法、观察法
		目标市场的收入分布	文案调查法、观察法
		目标市场的消费结构和水平	文案调查法、观察法
		目标市场的人口流动性	文案调查法、观察法
	行业环境调查	行业所处的生命周期	文案调查法、观察法
		行业竞争结构	文案调查法、观察法
		行业需求增长率	文案调查法、观察法
		行业市场增长率	文案调查法、观察法

续表

市场调研内容		调研指标	调研方法
竞争对手调查	直接竞争者	核心技术	文案调查法、观察法、实验法
		产品质量、功能、种类、价格、成本	文案调查法、询问法、观察法、实验法
		分销渠道、促销手段	文案调查法、询问法、观察法、实验法
		消费者评价	询问法、观察法、实验法
	间接竞争者	替代品质量、价格	文案调查法、询问法、观察法、实验法
		消费者评价	文案调查法、询问法、观察法、实验法
消费者需求调查	消费者基本情况	性别、年龄、职业、受教育程度、收入	询问法、观察法、实验法
	消费者消费动机	消费结构、消费喜好	询问法、观察法、实验法
	消费者购买行为	消费者购买时间、购买地点、购买形式、满意度	询问法、观察法、实验法

【Tips】

无论你采用哪些方法进行市场调研，都要注意在把握每种调查方法的特点的基础上，结合调研内容和目的，参考表11-2，选取最为合适的调研手段。也可采取组合式的调查方法。

【扩展阅读】

走出市场调查工作中的误区

没有调查就没有发言权，市场调查作为企业制定决策的重要依据正逐步被越来越多的企业所重视。如果没有市场调查决策者制定决策就会失去依据、决策就会出现失误。市场调查如此重要，但在实际工作中由于种种原因调查工作仍然存在以下误区：

误区一：市场调查目的不明。

市场调查的目的是为了收集信息解决已发现的问题和对未来问题的解决，但是在调查工作中往往出现调查目的不明的情况，主要表现：一方面是决策者不明白自己要干什么、要了解什么、调查要起到什么作用，使市场调查的目的模糊，为调查而调查使市场调查无的放矢。另一方面是决策者对市调目标锁定过多，希望一次调查能解决很多问题，如对市场调查目的从消费者习惯、特性、产品需求、价格、接受程度、渠道购买因素等，结果使市场调查不能在任何一个点上达到目的，最终市场调查不能解决任何问题。

误区二：市场调查方法不当。

市场调查的方式有实地调查和文案调查两种方式，其方法主要包括观察法、实验法、问卷法、街访入户调查、电话访谈、邮寄问卷等方法。但在市场调查中往往存在方法不当的误区，表现在该采用定性描述的方法却采取定量的方法，该采用问卷法却采取观察法，方法的不当使市调结果无效。一般而言，定量方法包括观察、实验、访谈，定性方法主要包括深层访谈，投射技术等。观察法和深度访谈适合探测性调查，问卷法适合定性的方法，实验法是正式的调研法，实践中对竞品销量调查，可采取观察法或走访终端，如果采用问卷法就没有必要，而对新品研发则需要问卷法来进行市场调查。

误区三：市场调查内容不当。

调查的内容是为调查目的而服务，但在实际市场调查工作中，常由于调查内容不当致使市场调查无法进行，调查结果无效，主要有以下两个方面。一是调查内容与调查目的不一致：如需要了解产品口味却在调查内容中过多涉及产品价格和包装内容；如需要了解企业市场份额下降的原因，但调查内容却设计为产品调研内容。二是调查的内容不当：涉及被采访者隐私或敏感问题，造成被调研者不愿回答，无法回答，或者调研内容过多、过长使被调研对象不耐烦，调查结果不能反映调查的真实结果。

误区四：市场调查人员不得力。

市场调查人员的能力不同，市场调查认真程度不同，结果差异就会很大。一些企业进行市场调查时往往随便招一批人，不经过系统培训，也不对行业知识进行讲解，直接就开始市场调查工作或者随便在企业找几个自己认为可以的人就开调查工作，市场调查人员不得力，其做出的市场调查结果可想而知。对市场调查人员的要求，首先要对行业情况进行充分分析，其次要做好系统培训，主要包括市场调查方法以及对受访者可能反映出的种种心态如何进入交谈、使受访者信任进行模拟训练，让调查人员掌握调查的方法、技巧、行业情况再进行工作，市场调查才有意义。

误区五：市场调查样本数不合适。

在市场调查中对调查样本数的确定不合适，也使市场调查中易出现误

区,往往表现两种极端:

(1)样本数量过大,没有足够时间精力去完成造成,调研人员人为滥竽充数对问卷数据造假。

(2)样本数量过少,图省事,不能真实反映调查意图,结果是无法达到市场调查目的,市场调查耗工费力,但却无实际意义。

误区六:市场调查调研对象错误。

主要表现为被调研对象与调查目的不一致,造成这种情况的原因主要有二。一是调研人员选择被调研对象的错误,未能发现或未能终止调查;二是市场调查设计时选定对象错误,如企业对儿童产品进行调研,如果以儿童作为被调研对象,从表面看并没有错,但实际是错了,因为儿童虽是消费对象,但家长却是购买的决定者。

误区七:市场调查分析失误。

也许你的市场调查从目的到内容以及对象,样本数各个方面都做得很好,但在对调研结果分析写调研报告的最后一环,由于分析人员素质不同、对行业了解不同以及能力不同,同时性格、爱好、经历不同,问题思考点就不同,得出的结论也不同。因而针对这一问题,最好的方法是根据调查目的确定不同人员参加,同时做好市场调查结论研讨会,使市场调查报告更为客观正确。

最后,希望企业在市场调查工作中能避免市场调查中的误区,通过市场调查得到正确的结论,从而正确决策,长远发展。

资料来源:http://www.cyzone.cn/a/20110130/184421.html。

深度评估项目

周密的市场调研给我们提供了大量的信息和资料,接下来,我们需要对这些数据和信息进行汇总和整理,以待进一步分析,去验证创业项目的可行性。同时还需要对项目的风险进行评估,最后针对项目做全面的SWOT分析,形成最终的市场调研结论。

我们在对创业项目进行可行性分析时,需经历一种思想上的转变,将单纯的商业创意视为一个真实的企业,通过从市场调研获得的数据信息,再进行可行性分析,也就是对项目进行深度评估。如果分析结果表明创业项目可行性大,我们就要为进一步创建企业做各种准备;反之,如果一个或多个方面不具有可行性,我们就需要对所选择的创业项目进行重新考虑或放弃该项目。创业项目可行性分析包括6个方面,如图11-2所示。此外,还需要对项目运营的风险进行评估。

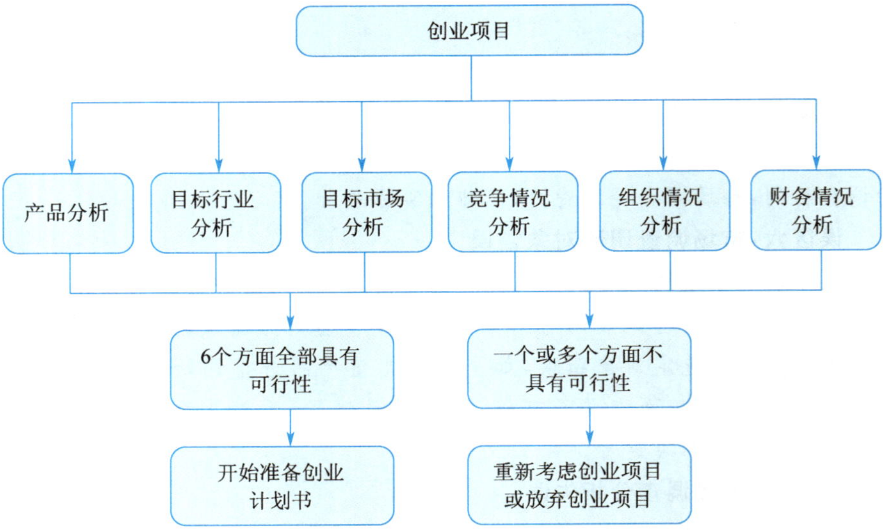

图 11－2　创业项目可行性分析内容图

一、创业项目可行性分析

1. 分项可行性分析

实践调研过程中我们已经获得了相关项目的市场信息，你需要从产品可行性、目标行业可行性、目标市场可行性、竞争情况可行性、组织情况分析、财务情况分析等方面（见表 11－3 至表 11－7），进行项目可行性分析。每个评估表设有不同的评估项目，每个评估项目下设低潜力、中等潜力、高潜力三种评估标准，分别对应分值为－1、0、1。其得分介于－5 至＋5 分之间，分值只是一种参考。

表 11－3　产品可行性分析评估表

评估项目	低潜力（－1）	中等潜力（0）	高潜力（＋1）
产品或服务为消费者“增加价值”的程度	低	中	高
产品或服务让消费者喜欢的程度	不喜欢	一般	非常喜欢
产品或服务进入市场的良好时机	不佳	一般	良好
产品或服务有无重大缺陷	有	一般	没有
消费者对产品或服务愿意购买的程度	不愿意购买	一般	愿意购买

表 11－4　目标行业可行性分析评估表

评估项目	低潜力（－1）	中等潜力（0）	高潜力（＋1）
目标行业在其生命周期所处的阶段	成熟期或衰退期	成长期	初创期
新创企业在目标行业内的存活率	低或零	一般	很高
目标行业的成长率	低或零	一般	很高
目标行业的利润率	低或零	一般	很高
目标行业的潜在威胁	很多	一般	很少或零

表 11－5 目标市场可行性分析评估表

评估项目	低潜力(－1)	中等潜力(0)	高潜力(＋1)
目标市场的识别	难以识别	能够识别	清楚
消费者的购买力	很低	一般	很高
消费者认识新产品的难易程度	困难	一般	容易
目标市场空间程度	很小	一般	很大
目标市场增长能力	很低	一般	很高

表 11－6 竞争情况可行性分析评估表

评估项目	低潜力(－1)	中等潜力(0)	高潜力(＋1)
构建竞争者“进入壁垒”的能力	无法构建	一般	可以构建
竞争者数量	很多	一般	很少或无
消费者对竞争者产品或服务的满意程度	非常满意	一般	不满意
竞争对手的竞争能力	很强	一般	很弱
潜在的竞争者	有	不确定	无

表 11－7 组织情况可行性分析评估表

评估项目	低潜力(－1)	中等潜力(0)	高潜力(＋1)
创业者在该行业中的经验	没有经验	经验一般	很有经验
创业者与创业项目的产品或服务相关的技能	没有技能	技能一般	技能很好
创业者对创业项目的热情	很低	一般	很高
创业项目对必须资源的获得能力	很弱	一般	很强
创业者所具备的创业素质	很差	一般	良好

2. 全面可行性分析

为了评估创业项目是否具有可行性，可以进一步通过全面可行性分析评估表进行评估，见表 11－8。全面可行性分析包括七个部分，每个部分都有三个选项，分别为高潜力、中等潜力、低潜力，分值在－5 至＋5 分之间，每个部分后面有提高潜力的具体建议。

在填写全面可行性分析评估表时，创业者必须坦诚公正。好的创业项目产生于以实事求是和正确信息为基础的分析，而非推测和猜想。分值只是参考，高潜力、中等潜力或低潜力的具体分值没有公认的标准，评级靠创业者主观判断。

表 11-8　　项目可行性综合测评表

评估项目	得分(－5至＋5)	总体潜力	提高潜力的建议
第一部分 产品(服务)可行性		□高潜力 □中等潜力 □低潜力	
第二部分 目标行业可行性		□高潜力 □中等潜力 □低潜力	
第三部分 目标市场可行性		□高潜力 □中等潜力 □低潜力	
第四部分 竞争情况可行性		□高潜力 □中等潜力 □低潜力	
第五部分 组织情况可行性		□高潜力 □中等潜力 □低潜力	
第六部分 财务情况可行性		□高潜力 □中等潜力 □低潜力	
第七部分 全面可行性		□高潜力 □中等潜力 □低潜力	

全面可行性分析评估表完成之后，你会发现，没有任何一个企业在每个评估项目下都是“高潜力”，这说明任何创业项目都存在不确定性和经营风险，评估表的目的在于你要加深对创业项目可行性的总体印象或认识。

二、SWOT 分析

SWOT 分析代表分析企业优势(Strengths)、劣势(Weaknesses)、机会(Opportunities)和威胁(Threats)。因此，SWOT 分析实际上是将对企业内外部条件各方面内容进行综合和概括，进而分析组织的优劣势、面临的机会和威胁的一种方法。我们可以用 SWOT 分析对创业项目做最后的全面分析。

1. S&W 分析

竞争优劣势的分析，主要是对你和你的团队所拥有的各种内外部资源与竞争对手相比较所具有的优势和不足的分析。这些优劣势可能是你的技术水平、产品质量、产品差异化、价格、社会关系网、资金、团队、人才、创新能力等。虽然竞争优势实际上就是在对比你和竞争对手谁的综合优势更突出，但是明确自己究竟在哪一个方面具有优势更有意义，因为只有这样，才可以扬长避短，或者以实击虚。

2. O&T 分析

O&T 主要用来分析外部条件，外部环境因素包括机会因素和威胁因素，它们是外部环境对项目的发展直接有影响的有利和不利因素，属于客观因素。

通过以上分析，可以形成一张 SWOT 分析矩阵图，如图 11－3 所示。

内部分析 外部分析	**优势S** 1. 2.　列出优势 3.	**劣势W** 1. 2.　列出劣势 3.
机会O 1. 2.　列出机会 3.	**SO战略** 1. 2.　发挥优势 利用机会 3.	**WO战略** 1. 2.　克服劣势 利用机会 3.
威胁T 1. 2.　列出威胁 3.	**ST战略** 1. 2.　利用优势 回避威胁 3.	**WT战略** 1. 2.　减少劣势 回避威胁 3.

图 11－3　SWOT 分析矩阵图

【课堂活动】

分享 SWOT 分析

具体要求：

1. 根据调研数据，对你的创业项目进行 SWOT 分析，并形成 SWOT 分析矩阵图；

2. 根据 SWOT 分析，讨论创业项目的可行性。

市场调研报告

市场调研报告是经济写作中常用的文种，它是对市场进行了深入的调查，并对调查中获得的资料和数据进行归纳研究之后写成的书面报告。它的主要作用是为团队进行市场预测和经济决策提供科学的依据，是市场预测和经济决策的基础，因此市场调研报告具有科学性和客观性。市场调研报告不仅仅是对市场现状的一种反映，而且要求在对市场现状深入了解的基础上，归纳出合乎市场经济发展规律的结论，并提出相应的对策。因此市场调研报告必须具备市场调查与市场研究两大要素，市场调查是市场研究的基础，市场研究是市场调查的进一步深化，两者缺一不可，在这基础之上形成的书面报告才是一篇有质量、有价值的市场调查报告。

一、市场调研报告体例

• 标题。
• 调研目的（调研的意义、背景，表述准确，富有逻辑性）。
• 调研时间。
• 调研对象（对于调研对象，可以先分类，再具体描述调研对象的总体特征）。
• 调研地点。
• 调研方法（文案调研、抽样调研、询问调研、观察法、实验法、典型调研）。
• 调研内容（市场环境调查、竞争者调查、消费者需求调查等）。
• 调研分析（尽可能地客观、详细、展现调研成果，以客观反映为主，少主观分析，以调研得出的数据。先论述结果，再辅以图表）。
• 调研结论（根据调研内容做 SWOT 分析，并针对问题、劣势、风险提出相应的解决方案）。
• 附录（调研问卷、访谈提纲）。

二、撰写市场调研报告应注意的问题

1. 分析重于描述

在市场调查报告写作中，进行深入的市场调查是写作的基础，是十分重要的一环。但一篇有质量的市场调查报告不能仅停留在对市场调查的结果进行客观的描述上，而要对市场调查的结果作进一步的分析与研究，找出其中带有规律性的东西，以此作为经济决策的参考。有些市场调查报告成了市场调查结果流水式的描述，你从这些市场调查报告中只能了解到市场的现状，而看不到作者的观点以及作者对市场研究的结果。

2. 建议措施的切实可行

市场调研的目的在于了解项目可行性的程度，同时也为下一步决策提供重要的参考依据。调研报告的难点不在于把思想观点变成文字，而在于提出有创意的、切实可行的办法措施。

【扩展阅读】

玩具店创业前期市场调查要素分析

我国玩具市场潜力巨大，正是看准了这一商机，很多人将玩具店作为自己的创业选择。然而，开玩具店不是那么简单的事情，在开业之前，针对玩具市场做一个调查，是非常有必要的。

提到市场调查，其实很多都不陌生，每个人在开店之前都会去做，但很多人做起来却是很盲目的，没有考虑到自己调查的信息是否对自己有用，是否有利于自己开店。那市场调查从哪些要素入手分析出来的结果才合适呢？建议大家主要从这些要素着眼：

1. 市场的饱和程度

所谓市场的饱和度就是指一定范围内供与求的关系。根据最基本的经济原理，供大于求，市场的饱和度比较大，则销售会进入举步维艰的地步；而供小于求，则产品的饱和度就低，利于商家进入市场。玩具店在开业之前，要调查好一定范围内的市场程度，如果市场已经饱和，就不利于进入。

调查市场饱和程度主要从几个方面进行，包括：店面方圆2公里范围内的玩具店共有几个，都是什么类型的玩具店，店面区域内主要是高消费白领群体还是低消费打工族，店面区域内人口数量大概有多少等。

2. 竞争对手的情况

对于竞争对手的调查，除了关注数量外，主要集中在如下的方面：玩具的定价情况如何；玩具的种类有多少种；玩具店的服务是否热情周到；他们是如何吸引顾客到店里去消费的；他们的经营特色在哪里；他们的玩具店又有哪些不足。总而言之，对竞争对手的考察主要集中在对对方经营情况的考查上。

3. 消费群体的情况

顾客就是上帝，我们要服务好上帝就要了解他们的需求。需要做一定的调查：了解在这个范围内顾客的群体是哪些，是爱好收藏玩具的年轻时尚族比较多，还是幼儿比较多；这些顾客群体对玩具的具体要求都有哪些，他们能接受的价格范围是什么；他们对玩具的品牌、安全情况要求有哪些，想在什么样的玩具店里面进行消费。在调查过程中了解了顾客的要求，自然开店后会得到顾客的认可。

4. 不同地方玩具店的经营情况

做开店市场调查，调查的范围要适当放宽。除了对可能是竞争对手的调查外，还要调查开在学校旁边的玩具店，开在小区旁边的玩具店，开在大型商圈内的玩具店等。了解清楚这些情况对你开玩具店的选址会有很大的帮助。

通过市场调查，了解现在市场的最新情况，做到知己知彼，这样在你开店筹备及以后的经营中才会把握更多的主动。

资料来源：根据网络资料整理。

本章思考与实践

1. 阅读一份创业项目的市场调研报告，根据所学知识，提出你的建议。
2. 请对你的创业项目进行风险评估。
3. 结合你的创业项目，撰写一份市场调研报告。

第十二章　创业计划

【学习目标】

• 理解创业计划的内涵和作用，能够归纳撰写创业计划之前的各项准备事项

• 讨论创业计划的基本结构和内容，合理撰写创业计划

• 判断创业计划展示技巧，合理设计创业路演 PPT

【学习要点】

• 创业计划概述
• 撰写创业计划的前期准备
• 创业计划的基本结构、编写内容和写作注意事项
• 创业路演及注意事项
• 创业路演 PPT 制作技巧

创办企业不是一件轻松的事情。在你选择行动之前，应把创业想法向你的亲人、朋友分享，得到他们的认同和支持，并听取他们的建议和意见，进而不断完善和修正你的创业想法。创业想法在头脑中越来越清晰，会让你感觉到无比的兴奋，似乎灵感在迸发、血脉在膨胀，你充满了创业的勇气和信心，迫不及待地想马上去行动。

创办企业是漫漫征程，到处充满了荆棘和险阻，这时的你应该学会冷静，要AUM(Awareness、Understanding and Meditation)一下，静下心去问自己三个问题：创业想法是否真的清晰、创业目标是否足够明确、创业资源是否准备完毕。越问自己，越会感觉到还欠缺些什么。是团队、是市场、还是资源？当你面临这样的问题时，通常制定一份创业计划是有效的解决方法。把你的创业想法落到纸面上，再让你的团队成员、合作伙伴、投资人和未来潜在顾客去评议，会让你的创业想法和项目更加实际。创业之路在脚下，秉持计划前行，成功的可能性就会增加。让我们一起学习创业计划的制定和展示吧。

创业计划概述

宋振东的创业故事

“大众创业，万众创新”是时代的召唤，今天的你，一定有了自己的人生目标和愿景，保持自己的“初心”，让梦想释放，开始创新创业行动吧。

创办企业从计划开始

案例

做“互联网+跨境电商”的宋振东(一)

宋振东，2017届黑龙江大学创业教育学院工商管理(文化创意创业管理方向)专业毕业的本科生，是一个执着勤奋、充满激情和梦想的95后。刚上大学军训时，学校开展创业管理实验班的校内选拔转专业学习，怀揣创业梦想的他毅然地选择了申报实验班，最后通过笔试、面试的层层考核进入了实验班学习。在专业的学习中他十分勤奋，实验班的“经济学、管理学、法学、文学、传播学、美学”的跨专业课程让他知识领域涉猎颇多、素质能力逐步提升，同时利用业余时间经常参加社会企业开展的创业讲座和交流活动。此外，他还积极参加学校KAB俱乐部组织的各种活动，结识了一批志同道合的小伙伴。2015年12月，一次由学院组织的企业实训——“俄速通跨境电商训练营”改变了他的人生轨迹。

跨境电商是新兴的行业，在“一带一路”倡议背景下迅猛崛起，带来了前所未有的商机，“嗅觉”灵敏的他觉得这是一个创业的良机，可是跨境电商行业需要专业知识和技能。在老师的鼓励下，他通过考核以管理培训生的身份进入亿思达电子商务公司实习，为了梦想，他如饥似渴地学习。从跨境数据统计分析、产品研发、产品订制、平台运营、推广宣传、国际物流、客服沟通、到全产业链相关知识和操作技能。其主管的产品业务日销售也由最初的0收入增长到500 $、1 000 $、2 000 $。他的努力获得了同伴的认可和肯定。

随着能力的逐渐提升，从事跨境电商创业的可行性越来越明晰，但如何起步呢？正值学校开展2016年大学生创新创业训练计划项目申报，他选择了和几个志同道合的同学申报创业实践项目，希望通过项目训练明确自己的创业方向和销售品类。创业实践项目申报时需要提交创业计划书，好在对他们而言并不是难事，因为专业的学习中已掌握了相关所有知识，关键是如何通过制定创业计划来达成创业目标，同时为日后企业的成立和正式运营奠定基础。近期，完成创业计划是他们的首要任务，这就需要小伙伴们共同来商议，并将商议内容一一落到纸面上形成完整的行动规划。

资料来源：根据创业者宋振东提供素材整理。

案例思考：

一、创业计划有用吗

创业计划
有用吗

创业计划有用吗？很多初创业者都会问这同样的问题，总觉得创业做事最重要，而且创业过程有太多的不确定因素，抱着"走着看"的心态。但是作为大学生创业的你，制订创业计划是极为重要的，因为创业计划就是你理清思路、提升本领、增强信心和勇气的过程。

根据国际调查机构面向创业者进行的"创业计划是否无用"调查事项的数据显示，有72.78%的创业者选择为"NO"，有24.36%的创业者同意该项观点，另有2.86%的创业者表示"说不清楚"。通过同意该项观点创业者的数据分析，有94.75%的创业者属于生存性创业，雇员数量在7人以下的占86.26%，主要从事于小型餐饮、零售、维修、服务等行业，并且全体创业者均未获得过天使资金等风险投资，其受教育程度普遍偏低。而选择"NO"的有12.38%创业者获得过天使资金等投资，他们对创业计划极为看重。

创业计划对大学生创业者有哪些作用呢？简言之，有以下六个方面作用，如图12－1所示：

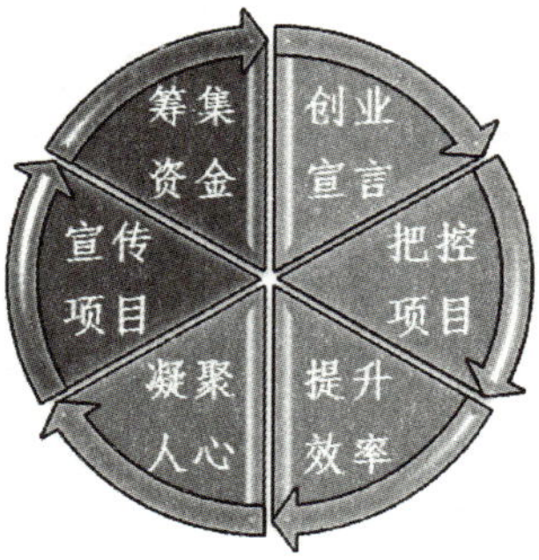

图12－1 创业计划的作用

一是自我的创业宣言。创业计划首先应该是给自己看的,帮助你自我评估、理清创业思路。办企业应本着认真的态度对所有能够掌控的资源、市场及消费者的情况和初步竞争策略做尽可能详尽地分析,并拟定一个初步的行动计划,做到自己心中有数。

二是合理把控创业项目。创业计划还是准备创业资金和防控风险的必要手段。对初创企业的风险而言,创业计划的作用尤为突出,一个构思中的项目往往很模糊,通过制定创业计划把设想都书写下来,然后再逐条推敲,就能对这项目有更加清晰的认识和理解,进而能合理地把控好这个项目。

三是提升管理效率。一份完美的创业计划可以增强我们的自信和勇气,不仅可以凝聚团队和创业伙伴的人心,更能增加新创企业的有效管理。因为创业计划不仅提供了新创企业全部的现状,也展示了企业未来发展的方向和目标,并且也提供了良好的效益评价体系和管理监控指标,这使得我们在创业实践中有章可循。

四是有效凝聚人心。创业计划通过发展前景描绘和成长潜力规划,使管理层和团队成员对企业及个人的未来充满信心,从而使团队成员进一步认清自己的角色和工作内容,进而去寻找更多、更适合企业发展的合作伙伴。

五是宣传创业项目。创业计划是一份全方位的项目计划,即对将实施项目进行可行性分析的过程,也在向风险投资人、银行、客户和供应商宣传新创企业及其经营内容,一定程度上也是新创企业对外宣传的文件。一份完美的创业计划不但会增强自己的信心,也会增强风险投资家、合作伙伴、团队成员、供应商、分销商对你以及团队的信心。而这些信心,正是新创企业走向创业成功的基础。

六是筹集资金。资金是企业的血液,新创企业往往资金是不充足的。通过对创业计划的理性思考和分析,预测新创企业前期资金使用的需求量,并适合地提出资金回报率,这就为你争取获得潜在投资人的投资奠定基础,这也是创业计划最为直接的作用。

二、创业计划的“5W & H”

创业计划也叫“商业计划”,是由创业者准备的一份书面计划材料,用以描述创办一个新企业所有相关的要素,也是在创业过程中重要的内容。

我们换一个角度去理解,假设你是大学生创业者,其创业计划从本质上来说,是风险投资人或小伙伴们用资金换来你对企业达成目标的一个承诺。

可以形象地把创业计划看作一只手,内容如图 12 - 2 所示:

其实就是回答 5 个“W”和 1 个“H”的问题,即我们是谁(Who)、要做什么(What)、为什么要做(Why)、什么时候做(When)、在什么地方做(Where)和怎样做(How)。当我们把这 5 个“W”和 1 个“H”的问题都想清楚,并且达成内部关联,就可以形成合力,正如握起拳朝着目标出击。

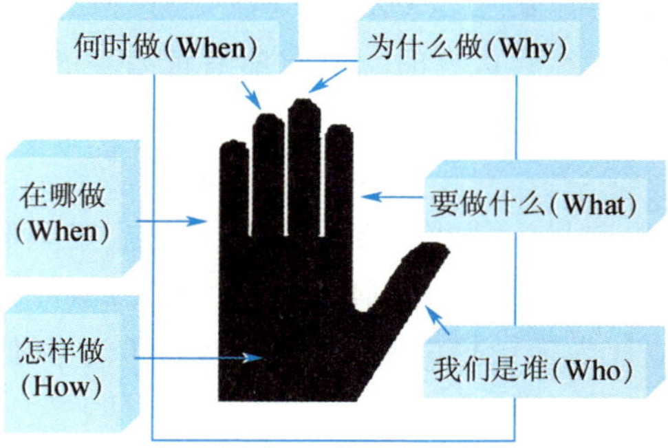

图 12－2　创业计划手型图

三、撰写创业计划的前期准备

作为想创业的你，一旦决定创业，新创企业将很快地进入商场，如何在商场中存活下来，并且取得阶段性成果，需要在创业之前有充分的准备，创业计划是你的最佳选择。但如何能完成有效的创业计划呢？这就好似郭靖练武，必须掌握“心法”。创业计划的“心法”就是你着手写作前的三项准备，即进行市场调研和信息收集、分析创业项目可行性、完善创业计划构想。

1. 进行市场调研和信息收集

要想构思创业项目切实可行，我们就不能闭门造车。撰写创业计划可以形象的解释成“结构是骨架、内容是血肉、调研是脉络，信息则是细胞”，与你创业项目相关的各种信息收集、汇总、整理、分析、解释的过程是基于你的市场调研活动而完成的，所以撰写创业计划之前开展市场调研并收集信息是极为重要的，它将为你开启创业之路。关于市场调研和信息收集的基础理论、知识、方法和技巧我们已经在前文学习过了。

2. 分析创业项目可行性

现实生活中太多的成功创业案例激发了你的创业热情和勇气，这是一件好事，但你是否能够成功创业显然是未知数，毕竟成功的创业者是绝对少数。我们都熟知“硅谷”，它直接带动了美国甚至全球经济的走向，影响青年的创新创业。但通过数据分析，在“硅谷”中创业的青年人初创企业年存活率不到 20%，迈过初创期的企业 5 年内的存活率不到 50%，由此可见创业成功是一件艰巨的任务。

我们不仅要看到创业成功者的辉煌，更要看到创业者本身为此付出的努力。创业者们的成功不仅仅是自身的智慧、体能、品格、性格和其拥有的资源整合，更有企业采用的各种战略、战术方法、管理经营和技巧，甚至还有偶然的机遇。

你的创业是否可行，能否存活或成功，是从创业者的创业计划构想开始的，结合你要面向的客户群体、你要销售产品或服务、你所掌握的技术资源和社会经济环境等方面进行综合评价。一般而言，我们可以从以下四个方面进行创业项目可行性分析。

(1)你是否是一个相对合格的创业者。作为一个想创业并敢于创业的人,你会面临比一般人更多的挑战。你是否适合创业,这是必须思考的问题。我们每一个人对自己的人生都有心理目标或期望,但目标和期望不是所有人都能实现。而创业项目是靠你和你的团队去实现,分析创业项目可行性要从自身开始,敢于问自己一些问题。

问题一,创业是否符合你的人生方向?

问题二,创业项目是否是你的兴趣爱好或特长?

问题三,创业项目是否是你的专业技术优势?

问题四,创业项目的市场情况你是否足够了解?

问题五,创业团队的管理和运营你是否已经能够把控?

问题六,你是否做好了心理准备,敢于面对创业失败而产生的后果?

(2)你的创业资源是否具备。无论初创企业规模大小,都需要各种资源,你的资源准备是否充足,不足的话可以通过哪些渠道和方式获得。

创业的资源在除团队和人脉以外,就是创业启动资金、办公场所、办公设备、生产设备、原材料供应商、生产技术、产品品牌、产品专利、网络资源等。作为大学生创业者而言,一般都会相对匮乏或缺失,特别是启动资金的缺口,你就要考虑通过借款或融资等形式得以补充。

(3)创业环境的影响分析。新创企业作为市场环境中的一个组织,必然受到多方面的影响,你的企业只有动态地适应环境才能存活、发展、壮大。影响企业的环境因素有很多,比如宏观环境中的国内政治环境、经济环境、金融环境、市场环境等,微观环境中的企业管理结构、财务资源、技术研发、团队人员能力、生产效率和抵御风险能力等。

在我国“大众创业,万众创新”,“一带一路”倡议,创新驱动创业,创客文化蓬勃发展,国民经济稳中增长。因此,创业是一个很好的选择。

(4)创业失败带来的影响分析。虽然你满怀信心开展创业,但无数的实例证明,想和做是完全不同的两码事,做也有好坏之分。这就需要我们在创业项目可行性分析时,不能用热情去衡量,而是需要用专业的数据去做充分预测,对可能失败的结果进行冷静分析。

创业一旦失败,打击会非常大,除非你有足够的心理准备和物质准备。你对失败的可能性预估越充分,对失败所带来的影响考虑越全面,就能在出现问题时淡定地防范和有效处理,从而在激烈的商场竞争中保护自己。

“硅谷”中有如此之多的年轻人创业失败,但依旧激励更多的年轻人投身创业,这有“硅谷”的魅力,更是“硅谷”文化所在——永不言败的精神。

3. 完善创业计划的构想

你在进行创业计划撰写之前,通过市场调研活动已经收集到各种信息,你需要围绕着你的创业项目进行整理、汇总和分析,进一步回答“W”和“H”的问题,你的创业项目构思将更加明确和清晰。如果你时间足够的话可以选择做一个“创业画布”，把你的构想通过导图的形式记录下来，再对你的小伙伴们、老师们介绍，听取他们的建议和意见。下面是创业项目构思中最为重要的两个环节。

(1)完善创业构思应注意的八个问题。

一是，剖析创业动机。考虑一下你最初的创业动机是什么？是赚钱、实现理想、兴趣使然，还是发现了市场机会和生活中的“痛点”问题。明确和剖析创业动机是最重要的。

二是，优选创业模式。选择合适的创业模式，是创业成功的关键点。如何优选创业模式，首先考虑一下你的创业资源，分析优势和不足；然后设想一下通过什么样的方式可以弥补你的缺失，合理搭配创业要素；最后再选择你的创业模式。好的创业模式未必需要大量的资金投入、场地投入或人员投入。

三是，规划创业步骤。你的创意或机会是怎么发现的、找谁组建团队、需要多少资金、在哪里创业、产品或服务怎么做营销，这些问题的思考其实就是你在规划你的创业步骤，它是一个循环的过程，需要不断的修改、调整和完善。

四是，明确创业原则。创业过程是很艰苦的，你和团队都要承受很多沉重的压力，明确了创业原则就会凝聚人心、汇聚力量、奋勇向前。作为大学生创业者，一般把握的创业原则就是要剔除没有前景的创意、做有节制的计划和分析、把设想和行动结合起来。切记，不做思想上的巨人，要做行动上的能人。

五是，创造创业资源。你的创业项目不一定是尖端的专利应用、全新的创意和商业模式创新，只要有市场需求、有顾客的群体购买行为就可以了。在研讨创业构思时，你必须深入地思考你需要的创业资源，整合团队现有资源并有效利用资源，为你的创业项目开辟全新局面。

六是，规定创业期限。你在创业初期应规定一个合理的创业期限，否则过长的准备时间可能消磨你的意志。此外做好创业的时间管理，也有助于你尽早实现企业的盈亏平衡，同时也能有效地预测你的资金准备额度。

七是，分配股权比例。无论你创业项目的投资者来自于团队内还是外部，在研讨构思阶段，一定要考虑好新创企业的股权比例问题，一个适合的股权结构会有效地保障团队稳定和合作持续。

八是，构建创业团队。你的团队内的成员不一定每个人都是“尖子”，但要做到优势互补、精诚合作，凝聚在你的周围，同时要对创业项目有高度的认知统一，这才是一支优秀的创业团队。

(2)分析创业过程中可能遇到的问题和困难。完善创业构思的过程也是一个分析问题和困难的过程。在创业构思的初期，你充满了斗志和信心，但由于缺乏经验就往往会犯“自大”的错误。而实际创业的过程中你会遇到各种各样的问题和困难，例如现金流短缺、员工离职、开拓市场乏力等。问题很多，归纳起来主要有五个方面。

一是，资金需求。你在创业行动之前一定要预测好所需资金，如资金不足就要考虑筹资的方法了，目前“互联网＋金融”的“众筹”模式是一个全新的选择。

二是，行业选项。“人对行”对创业者来说是极为重要，即不要盲从、不要跟风，选择政府重点支持的产业、选择适合自己的行业、选择需求趋势明显的行业方向。

三是，团队人员。人是创业的基本因素，也是创业的首要问题。股权分配的不合理、团队成员信息沟通不顺畅、经营管理意见不统一、激励机制设计不完善等问题经常会引起团队内的冲突，只有处理得当，才能继续前行。

四是，初创管理。“没有规矩、不成方圆”，初期以实用有效为主，管好财、抓住人、开好业，其他随着新创企业的成长和发展再逐步完善。

五是，自身因素。你是创业的核心，一定要在创业的过程中调整好身心状态、社会关系、资源和能力储备，它将直接影响你的团队。

【Tips】

完善创业构思是重要的，它将决定你创业的成败，所以要用充分的时间去思考和讨论。

“头脑风暴”是有效的讨论方法之一，团队成员集思广益，很多新颖、创意的点子会在不经意间被“抛出来”。

创业过程中会遇到很多问题和困难，但你作为团队的核心，一定切记要激励团队成员的信心。冷静思考比什么都重要。

通过学习，你已知晓了创业计划的“心法”，后面就需要你和你的团队不断修炼，具备撰写创业计划的能力。

创业计划制定

绝高的武学，得益于集多家之长、融会贯通。拥有创业梦想的你，完成创业计划就需要集多方资源、团队智慧来撰写完成。

制定完善的创业计划

【案例】

做“互联网+跨境电商”的宋振东(二)

宋振东和小伙伴们针对创业的各类事项进行了充分的讨论，逐步完善了创业的想法和实施的步骤。首先，小伙伴们针对打算销售的音响设备开展了专项调查，他们通过网络数据对现有的音响产品进行了分析对比，发现“痛点”，最终确定了研发多款“防水蓝牙音箱”。其次，通过跨境电商平台的买家行为分析，再一次明确“防水蓝牙音箱”的功能、外形、颜色、包装、价格、物流方式，并着手自主设计开发产品，筹划寻找委托生产商加工样品，进行海外品牌注册。再次，进一步讨论如何通过跨境电商平台活动、广告或软文宣传增加市场开拓能力，实现客户“黏度”。最后，团队确定了短期、中期的企业工作目标，确定企业名称为“科行电子商务”，筹划成立企业开展平台注册。宋振东和他的团队对未来充分了信心和期待，他们把所有明确的构思和统一达成的想法逐一地落实到创业计划的纸面上。

资料来源：根据创业者宋振东提供素材整理。

一、基本结构

一份相对完整的创业计划如图 12－3 所示：

图 12－3　创业计划的基本结构

1. 封面

封面一般包括企业名称、创办人姓名、联系方式、邮箱、办公地址、日期等，由于它会对阅读者产生第一直观印象，在设计和制作时应注意以下三点：

第一，企业名称要醒目并准确，企业名称由“地域＋名称＋经营性质＋组织形式”组成，例如“哈尔滨科行电子商务有限公司”。

第二，需要有保密须知，它会对创业项目起到法律保护作用。一般情况下保密须知在封面的反面或扉页。

第三，封面要从审美和艺术的双重角度去细心设计，力求达到最佳的视觉效果。与创业项目符合的封面会给阅读者产生亲近感，使之有兴趣继续阅读下去。

2. 目录

目录其实就是正文的索引，按照章节顺序逐一排列并对应页码，是创业计划最后完成的内容。

3. 正文

正文包括概要、主体和结论三大部分，是创业计划的核心内容。

(1)概要。概要是计划中十分重要的一个部分，也称计划摘要，是对整个创业计划的概括和总结，最为精华，通常是主体完成后才撰写。一份出色的创业计划概要，1～2 页纸就足够，内容要简洁、一目了然、要鲜明、有特点，让阅读者直观感受到创业项目的独特之处。一般可包括：企业基本情况、企业竞争力、企业市场概况、企业营销策略、企业管理策略、创业项目的财务计划、团队情况等方面的综合概述。

(2)主体。主体是核心内容,你需要将其中各项内容展开说明,尽可能考虑周全且条理清晰,大致包括企业描述、产品或服务、市场分析、管理团队、研发与生产、营销策略、竞争分析、财务分析、风险与对策、退出策略等。

切记主体部分在写作的过程中虽因内容多且复杂,但必须存在着十分明显的逻辑关系,所以团队写作时一定要对创业项目有清晰、统一的认知。此外,各部分的原始数据,应是团队通过前期的市场调研与预测统一获得的,只有这样才能保证前后数据的一致性。

(3)结论。结论是对创业计划展现内容的总结,与最前面的摘要首尾呼应,体现了你创业计划的完整性,一般包括写作团队分工介绍、写作过程中的感受、创业项目的后期执行设想和致谢。这个环节千万不要忘记,内容不宜多,大半页就行了。

4. 附录

附录的作用是对整个计划起补充和说明,把证明自己创业项目的各种参考资料、数据分析情况和各种资质呈现出来,以供阅读者参考和更为清晰地理解创业项目。内容包括各种调研数据、市场调查问卷、产品的技术参数、各类财务预测、专利证书或专利授权证书、企业营业执照、商业合同、企业管理制度和与项目有关的获奖证书等。

二、编写内容

优秀的创业计划编写有哪些内容呢?就是将你创业构思各个环节向阅读者逐一展现的内容,共九大部分,如图 12－4 所示。每个部分下又包含着若干小的内容,但是内容之间存在着完整的逻辑性,所以这一部分的写作是重点和难点。

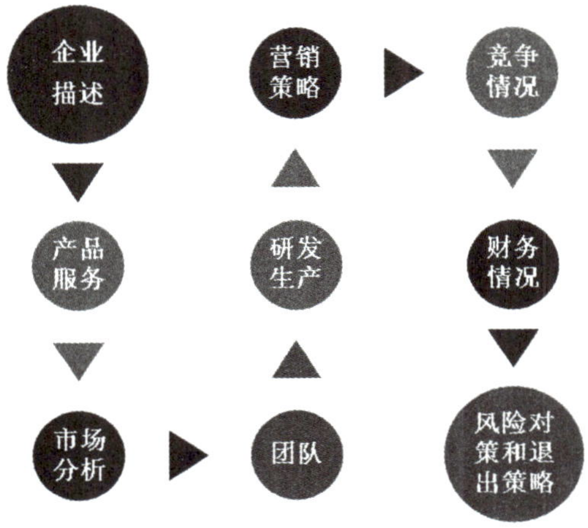

图 12－4 创业计划编写内容

创业计划的内容框架,见表 12－1:

表 12－1　创业计划的内容框架图

项目内容	描述方向
企业描述	1. 企业简介：企业名称、概况、企业基本信息（创建者姓名、核心创业者、企业地址等） 2. 企业简史：企业背景、创业动机 3. 使命陈述：企业目标、企业使命、企业理念和 LOGO 4. 产品和服务：特点描述、知识产权描述 5. 企业现状：发展历程、现状描述、发展阶段规划 6. 启动资金：资金总额、资金来源、资金使用大致情况 7. 法律形式：法律形式、选择理由、所有权情况 8. 选址描述：经营地址、选择原因
产品或服务	1. 产业分析： （1）产业现状（产业处于阶段、总销售额、总收益、企业数量、就业人数） （2）发展趋势（产业走向、有利或不利趋势、未来情况） （3）产业特征（产业结构与参与者性质、关键比率、影响因素） （4）产业市场情况（竞争者、消费者、供应商、销售渠道） 2. 产品分析： （1）产品介绍（名称、性能、使用方法、品牌） （2）市场定位（确定市场位置是领先、跟随、模仿） （3）可行性分析（市场调查分析结果、消费者购买意愿结果、产品定位策略） （4）市场壁垒（知识产权与专利、无专利的设想和面临的风险）
市场分析	1. 目标市场：定位、规模、趋势、目标顾客 2. 顾客分析：顾客概况、购买动机、购买心理、购买行为 3. 竞争者描述：现有竞争者、供应商、潜在竞争者、替代品 4. 市场开拓战略：锁定目标市场、挖掘潜在市场
管理团队	1. 组织形式：公司管理体系、组织架构图、部门职责与分工、所有有权结构和分配情况 2. 核心团队成员：经验、能力、技术、特长 3. 专业服务机构：法律事务所、会计事务所、企业咨询机构、企业顾问、企业合作机构
研发与生产	1. 研发计划： （1）产品技术原理 （2）研发方式与方法 （3）产品层次（核心产品、有形产品、期望产品、扩张产品、潜在产品） （4）阶段目标（短期目标、中长期目标） 2. 生产计划： （1）生产工艺流程（主要工艺流程、生产设备与人员安排、产品包装与储运、原料采购、生产管理、产品投放、质量管理） （2）成本测算 （3）未来产品与服务规划（产品的生命周期、升级或替代产品的规划、产品的服务规划）

续表

项目内容	描述方向
营销策略	1. 销售策略与目标：采取何种销售策略（跟随战术、引领战术、模仿战术）、销售方式、营销计划 2. 价格策略：采取何种价格策略（竞争定价法、心理定价法、产品差异定价法、成本加成定价法等） 3. 分销策略：采用何种分销策略（短渠道、直接渠道、传统渠道、长渠道，或联合销售、网络销售、传统销售等） 4. 促销策略：采用何种促销策略（广告、人员推销、营业推广、公共关系）
竞争分析	1. 现有竞争者：是谁、目标、资源、市场情况、营销策略 2. SWOT 分析：企业的优势、劣势、机会和威胁 3. 竞争优势：产品、技术、商业模式、销售策略、团队等
财务分析	1. 资源需求分析：主要是物质资源（固定资产和流动资产） 2. 融资计划：资金明细表、预计投资金额、阶段股份稀释额度 3. 预计财务报表及投资回报：关键假设、预计利润表、预计资产负债表、预计现金流量表、投资回报
风险与对策 退出策略	1. 市场风险：来自于生产、销售、竞争、顾客 2. 技术风险：来自于研发技术、研发资金、研发团队等 3. 资金风险：资金周转不畅、资金断流等 4. 管理风险：团队人员、资源匮乏、管理不善等 5. 风险应对方案：逐一提出解决可能出现风险的方法 6. 出售业务、并购重组、IPO、重新募集资金等

创业者可根据框架图的内容，逐一的把创业项目构思和想法展现出来，就是一篇相对完整的创业计划了。当然框架图中的内容描述不适合或不符合创业项目的部分可以按需要进行调整。

三、注意事项

创业计划要写的内容很多，应注意以下六点：

(1)要和团队成员明确你的创业项目，对各个环节做合理的梳理和推敲；

(2)花足够的时间去收集各种原始资料和市场数据，用真实的数据才具有可靠性；

(3)切记多找几篇不错的创业计划阅读，拓展你和团队的写作思路，进而提高你们对创业项目各项内容的把握；

(4)如果你觉得文字并不能清晰地阐释你的观点或做法，表格、示意图、数据对比也是一个不错的选择；

(5)写作创业计划时，记得“用专业的人做专业的事”，才能“事半功倍”；

(6)拥有一个良好的心态，鼓励自己和团队人员。

四、写作技巧

如果你想完成一份优秀的创业计划，不仅仅是把各项内容表述清晰就足够了，要让阅读者做到“读进去、愿意读”才是最好的。如何能达到这样的效果呢？在编写创业计划的时，做好以下7个方面的事项，就能够实现，如图12－5所示。

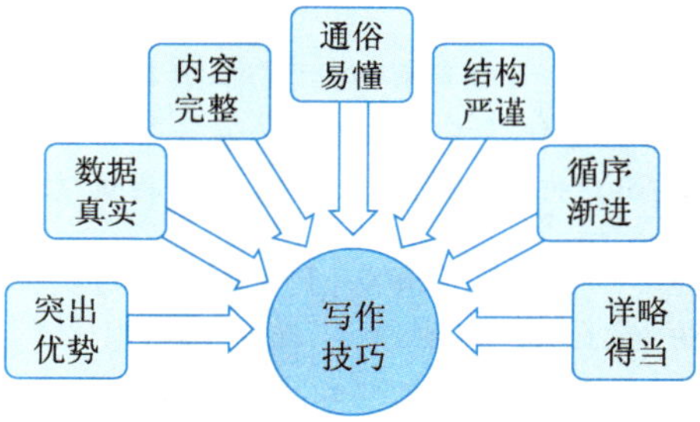

图12－5　创业计划写作技巧

1. 突出优势

你的创业计划虽无须面面俱到但要抓住核心，一定要突出项目的优势所在，例如产品或服务的核心价值、发展的空间、你的竞争位置和能力等。

2. 数据真实

你的数据来源要可靠，特别是通过市场调研获得的相关数据，一定是实事求是的，如采用假设、预估的数据必须要有说明。

3. 内容完整

创业计划的内容和格式虽不同，但内容要相对完整的，当你初步完成后应该查缺补漏，我们经常会忽视一些环节，例如创业过程中可能出现的问题及对策。

4. 通俗易懂

你要运用平实准确、通俗易懂的文字来表述内容，避免歧义、浮夸。其中专业术语应有适当注解或说明，这样便于非专业人士清晰了解。

5. 结构严谨

你的构思逻辑一定要有所体现。由于写作时间有限，创业计划是团队分组完成，但一定要由一人统稿。另外，数据应前后统一，否则就不够严谨了。

6. 循序渐进

“巧妇难为无米之炊”，所以在写作前要准备好各项资料，包括市场调查报告、财务数据、行业基本状况、竞争对手资料等；然后再拟定提纲，整合信息，展开撰写；最后多次修改后形成终稿。

7. 详略得当

创业计划一定要适度，根据用途来规划详写、略写的内容。一般情况下详写的是企业竞争优势和可持续发展的原因等，略写的是企业基本情况、人员组织、前景目标等。

在写作创业计划时，你要做好阅读者提问的准备，特别是创业项目中明显不足的地方，往往问题都集中于此。如果你编写创业计划的目的是为了获得融资，你切记要提出明确的投资回报率，投资商最关心这点。此外，创业计划还有“6C”要素，即概念（Concept）、顾客（Customers）、竞争者（Competitors）、能力（Capabilities）、资本（Capital）、永续经营（Continuation），撰写时要着重体现。

【案例】

做“互联网＋跨境电商”的宋振东（三）

小伙伴们通过半个月的努力，将自己负责部分的创业计划分别提交给了宋振东。经过一周的“开夜车”，宋振东将分项内容进行统稿，此外还特意找了研究生们给予适当的整理和润色。他们基本完成了创业计划，对即将开展的跨境电商业务充满了期待。随后宋振东拿着创业计划初稿拜访已熟识的合作商和老师，他们针对创业计划的内容又提出改进建议和措施，宋振东再逐一调整和修改。终于一份完善的“科行跨境电商创业计划”诞生了。在完成创业实践项目的申报后，通过层层审核获批为国家级立项，获得了5万元的立项资助。目前，宋振东的创业实践项目已顺利结题，他和小伙伴们创办了哈尔滨科行电子商务有限公司，在学校创业园进行孵化，踏上了自己的创业之路。

资料来源：根据创业者宋振东提供素材整理。

案例思考：

【Tips】

创业计划还可以参加各级各类的创业大赛和创业路演活动。

通过参加创业大赛和创业路演，不仅可以展现创业项目和团队，更能收获到行业资深专家对创业项目的剖析与点评。此外，创业大赛和创业路演也是我们获取项目投资很有效地方式，当然也能在活动中找到一直寻觅的创业伙伴。如果你在高水平的创业大赛中获奖，对于你继续深造学业有所帮助。

创业计划赛事：

全国“互联网＋”大学生创新创业大赛、“创青春”全国大学生创业大赛、中国创新创业大赛、“创客中国”大赛、“中国创翼”青年创业创新大赛、大学生“微创业”行动大赛、“昆山杯”全国大学生优秀创业团队大赛

【课堂活动】

创业计划书的内容

具体要求：

1. 结合团队的创业项目，想想计划书的撰写内容；
2. 与你的伙伴分享你的想法，并听取他人的意见。

如何展示你的创业计划

创业计划展示

“华山论剑”是多少侠客一生执着的追求，参与者不仅获得殊荣，更实现了自身武学的价值，令世人敬仰。今天创业的你，已经通过缜密的创业构思研讨、细致的市场调研、合理的团队组建、完善的创业计划撰写，该到了向他人展示，特别是面向投资人路演的环节，这正是你实现梦想的“华山论剑”。

【案例】

做“互联网＋跨境电商”的宋振东（四）

宋振东和他的团队经过一年多的辛勤劳作取得了阶段性的成果，产品由原有的单一“防水蓝牙音箱”发展到多品类的电脑周边产品，团队由最初的5人发展到20多人。随着业绩不断增长，接踵而来的是企业现金的短缺，虽然多方筹措但远远满足不了发展的需求。在困惑时，一张“互联网＋”创新创业大赛的海报吸引了他的目光，创业园将在周末邀请创业导师讲授“如何有效展示你的创业计划”的辅导讲座。宋振东听说参加前两届“互联网＋”大赛的获奖团队，纷纷获得创业投资，他意识到这是解决企业现金短缺和加速成长的有效方式。听说比赛路演活动会请到知名的投资人，令他紧张的是面对路演不知该怎样做，如何在演讲过程中体现项目的精华，以获得投资人和评委的关注。

资料来源：根据创业者宋振东提供素材整理。

案例思考：

创业计划的展示形式分为书面展示和陈述展示。其中陈述展示就是我们经常说的路演，也是创业计划展示最普遍、最重要的形式。

一、创业路演展示及注意事项

1. 创业路演

何谓路演？路演(Road Show)就是创业者在公共场所进行演说、演示产品、推介理念，让创业项目与行业专业人士、创业评审专家、投资方和顾客在短时间内了解你的创业项目最有效的方式。

你在路演之前一定要做好充分的准备，重点考虑以下4个方面：

一是，你如何准备这项艰巨的任务，团队人员该如何有效分工？

二是，你打算采用什么样的演讲形式，达成创业项目的诉求呢？

三是，应该演讲哪些重点内容，时间该如何有效分配呢？

四是，由谁来完成演讲呢？

2. 创业路演展示注意事项

如何做一场引人注目，令投资人难以忘怀的路演呢？对初创的你，应该了解以下展示的注意事项。

(1)讲清你做的事情。首先，要让投资人了解你所从事的项目，一定要讲你团队最擅长的方面，比如通过技术解决了用户的哪些"痛点"问题。为了让投资人印象深刻，最好凝练出一句足够吸引人的口号或句子，并在展示过程中多次提及，让投资人牢记。例如，你开场白最好是："我们是科行创业团队，我们正在从事跨境电商的产品销售，下面我将介绍一下我们拥有自主知识产权的产品。"

(2)详细介绍你的团队。大部分需要融资的新创企业还没有将创意转化成真正的业务，盈利模式还不明确。投资人最终投资的还是"人"，所以团队介绍是你路演中重要的环节。你要向投资人展示出你们对这个项目有多么的热爱，团队成员在行业中的经验，甚至团队成员认识多久、彼此的默契程度，都决定着潜在投资者是否相信你们有能力将梦想变为现实。

(3)提高 **PPT** 的效率。一定要做一个有视觉冲击力的PPT，太多的文字会让观众迷茫，用简洁和凝练的语言可以更好地表达出你的所思所想。要仔细斟酌自己每一页讲稿，确保没有多余的文字和图片，每一个元素都提醒你应该说什么，而不是将文字堆砌到PPT上。

(4)提供产品或服务演示模型。一个DEMO演示胜过千言万语。如果你能把产品在路演现场展示给潜在投资人，并在互动中体验，同时再分享下朋友或顾客使用该产品后的感受，我想这会给投资人留下深刻的印象。

(5)注重你的演讲技巧。为了不让“千里马”错过“伯乐”的眼光，你还需要一些演讲的技巧。谁都喜欢和自信的人合作，如果你自己都不够自信，那凭什么要求投资人相信你呢？自信不是自负，夸夸其谈，而是言谈举止自然从容。

优秀的演讲者不是天生的，你可以适当地控制语速，让你的讲话听起来更清晰。这没有诀窍，只能靠你反复练习。

(6)合理使用你的非语言表达技巧。PPT 一定做得简明扼要，只提供总体框架以及发言的重点内容。你一定要让听众的目光聚焦在你身上，合理使用你的非语言表达技巧就显得很重要。你可以通过眼神的转换、表情的传递、手势的示意、位置的移动、语音语调的变化与停顿来吸引听众注意力，提高互动的沟通效果。

当然这些非语言表达技巧要适度，毕竟是为你创业项目以及演讲做辅助的，如你使用过度就显得做作了。

二、创业路演 PPT 制作

创业路演展示过程中除了创业者自身的演讲水平之外，其制作的创业项目 PPT 也是一个重要的展示内容。

如何制定一份汇报结构合理、内容简洁实用的 PPT 呢？如何抓住重点，尤其是投资人可能感兴趣的点呢？我们一起来看看样例吧。

创业路演 PPT 样例

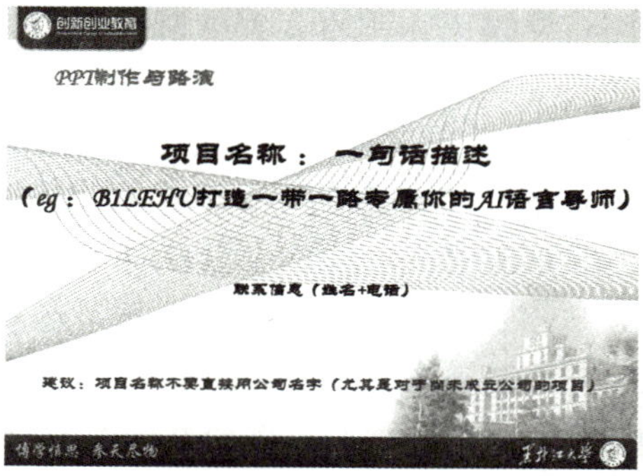

(1)

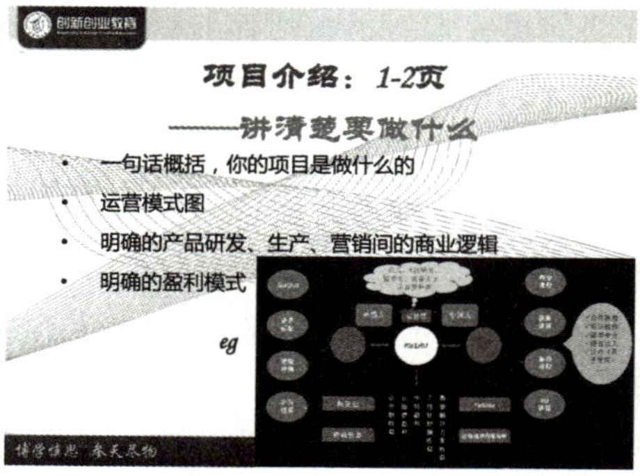

(2)

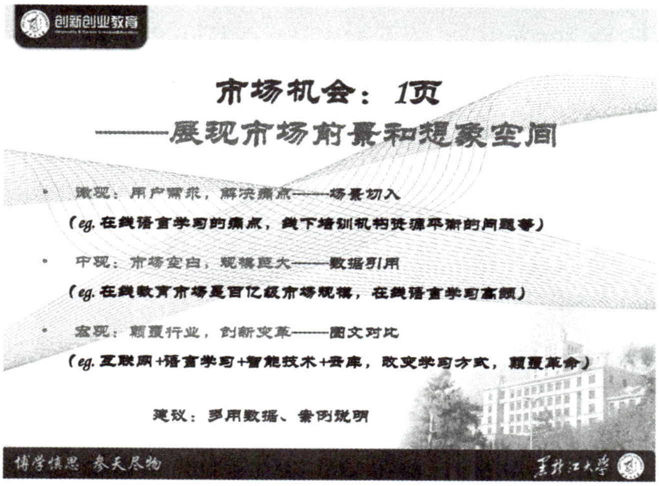
创新创业教育
市场机会：1页
——展现市场前景和想象空间
微观：用户需求，解决痛点——场景切入
（eg. 在线语言学习的痛点，线下培训机构资源不平衡的问题等）
中观：市场空白，规模巨大——数据引用
（eg. 在线教育市场是百亿级市场规模，在线语言学习高频）
宏观：颠覆行业，创新变革——图文对比
（eg. 互联网+语言学习+智能技术+云库，改变学习方式，颠覆革命）
建议：多用数据、案例说明
博学慎思　参天尽物
黑龙江大学

（3）

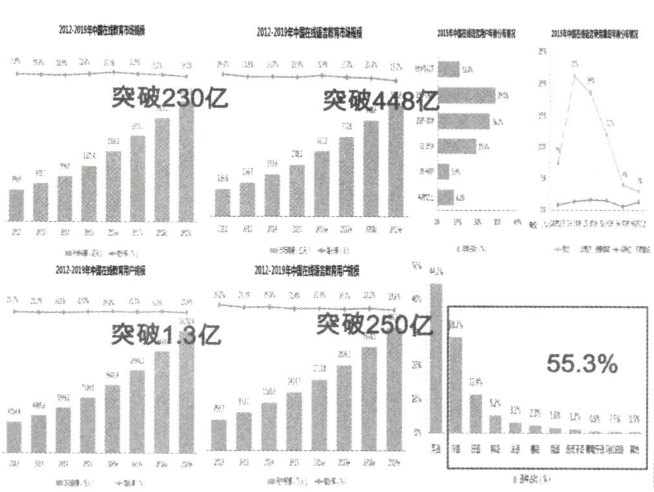
突破230亿
突破448亿
突破1.3亿
突破250亿
55.3%

（4）

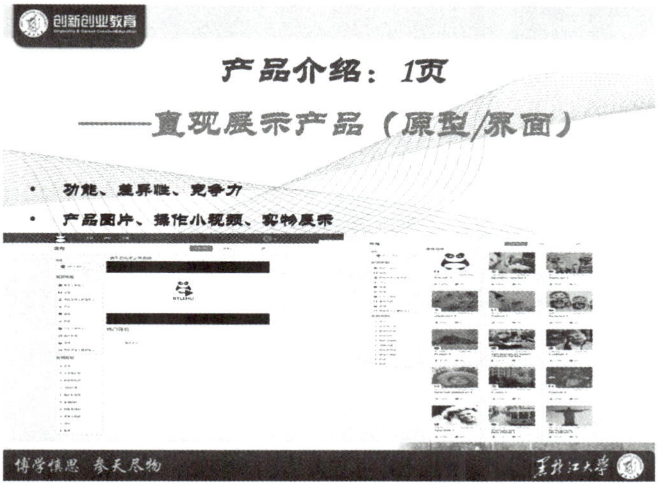
创新创业教育
产品介绍：1页
——直观展示产品（原型/界面）
功能、差异性、竞争力
产品图片、操作小视频、实物展示
博学慎思　参天尽物
黑龙江大学

（5）

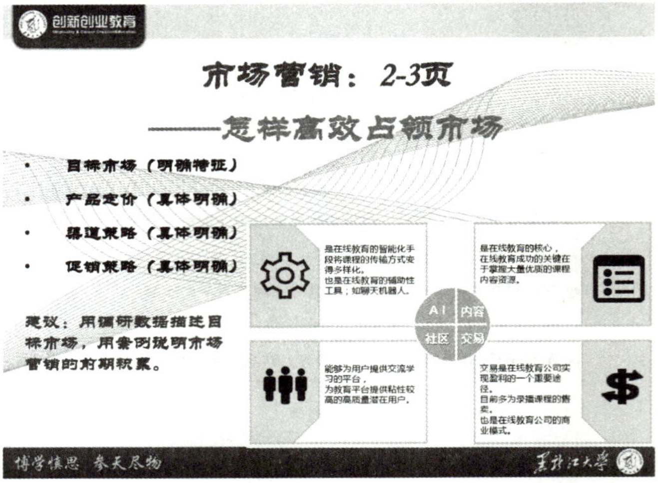
创新创业教育
市场营销：2-3页
——怎样高效占领市场
• 目标市场（明确特征）
• 产品定价（具体明确）
• 渠道策略（具体明确）
• 促销策略（具体明确）
建议：用调研数据描述目标市场，用案例说明市场营销的前期积累。
是在线教育的智能化手段将课程的传输方式变得多样化。
也是在线教育的辅助性工具；如聊天机器人。
是在线教育的核心，
在线教育成功的关键在于掌握大量优质的课程内容资源。
AI
内容
社区
交易
能够为用户提供交流学习的平台，
为教育平台提供粘性较高的高质量潜在用户。
交易是在线教育公司实现盈利的一个重要途径。
目前多为录播课程的售卖。
也是在线教育公司的商业模式。
博学慎思 参天尽物
黑龙江大学

（6）

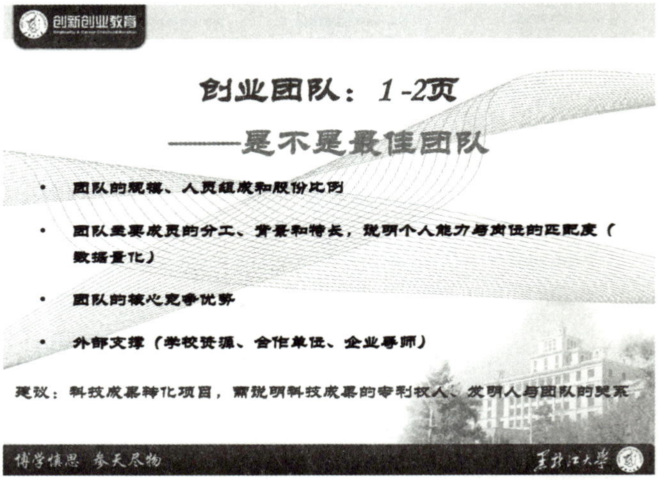
创新创业教育
创业团队：1-2页
——是不是最佳团队
• 团队的规模、人员组成和股份比例
• 团队主要成员的分工、背景和特长，说明个人能力与岗位的匹配度（数据量化）
• 团队的核心竞争优势
• 外部支撑（学校资源、合作单位、企业导师）
建议：科技成果转化项目，需说明科技成果的专利权人、发明人与团队的关系
博学慎思 参天尽物
黑龙江大学

（7）

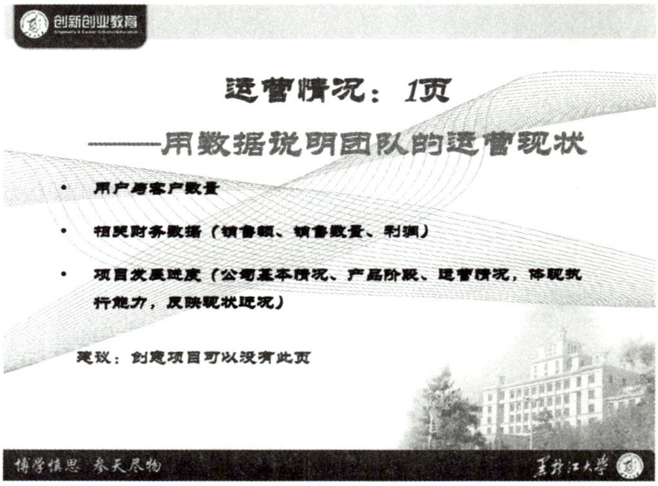
创新创业教育
运营情况：1页
——用数据说明团队的运营现状
• 用户与客户数量
• 相关财务数据（销售额、销售数量、利润）
• 项目发展进度（公司基本情况、产品阶段、运营情况，体现执行能力，反映现状进况）
建议：创意项目可以没有此页
博学慎思 参天尽物
黑龙江大学

（8）

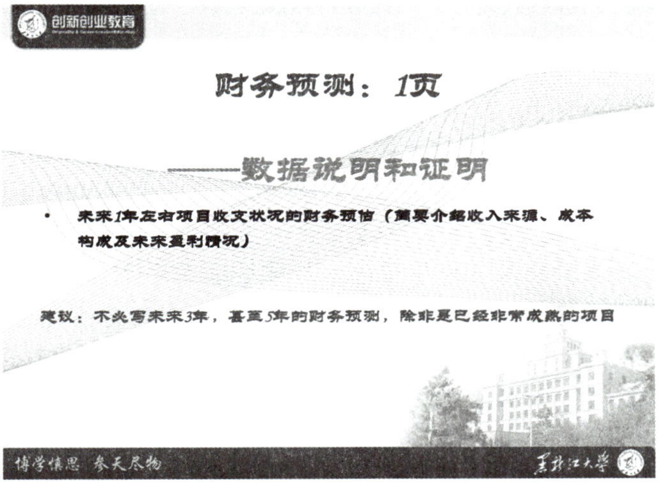
创新创业教育
财务预测：1页
——数据说明和证明
• 未来1年左右项目收支状况的财务预估（简要介绍收入来源、成本构成及未来盈利情况）
建议：不必写未来3年，甚至5年的财务预测，除非是已经非常成熟的项目
博学慎思　参天尽物
黑龙江大学

（9）

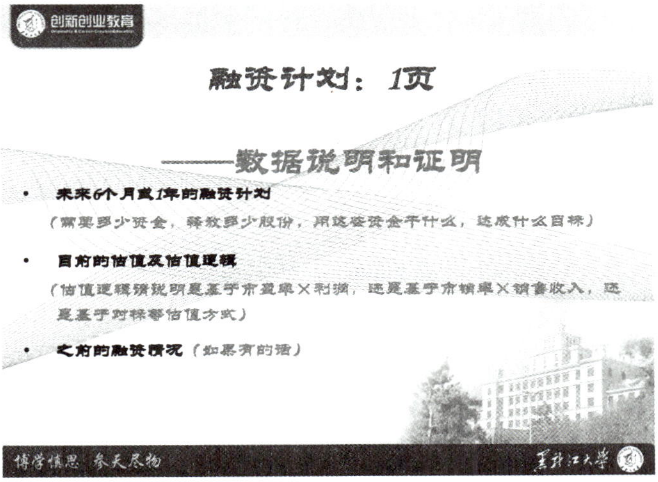
创新创业教育
融资计划：1页
——数据说明和证明
• 未来6个月或1年的融资计划
（需要多少资金，释放多少股份，用这些资金干什么，达成什么目标）
• 目前的估值及估值逻辑
（估值逻辑请说明是基于市盈率×利润，还是基于市销率×销售收入，还是基于对标等估值方式）
• 之前的融资情况（如果有的话）
博学慎思　参天尽物
黑龙江大学

（10）

创新创业教育
结束语
感谢
项目介绍回扣
博学慎思　参天尽物
黑龙江大学

（11）

【案例】

做“互联网+跨境电商”的宋振东（五）

黑龙江省“互联网+”创业大赛终于结束了，虽然宋振东和他的科行团队路演PPT和现场演讲效果很不错，但最终只获得了二等奖。但他一点也不气馁，因为通过比赛他获得了其他学校志同道合小伙伴的“加入”，也收获了评委的建议，并且获得了天使投资人的眷顾。更为重要的是他通过比赛发现了几个可与现有产品组合研发的新的“奇思妙想”，期待着全新的收获。

资料来源：根据创业者宋振东提供素材整理。

案例思考：

【课堂活动】

创业计划书的内容

具体要求：

1. 结合团队的创业项目，与你的伙伴讨论并制作路演PPT；
2. 将路演PPT进行展示，听听你的老师和同学们的意见。

本章思考与实践

1. 结合团队的创业项目，与你的伙伴共同撰写一份创业计划书。
2. 假如你的创业计划要进行融资路演，尝试着制作路演PPT。
3. 演讲是路演中最重要的环节之一，团队每个人员分别尝试一下，选择出最适合的代表进行演讲。

第十三章 创建新企业

【学习目标】

- 辨认相关法律法规和商业伦理
- 描述新企业创建形式
- 运用企业选址和命名策略
- 计算新企业开办所需资金

【学习要点】

- 与新企业相关的法律法规、伦理和社会责任问题
- 新企业的市场主体类型选择
- 新企业的选址策略
- 新企业的命名方法
- 新企业的注册流程
- 新企业的启动资金预算

本章之前所学习的内容，都是为了新企业的“诞生”而做的准备工作。新企业，也可称为创业企业，是创业者利用商业机会并通过整合资源依法创建的一个新的、具有提供产品资格并获取盈利的组织。对于创业者来说，把握好创建新企业的时间和条件是首先要解决的问题。然而，这个问题并没有标准答案，只能遵循一般规律，在识别到了有前景、有价值的创业机会，组建好了创业团队，筹集整合了相应的资源之后，便可以创建新企业。新企业的创建远不是拿着材料去窗口

注册那样简单，我们需要知道相关的法律法规，掌握可以创建的市场主体类型，清楚选址、命名的要求，了解需要准备多少启动资金等。创业的复杂，至此才刚刚开始。

遵规守法，敬畏伦理

快播曾是一家以网络流媒体技术开发与应用为核心的高科技企业，研发基于准视频点播内核的、多功能、个性化的播放器软件。然而，自 2010 年以来，公司开发了快播视频播放软件系统，以制作技术、不问内容为借口打"擦边球"，对快播系统内大量淫秽色情视频的广泛传播没有进行管理。2014 年 4 月，公安机关接到群众举报快播公司传播淫秽物品牟利；2014 年 6 月 26 日，广东省深圳市市场监管局向其开出了 2.6 亿元的巨额罚款；2014 年 8 月 8 日，潜逃境外 110 天的公司法定代表人兼总经理王欣被抓捕回国，轰动一时的深圳快播科技有限公司传播淫秽物品牟利案宣告结束。依靠技术起家，借助网络大肆传播不良内容而快速发展，这个曾号称用户过 4 亿、全国市场占有量第一的网站一步步走向覆灭。"产品用户群越大影响力就越大，如果监管不力，影响的有可能是一代人。"王欣在供述中几度哽咽，"技术公司不仅要关注产品本身，更要承担社会责任。如果只有强大的技术而没有好口碑，就算企业做再大也不会长久，这也是我对其他互联网从业者的忠告"。

无论是否打算创建企业，你都要有法律和伦理意识。创业者必须学习与新创企业相关的法律法规知识，创建守法经营的健康企业。

一、相关法律法规

不少企业打破常规创新运营路径，比如 360 免费杀毒软件、小米期货卖手机，这些成功的创业者打破的是行业的规则。而在行业规则之外，还有法律底线，这是绝不可碰触的。

法律法规不仅对新企业起到约束作用，更是为给新企业的运营与发展提供法律保护。遵纪守法的企业将赢得消费者的信任、供应商的合作、员工的信赖和政府的支持，也会赢得竞争对手的尊重，为企业营造一个良好的生存发展空间。

1. 创业项目本身的合法性

很多创业者选择的项目本身就是不合法的。比如驾照销分、信用卡套现、办假证等。虽然"市场需求"巨大，但这些项目涉嫌刑事犯罪，是得不到法律保护的。

2. 相关审批与许可

创业者在进行工商注册时，必须了解并得到相关部门的审批和许可。例如，从事网站经营，应当取得《互联网信息服务业务经营许可证》，简称 ICP（工业和信息化部）；从事经营性的互联网行业，应当取得文化部《网络文化经营许可证》（简称“文网文”)。目前,部分项目尚不需要申请专门的经营许可证,如手机游戏、APP 等,但规范与监管制度将逐步健全。

在《国务院关于“先照后证”改革后加强事中事后监管的意见》(国发〔2015〕62号)中明确说明:“工商总局负责公布工商登记前置审批事项目录。……经营者从事工商登记前置审批事项目录中事项的,应当依法报经相关审批部门审批后,凭许可文件、证件向工商部门申请登记注册,工商部门依法核发营业执照。经营者从事工商登记前置审批事项目录外事项的,直接向工商部门申请登记注册,工商部门依法核发营业执照。”2017 年 3 月 5 日,李克强总理在政府工作报告中再次强调指出,要持续推进政府职能转变,清理取消一批生产和服务许可证;深化商事制度改革,实行多证合一,扩大“证照分离”改革试点;2018 年 10 月,国务院印发《国务院关于在全国推开“证照分离”改革的通知》(国发〔2018〕35 号),统筹推进“证照分离”和“多证合一”改革,着力解决“准入不准营”问题,真正实现市场主体“一照一码走天下”。

Tips

“先照后证”,就是除了《工商登记前置审批事项目录》中的生产经营事项,只要到工商部门办理领取营业执照,即可从事一般性的生产经营活动,如果从事需要许可的生产经营活动,应再到相关审批部门办理许可手续。

3. 知识产权保护

很多创业者都是基于某个核心技术优势进行创业的,比如互联网企业或提供技术解决方案的企业一般都是轻资产企业,这使产权显得极为重要。

在公司商标的选择和使用方面,建议选择比较大众化的公司名称,在公司运营后,再以心仪的名称作为具体项目名称,申请商标、域名及微信公众号注册保护;在著作权登记方面,我国实行的是著作权登记备案,直接通过版权登记机关备案即可;在专利方面,建议通过专利代理机构的指导申请注册专利。具体规定可参见《实用版法规专辑:知识产权法》、《中华人民共和国商标法》《中华人民共和国专利法》。

Tips

对于很多新企业而言,独有的技术可能是最宝贵的财富之一,确定好运营公司后,应尽早将有关知识产权注册在公司名下。在注册公司之前,也可以暂时先注册在创始人名下,如果是注册在多人名下,要处理好利益关系。如果需要使用他人的知识产权,应提前取得正规的授权和许可。

4. 劳动用工

创办一家企业，除了合伙人之外，还需要招聘其他人员以保证企业的正常运营。我国对劳动者的保护有明确要求。新企业雇佣人员时，首先应该及时签订正规的书面劳动合同；其次，新招聘的员工应当与前企业解除劳动合同；再次，应当注意竞业限制（包括创始合伙人自身的竞业限制以及招聘员工的竞业限制），要签订竞业禁止协议，竞业禁止期限最长不得超过两年，公司需要向离职员工支付一定经济补偿金；最后，应及时为所有员工依法足额缴纳社会保险和公积金。此外，在签订劳动合同前，如果拟招聘员工与原单位有竞业限制协议及保密协议，应当详细分析协议内容，以避免因侵权与员工共同承担责任。具体规定参见《中华人民共和国劳动法》。

【Tips】

企业为防止商业机密泄露，需要对重要信息进行分级，建立完备的文件管理系统。同时，要对员工提供足够的物质和精神奖励，使员工有强烈归属感和自豪感。员工离职时，应给予公平的补偿。

5. 财税问题

新企业在财税问题上不易把握，并不是不重视，而是创业者与企业的财产易混同，相关管理较为随意。新企业应聘请财务人员，依法妥当完善其财务报表；应依法足额为全体员工代扣代缴个人所得税，这是很多投资人关注的重点；应依法足额缴纳所得税、流转税和附加税。具体规定参见《中华人民共和国税收征收管理法》。

【Tips】

创业者将业务收入转入其他公司或个人账户，或进行关联交易避税等行为，可能给公司带来税务风险，并被投资人质疑。

除了上述提到的法律问题外，还应重点了解《中华人民共和国公司法》、《中华人民共和国合同法》。

新企业的纳税义务

二、必须考虑的伦理问题

抄袭设计、P2P金融骗局、网约车违规获补贴、社交平台违法交易等创业或企业经营过程中的伦理问题层出不穷，社会对企业的伦理问题越发关注与重视。由于新企业主观原因及创业活动的“创造性破坏”，创业伦理问题愈加突出。新企业重视伦理问题，会提升整体形象与市场竞争力；忽视伦理问题，则会给生存与发展造成不利影响。

管理学意义上的伦理，一般也称为商业伦理，是指组织处理与外界关系，处理组织内部成员之间权利和义务的规则，以及在决策过程中所体现的人与人之间的关系和所应用的价值观念。① 新企业的伦理问题一般体现在创业者与原雇主之间、创业团队成员之间、创业者和其他利益相关者之间三个方面。

1. 创业者与原雇主之间的伦理问题

创业者在创建新企业之前，在原雇主的企业是一名雇员，随着作为雇员身份的创业者创建企业愿望的驱动，以及自身成为创业者素质与能力的不断具备，加之在日常企业经营中，创业者对原雇主企业所在行业产业特点的了解和掌握，产品营销、经营人脉等各种资源的不断积累，出于某种动机，开始启动创建新企业。此时，创业者由原来与雇主是利益共同体的关系，转变成为竞争对手的关系，常会出现新企业创业者在未经原雇主允许的情况下，擅自使用原雇主的资源来弥补自己新企业资源不足的情况，如抢夺原雇主的供应商，带走原雇主管理团队成员，占用原雇主的营销渠道，借用原雇主企业的名义进行各种宣传等。这些行为都是不道德的，且有悖商业伦理，情节严重的，会因其行为违背相关法律法规和市场经济规则而受到惩罚。

2. 创业者与创业团队成员之间的伦理问题

创业团队建设的目的，在于成功地创建新企业。团队成员在团队成立初期往往处在新企业高层管理的位置上，会对企业重大问题的决策产生影响，甚至会关系到企业的生存。此时，创业者与团队成员间常会出现的伦理问题有：创业者不尊重创业团队成员的合法劳动，延迟发放或克扣团队成员的工资，随意延长团队成员工作时间且无报酬，不主动为团队成员办理社会保险等。以上问题的出现，会有使新企业陷入困境的可能。

3. 创业者与其他利益相关者之间的伦理问题

其他利益相关者是指与新企业经营管理有直接或间接利益关系的组织或个体，如银行、投资商、供应商、企业员工、消费者、社区和政府等。新企业在创建过程中，与有关的各种利益相关者，形成相互连带关系。常出现的伦理问题有：不按时偿付供应商或其他债权人的账款，偷税漏税，串通竞标，进行内幕交易，有意识传播企业虚假信息，不维护员工的合法权益，破坏社区生态环境等。以上问题不仅损害他人利益，而且违背企业竞争的公平原则。

那么，创业者如何解决新企业伦理问题呢？创业活动与既有制度存在天然的伦理悖论，创业者需要谨慎处理这种伦理悖论。

首先，应该正视创业伦理问题。比如，在突破现有伦理时，要本着给社会公众以创造终极价值和社会福利为目的，这样能在突破伦理时得到社会的认可，扩大社会认同的基础，变“错误”为“正确”。其次，应该清醒地意识到以危害社会福利或利益方式最大化自身利益方式创业，最终必然招致严重的伦理后果。比如，应该树立社会友好型终极使命，避免冲撞伦理底线和损害社会利益的创业方式。

---

① 张玉利．创业管理，北京：机械工业出版社，2011，第 46 页．

【课堂活动】

思考法律与伦理问题

具体要求：

1. 与你的小伙伴共同讨论你的创业项目是否“合法”，考虑其中是否涉及法律问题和伦理问题；

2. 听取老师和同学们的建议，并完成表 13－1。

表 13－1

创业项目	
法律问题	
伦理问题	

三、要做有社会责任的新企业

很多优秀企业家，正在为社会、环境，为世界的更好发展而努力实践着。这意味着什么呢？——社会责任也是创业者创建新企业时必须认真思考的问题——即怎样用商业的模式来实现社会价值，让社会变得更美好。

2017 年 4 月 11 日，星巴克咖啡公司董事会执行主席霍华德·舒尔茨（Howard Schultz）到访清华经管学院，做客清华企业家讲堂，发表了题为《一个关于梦想和责任的故事》（Building a Trusted and Enduring Brand in China and Around the World）的主题演讲。他分享道：“如果要打造一家可持续发展的伟大公司，我们必须要采取不同的方式。我们必须要将为股东提供价值和为员工提供价值联系起来，事实上，星巴克金字塔的顶部不是股东，而是我们的员工，中间是我们的顾客，底部才是我们的股东。……仁慈、爱、怜悯心，人文精神，这些词汇也许不常在商学院的教科书里出现。但是这恰恰是我们打造一个长期、持久、繁荣的企业的基石。我想说，在绝大多数情况下，如果一家企业的文化和价值观不能够和这些传统美德相融合，那他们将很难吸引并保留优秀的人才，人们不会认同并感觉自己属于一种比自己更伟大的存在，不会朝着一个方向一起努力。反过来想，你有很好的战略，你把价值作为你的指导原则，在企业打造信任和爱的文化，所有的员工都对自己的使命和工作有认同感，每一天他们的工作都能够实现一种价值，而领导层是一种服务型的领导层，那你的公司几乎是不可战胜的”。

为了社会责任和公益慈善而创建的新企业也在逐渐增多。“能受到《福布斯》这样的国际知名媒体的认可，说实话非常意外。这不仅是对我个人的认可，这是国际权威机构对水滴互助、水滴筹在慈善公益领域持续做出贡献的认可。”水滴筹、水滴互助 CEO 沈鹏在入选福布斯最新的 2017 年亚洲地区 30 位 30 岁以下商业领袖“Forbes 30 Under 30 Asia”榜单后，对记者表示。

【案例】

水滴互助——公益与情怀的产物

作为一个出生于 1987 年的创业者，沈鹏曾在 2010 年时加入美团创业团队，2013 年参与创建了美团外卖，并以全国业务负责人的身份，带领美团外卖从零开始奋斗至市场第一。从美团离职，沈鹏很坚定地决定进入网络互助、网络筹款领域，公司的定位是为老百姓提供医疗资金解决方案与一站式移动医疗服务，真正为面对重大疾病但苦于没有医疗资金的人，提供切实的帮助。

当被问起创立水滴互助的初衷是什么，沈鹏脱口而出一个词——情怀。“取名水滴互助，也是强调它并不是传统的商业保险和社保，而是一种基于‘人人为我，我为人人’的标准和理念建立起的共享互助社群。”他想通过建立一种社保体系外的方式，解决重大疾病的治疗问题，为那些办不了商业保险、没有交社会保险的人群提供一份保障。正是商业保险与社会保险没有完全覆盖中低收入的人群，让沈鹏有了创立水滴互助的想法。

2016 年 5 月，水滴互助业务上线，通过“一人患病，众人均摊”的网络互助社群，为用户提供未雨绸缪的健康保障，目前已拥有 200 多万付费用户，并成功帮助 18 个会员；2016 年 7 月，水滴筹（原名水滴爱心筹）业务上线，为经济困难的大病患者提供免费的个人求助信息发布平台及筹款工具，截至当前已帮助超过 3 万人筹集上亿元的治疗费用，是全国最大的免费大病筹款平台。

不到 1 年时间的迅速发展，以及所取得的瞩目成绩，让沈鹏及其公司旗下的业务成了中国互联网公益领域的领军者。“我们的医疗水平在不断提高，很多以前没办法治的病，现在都能给治好。我们希望可以在社保、商业保险之外，为老百姓再提供一种新的资金解决方案，多维度发力，这才是公益的方向。”这种对于社会痛点的准确把握以及对于社会问题的解决能力，也许正是诸多投资机构看好沈鹏以及水滴筹、水滴互助的原因。2016 年 5 月，公司得到了由腾讯、IDG、高榕资本、真格基金等30家知名投资机构、大公司的5 000万元天使投资，是2016年最大金额的一笔天使投资，让网络互助、网络筹款领域收到了广泛的关注，引领了整个行业的快速发展。

不少记者都问过沈鹏"水滴互助"的盈利方式是什么，他回答说："虽然我没有确定'水滴互助'以后的发展方向，但是目前我在走公益路线。我也告诉过我的投资人和合伙人，前期不要给我盈利的压力，'水滴互助'要真正地为用户着想，迎合用户的需求，而不是带有太急迫的功利思想。"

"创业不易，做公益更不易。但是每次收到感谢信，收到锦旗，得知我们的用户通过我们获得帮助，重新迎来生的希望时，再大的难关都能咬牙度过，因为我们知道这是有意义的。"沈鹏这样回顾近一年的创业历程。

资料来源：根据网络资料整理。

案例思考：

赋予合法身份

若想为市场经济的发展添砖加瓦，必须遵照市场的准入制度，通过工商登记赋予自己从事经营活动的合法资格。登记注册成为经济组织，无论是在规模、信誉度、招聘、贷款，还是政策、舆论等方面，都会有极大的不同，会给你和团队带来更广阔的发展空间。

2015年10月，教育部高校学生司和国家工商行政管理总局个体私营经济监督管理司联合制作了《大学生自主创业宣传手册》。该手册中提出，大学生自主创业可采用的市场主体类型主要有五种，分别是个体工商户、个人独资企业、合伙企业、农民专业合作社和有限责任公司。其中，个人独资企业、合伙企业、有限责任公司属于企业组织形式。企业组织形式反映的是企业的财产构成、内部分工协作与外部社会经济联系的方式。

创业平台的搭建

一、五种主体类型

适用于任何情形的市场主体类型是不存在的。所以，面对这五种市场主体类型，创业者究竟如何选择，是个难题。这需要深入了解它们各自的特点，研究它们之间的不同，比较情况见表13-2。

表 13－2　　五种市场主体类型列表

组织形式	设立情况	特点	缺点
个体工商户	依照《个体工商户条例》规定设立： (1)经营者是有经营能力的公民，经工商行政管理部门登记，从事工商业经营 (2)登记事项包括经营者姓名和住所、组成形式、经营范围、经营场所(使用名称的，名称作为登记事项) (3)组成形式包括个人经营和家庭经营(家庭经营的，参加经营的家庭成员姓名应当同时备案)	(1)不具有法人资格，不是经营实体，可比照自然人享有民事主体资格 (2)申请手续简单，无注册资本要求 (3)国家机关干部、企事业单位职工不得申请 (4)可在银行开设账户，向银行申请贷款，有权申请商标专用权，有权签订劳动合同及请帮工、带学徒，还享有起字号、刻印章的权利 (5)个人经营的个体工商户以个体户及其个人全部财产对债务承担无限责任；家庭经营的个体工商户以家庭财产承担债务 (6)个人经营的个体户营业执照不可办理经营者变更；家庭经营的，可在家庭成员之间办理经营者变更 (7)实行定税，由税务局根据经营地点、经营面积及经营规模等方面进行核定征税，无论是否亏损均须上税	(1)信用度低 (2)无法以个体户营业执照的名义对外签合同
个人独资企业(自然人企业，个人业主制企业)	遵照《中华人民共和国个人独资企业法》设立： (1)投资人为一个自然人且是中国公民 (2)有合法的企业名称 (3)有投资人申报的出资 (4)有固定的生产经营场所和必要的生产经营条件 (5)有必要的从业人员	(1)有申报的出资额即可注册 (2)结构简单、容易开办、利润独享、限制较少 (3)易保密，易得到个人满足 (4)业主以企业及其个人的全部财产对债务承担无限责任 (5)不必缴纳企业所得税 (6)根据收入按月上税，税种根据不同业务由税务局核定，没有收入无须上税	(1)融资困难 (2)企业连续性差 (3)投资流动性低

续表

组织形式	设立情况	特点	缺点
合伙企业（自然人企业，合伙制企业）	遵照《中华人民共和国合伙企业法》设立： (1)有两个以上合伙人 (2)普通合伙人对合伙企业债务承担无限连带责任 (3)有书面合伙协议 (4)有各合伙人实际缴付的出资 (5)有合伙企业的名称 (6)有经营场所和从事合伙经营的必要条件	(1)生命有限 (2)责任无限 (3)相互代理 (4)财产共有 (5)风险共担，利益共享 (6)不必缴纳企业所得税	(1)合伙人之间易发生纠纷 (2)权力分散，决策缓慢 (3)产权转让困难 (4)融资能力有限 (5)关键合伙人对合伙企业影响巨大
农民专业合作社	遵照《中华人民共和国农民专业合作社法》设立： (1)有五名以上符合规定的成员，农民至少应当占成员总数的百分之八十 (2)有符合规定的章程 (3)有符合规定的组织机构 (4)有符合法律、行政法规规定的名称和章程确定的住所 (5)有符合章程规定的成员出资	(1)在组织构成上，合作社以农民作为经济主体，主要由进行同类农产品生产、销售等环节的公民、企业、事业单位联合而成是互助性经济组织 (2)以其成员为主要服务对象，提供农业生产资料的购买，农产品的销售、加工、运输、贮藏以及与农业生产经营有关的技术、信息等服务 (3)在所有制结构上，合作社在不改变家庭承包经营的基础上，实现了劳动和资本的联合 (4)在收益分配上，合作社对内部成员不以营利为目的，盈余主要按照成员与农民专业合作社的交易量(额)比例返还 (5)在管理机制上，合作社实行入社自愿，退社自由，民主选举，民主决策等原则	(1)服务层次较低，多数停留在原料供给上 (2)规模较小 (3)服务内容较单一 (4)带动能力不强，合作层次不高

续表

组织形式	设立情况	特点	缺点
有限责任公司（法人企业，公司制企业）	遵照《中华人民共和国公司登记管理条例》规定登记注册： (1)股东符合法定人数 (2)有符合公司章程规定的全体股东认缴的出资额 (3)股东共同制定公司章程 (4)有公司名称，建立符合有限责任公司要求的组织机构 (5)有公司住所	(1)设立程序较简单，不必发布公告，也不必公布账目 (2)组织机构设置灵活 (3)规模可大可小，适应性强 (4)具有独立寿命，易于存续 (5)税负较重 (6)资本总额不分为等额的股份 (7)股东出资的非股份性 (8)公司资本的封闭性 (9)股东人数的限制性 (10)股东权利、责任、义务的有限性(以其认缴的出资额为限对公司债务承担有限责任，不涉及股东个人及家庭财产) (11)股东过半数同意即可出资转让 (12)公司以其全部资产对公司的债务承担责任	(1)股东责任的有限性易损害债权人利益 (2)产权不能充分流动，资产运作受到一定限制 (3)税收会计相对较复杂

二、选择注意事项

创业者必须充分考虑项目所属行业的特点，选择适应于社会制度和生产力发展水平的市场主体类型。只有选择了合理的组织形式，才有可能充分地调动起各个方面的积极性，使其充满生机和活力。此外，创业者还要考虑创业资金、组织规模、投资者数量、风险责任、行业类型、发展前景以及创业者观念等问题。

需要注意的是，①市场主体类型并非一劳永逸、永远不变，创业者需要定期反思当前的类型是否仍然适合团队和项目的发展需求；②不同类型的创业项目，同类创业项目的不同行业定位，不同的创业者，都会有不同的适宜选项。

【Tips】

一般来说，个体工商户和个人独资企业的适合准备在小型加工、零售商业、服务业领域且企业开办企业规模较小的创业者；合伙制企业适合准备在广告代理、咨询服务、设计事务所、会计事务所、法律事务所、股票经纪、零售商业等领域且打算设立企业规模不大的创业者；有意开办未来有较广发展的中小型企业的创业者，则推荐选择设立有限责任公司；以农民为主要成员、从事促进农业和农村经济发展的创业团队，可以选择设立农民专业合作社。

【课堂活动】

选择你的市场主体类型

具体要求：

1. 根据创业项目和团队的实际情况，讨论并选定市场主体类型。

2. 如果你的市场主体类型选定的是有限责任公司或者合伙企业，根据所学内容，查找资料，拟定出你的公司章程或者合伙协议。

公司注册的前前后后

命名、选址须知

选好地址

很多新企业成功的经验都告诉我们，选址和命名极其重要。新企业选择企业地址主要解决两个问题：一是选择一个地区，这主要考虑经济、技术、文化、政治等总体状况，比如我们熟知的一些品牌，如肯德基、麦当劳、星巴克等，在进入中国市场时，一般都是通过分析人口、商业、文化、政治及城市影响力等整体环境选择投资目标地，并作为市场的开拓基地；二是在这个地区选择一个具体地点，主要包括商业区、住宅区、郊区、路段等，比如家乐福，永远都是将“Carrefour（十字路口）”作为选址的首要标准，这就是考察路段得到的结果。

企业在选址时，一般可遵循如下标准：一是将一次性成本降到最低；二是将运营成本降到最低；三是将潜在风险（恐怖袭击、政府管制等）降到最低；四是将发展机会放到最大。

一、选址的影响因素

通常情况下，新企业选址应综合考虑经济发展、技术约束、区位交通、建筑标准、配套服务、产业布局、人才资源、政策支持、自然环境、文化氛围等因素。但在实际情况中，很多创业者都会就近寻找空闲的地方作为企业地址，有时为了节约租金，甚至会选择自己的住所，不考虑项目的发展需要。选择一个糟糕的地址很可能使一个优秀的创业项目夭折。

某些类型企业的成败主要依赖于地理位置的选择，比如零售类和服务类中的服装店、擦鞋店、零食店、餐馆等，是靠客流量生存的，所以必须要靠近其目标顾客；提供成本较高产品的企业，比如汽车4S店、家具城等，主要是以“扎堆效应”来吸引顾客；咨询服务类的企业，一般会选择设立在企业比较集中的写字楼中；电商类企业在选择地址时，办公场所与仓库要有不同的打算，主要考虑租金和交通状况两方面因素；高科技项目，一般会考虑将企业设立在技术研发中心附近，或新技术信息传递较迅速、频繁的地区，比如美国加州的硅谷、北京的中关村。

经营类型不同，选择经营地址时重点考虑的因素也是有差异的。表 13－3 总结出了不同类型的项目在选择经营地址时，需要主要考虑的影响因素。

表 13－3 不同类型项目选址的主要影响因素

经营类型	主要影响因素
零售类 服务类	(1)地理因素(区域规划、商业环境、地理特点、交通状况、企业可见度) (2)经济因素(能源供应、行业分布、地价或租金、生活水平、收入水平、消费习惯、购买能力) (3)市场因素(消费者资源、竞争情况)
批发类	(1)地理因素(交通状况、公共设施) (2)市场因素("扎堆效应")
生产制造类	(1)地理因素(交通状况、与原材料和顾客的距离) (2)经济因素(地价或租金、劳动力成本) (3)法律和法规(环境保护条例、地方性法律法规)

【Tips】

＊零售企业包括日杂店、便利店、折扣店、超市、专卖店、购物中心等，选择地址时应该考虑的因素也是有区分的。

＊零售业和服务业企业在选择地址时，尤其要研究交通状况、道路宽窄、街区的具体位置(拐角处的位置好于街区的中间位置)、邻近店铺等。

＊所有类型企业在选址时，都需要考虑权属、租购期限、租房协议、付款方式、停车场地和营运成本。

二、选址的过程步骤

科学的选址过程不仅可以节省时间，更可以帮助创业者做出较正确的选择。在选定具体位置时，可以参照以下步骤进行：

第 1 步，应根据创业项目的特性和所在地区情况，结合前面所学内容，搜集和研究相关的市场信息；

第 2 步，在信息分析结论的基础上，把你认为"必要的"(底线)和"希望达到但不必要的"(向往)选址条件列出来；

第 3 步，找出预选区域内符合你所列出条件的位置；

第 4 步，确定出几个备选位置，进行评价，常用的评价方法有量本利分析法、运输模型法、引力模型法、综合评价法、重心法等；

第 5 步，咨询专业人士，获取指导和帮助；

第 6 步，综合分析信息和建议，确定最终的地址。

我们还可以在具体步骤中运用更多的科学分析，优化选择结果。首先，要进行选址的区域分析，包括需求分析、市场发展潜力分析、市场规模分析、消费者购买行为分析、竞争分析五个方面；然后，进行商圈分析，包括人口规模及特征、劳动力保障、货源、经济情况、法规等；之后，对经营地点开展评估工作，包括新店营业潜力分析、投资和经营费用预算，可以用比较法和市场占有率预估法；最后，形成选址分析报告，内容包括地理位置特征表述、周围商业环境和竞争情况、周围居民及流动人口消费结构和消费层次、开业后预计辐射范围、营业面积和商品结构、市场定位和经营特色、经营效益预估、未来前景分析等内容。

三、选址的经验技巧

1. 创新创业孵化器

“双创”时代的到来，大量人才涌入到创新创业的队伍中，各类创新创业孵化器相继涌现。全国各地建立起的创业园、创意产业园、创新中心、创新大厦、创客空间、创业咖啡等特别场所，纷纷出现。这些特别场所得到了公众、政府、传媒等各方的支持，入驻手续简化，费用较低，基本上是专门为创业型企业提供经营场地的。

对新企业来说，孵化器的功能主要是为企业诊断问题，为企业规划财务，为企业设计资本结构和资本道路，为企业导入可靠的早期投资机构并进行专业的路演和财务顾问活动等。不同的新企业同聚一个屋檐下，可能会出现很多新的商机，也会增加创业的成功机会，共同前行。

2. 跟随竞争者

顾名思义，就是跟着你的竞争者，在它附近的一定区域内选择地址。深圳面点王董事长曾说：“在深圳有 50 家麦当劳、45 家肯德基，面点王现在是 30 家，有 20 多家面点王与洋快餐相邻或对垒。哪里有肯德基、麦当劳，哪里就有面点王。与洋快餐相邻相对开店，并不仅仅是为了竞争。肯德基、麦当劳选址考察论证科学细致，周围环境、人口密度、人口结构、道路交通、建筑设施等都（会做）定量分析，跟着他们准没错”。

首先，确定跟随对象。然后，以竞争者店址为中心，向四周扩散式选址。扩散区域要控制好，不能无限制地缩小（在同一幢楼里、隔壁或对面）或扩大（超出了所在商圈），依据自身情况具体对待。最后，要确保有足够的市场容量。

3. 跟随业态互补者

有些业态在经营、服务内容上是互补的，你就可以把店开在它旁边，为顾客带来完整的“一条龙”服务。比如，在体育场内及旁边，前来运动的人们存在其他需求，你可以提供餐饮，运动服装零售、便利店或咖啡茶饮等；又如，在旅游景点旁边，可以开设餐饮、照相馆、便利店、纪念品零售店等。

4. 搭车共赢式

如果你有很强的交际能力或一定的人脉关系，可以与业务有密切联系的公司结成战略合作伙伴关系，不仅选址成本更小，而且有保障。

5. 自己扫街式

这看似不是技巧，但其中有很多经验告诉你。这就是自己亲自或派人实地考察，现场发现可用店址的机会。

首先，确定重点扫街区域。在扫街前须制定一个详细、科学的路线图，以免重复或遗漏。接着，准备好扫街工具。包括纸，笔、照相机、房屋基本情况表等记录工具，带上移动电话、当地地图和自己制定的路线图。然后，扫街人员现场考察。对于公开的店址租售信息，一旦发现要立即联系了解基本情况，并记录在《房屋基本情况表》，最好能现场看房或约定看房时间。最后，对所有的备选店址分别评估、谈判，直至最终签约。

6. 寻求职业中介

房地产中介一般都掌握着丰富资源，但良莠不齐，要善于借助其资源，也要谨慎辨别，以免受骗。

第一，查找并确定尽可能多的主攻商铺的中介；第二，核实中介的实力与资信，确定准备合作的几家；第三，与选定的中介洽谈，告知详细的选址要求。如果选址是秘密进行的，那么你一定要与对方签署保密协议，以免选址信息被泄露；第四，专人负责每天与中介沟通，跟踪其选址信息和进度；第五，评估并确定中介推荐的店址。

7. 发布寻址广告

首先，确定发布媒介。一般来讲，店址信息的广告多见于报纸、互联网、张贴海报等几种媒介。所选媒介只要能覆盖你想选址的区域即可，但要让你的目标受众能频繁、深度地接触。然后，编制寻租或寻售广告文件。随后，时刻保持联系方式畅通，详细记录每个反馈信息。最后，整理广告反馈信息，逐个研究、分析并初步确定可能的对象，然后回访，并最终确认。

8. 利用供应商资源

能够提供选址资源的供应商，一般包括设备、商品、人员、信息、资金、技术、装修等。他们可能同时为多个竞争者提供商品或服务，熟悉每个店铺的经营状况，能帮助你做出更准确的判断。

第一，根据经营内审，选定能给你带来最有效选址信息的供应商；第二，选定供应商之后，主动和供应商联系；第三，根据供应商提供的信息，采取对应的选址方法。

9. 搜寻地址源信息

在信息爆炸的今天，各种媒介都有可能提供关于店址的信息，你一定要善于发现并利用这些信息，尤其是那些免费或以极低的成本就可轻松获得的店址信息，比如利用互联网信息、店长张贴、广告等。[①]

创业者到底选择在哪儿开展经营活动，需要具体问题具体分析，实地考察研究，进行全面了解。

---

① 参考自 https://wenku.baidu.com/view/342844d250e2524de5187e3b.html。

Tips

＊注意政策风险，要详细了解所选地址及周边未来几年内的政府规划，可以到民政局了解一些公开市政规划数据，切不可觉得合适或出租方催促就急于拍板。

＊对硬件设施、场地各项建设指标要有详细了解，如供给的电量是否充裕、场地是否有排烟通道、墙体哪些能拆哪些不能动、空调使用时长、下水等。

＊转租的商铺不是经营不善，就是会加入很多转租的利润进去，或是有一些潜在的问题。所以，除非特殊情况，如接手连锁店或价格很合适等原因，否则尽量不要选择转租商铺。

＊一般来说，租赁期越长越好，不要轻易听信租期满了可以优先续租之类的话。做足功课后选择的地址尽可能多签订几年，即使每年会递增房租，但只要幅度合理，基本不会亏，通常都是房租实际增长幅度高于合同约定递增额度，而且还有通胀因素等。

＊准确的客流量判断预估，基本可以预测出开业后的生意情况。判断方法有很多，如参考周围是否有大型的商超、医院、学校、车站等设施以及居民楼数量等，但是这些可能存在着很多隐性因素，判断往往容易失误。除了参考这些因素，可以用最笨的做法，即每天蹲守，并坚持一周。如果附近有同品类或目标顾客相同的企业，可以观察那个店顾客的数量，甚至是消费额度，最终得出工作日客流、休息日客流、早中晚客流等详细数据，这是最靠谱的调研。①

课堂活动

选择你的经营地址

具体要求：

1. 根据小组创业项目的需求，拟选出企业经营地址；
2. 分享小组成果，并完成表 13－4。

表 13－4

城市	必要条件	面积	费用

① 参考自《史光起：创业开店如何选址》。

起好名字

每一个创业者对待自己的创业项目就像对待自己的孩子一样，孩子出生前后，很多父母会一直考量的事情就是起名字。的确，就和我们每一个人的名字一样，它也是一种寄托与希望。因此，给自己的企业或者产品起名，自然是要慎之又慎。好的名字能够引起消费者的关注，能够树立良好的形象，成为一种无形资产。

一、命名的原则

一般来说，新企业命名要把握好三大原则，一是合法性——能够取得名称权，在法律上得到保证；二是识别性——消费者易建立鲜明的认知，具有独创意义，力避雷同，让人记忆犹新；三是传播性——简单清晰，易记忆，易唤起，易相传。

下面举两个大家熟知的例子：

杭州的娃哈哈作为营养食品及饮料行业的龙头老大，备受大众消费者的青睐。这除了产品本身质量过硬、形象良好之外，恐怕与名称这一“产品第一推销员”有着密切的关系。第一，就是红遍大江南北的新疆民歌《娃哈哈》为我们所熟悉和喜爱，这便使企业的名称具有了广泛的知名度的基础；第二，从发音上看，三个字的韵母都是 a，“娃哈哈”三个字基本便可脱口而出；第三，在听觉感受方面，娃哈哈是叠韵词，朗朗上口；第四，世界各国、各民族语言在表达欢愉之情时几乎都有“哈”音，这一人类共同的语言基因无疑为品牌的国际化奠定了坚实的语言基础；第五，娃哈哈三个字的词义很容易使人的眼前自然映现出孩子们那一张张天真无邪、灿烂动人的笑脸，产生心理上的愉悦舒畅之感，从而激发强烈的购买欲。

“红豆”也是一个很经典的名字。1983 年起家时，它仅仅是一家拥有 8 台棉纺织机械、以针织产品为主的乡镇企业，其神话般的迅速崛起无疑得益于“红豆”这个独具魅力的字号名称。“红豆”一名取自唐代大诗人王维那首深受国人赏识的千古绝唱《相思》：“红豆生南国，春来发几枝。愿君多采撷，此物最相思。”红豆一直被视为美好情感的象征，有了这首诗更是强化和加深了红豆中所蕴含的人类最朴素的情感。名牌的一半是文化。对红豆商标文化的注重和不断挖掘，使企业产品的广告与公关活动独具特色，获得极大的市场成功。

从上面的例子中不难看出，在给企业命名时，一定要简单、易记，比起那些复杂而又让人一知半解的名字来说，能在人脑海中留下深刻印象的名字显然更为重要，通俗有时候更受欢迎。但是，通俗不等于烂俗，烂俗是无法让人给出较高的印象分的。此外，标新立异也很重要，但绝非让人不明白或是不理解，可以使用谐音或者有相同寓意的字、词来凸显，也可以将自己的特色或者核心竞争力表现在名字里。

二、命名的方法

对于名称的具体设计方法，主要有以下六种，见表 13－5。

表 13－5　企业名称的设计方法

设计方法	特点	举例
寓意美好命名法	用字吉利，朗朗上口，寓言吉祥，蕴含情感	含“兴”“祥”“旺”“利”“福”“达”等字样，如全聚德、金利来、好运来、太太乐
专用字命名法	某行业习惯或偏好用字，多用于药店、眼镜店等	同仁堂、怀仁堂、明视达、美视达
俗语幽默命名法	民间口语化，贴近生活，自然亲切，多用于零售业和服务业	大娘水饺、狗不理包子、傻子瓜子
原料功效命名法	根据公司或产品主要成分、原料或性能特点命名，直接明了	肠炎宁、鲜橙多
人名、地名命名法	特殊含义，朴素简洁，寓意丰富	希尔顿酒店、李宁服饰、长江集团、茅台酒、哈飞汽车
几何图形命名法	直观形象，易被接受、记忆和传播	五菱、三星、双环

你也可以跳出这个表格，或者通过这个表格，抛砖引玉，激发出你更多的设计想法，起一个好名字。

【扩展阅读】

看看世界级的创业企业如何起名

创业企业迈向成功的第一步：机智的取名。其实有很多公司的名称刚出来的时候，大家都是莫名其妙，但是听多了也就习惯了。

美国最大在线零售商 Amazon（亚马逊）的前身是 Cadabra. com，创始人杰夫·贝索斯（Jeff Bezos）认为在线零售的未来就像世界上流量最大、流域面积最广的亚马逊河一样前景无限，于是将网站改名为“Amazon”。

Intel 的创始人罗伯特·诺伊斯和戈登·摩尔原本希望以两人的名字组合成新公司的名字——Moore Noyce，但是听上去像是“more noise（更多噪音）”。然后，他们想以“Integrated Electronics（集成电子）”登记，但是发现这个名字已被注册，他们只好将这两个单词的缩写作为公司名称。

> Sharp(夏普)公司创业之初发明了"Ever—Sharp(即永远尖锐之意)"活芯铅笔,大受欢迎,此后公司创始人早川德次将铅笔名字简化为"Sharp",同时这也成为公司沿用至今的名称。
>
> Nokia(诺基亚)的前身是芬兰 Tampere 地区的一间木浆造纸厂,后迁到芬兰西部的 Nokia 地区,因而得名。
>
> **资料来源:**根据网络资料整理。

三、企业名称四要素

对于企业组织形式而言,企业名称由四项基本要素构成,即"行政区划+企业字号+行业或经营性质+组织形式",法律、行政法规和《企业名称登记管理规定》另有规定的除外。

我们通过一个具体的企业名称来了解和掌握。哈尔滨嗨皮士旅行社有限责任公司:"哈尔滨"是行政区划,是企业的所在地,要求是地县以上行政区划的名称,除了可能造成误认的之外,可以省略"省""市""县"等字;"嗨皮士"是字号,这是企业名称的核心要素,应由两个及两个以上的汉字组成,是某一企业区别于其他企业或社会组织的主要标志,不能相悖于国家的法律法规;"旅行社"是行业或经营性质,这个要素具体反映企业的业务范围、方式或特点,可以依照国家行业分类标准划分的类别使用一个具体的行业名称,也可以使用概括性字词,但不能明示或暗示有超越其经营范围的业务;"有限责任公司"则是企业组织形式,也可写作"有限公司",是反映企业组成结构、责任形式的字词。

在企业名称申请登记时,有很多相关事宜需要注意,包括企业名称遵循原则和企业名称不予批准情形,尤其要注意名称中不得含有的文字,见表 13-6。

表 13-6　企业名称申请登记相关事宜

相关事宜	具体内容
企业名称遵循原则	不得含有的文字: (1)有损国家、社会公共利益的 (2)可能对公众造成欺骗或者误解的 (3)外国国家(地区)名称、国际组织名称 (4)正当名称、党政军机关名称、群众组织名称、社会团队名称及部队番号 (5)外国文字、汉语拼音、阿拉伯数字 (6)除国务院决定设立的企业外,企业名称不得冠以"中国""中华""全国""国家""国际"等字样
企业名称遵循原则	不得含有其他企业名称,企业分支机构名称应冠以其所从属企业的名称
	不得含有其他法人的名称,国家工商行政管理总局另有规定的除外
	企业营业执照只准标明一个企业名称

续表

相关事宜	具体内容
企业名称不予批准情形	与同一工商行政机关批准或者登记注册的同行业企业名称字号相同，有投资关系除外
	与其他企业变更名称未满一年的原名称相同
	与注销登记或者被吊销营业执照未满三年的企业名称相同
	其他违反法律、行政法规的名称

注：企业名称需译成外文使用的，由企业依据文字翻译原则自行翻译使用，不需报工商行政管理机关核准登记。

不含行政区划表述的企业名称，须经国家工商总局核准后，在国家局授权的企业所在地工商局登记注册。

(1)无行政区划表述的企业名称：须注册资本金 5 000 万人民币以上的企业。

(2)无行政区划且无行业表述的企业名称：必须注册资本金 1 亿人民币以上，经营范围必须包含《国民经济行业分类表》其中的五大类。

(3)外商投资企业名称中加中国，如索尼(中国)有限公司。

【课堂活动】

设计你的企业名称和 Logo

具体要求：

1. 根据小组的创业项目设计企业名称和企业 Logo；
2. 向你的老师和同学们展示小组成果。

“五证合一”

2016 年 7 月 5 日，国务院办公厅发布了《关于加快推进“五证合一、一照一码”登记制度改革的通知》(国办发〔2016〕53 号)，从 2016 年 10 月 1 日起正式实施“五证合一、一照一码”，在更大范围、更深层次实现信息共享和业务协同，巩固和扩大“三证合一”登记制度改革成果，进一步为企业开办和成长提供便利化服务，降低创业准入的制度性成本，优化营商环境，激发企业活力，推进大众创业、万众创新，促进就业增加和经济社会持续健康发展。

“五证合一、一照一码”即根据相关法律法规和国家标准，建立统一登记流程、统一编码和赋码规则等，通过“一窗受理、互联互通、信息共享”，将由工商行政管理局、质监、税务、人力社保、统计五个部门分别核发不同证照，改为由工商行政管理部门核发加载法人和其他组织统一社会信用代码的营业执照，组织机构代码证、税务登记证、社会保险登记证、统计登记证不再发放。同时，“一照一码”将统一社会信用代码的推广应用，并在降低交易风险、避免疏于监管出现真空方面发挥作用。

实行“五证合一”登记制度，是按照材料简化、程序简便、办理高效的要求，进一步整合行政资源，提升行政效能，减轻企业负担，申请人在办理企业注册登记时，只需填写“一表”，向“一个窗口”提交“一套材料”即可。“五证合一”的办理流程如图 13－1 所示。

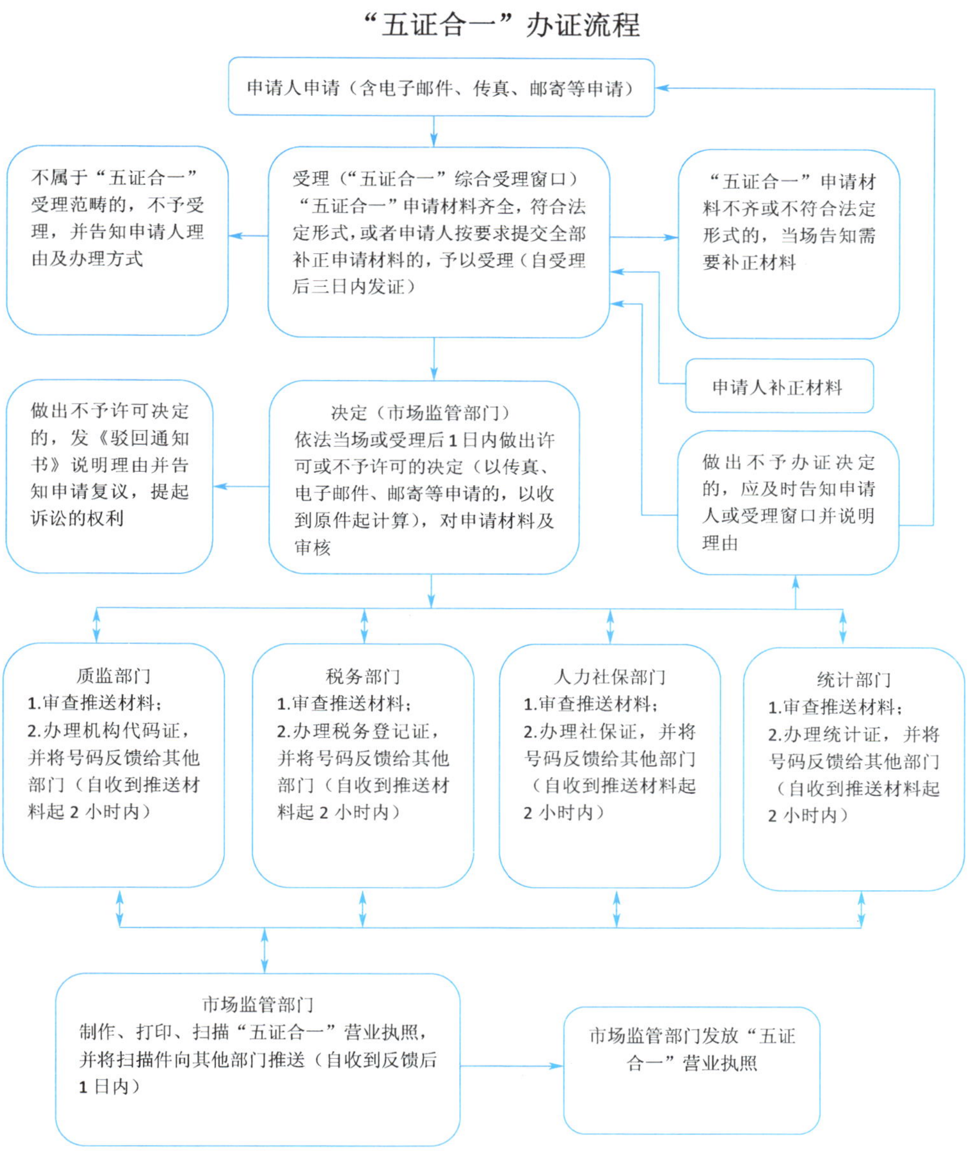

图 13－1　“五证合一”办证流程

一、办理"五证合一、一照一码"登记

（1）"一个窗口、一套材料"申请登记，无须再行办理组织机构代码证、税务登记证、社会保险登记证和统计证。

（2）取消社会保险登记证和统计登记证的定期验证和换证制度，改为企业按规定自行向工商行政管理部门报送年度报告并向社会公示。

（3）此前已领取了加载统一社会信用代码营业执照的企业，无须申请办理"五证合一"登记，由工商部门自行将企业相关登记信息推送给社会保险经办机构、统计机构等单位。

新政要求各地从材料受理到发照不超过 3 个工作日。而之前，每一个证照办理的法定时限都是个 15 工作日，承诺时间也至少在 3～5 天以上，以此计划，平均可为每个企业节省 20 个工作日。

二、"五证合一"的注意事项

（1）企业、农民专业合作社和外国（地区）企业常驻代表机构适用，个体工商户暂不实施此项改革。

（2）此前已领取了加载统一社会信用代码营业执照（领取了"三证合一"营业执照）的企业，无须申请办理"五证合一"登记，由工商部门自行将企业相关登记信息推送给社会保险经办机构、统计机构等单位。

（3）未办理"三证合一"登记、未领取加载统一社会信用代码营业执照的企业，应当于 2018 年 1 月 1 日前向工商部门提交增减补换发证照申请表、一照一码信息登记表、企业涉税信息采集表、营业执照正副本、组织机构代码证正副本、国地税登记证正副本等材料，申请换发加载统一代码的营业执照。

（4）2018 年 1 月 1 日后，工商部门核发的未加载统一社会信用代码的营业执照不再有效。

【Tips】

2015 年 10 月，由教育部、工商总局制作的《大学生自主创业宣传手册》中，明确了创建前文提到的五种市场主体类型的注册程序，大家可以参照相关内容准备所需材料，了解办理流程。

算算需要多少钱

从寻找企业经营地址起，各种费用支出就开始不断产生，创业者会有种"什么都需要钱"的感觉。那么，一家新企业需要多少开办资金呢？我们要做出预算，用数字说话。

Tips

从“计算需要多少资金”到“如何获得这些资金”再到“这些资金能带来什么效益”，是创业计划中的一项重要工作，即财务计划。财务计划是企业在未来一定时期内能够以货币形式反映创业经营活动所需要的资金及其来源、财务收入和支出、财务成果及其分配的计划，也就是创业启动资金预算，融资渠道选择，以及收入、成本、利润等预测。而启动资金预算是财务计划的第一步。

启动资金，顾名思义，就是企业能够开始运作所需要的资金，一般指的是必须购买的物资和必要的其他开支的费用总和。我们可以按照用途将启动资金划分为投资资金和流动资金。

一、投资资金

投资资金是创业者为企业购买的价值较高、使用寿命较长的东西，以及开业前所作准备工作需要支出的开办费，包括场地、设备、金额较大的培训费、加盟费、技术转让费、装潢装修费等，如图 13－2 所示。这部分资金往往都不会被忽视，基本都会计算到位。

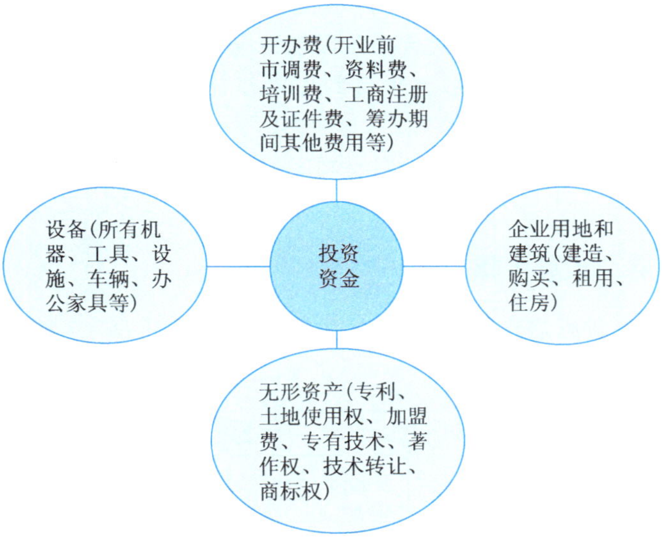

图 13－2　投资资金构成

【Tips】

＊开办企业的投资是必要的，不同的企业投资是不同的，压缩投资到最低限度是最明智的。因此，新企业可以考虑选购二手设备，经济适用就好。

＊投资资金大多用于固定资产的筹备上，固定资产一般会存在折旧问题，应注意固定资产的折旧年限各不相同。

二、流动资金

通常，企业在开始运转一段时间之后，才会有销售收入。比如，制造类企业必须购进原材料才能进行生产；销售类企业必须购进商品；服务类企业必须购进各种物料用品；所有类型的企业都要支付日常运营的各项费用开支，如租金、耗材、营销活动、工资等。上述这些都需要流动资金来支付。流动资金就是保证企业日常运转所需要支出的资金，包括原材料、商品库存、工资、促销费用、公用事业费、租金、保险、不可预见费（预防罚款、盗窃、丢失等），也称运营资金。这部分是启动资金预算的重头戏，因启动资金准备不足导致创业失败的情况，基本都是流动资金出了问题。

在计算流动资金时，须核准你的流动资金储蓄投入期，也就是须投入多长时间（一般以"月"为单位）的流动资金。在理想情况下，新企业的销售额在一定阶段内是持续上升的，在当月销售收入上升到可以弥补当月总成本支出，即当月收入与当月支出相抵时，就有了一个"点"，这个"点"就是关键的当月收支平衡点。出现这个收支平衡点的这个月就是我们要确定的时间段，这个时间段有时也称为投资回报期。

三、启动资金预算步骤

梳理一下，在进行启动资金预算时，我们可以按照图 13－3 所示，"三步走"即可解决。

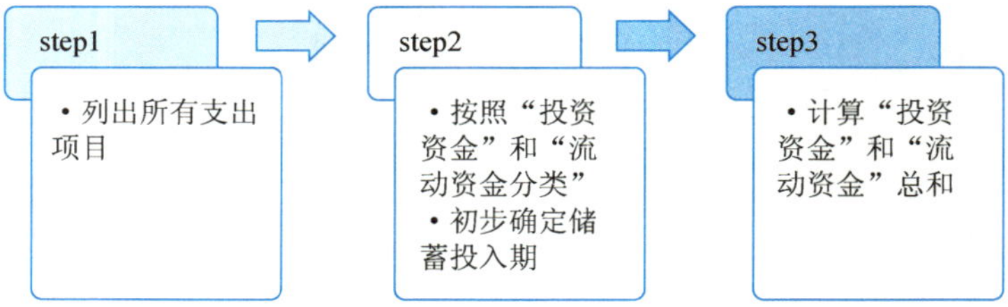

图 13－3　启动资金预算"三步走"

低估了启动资金的需求，创业者会在没盈利前就捉襟见肘；高估了成本，创业者会无法凑齐数额较大的启动资金。

【Tips】

＊单一的途径并不能帮助创业者了解所有的具体信息，建议使用“三角测量”，也就是对于每项费用，从三个不同途径获取3个数字，然后权衡3个数字，最后得出一个你认为正确的数字。

＊一般来说，新企业至少准备企业开办前3个月的流动资金量；从实际情况来看，还须额外保持一定量的流动资金储备，以备不时之需。

＊须依据必须、必要、合理、最低的原则，将流动资金需求量降至最低。该支出的支出，该节流的节流。

【课堂活动】

计算你的启动资金

具体要求：

1. 列出你的企业所需要的投资资金和流动资金，并计算启动资金；
2. 向他人分享你的想法，听听他人的建议。

本章思考与实践

1. 帮助店主做选择

老王是一个独资经营的成功汽车经销商，由于自己年事已高，他考虑将自己的商店留给儿孙们，想把商店的组织形式进行转换。在企业组织形式的选择问题上，他有以下想法：

(1)他希望无论发生什么状况，都不会影响商店的存续性。

(2)他希望他的两个儿子各拥有25%的股份，其余的5个孙子各拥有10%的股份。

(3)虽然他希望他的家族保持产业的所有权，但他并不相信他的儿孙们有足够的时间和经验来完成日常的管理工作。所以，他希望将商店交给他的长期店员老李来管理。

(4)他希望尽可能减少他的儿孙们应缴纳的所得税，每年的经营所得都尽可能多地分配给商店的所有人。

(5)他希望能够确保在商店发生损失时，他儿孙们的个人财产不受任何影响。

针对老王提出的这些要求，你有什么好提议吗？为什么提出这样的建议？

2. 观看电影《中国合伙人》，谈谈你的想法。

3. 走访一些创新创业孵化器，搜集与创业有关的案例，谈谈你的感受。

第十四章　新企业的市场营销

【学习目标】

- 辨认市场营销组合
- 描述市场营销的重要组成要素
- 制定可行有效的市场营销计划

【学习要点】

- STP 分析
- 产品的 5 个层次
- PLC 的作用
- 包装设计和品牌建设
- 首次定价步骤
- 定价方法和策略
- 渠道模式的新转变
- 渠道选择策略和“7—8—8 法则”
- 促销组合的 4 要素
- 14 种促销策略

市场营销不是我们理解中简单地将产品卖出去。在实际操作中，市场营销是价值实现的具体措施和方法，是商业模式的具体落地。你主要需要研究的是如何辨识消费者未被满足的需要，量度目标市场的规模和利润潜力，找到最适合企业进入的市场细分和适合该细分的市场供给品，以满足目标市场的需求，同时获取利润。

认识市场营销

一、一个营销案例的启示

黑龙江大学 2012 届毕业生陈玉东创办的哈尔滨嗨皮士旅行社有限责任公司，于 2014 年 9 月在黑龙江大学学生科技文化园注册成立，2017 年 11 月孵化成熟，入驻哈尔滨西城红场写字楼，并于 2018 年 9 月升级为国际社。公司以“深度体验式＋个性化量身定制”为基本理念，选择“创业＋内部再创业”的发展形式，最大限度地调动每个人的热情，内部裂变，内部孵化，独立项目制，立志发展成为一个由很多个“小而精”的项目组构成的充满活力的“公司群”。

BM 的具体落地——Marketing

种种的大背景造就了当今旅游业再度火爆的态势，嗨皮士对旅游行业发展趋势给出了独到的分析，如图 14－1 所示。

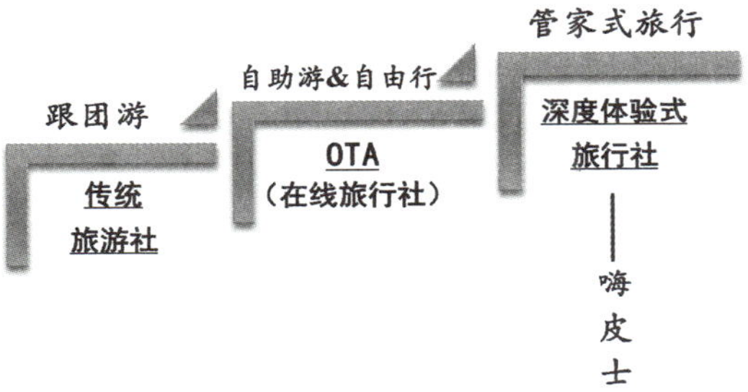

图 14－1　旅游行业发展趋势之“我”见

嗨皮士的营销策略：

1. 产品

内容为王，专注于城市白领及高校学生群体等年轻人市场，提供基于年轻人兴趣爱好的优质深度的旅行产品，独特新奇，别出心裁，非普罗大众一把抓，且产品不断根据反馈更新、迭代，不断创新，做垂直细分领域的品牌化。

(1)旅行产品——立足龙江旅游资源，辐射省外特色(做好本土、外延拓广)，大多数线路都是涉及比较保持原生态的地方，突出文化旅游的长线已覆盖全国热点地区，独立探路、独立策划路线、独立组队、独立带队的旅行一站式服务；此外，依靠龙江的地理位置优势，已开通贝加尔湖这条对俄的国际线路。(总计 40 余条线路)

当下，团队着重思考并开发与文体活动、节庆会展、影视文学创作、动漫、主题园区基地等短线，进一步深化“文化”二字。

(2)活动产品——休闲、社交等主题的互动活动。

(3)其他衍生品——特色工艺品、绿色山珍土产等。

2. 价格

优价良品，不低价骗客，不高价宰客，定价策略有着自己的一套独特逻辑，它会结合用户自由行或自助游的实际旅行成本，做攻略的时间成本，预定交通、酒店、门票的人力成本，公司的运营成本等多维度的指标基准后明确最终定价，物超所值往往是给用户留下的第一印象，极大地提升了用户忠诚度和黏性，提高了二次购买率和口碑转化率。

3. 渠道

(1)零级渠道——直接面向消费者；

(2)分销——有侧重的选择地区和学校设立分销阵地，实施百校校站计划这个策略主要是由嗨皮士提供品牌输出和自制保证，建立校园合伙人机制，让利给学生团队，开拓学生市场。

4. 促销

(1)传统媒体——宣传单、海报等线下纸媒；

(2)新媒体——微信、微博以及选择短视频、直播较为活跃的平台等自媒体网络宣传；

(3)口碑推广——客户来源中“老队员＋老队员带来的新队员”占70%。

5. 公共关系

各种公关活动——摄影大赛、游记大赛、大学生宿营节等。

团队也曾建立过网站，但当时由于费用高、效果不明显，便关闭了。嗨皮士选择的所有策略都是根据目标客户的偏好特点所设计的。目前，嗨皮士正在研发自己的APP，也打算重建网站，推动“互联网＋”的行动步伐，实现线上、线下双向互通营销矩阵，迎接嗨皮士2.0的到来。

资料来源：根据创业者陈玉东提供素材整理。

上面的案例是不是让你对市场营销有些认识了呢？当你想要进入某一行业领域，首先要找准市场切入点。这就说明，除了要搞清楚新企业的特殊性之外，还要捋清战略、商业模式和市场营销之间的关系。简单来说，制定可操作性强的战略规划，可以从愿景、定位、规划、竞争（企业战略），到价值流程设计（商业模式），再到策略（市场营销）来完成。可见，市场营销可谓是实现新企业生存并成长的首要任务。

二、营销组合的演变

市场营销策略历经了“P”“C”“R”“S”“V”“I”等6个组合阶段，具体内容见表14－1。无论怎样演变，都脱离不了市场营销的本质理念——通过交换实现价值。

表 14－1　　主要市场营销策略组合列表

类别	内涵	缺陷	应用
“P”营销组合(4P→6P/7P/8P/11P) 4P＝产品(Product)＋渠道(Place)＋价格(Price)＋促销(Promotion)	最为基础的营销理论和理念体现，具有可控性、动态性、整体性，包含了营销所运用的每一个方面，可以清楚直观地解析企业的整个营销过程，且紧密联系产品，从产品的生产加工一直到交换消费，能完整的体现商品交易的整个环节，容易掌握与监控，哪个环节出现了问题，都可以及时的诊断与纠正	(1)以企业为中心，从不以顾客的需求出发 (2)以追求利润最大化为原则，不考虑消费者的利益 (3)只是采用各种手段让顾客知道产品，从而找机会将产品销售出去	生产制造业(不直接面对顾客，只是被动接收订单，或有意识模仿知名或流行产品)
“C”营销组合(4C→7C) 4C＝消费者(Consumer)＋成本(Cost)＋便利(Convenience)＋沟通(Communication)	要求企业根据顾客的需求和欲望来提供产品，根据顾客支付能力来进行定价决策，从方便顾客购买及方便为顾客提供服务来设置分销渠道，通过企业同顾客的情感交流、思想融通，对企业、产品或服务更好的理解和认同，以寻求企业同顾客的契合点	(1)仅立足于顾客导向，未兼顾竞争导向 (2)强调以顾客需求为导向时未结合企业实际情况 (3)仍然没有体现既赢得客户又长期维护客户的营销思想	低端服务业(强调方便、易获取、易意度)
4R营销组合 ＝与顾客建立关联(Relevance)＋反应(Reaction)＋关系(Relationship)＋回报(Reward)	强调以竞争为导向，提出企业需要从更高层次上以更有效的方式在企业与顾客之间建立起有别于传统的新型关系，主动创造需求，运用优化和系统的思想去整合营销，通过关联、关系、反应等形式与客户形成独特的关系，把企业与客户联系在一起，形成竞争优势	要求企业与顾客建立关联，需要实力基础或某些特殊条件，不是所有企业都可以做到的	中端服务业(强调与市场的交互感知与作用)

续表

类别	内涵	缺陷	应用
4S营销组合＝满意(Satisfaction)＋服务(Service)＋速度(Speed)＋诚意(Sincerity)	强调从消费者需求出发，建立“消费者占有”导向，要求企业针对消费者的满意程度对产品、服务、品牌不断进行评测和改进，最终使消费者达到对企业产品产生一种忠诚，同时强化企业抵御市场风险、经营管理创新和持续稳定增效的“三大能力”	要达到消费者满意且树立起企业独特品牌具有相当大的难度，这要求企业树立起一定的企业文化	高端服务业（质量高、交付快、满意度高）
4V营销组合＝差异化(Variation)＋多用途(Versatility)＋价值(Value)＋感受(Vibration)	强调企业要实施差异化营销，一方面要树立独特形象，与竞争对手区别开；另一方面要满足顾客个性化的需求，使顾客之间有所区别；此外，要求产品柔性较强，能够针对顾客具体需求进行组合；最后，重视产品的无形要素，通过品牌、文化等满足顾客的情感需求	只能作为企业发展纲领的指导方向，操作性不强	巨无霸型企业、跨国公司（有动力、有能力、有实力去架构）
4I营销组合＝趣味(Interesting)＋利益(Interests)＋互动(Interaction)＋个性(Individuality)	由四个原则构成的网络整合营销概念，不仅是电商社会化媒体营销的实施理论基础，更是电商营销突围方向，帮助企业强化营销深度	需要满足媒体膨胀、信息爆炸、受众注意力稀缺的基本前提	电商、网络新媒体企业

除了表格中的理论，在社交媒体时代，你还需要知道波纹营销理论、圈层营销理论、金字塔理论等，并根据不同行业、不同发展阶段、不同区域、不同市场下的具体情况，制定相应的营销策略。

☞"STP 分析"知多少

基于大量的实际情况研究,"现代营销学之父"菲利普·科特勒(Philip Kotler)提出,市场是多层次、多元化的消费需求集合体,任何企业都无法满足所有的需求。若要推出受欢迎的产品并获取利润,首先要进行的就是 STP 分析。STP 分析是现代市场营销战略的核心,如图 14-2 所示。

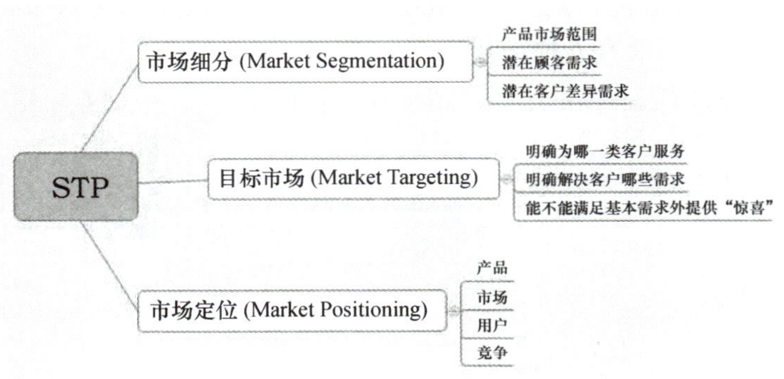

图 14-2 STP 分析

一、"S"——市场细分

市场细分,是按照某种特征将客户分类,同类客户称为一个细分市场。大多数新企业没有足够的资源进入广泛的市场,所拥有的资源一般仅能够满足某个细分市场。市场细分是 STP 的关键,是你在实操过程中做到精准营销的基础。进行市场细分时,一般可以依据地理环境、人口统计状况、消费者心理、购买行为四个变量,如图 14-3 所示。

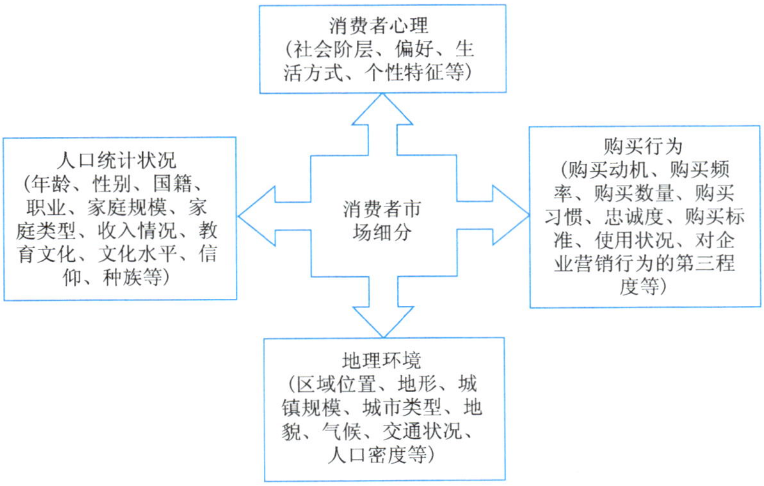

图 14-3 市场细分的四个变量及具体因子

二、"T"——目标市场

市场细分后，就要选择出目标市场，即在市场细分的基础上，评估不同市场细分的吸引力，企业以相应的产品去满足消费需求，并据此确定目标客户。在这个过程中，你应该主要考虑目标市场吸引力（包括市场容量、市场增长率、竞争强度、获利能力 4 个指标）和企业适应性（资源匹配程度）两方面因素。一般来说，最具吸引力的选择是市场容量巨大、市场增长率较快且竞争强度不太高的细分市场。但是，绝不可以追求多个目标市场，或者消耗大量的时间去寻觅一个"理想"市场的出现，这两种做法都会使新创企业付出很高的代价，最终只会迷失方向。选择理想目标市场的策略主要有五种，如图 14－4 所示。

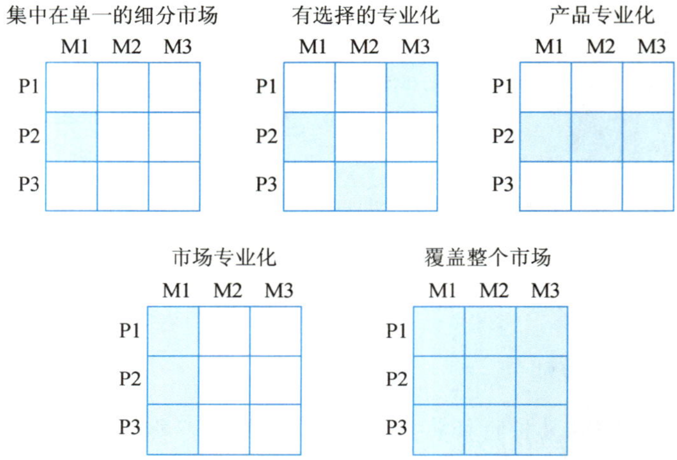

图 14－4　选择目标市场的五种策略（M——market 市场、P——product 产品）

三、"P"——市场定位

企业为产品（服务）在目标市场上确立一个明确的、区别于竞争对手的、符合消费者需求的品牌形象，这就是市场定位。一般来说，有八种定位策略，如图 14－5 所示。

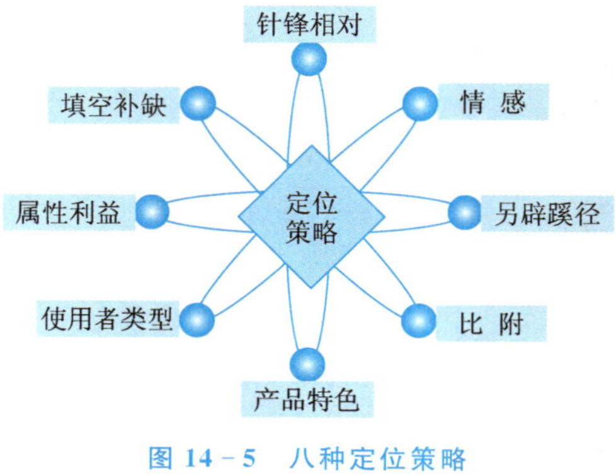

图 14－5　八种定位策略

许多新企业会将市场定位在细分市场中特定的某个利基市场，其定位的核心是与众不同，既差异化，这可以从产品、服务、企业形象等方面择其一体现出来。大多数综合实力不强的新企业往往都将差异化的定位表现在其推出的产品上，利用“机会缝隙”生存下去。比如，东北农业大学园艺专业学生张东源做的原味果蔬项目；又如，黑龙江大学4名在校生创办的将市场定位确立于专门针对小微企业广告宣传包装服务上的凯强媒体工作室。

市场细分不是根据产品品种、产品系列来进行的，而是从消费者（最终消费者和工业生产者）的角度进行划分的。企业可以根据自身战略和产品选取符合企业目标和能力的细分市场作为公司的目标市场，向消费者传达这一定位信息，让他们注意到品牌，并感知到这就是他们所需要的。

课堂活动

进行你的STP分析

具体要求：

1. 根据小组的创业项目，讨论一下根据哪个变量进行市场细分；
2. 根据市场细分找到你的理想目标市场，确立定位。

营销的本质，你只知其一

产品的真地位

产品策略，是市场营销组合策略的基础。从一定意义上讲，企业成功与发展的关键在于产品满足消费者的需求的程度以及产品策略正确与否。企业的一切生产经营活动都是围绕着产品进行的，也就是通过及时、有效地提供消费者所需要的产品而实现企业的发展目标。企业生产什么产品？为谁生产产品？生产多少产品？这似乎是经济学命题的问题，但其实是企业产品策略必须回答的问题。企业如何开发满足消费者需求的产品，并将产品迅速、有效地传送到消费者手中，构成了企业营销活动的主体。

一、什么是产品？

企业时时刻刻都在开发、生产、销售产品，消费者时时刻刻都在使用、消费和享受产品。“什么是产品”，这是一个看似不是问题的问题，但你真的了解吗？

随着科学技术的快速发展，社会的进步，消费者需求特征的日趋个性化，市场竞争程度的深度、广度，导致了产品的内涵与外延也在不断扩大。以现代营销观念对产品进行界定，其指为留意、获取、使用或消费以满足某种欲望和需要而提供给市场的一切东西。电视机、化妆品、家具等有形物品已不能涵盖现代观念的产品，产品的内涵已从有形物品扩大到服务（如美容、咨询）、人员（如体育、影视明星）、地点（如桂林、维也纳）、组织（如保护消费者协会）和观念（如环保、公德意识）等；产品的外延也从其核心产品（基本功能）向形式产品（产品的基本形式）、期望产品（期望的产品属性和条件）、附加产品（附加利益和服务）和潜在产品（产品的未来发展）拓展，如图 14－6 所示。

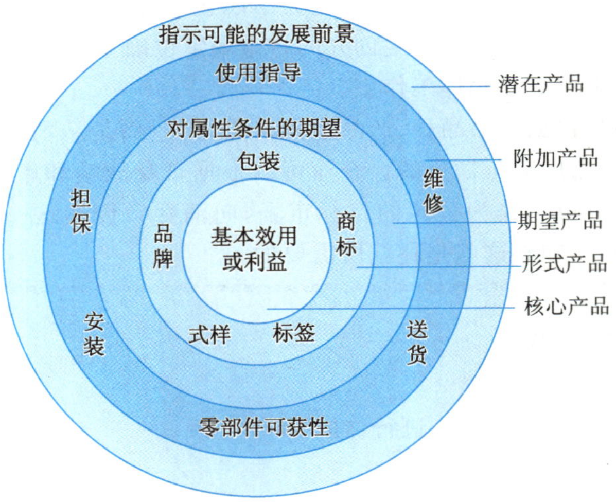

图 14－6　产品的 5 个层次

结合大家熟悉的电视机，深入理解一下产品的 5 个层次。产品最基本的层次是核心利益，消费者购买电视机并非是为了拥有这个物体的需要，而是为了满足随时观看节目的需求；但是这个核心利益需要依附在一定的物体上来实现，这就是产品的基本形式，主要包括产品的构造、外形、配置等，比如配有 4K 显示屏的电视机；期望产品是消费者购买产品时期望的一整套属性和条件，比如购买互联网电视机的消费者，期望能够获得海量视讯内容，不会禁锢在机顶盒提供的有限内容中，也可以远程遥控联网状态；附加产品包含附加服务和利益，主要有运送、安装、调试、维修、产品保证、零配件供应、技术人员培训等，比如选择在网络上购买电视机，享受次日送货安装、24 小时电话客服等，附加产品来源于对消费者需求的综合性和多层次性的深入研究，要求营销人员必须正视消费者的整体消费体系，但同时必须注意因附加产品的增加而导致价格增加，消费者是否愿意承担的问题；产品的最后一个层次是潜在产品，这一层次预示着该产品最终可能的所有增加和改变，比如市面上的互联网电视机不仅可以语音调控想观看的电视节目，还可以下载所需要的 App 等，实现数字生活。

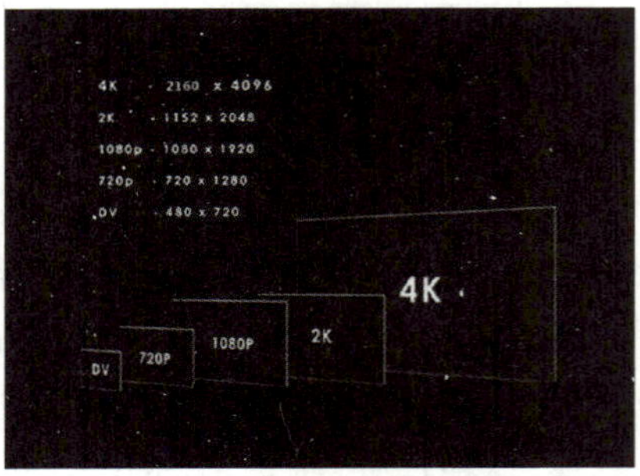

【Tips】

＊在设计产品时，必须要注重差异化，确保产品的竞争优势。此外，还要考虑产品组合，并对此进行评价和优化。

＊好的产品要解决一个存在的现实需求，尽量不要创造需求。

二、研究 PLC

产品生命周期(Product Life Cycle，简称 PLC)，是产品的市场寿命，即一种新产品从开始进入市场到被市场淘汰的整个过程。一种产品进入市场后，它的销售量和利润都会随时间推移而改变，呈现一个由少到多、由多到少的过程，是产品从进入市场开始，直到最终退出市场为止所经历的市场生命循环过程。

提出者弗农(Raymond Vernon)认为：产品和人的生命一样，要经历形成、成长、成熟、衰退这样的周期。就产品而言，也就是要经历一个开发、引进、成长、成熟、衰退的阶段。图 14－7 所示的曲线，是对一般产品生命周期的描述。

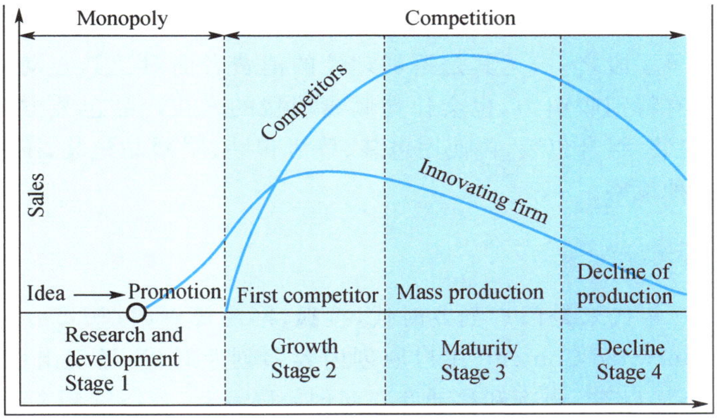

图 14－7　一般产品生命周期

互联网产品的生命周期理论有着同样的逻辑，也可划分为四个阶段，如图 14－8 所示。

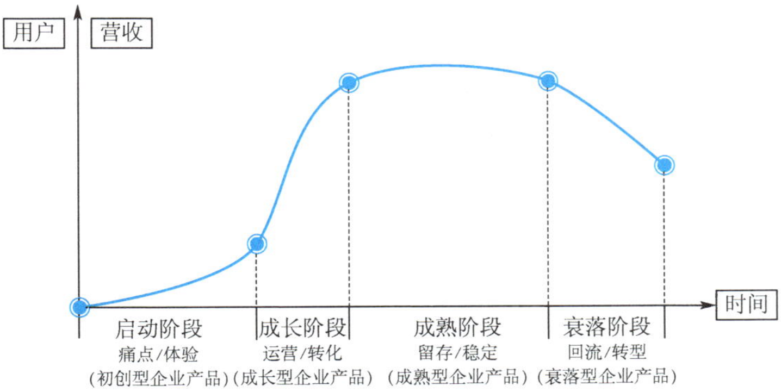

图 14－8　互联网产品生命周期

产品的每个阶段都有对应的目标，并且这些目标最终都应当服务于产品生命周期的整体目标，这个整体目标就是——延长产品最大盈利的周期，提升产品的寿命，减缓衰退进程。我们应该明确产品处于生命周期的哪个阶段，并依其特征，制定相应策略，以求最大限度地实现产品的商业目标和用户目标。

三、品牌和包装是重要组成部分

不断地拓展产品的外延部分已成为现代企业产品竞争的焦点，消费者对产品的期望价值越来越多地包含了其所能提供的服务、企业人员的素质及企业整体形象的“综合价值”。你还需要格外注意产品品牌和包装的设计。

产品是品牌的载体，而品牌不仅是产品的标识，更是产品的灵魂。品牌有自己的内容，是具有经济价值的无形资产，承载着消费者对企业或产品的认可。品牌注册后形成商标，企业即获得法律保护，拥有其专用权。孔子说过，“名不正，则言不顺，言不顺，则事不成”。在品牌命名时，可以参考第十三章企业的命名方法，需要注意合法、尊重文化与跨越地理限制、易记忆、易传播、正面联想、暗示产品属性、预埋发展管线等七个原则。

包装在一定程度上充当着无声的推销员，已成为企业开展市场营销活动刺激消费的主要竞争手段之一，尤其是不够理性的消费者面对让其心动的包装时，即使产品本身没有特别吸引力，也会让他倾囊消费的。在产品包装方面，主要有类似包装、配套包装、组合包装、再使用包装、等级包装、附赠品包装、不同容积包装、改变包装等 8 种策略。

四、选择正确的产品①

20 世纪 90 年代末是门户创业时代，搜狐、网易等崛起；2005～2006 年间，是 UGC（User Generated Content“用户原创内容”）创业时代，涌现出优酷、土豆、58 同城等；2010～1011 年，电商和移动互联网创业爆发，一直持续到今天。互联网环境下的创业一浪接一浪，不要做逆时代的事情。

1. 结合热点

在确定好项目之后，必须结合热点确定究竟做什么产品。陈华的唱吧最早是用移动 K 歌打榜的模式把线下 KTV 搬到了线上，而今年投资的咪哒唱吧，则是通过联网的自助 K 歌设备把线下的 K 歌需求跟线上的唱吧连接起来。2016 年，分答这类知识付费的产品突然火了起来，后来这种模式也被各大知识类、信息类网站普遍接受。这里面的趋势是：时代已经变了，用户的付费意愿大大地增强了，用户愿意为内容付费，为自助服务设备付费。咪哒唱吧、自助按摩椅、自助早餐机等自助服务设备，迎来了自己的时代，会成为互联网创业的新一浪。

① 根据黑马学院导师、唱吧创始人陈华在黑马成长营十四期课堂上的分享整理。

2."集中"法则

新企业要先集中90%以上的精力和资源做好一个产品。团队再厉害,也不要什么都做。单品更容易突破,一个点打透也更容易获得行业第一的市场地位。在微信推出以前,腾讯依靠QQ就足够强大了。当你的产品拓展新方向的时候,一定要围绕相同的用户群体、可以转移的用户群。这样,同一个用户群,就可以在你的产品体系中流动和循环。产品都是有时代特征的,要顺应时代改变。

3.关注用户

做产品,还必须精心设计用户角色和用户成长体系。优秀的产品聚焦在满足核心需求上、交互足够简单、竞争优势足够强大。比如唱吧,设计了几个机制,譬如用户击败了全国99%的人,巨大按钮一下分享到微信朋友圈;根据用户付费多少,建立用户成长体系;通过关系链,让用户割舍不下朋友,舍不得离开;通过榜单,让用户之间形成一个竞争或攀比关系等。用户的角色一定是有区分的,不是只有一种。有一些用户只花时间不花钱,有些用户愿意花钱买时间。不同的用户期望不同,承担不同的角色,也应设计不同的发展方向。

【Tips】

现在的市场营销是正处在"产品取胜"的营销时代,越来越多的企业开始重视产品体验,将其作为核心竞争力,比如三只松鼠、小米、OPPO、奇葩说、微鲸等。

【案例】

最长排队7个小时才能喝到的喜茶,究竟藏着什么样的秘密?

20元左右的奶茶被炒到了70元一杯,每天卖出4 000多杯,排队最长需要7个小时。这些数据在业内人士来看,简直是一个"神话"。虽说,低成本、高利润一直是奶茶行业的标签,也因此受到了诸多新手创业者的青睐。但喜茶,是怎么在短短几年内脱颖而出,成为坐拥50家分店,还获得1亿元融资的新品牌呢?

饥饿营销,那不是喜茶想做的

其实提到排队,一定会有很多人和"饥饿营销"联系在一起,但喜茶并非如此。喜茶已经优化了许多流程,增加了员工的数量,尽量提高自己的服务速度,可也无法彻底地解决排队的问题。无心插柳,在他们看来无法解决的问题,却成了宣传产品的"法宝"。之前很多人去星巴克喜欢拍照,但这个比率大概远远比不上去喜茶的人，几乎每一个第一次去喜茶的人，都会分享给朋友，分享的核心不外乎是“果然会排这么长的队”“我买到了很难买的奶茶”等。

如果喜茶顺势而为，就借着消费者的自发宣传，维持当下的规模，也是能赚得盆满钵满。聂云宸这个90后创始人，却把这个问题看得很透彻，并不希望排队成为喜茶的符号。他们从未想过维持门店的数量，减少提供的奶茶，而是反其道而行之，大肆地扩张规模，从而对顾客进行分流，以此减少客户排队的时间。从现在来看，这个选择是相当正确的。

东西想卖出去，还是得靠创新

喜茶并没有花很多的钱在广告上面。这庞大的客户群体，很多都是通过网络上的“口耳相传”，但这种现象毕竟是人气积累以后才存在的。最开始的那些奶茶，究竟是怎么卖出去的？

大多数人都应该喝过街头小店的奶茶，价格便宜、味道适中，就算换一两家店也不会区分出口感，一般都是哪家近在哪儿买。然而，聂云宸却想做出自己的产品，他理念中的奶茶，没有香精勾兑物，就是纯粹的鲜奶＋茶叶，为了迎合消费者的口味，他又去网上调查现在人们最喜欢的口味。在了解了人们都喜欢芝士这种口味时，他还是稍显犹豫的，毕竟以前从来没有人这样做过。但既然已经选择了，就一条路走到黑，他将芝士加入到奶茶中，一杯杯的调试，最后终于调出了让自己满意的作品——芝士奶盖。

他不从批发商处买茶叶，一般都会直接联系茶农收购，对土壤和种植都有要求。而那些菜单上的很多茶，也是经过他一点点调试所得，温度、配比量等都不能有丝毫的偏差。当人们喝到这种以前没有喝过的口感时，自然也就忍不住推荐给别人了。而这样的产品，同行很难进行模仿。

所以说，所谓的无心插柳的“饥饿营销”，还是在于喜茶本身就好喝。试想，20元一杯的奶茶，如果排队一个小时以上，大概对这杯奶茶就有80元甚至更高的期待。如果产品没有达到客户的心理预期，再因为长时间的排队迁怒于奶茶，这种负面的情绪会流失客户群。不过就目前的情况来看，喜茶显然是满足了消费者的需求。

资料来源：根据公众号“创业界”微文节选整理。

案例思考：

课堂活动

设计你的产品

具体要求：

1. 讨论并明确你们企业的战略方向，设计产品；
2. “解剖”并分享你们的产品的五个层次，以及品牌和包装打算如何设计。

让价格数字充满魔力

你首先需要意识到，在市场营销策略中，价格是唯一能够产生收入的因素，其他因素均表现为成本。因此，你给产品做的定价合理与否，不仅关系到产品能否顺利地进入市场、占领市场、取得较好的经济效益，而且关系到产品本身的命运和企业的前途。

定价是一门艺术，是整体品牌战略中的策略行为之一。价格直接与企业、竞争对手、消费者相关联，如图 14－9 所示。定价的作用绝不只是帮助企业增加利润，还涉及在消费者头脑中品牌定位，例如，一个新的品牌出现后，消费者习惯通过价格直接界定是高端产品还是中端产品；同时，价格也影响着销售渠道等，比如一般情况下，若产品的毛利率较低，是没有办法在微商和电商渠道存活的，你将无法承受高让利的促销行为和渠道成本，如平台广告费、快递费、包裹材料费、退单损耗等等很多成本，多半会以亏本告终。

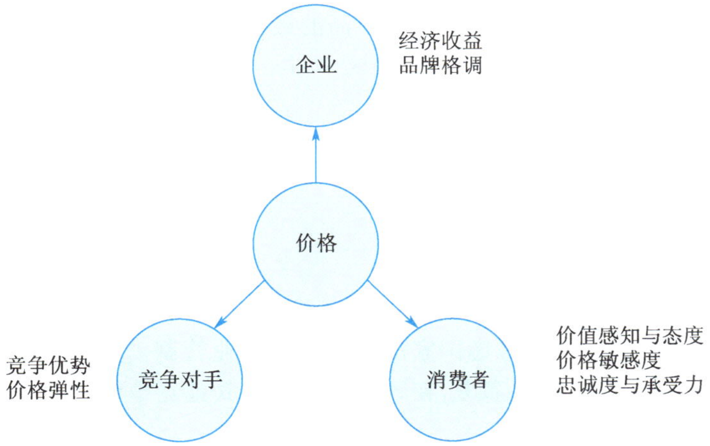

图 14－9　价格关联图

对于价格，至少要搞清楚三个问题：一是，如何确定首次销售的价格；二是，如何调整价格来适应各种环境和机会的需要；三是，如何变动价格来应对竞争对手价格的调整。第一个问题是需要首要解决的，图 14－10 给出了产品首次定价的步骤。

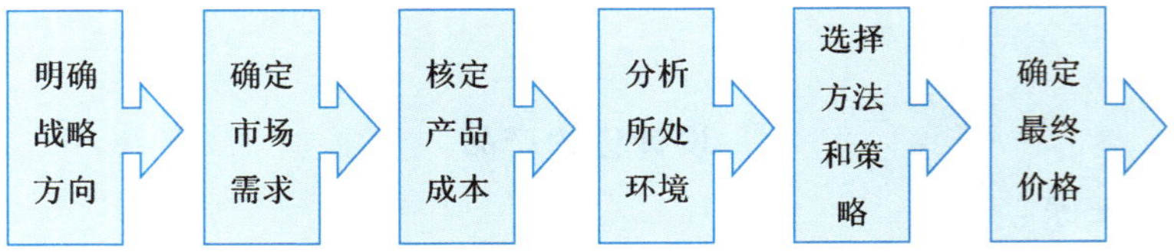

图 14－10　首次定价步骤

一、明确战略方向

价格一定要与企业战略方向相一致，企业的战略方向是定价的前提，不同的战略方向，所采取的定价方案也不同。比如，当处于供给过剩、竞争惨烈、市场低迷时，企业的战略自然是指向生存，此时就应该采用渗透定价，即低价格状态；当企业打算抢占市场份额或追求销售增长率时，也应该制定为较低价格；当企业的战略方向指向当期利润最大化或要突出差异化时，一般采取撇脂定价，即相对较高的价格；当企业想与竞争对手和平相处时，定价与其持平，即采用同等价格。

二、确定市场需求

通常情况下，市场需求与产品价格成反比。但常有例外出现，你必须了解市场需求对价格变动的反应，也就是要界定需求的价格敏感度。

(1)独特价值效应：其产品越是独特，其价格越不敏感；

(2)替代品知名效应：对替代品知之越少，价格敏感性越低；

(3)难以比较效应：越难以比较质量，价格敏感性越低；

(4)总开支效应：开支占顾客支出比重越小，价格敏感性越低。

比如，对于威望高的产品，适当提价反而可能增加销售量。在很大程度上，市场需求决定着产品的价格上限，也就是产品的最高价格。

三、核定产品成本

产品成本决定着价格的下限，是销售该产品的最低价格。在核定产品成本时，需要注意经营成本的核算，必须全面。

四、分析竞争情况

这一步，需要市场整体环境，了解行业竞争格局与规则，研究主要竞争对手的定位与竞争反应模式，还要考虑国家法规与相关行业管制。竞争对手的价格为我们确定合适的产品价格提供参考，在顾客心目中与其他竞争性产品及替代性产品的感知价值相比较。

五、选择定价方法和策略

1. 定价方法

可以选择采用的定价方法主要有四种：

(1)成本加成定价法。顾名思义，就是按单位成本一定比例加成而确定产品价格。

$$P=C\times(1+R)\quad R\text{:加成比率}$$

(2)目标利润定价法。这种定价法是根据总成本、预计销量和所确定的目标利润来决定单位价格的，简单来说，就是在产品单位成本的基础上加上预期的毛利润。

$$P=(\text{总成本}+\text{目标利润})/\text{销量}$$

$$\text{盈亏平衡销量}=\text{固定成本}/(\text{价格}-\text{变动成本})$$

这里，我们需要注意的是，在实际情况中，还要考虑增值税问题。

(3)需求导向定价法。需求导向定价法是根据市场需求强度和消费者购买心理而确定产品价格的方法，需要做足市场调研，弄清楚消费者购买该产品愿意支付的金额。这种定价法一般有三种：一是认知(理解)价值定价法，即根据购买者对产品的认知价值来制定价格的一种方法；二是需求差异定价法，就是以不同细分市场的需求差异确定商品的价格，如因人差异定价、因地差异定价、因时差异定价、因用途差异定价、因量差异定价；三是反向定价法，以零售价为基础反向计算出批发价、出厂价的方法。

(4)竞争导向定价法。以竞争对手同类商品的价格为定价依据，选择有利企业目标的定价方法，主要有随行就市定价法和投标定价法。

多数专家推荐新企业选择需求导向定价法，当然，最好可以将几种基本定价方法综合起来运用。

2. 定价策略①

很多时候，新企业会重复竞争对手的价格策略或者对其进行调整。如果其他人都按座位收费，我们应该怎么做？这是正确的思维过程吗？

Madhavan Ramanujam 是一名定价专家，是西蒙顾和管理咨询公司(Simon－Kucher& Partners)的董事及合伙人。他曾提出，价格是生产制造最好的导向标，他提出新企业应该选择的定价策略一般有三种：收入最大化策略、渗透定价策略和撇脂定价策略，这三种策略所关注的重点分别是收入增长、市场份额和利润最大化。

(1)收入最大化策略。新企业对不同顾客付费的意愿不是特别清楚，应该使用收入最大化策略。理想情况下，短期的价格和长期的价格一致。很多中端市场的软件公司定价的目标就是让收入最大化，争取在每一次销售中都能卖出最高的价格。

(2)渗透定价策略。产品定价较低，赢得占绝对地位的市场份额。这是一种自下而上的定价策略。较低的价格可以让市场接纳的阻力降到最低，并快速增长，当市场已经广泛接纳以后，再转移到高端市场。渗透定价策略会导致圈地——扩张的销售策略。Expensify、Netsuite、New Relic 和 Slack 都是采用的这种模式。渗透定价策略是把市场份额放在第一位。

---

① 根据网络资料整理。

（3）撇脂定价策略。一开始采取高定价，然后有条不紊地以低价向低消费人群销售更多产品。撇脂定价策略在消费硬件行业比较常用。大家熟知的苹果就是这种定价策略。苹果的新品价格较高，然后以低价回收旧版本的 iPhone，卖给不同的用户。Madhavan 指出，史蒂夫·乔布斯（Steve Jobs）不仅是一个产品天才，也是一个定价天才。由于他能将自己的这两种天赋结合在一起，苹果公司每季度的销售利润都会打破纪录。

撇脂定价策略在软件行业不常见，因为有些企业发布的产品会被最富经验的用户接受（正是这些愿意付费的用户贡献了最多的利润）。当然也有些例外，如甲骨文的数据库、Tanium 的安全产品、Workday 的人力资源管理软件等。

Madhavan 建议让执行团队进行投票，确定收入增长、数量增长、利润和市场份额的优先级，确保公司的定价策略与团队的目标一致。

六、确定最终价格

在确定产品的最终价格时，先要明确价格范围，如图 14－11 所示。

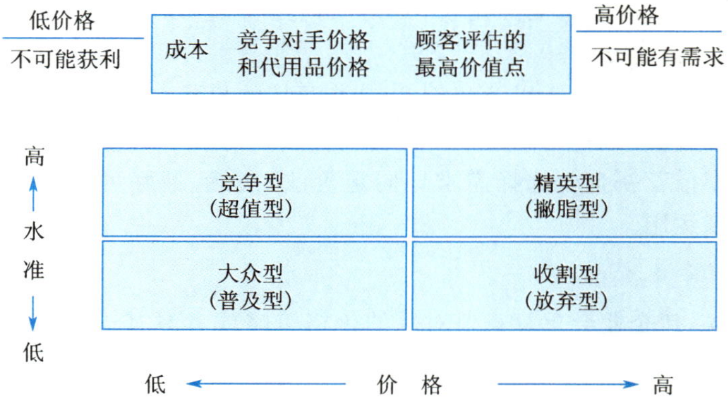

图 14－11 定价范围

在上述内容基础上，还应考虑一些其他因素，其中最重要的是心理影响因素，可以利用价格标榜作用、价格比对效应、价格尾数效果等，采取尾数/奇数定价、声望定价、顾客差别等定价技巧。此外，还要注意如品牌、质量、促销方式因素等，以及不同类型渠道的定价问题。

Tips

要正确理解“价格”，价格不仅是盈利的保证，更加是竞争的利器，我们要基于战略意图进行价格调整，做好进退有据，还要有力应对价格战和价值战。

产品的客观质量、企业或产品的形象（品牌）、政府或行业组织干预、消费者心理和习惯等，也会影响产品价格的制定。

【课堂活动】

设计你的产品定价

具体要求：

1. 为企业的产品制定首次销售的价格；
2. 分享你们选择的定价方法和策略，以及运用了什么定价技巧；
3. 听听老师和同学们的评价。

设计生命通道

一、何为“生命通道”？

任何产品最终都需要有渠道出口，这意味着企业的生命通道。如果没有渠道，再好的产品也只是废品。“渠道”这个概念并不难理解，就是将产品从生产者转移到消费者手中的途径或通道，划分类别如图 14－12 所示。

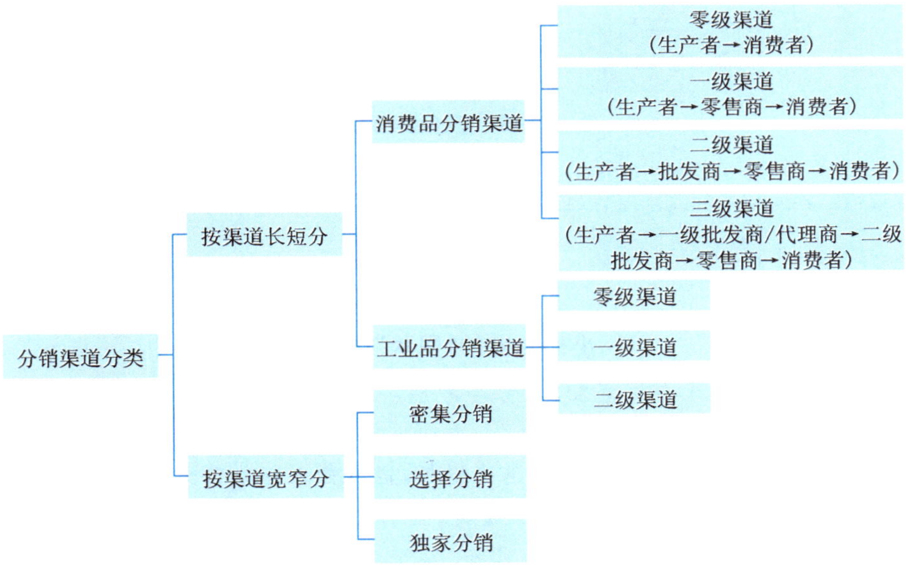

图 14－12　渠道分类

有一则小故事，名字叫作“向蜘蛛学渠道构建”。我们现在所处的时代是一个网络时代，所处的社会是一个网络社会。企业更是要以网络生存，靠网络发展。企业的心情就像这只小蜜蜂，梦想着能像蜘蛛一样有一张属于自己的渠道网络。日趋激烈的市场竞争，使得企业间的竞争很大程度上是围绕着渠道展开的。所谓“渠道为王”，即表明了很多时候竞争的核心在于渠道资源的争夺。渠道是企业存活的生命通道。

正因如此，如今渠道的选择正从线性关系的传统模式向网状关系的新模式转变，如图 14－13 所示。

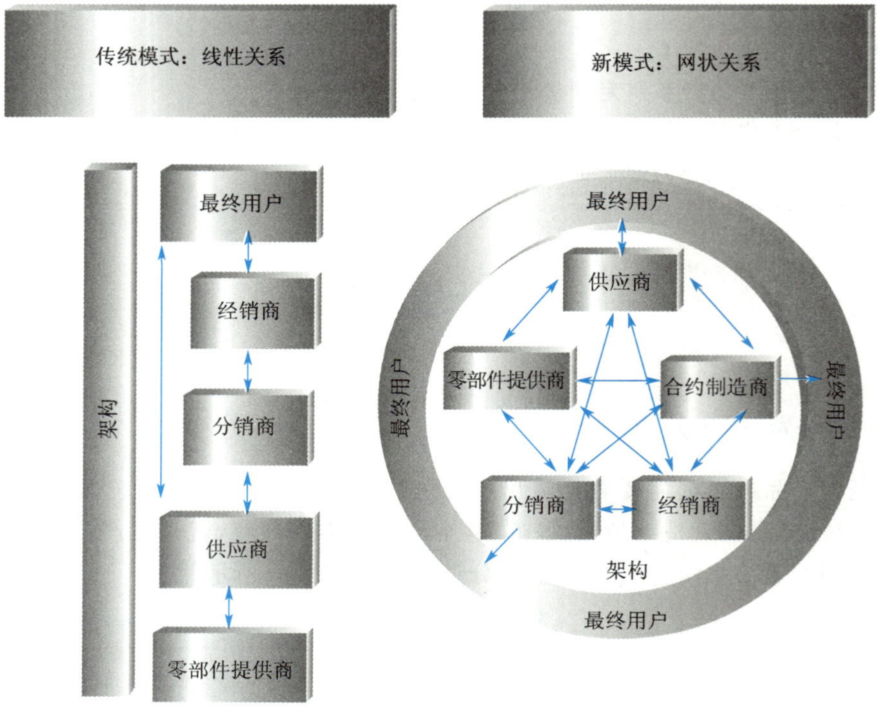

图 14－13　渠道模式的转变

【案例】

小熊电器的“网状”渠道

“只要有人有这样的需求，我都会考虑去做。”小熊电器创始人李一峰的目标是让小熊电器成为“小小家电”各个细分市场的前两名。

小熊电器借助电子商务渠道迅速崛起，但是如果将小熊电器的爆发仅仅归结于渠道上的讨巧，那肯定无法窥其“全豹”。小熊电器的成功，首先是它找到了市场缝隙，在家电市场的红海中，瞄准个性化生活小家电，甚至小小家电。实力雄厚的大家电企业不太关注这个领域，或者说关注了也不太愿意做。因为这些经过不断细分的市场规模不够大，受众不多。但是，对于以 10 万元资金创业的李一峰，如此狭小的市场缝隙也足够自己施展才干了。

从第一款产品酸奶机开始，小熊电器就明确了自己的定位，并且积累了丰富的运作经验。小熊电器以个性化、便捷化、时尚化的生活小家电作为自己的产品定位，瞄准年轻人群，特别是女性消费者。从单一产品到产品矩阵，小熊电器先后推出煮蛋器、咖啡机、电蒸锅、电炖盅、冰淇淋机、多士炉、电热饭盒，每一款产品都从消费者的微小需求出发进行研制。因为是个性化的产品，小熊电器在外包装上下足了功夫，李一峰请了几家4A级广告公司为其设计包装，突出产品的个性、温馨、节能、省时等，以橘红、浅黄暖色调为主，以卡通熊作为品牌Logo，整体上呈现出清新风格。

与之对应，小熊电器以充满感情渲染的网络营销方式推广自己的品牌。通过病毒式视频，小熊电器打造自己的品牌代言人——妙想熊；又根据自己的“妙想生活”品牌理念，不断强化妙想熊形象，为其注入非常丰富的感情色彩，让初生的“小熊电器”这个品牌有了非常大的纵深度。从产品开始，但又不仅仅是产品，而是一种时尚温馨的生活方式，满足人们的情感诉求。网络营销，帮助小熊电器快速发展。

事实上，试水电子商务，利用网络进行渠道突围、营销突围，一些大型家电厂商都在尝试，却未能像小熊电器一样创造奇迹。小熊电器的个性化产品矩阵，非常适合验证电子商务的长尾理论。一开始，小熊电器走线下渠道并不顺利，做电子商务其实是一个被动的过程，继而发现了线上渠道是一个新天地，于是主动授权完成销售渠道转型，把线上、线下融为一体。

李一峰对电子商务的理解值得分享。他认为，传统渠道是一个“管道”，不仅口径容量有限，而且到达消费者的距离比较长，成本比较高，一旦挤进了美的、格兰仕等品牌，后来的小品牌就很难进入；而电子商务则是一个“网状”结构，与消费者的距离只隔了一层“网”，有多个“网孔”可以进入，所以是中小企业突围的一个渠道选择。

资料来源：http://www.71096.com/zxzx/show-582272.html。

案例思考：

二、三种策略

新企业需要分析好产品特性、市场特性、企业特性、环境特性、中间商特性这几个影响渠道决策的因素，选择适合自己的渠道。

渠道的基本策略有三种，一是基于渠道效率与服务职能的提升，创新渠道模式；二是实现渠道资源的整合与掌控；三是注重渠道细分与互补运作，构建立体渠道，包括直营、分销、代理等多渠道的开发和建立相应各渠道操作模式与业务指南。

在制定渠道策略时，可以遵循“7—8—8 法则”①：

(1)制定渠道策略的“7 步骤”——确定渠道目标、界定渠道层次结构、界定渠道等级结构、分配渠道成员职责、寻找经销商、经销商评估、确定合作关系；

(2)制定渠道策略的“8 原则”——接近终端，市场覆盖，精耕细作，利益共享，协商机制，经济实用，争做渠道领袖，变则通、通则久；

(3)制定渠道策略的“8 戒”——戒盲目自建网络、戒经销商过多、戒渠道过长、戒覆盖面过宽、戒一味求大、戒过度依赖、戒目光短浅、戒优惠过丰。

日本品牌“无印良品”(MUJI)被大家广泛熟知，但不知道的是它 4 年内起死回生，从亏损 10 亿日元到营收 1 410 亿日元。亏损时期，它的销售端存在非常严重的问题，开 10 家新店，可能只有两家店能达到目标盈利。后来发现，当时开店的基准非常模糊，没有确定一个可量化的评判。于是，找专人做了很多的定量判断标准，其中“开店城市的平均消费收入指数是多少”是关键标准，因为城市平均消费收入指数与无印良品店的营业状况成正比关系的程度极大。在建立了标准之后，效果显著，新店的成功率达到了 90%以上。此外，无印良品还有单独的海外开店标准，而且不同区域不同对待。

【课堂活动】

设计你的渠道计划

具体要求：

1. 与组员讨论，分析影响你们选择分销渠道的主要因素；

2. 结合项目制定出渠道计划。

① 转引自新浪财经《麦肯特：渠道制胜首在设计 差异化成为角力重点》。

扩展阅读

不同分销渠道的策略要点

1. 线下渠道策略要点

(1)市场摸排与调研,线下渠道数量与结构分析。

(2)做好区域市场渠道布局:外占与内占的平衡。

①各类渠道针对性的合作策略;

②客户开发与运作:目标渠道选择标准、突出重点终端(大点造势、强点取量);

③做好日常终端建设与维护:坚持"四定"维护,建立相应标准,强化执行力。

2. 网络渠道策略要点

(1)网络运作策略。

①加快创新节奏,嫁接新媒体,直追热点事件,善于借势;

②网上活动形式娱乐化、体验化,注意线上线下活动的联动。

(2)整合各方相关资源:引擎营销、捆绑促销、联合推广。

(3)注重电子商务平台的提升:功能升级、增加黏度。

3. 各渠道组合策略

有人认为,选择的渠道越多,企业成长会越快,事无绝对。选择多个渠道进行营销,可能会出现两个问题:一是新创企业很难控制所有渠道具体销售产品的方式;二是渠道冲突的可能性会增多。

资料来源:根据网络资料整理。

建立"沟通"活动

企业需要经常通过活动与目标顾客进行"沟通",而促销的实质正是此意。促销,并非"打折",是向目标顾客传递有关本企业及产品的各种信息,说服或吸引消费者购买其产品。

一、促销组合

促销落实到策略上,则是企业从人员推销、广告、公共关系和营业推广(销售促进)4 个方面设计出可以达到扩大销售目的的促销组合。这 4 个方面,也就是促销组合的四要素,见表 14 - 2。

表 14-2　　　　促销基本策略一览表

基本策略	具体形式	特点	适用阶段	小提示
人员推销	一对一、一对多（上门推销、柜台推销、会议或宣讲推销会等）	(1)进行面对面直接沟通，反馈接收及时 (2)对推销人员的素质要求较高 (3)成本可能较高	知晓阶段、了解阶段、信任阶段、购买阶段	着眼点影响结果
广告	彩页、传单、宣传册、海报、电子公告牌、视频、代言人等（主要依托报纸、广播、电视、杂志、户外、互联网等媒体形式）	(1)范围广 (2)形象生动 (3)对设计、制作等要求较高 (4)媒介载体选择成本可能较高	知晓阶段、了解阶段、信任阶段	媒体形式选择主要取决于目标消费群体接触媒体的习惯
营业推广	现金折扣、现金满减、送券、样品赠送、附赠礼品、优惠券、有奖销售、产品展销、以旧换新、会员/VIP 制等	(1)形式多样 (2)吸引力大 (3)针对性较强 (4)短期效果显著 (5)可能引起顾客质疑	知晓阶段、购买阶段	不可频繁使用，可能有损企业形象
公共关系	内部沟通载体（内部刊物、内部交流网、内部论坛等），新闻报道（记者招待会、新闻稿件、期刊杂志上刊登企业相关文章等），公众活动（赞助或冠名大型活动、参与或举办公益活动或庆典活动等），宣传材料（择时发放宣传册、明信片或台历等宣传礼品、外联资料等）	(1)提高企业内部凝聚力 (2)传播广，信任度高 (3)引起公众注意，树立企业形象，展示企业社会责任感 (4)引起公众信任与偏爱，加强公众认知度，扩大企业影响力	知晓阶段、了解阶段	重视“小事”的公关效应

在市场营销费用允许的前提下，最好同时选择多种促销方式，快速、广泛地打开销路。

二、促销策略有多少种？

促销到底有多少种策略？这个问题并没有明确答案，相信下面的内容可以给你提供一些灵感。

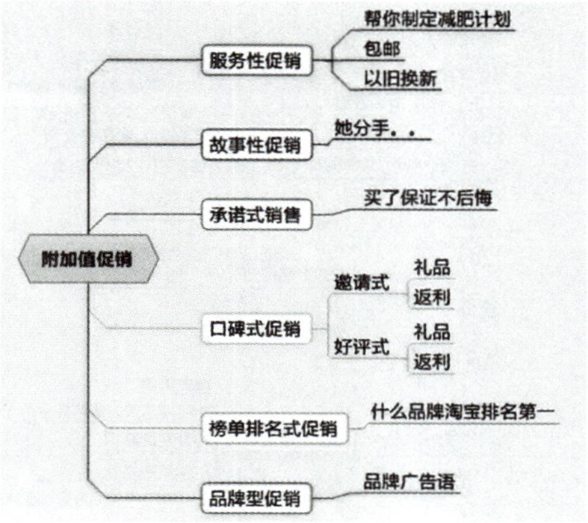

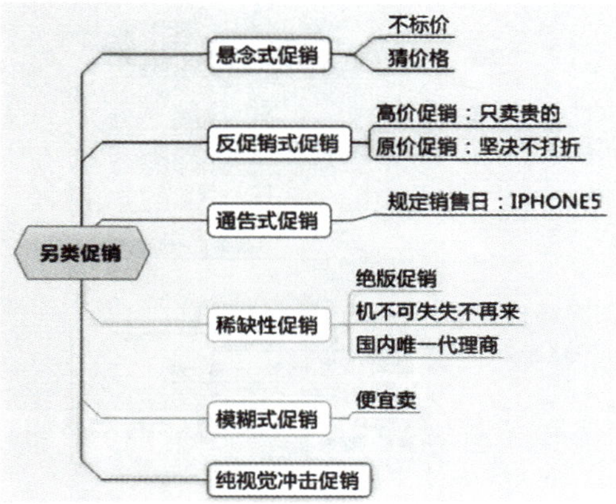

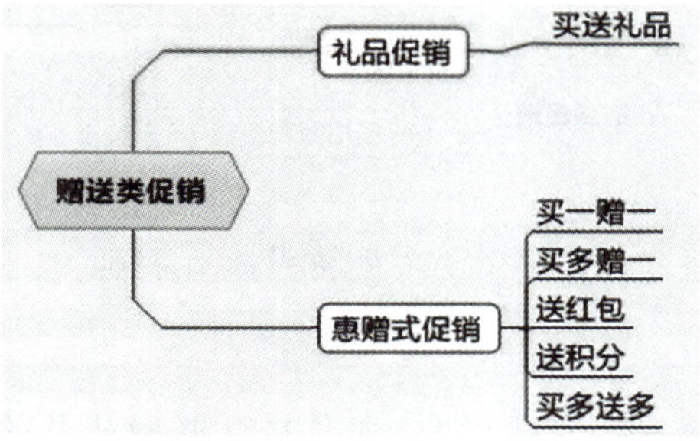

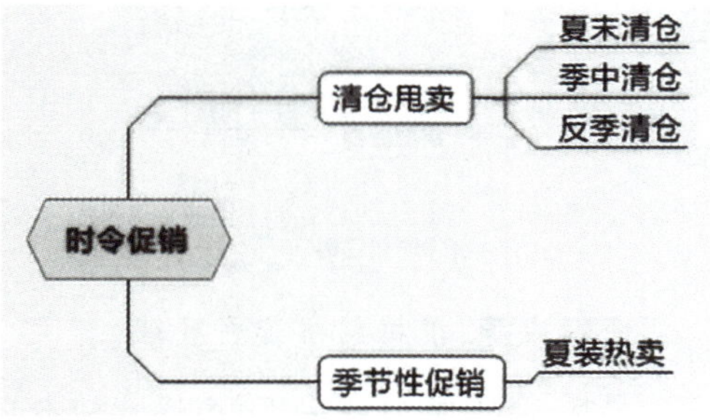

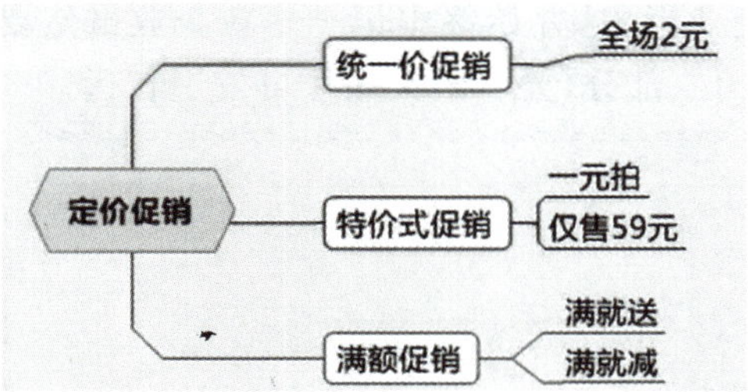

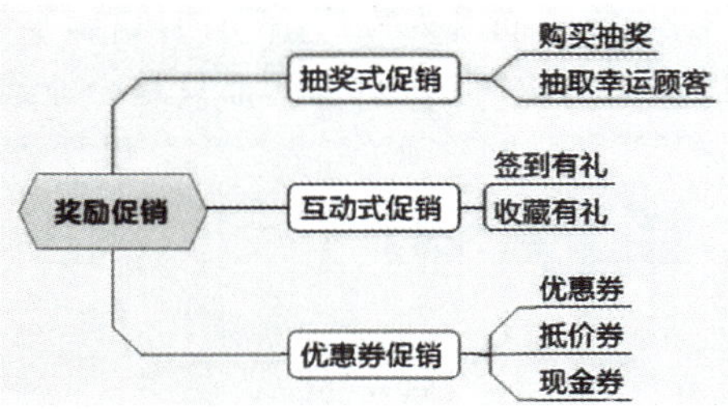

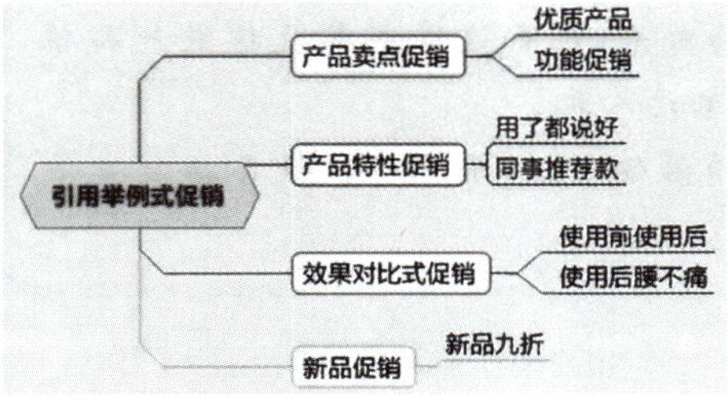

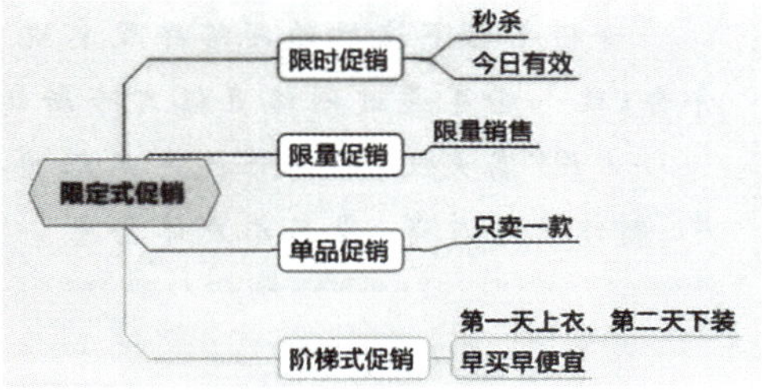

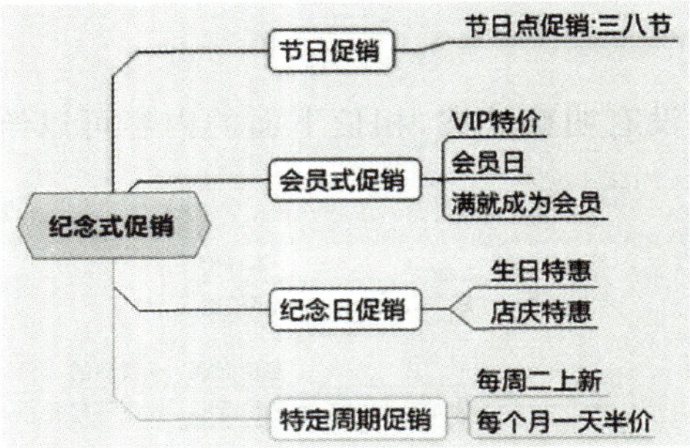

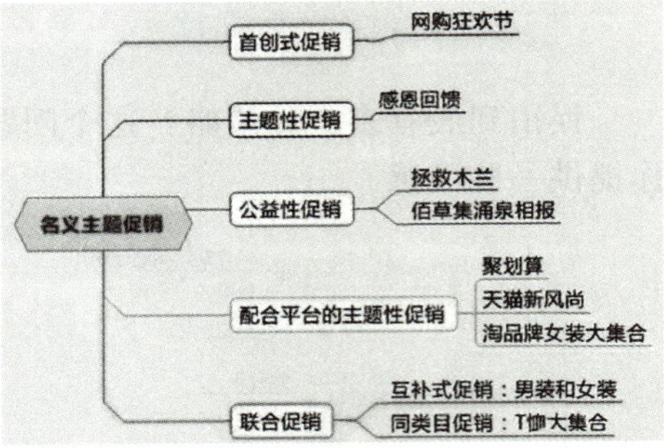

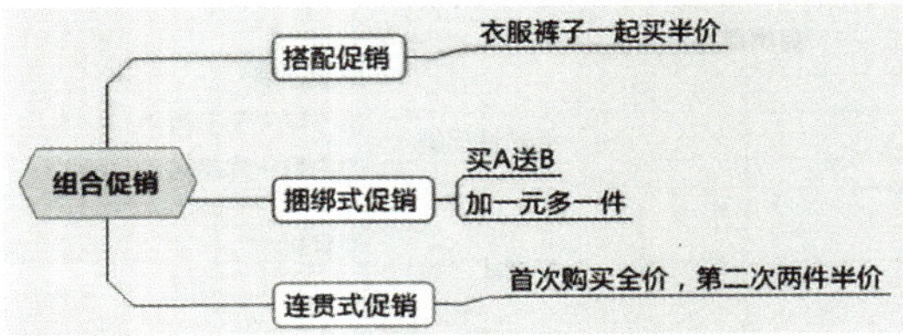

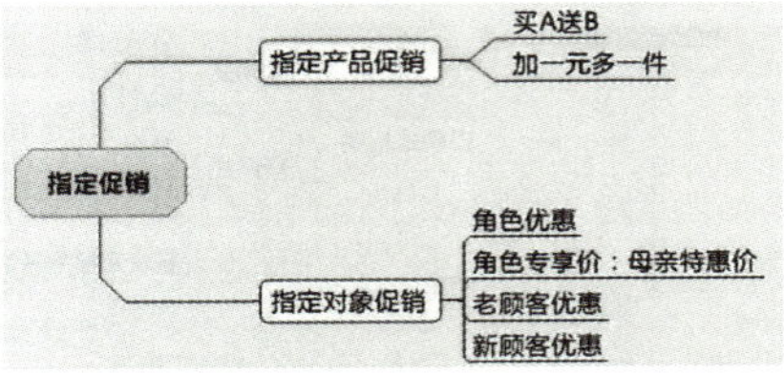

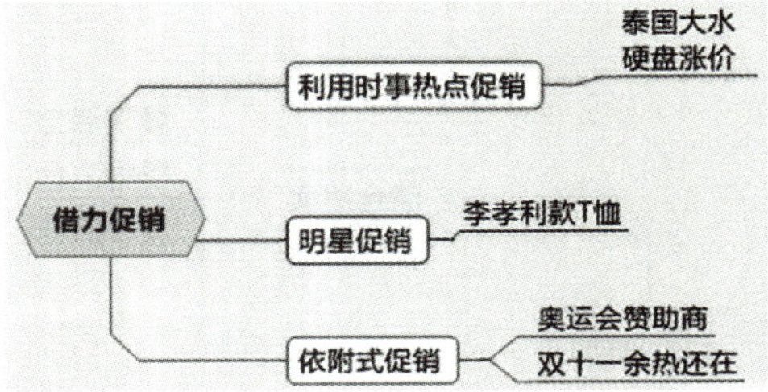

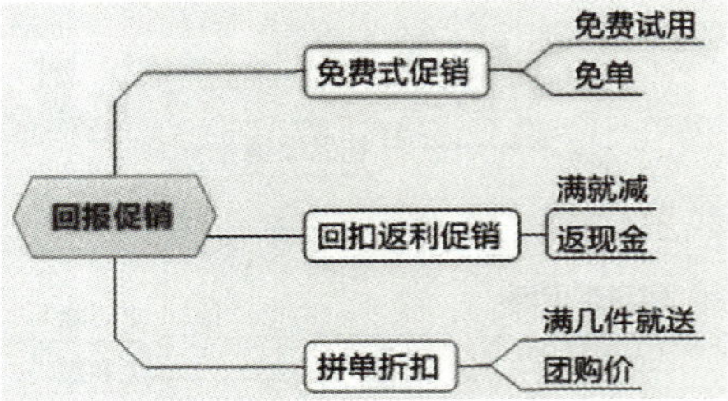

资料来源：根据网络资料整理。

最后，还是要叮嘱一下：市场营销本身是一门单独学科，尤其在互联网普及的时代，更需要多琢磨，切忌盲目依照某种市场营销理论生搬硬套。你须心系目标顾客，统一同系列推广活动的风格，展现企业形象，并始终牢记——新企业虽然要以营销为重，但营销永远都只是企业运营的一部分，要着眼大局才可发展长远。

【Tips】

＊聚焦网络：

→不要仅仅局限在你不同的社交账号上；

→了解当下网络时代的那些“潜规则”，比如网络节日；

→利用当下流行的网络手段实现营销效果，比如通过视频直播做产品推介会，比如雷军通过网络直播发布新品小米无人机。

＊用“高大上”的新科技产品助力营销活动，比如利用VR设备播放宣传片、制作广告片等，提高用户体验感。

＊新媒体日渐发达，产品发展速度迅猛，政府力量对企业的生存和成长影响巨大。你必须关注时事新闻和你所处行业的前沿信息，掌握政治、经济等政策的动态变化，把握规律，懂得顺“势”而为，学会“借力”营销，努力实现事半功倍。

＊逐渐进行用户的个性化交互，收集足够数量的有效数据在这个数字化的世界里开展市场营销，让大数据帮你的营销做些什么，从而做好迎接营销下一个时代到来的准备。

＊市场营销学有一种现象叫作“习惯性接受”，就是当企业给消费者创造出一种新的产品时，或者在服务上有了新的增值做法，消费者只会兴奋一段时间，时间久了，就会以此为标准，觉得这是最基本的东西。因此，你在推出新产品或提供新的增值服务前，考虑清楚，能否一直以这个新标准做下去或者做得更好。

【课堂活动】

设计你的促销策略

具体要求：

1. 根据项目特点及企业情况，设计你们的促销组合策略；
2. 分享你们基于什么原因有了这样的策略，听听他人的意见。

新企业还需要思考产品和营销的关系是什么；处理危机公关最重要的是什么；对于公关应该有哪些基本的认识；如何正确运用媒体的力量等问题，从而解决如何构建有效的市场营销策略。

【案例】

一家只卖20元小酒的公司，获得年度产业文化营销创新奖

在第十四届中国营销盛典上，江小白CEO陶石泉以“重新定义好产品”为主题发表的演讲。正是这份精华方法论让江小白在2016年线上销售大幅增长，在会上被授予了中国企业营销创新奖（专项奖）——年度产业文化营销创新奖。

演讲实录内容整理：

大家介绍我是江小白的创始人兼董事长，本质上我更多地扮演着产品经理的角色，是我们公司产品部一号负责人。2016年我的工作时间分配：40%的时间做消费者调研；30%的时间做产品开发；20%的时间做品牌管理；另外有10%的精力管渠道。2016年工作重心放在了重新把产品做升级，相当于重新定义一款好产品。

一、好产品是好营销的前提

几乎每一个行业都会遇到市场份额的抢夺，要想取得绝对的领先优势挑战性比较大。如果说产品端竞争力能够更加的坚韧、更加的突出，实际上可以减缓做营销的压力。

消费者调研和洞察看上去会做很多数据化的研究，我个人的感受更多在于能不能做一些感性化的研究和洞察。

我北京的朋友请我去喝酒，他说了一句话挺触动我。他说，“我每个礼拜喝一次酒”，我问“为什么”，他说，“每到周末的时候，我就想活成另外一个自己”。所以，喝酒这个消费行为习惯，是由产品属性的精神层面需求所引发的。你会发现原本很沉默的人，他可能突然变得话很多，原本一个很外向的人有可能喝酒之后特别的沉默，走向了性格的反面。这是消费者调研方面的工作，也是感性方面的观察。

当把消费者调研和消费者洞察做得足够深厚，产品自然而然就出来了。当产品能够满足消费者在消费中情感的表达和某一种消费的解决方案，这个时候品牌也就形成了。

二、有没有机会做更好的品牌？

很多企业看到行业中谁做得最好就去跟随，几乎每个领先品牌困扰最大的是有很多模仿者。可追随原本优秀的品牌不太可能寻找突破口，也不太可能重新定义一个好产品或好品牌。我们的方法是，更多地从另外一端、从更大的反差、从对立面寻找一些突破的机会。下面介绍两个好产品的创新案例。

——第一款产品：表达瓶。

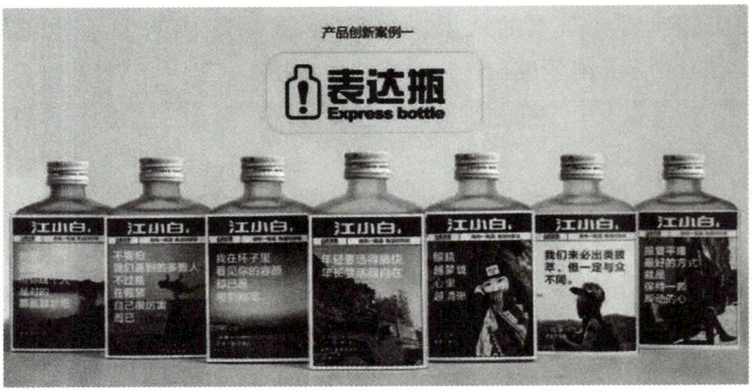

千千万万个消费者他们想了很多有意思的表达情感、在喝酒消费场景中想讲的话，做一些筛选将其产品化，它就变成了消费者自己的表达。

表达是一大欲望。今天，每一个人都是自媒体，我们把产品变成像微博、微信朋友圈一样能表达自己态度和行为的载体，还可以发到朋友圈跟朋友炫耀一下，图像就变成了江小白的广告语，成了它的代言人。

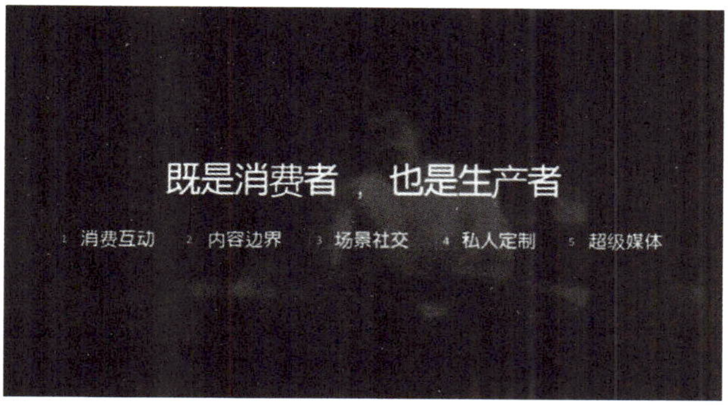

我们拥有特别大的文案库，都是来自于消费者的创意，某种意义上是C2B。消费者端推导过来如何做产品，如何产生消费者的互动，如何去做内容，如何去定义和聚焦消费的场景，满足了私人定制，也满足了让产品成为一个超级的媒体。

——第二款产品：拾人饮。

这款单瓶重达4斤、只有25度的清淡型高粱酒，聚焦很小的市场细分领域——单位的团队建设，如开阅读会、年会、部门聚餐。团队喝酒讲究豪爽，高度酒往往给人的负担比较大，不敢大口饮。分量足、度数低、口感清淡的拾人饮能让人感受更轻松的饮酒体验。

我们用一款产品帮助团队，无论是项目开始前的壮行酒，还是业绩达成后的庆功酒，拾人饮凝聚起了整个团队的力量。

三、好产品的标准

1. 品质的领先性

比起性价比，宁愿做品价比更高的产品。价格优先的市场，要么是牺牲应用，要么是牺牲品质。我们宁愿把品质拔高一些，对应的售价拔高一些。如果是同等的品质，我们跟别人比价格上又会有一定优势。同时，仍然可以通过品牌溢价，品牌的存在一定是带来经营上的正向毛利。我们内部提的是“为了提升20%的品质，愿意付出200%的成本”。当我们拥有一个品价比高的产品，就证明我们拥有足够的能力提供优质的产品。

2. 内在本质的差异化——从重口味走向轻口味

中国白酒最低的度数是35度左右，我们做到了25度。

3. 大、小、高、新——在红海中寻找蓝海

——所谓大

在大的行业中去做企业才不会遇到天花板。我们企业发展5年，到今天为止仍然是行业中的中小企业，基本上也可以算得到未来10年、20年都不会轻易地能够到达天花板，因为行业足够大，白酒行业去年总的市场规模有5 600亿元。

——所谓小

寻找非常小的市场缺口。两款产品定位是比较清晰的，表达瓶是小聚小饮，两三个人吃饭拿一个小瓶；大瓶“拾人饮”是大场面，人比较多。

——所谓高

生产供应链、产品的开发、品牌传播和渠道方面都去研究怎么创造更高的效率，或者说找到相对更高效率的突破点。今天比较容易理解的是传统的广告平台已经失效了，大家觉得互联网自媒体方面营销可能是有效的，但是又不是轻易可以做好的。两个相似，在投放传统广告的过程中可能大家差距不大，但投放到互联网上的广告其差距会很大。

——所谓新

新的技术。二维码技术、H5技术等新的技术，实质上不单纯只是高科技的行业可以应用，包括消费品行业同样可以以它作为工具来进行应用。

四、好产品拥有好的沟通力

酒本身也不是酒，它在商品属性以外，能够提供消费者在饮酒场合社交的解决方案。

1. 超级自媒体

我们将产品变成一个超级自媒体，之前认为产品是产品、营销是营销、广告是广告、渠道是渠道，后来发现广告还可以通过自媒体方式方法来做，把单向的广告变得互动性更强。产品就应该成为最好的自媒体，带来最大流量。

2. 好产品应该产生情感链接

消费升级非常重要的一个方面是品质比原来更高了，另一方面是消费者开始从原来的物质彰显变成情感彰显，原本商品的售价把消费者分成三六九等，今天发现很多消费者对品牌给予的精神分类极其看重。

3. 在满足功能的前提下进行跨界

在做产品的过程中，在满足功能的前提下，可以做更多跨界的事情。今年做了一款产品叫JOVOART——“万物生长”纪念版，是跟当代的艺术家合作，将他们的作品做成酒标。虽然是小众的产品，但是对于提升品牌非常重要。

4. 一体化贯彻始终

在组织结构上，更多地要一体化贯彻和执行。产品主义是原点，一切经营以做出有竞争力的产品为出发的原点，产品出来了，营销体系就出来了；消费者洞察是焦点，经营不是做给投资人看的，不是做给渠道经销商看的，所有的创新经营以用户为焦点才不会跑偏；互联网社交是支点，可以撬动整个市场。

资料来源：根据公众号“悉墨8901社区”微文整理编写。

【课堂活动】

江小白案例分析

具体要求：

1. 江小白的案例，不仅是项目符合这个时代的口味，更重要的是极致的市场营销。学习之后，激发了你哪些想法？市场营销策略的几个基本内容中，你认为最需要做好哪一个？如果你带领江小白，接下来会在市场营销的哪个方面做些开拓？

2. 将前面课堂活动的成果组合在一起，就是你们初步的市场营销策略，请进一步讨论将其完善，并进行分享。

本章思考与实践

1. 扫码学习“日本外卖之王”玉子屋的案例，谈谈从中获得了哪些启示？你认为产品多而全好，还是少而精好？对于 O2O 外卖项目，你有更好的市场营销策略想法吗？

2. 参与一次真实的市场营销活动，列出此次活动的优缺点，并提出你的建议。

3. 选择一个你感兴趣的项目，深入走访了解后，为其制订一份市场营销活动策划书。

玉子屋的营销成功学

第十五章 管理新企业

【学习目标】

- 指出新企业的特殊性
- 辨认新企业可能面临的风险
- 讨论组织管理的关键任务
- 运用预测成本和收入的方法
- 解释现金流管控策略
- 探索如何保持新企业的持续成长

【学习要点】

- 新企业特殊性的六个方面
- 生存阶段和成长阶段新企业可能面临的风险
- 治理结构的三个层次
- 组织结构设计原则
- 应用最广泛的两种绩效管理方法
- 薪酬激励机制的制定建议
- 与人有关的规划、制度和队伍建设
- 文化是企业的价值观
- 与财务有关的几个概念
- 新企业财务预测与现金流管控策略

别了，港湾

李一男和他创建的港湾公司曾经被人们当作快速成长的高科技创业的典范，但当2006年6月6日港湾与华为就港湾转让部分资产、业务及部分人员达成意向协议并签署《合作谅解备忘录》后，这一切似乎就不复存在了。

一位港湾高层在接受《中国企业家》采访时痛陈："天时地利人和，我们缺人和"。一名港湾研发人员无奈告诉记者："公司始终没有形成一个核心的价值观，也没有一个明确的方向感，投机气氛很浓厚，经不起一点波折。"李一男自己也感慨道："由于管理层，尤其是我本人在知识和能力方面的欠缺，导致在公司战略的制定和内部的管理上都存在很多不足，错失了企业发展的机遇。"

作为技术天才，人们佩服他，服从他，风投机构选择他。但是，作为企业的领导者，李一男是不称职的，最终将港湾带入"死地"。

从节选的这部分案例中，你想到了什么？是不是想到了"再好的项目，再好的商机，再难得的机遇，管理跟不上，最终也是一场空"？的确，新企业在生存与成长过程中，会面临来自各方面的、形式各样的风险。当提及风险时，多数人马上会与失败、损失联系到一起。然而，它们的存在真的会阻挡你前进的脚步吗？惧怕风险，会让我们停止前进。但是，若你能够正视它们，了解它们，掌控它们，便有可能化解，甚至还可能带来新的机遇。

新生命的特殊性

企业生命周期是企业的发展与成长的动态轨迹，可以将其进行简单的划分，如图15－1所示。

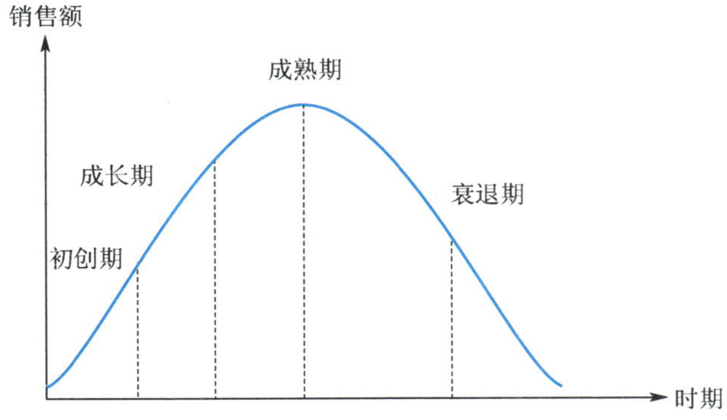

图15－1　企业生命周期一般模型

对于创业者而言，要充分了解新企业管理的特殊性，从而对症下药，进行有效管理。

一、以生存为主要目标

新企业面临的首要任务是提高生存能力，在激烈的市场竞争中生存下来，让企业的利益相关者确信新企业是值得信赖的，使消费者认识和接受新企业的产品或服务。为了能挖到第一桶金，新企业包括创业者在内的多数人都要出去销售产品，一切以结果为导向，开足马力推销产品。在这一阶段，企业生存是第一位的，在保证生存的前提下，才能进入下一阶段的发展。

二、完全规划和复杂规划之间的一种战略规划阶段

新企业常以市场机会为导向，只要市场有机会，便会迅速地做出反应，很难有计划、有组织、定位明确地去开发和利用企业自身所创造的机会，而经常会被市场机会所左右、所驱使，导致企业不可避免地决策失误。在这种情况下，就促使企业制定一个适度复杂性的经营规划，由于企业无法像成熟企业那样投入大量的资源，这一规划的实现，要依赖新企业所能支配的资源以及企业的战略目标。

新企业无论是制定战略规划还是组织制度建设，其出发点和落脚点都是如何获得足以维持企业生存及后续发展的资源。其中，考虑更多的是经营层面的竞争战略，而企业长期战略则可能较少地进入创业者的视野，这一点与成熟企业的战略规划的差异是比较大的。

三、自有资金创造现金流

由于经营历史有限，信用记录不足，融资很困难，银行通常不会给其贷款，新企业只能依靠自有资金运作来创造现金流，实现有效控制与发展。企业发展需要现金，现金不仅对新企业当下的成长至关重要，还为未来的发展奠定基础。新企业通过提高现金流，能避免企业在运营过程中出现的现金危机，避免受到债权人或投资者的支配。现金流一旦出现赤字，企业就会发生偿债危机，也可能导致破产。在企业初创期，将现金流问题提高到怎样的高度都不为过，因为这是新企业生产经营活动的第一要素，是创业者及新企业生存真正的生命线。

四、“所有的人做所有的事”的群体管理

新企业常会出现“所有的人做所有的事”的群体管理局面。虽然企业内部管理流程与管理机制尚待建立，但企业的亲和力、凝聚力很强，员工之间没有高低之分，没有职位的区别，只有角色的划分和明确的分工；每个员工都清楚企业的发展目标和自己应当为企业目标实现而做的努力与贡献，没有员工计较个人得失，计较越级与越权。在这种环境氛围中，一旦企业有需要做的事情，团队所有人就合力完成，这种看上去的“混乱”，实际上是一种高度“有序”的运行状态。

五、创业者亲自深入运作细节

创业者在新企业创立初期经营过程中，亲自与供应商谈判，亲自到车间里追踪客户急需的订单，亲自向消费者推销产品，亲自装车、卸货，亲自跑银行，亲自制定工资计划，亲自策划新产品方案；或创业者也会面对经销商的欺骗、消费者的当面训斥等问题。以上事件新企业的创业者都可能经历与体验，正是由于创业者对

企业经营状态与经营全过程的了如指掌，才使新企业获得成长。

值得注意的是，随着企业的不断发展，创业者不可能再亲自参与企业运行的每个环节，授权和分权则成为必然。如果新企业缺乏相应的控制制度，集权不可避免地转向分权，这容易导致创业者对企业失去控制，从而重新走向集权之路。如此反复，创业者最终必然由直觉型的感性管理转变为职业化的专业管理，唯此，才能使新企业得到长远发展。

六、宽松自由的“家庭式”企业文化

新企业员工与员工之间的关系如前所述和谐、融洽与互相尊重，创业团队像一个大家庭一样，每个员工怀着创业的梦想与激情，抱着把新企业从小做到大的冒险精神与共同目标，为新企业的经营而全力以赴。在这种“家庭式”文化氛围中，自由宽松的活动空间，使每个成员互相包容、相互信任、相互支持，相互间的矛盾与摩擦能够减少到最小程度。创业者和每位成员在交流与摸索中趋同，逐渐形成能为员工所接受，并乐于传承下去的企业制度、思想与规范，并发展成为企业文化，引导员工的思想与行为，为新企业后续的发展提供精神动力。

在企业的生命周期中，可能会出现各种问题。创业者只有认识到企业所处的生命阶段，清楚其特殊性，才会知道企业需要什么，可以做些什么。

风险，变幻可测

连续创业失败的 90 后

案例

大学生创业失败案例

案例一：

学生小刘毕业后一直想自己做老板，看到邻居在小区里开了一个食品杂货店收益一直不错，颇为心动。于是，小刘在小区内租了一个店面，筹集了 1 万多元做启动资金，开了一家食品杂货店。经营了两个月后，小刘的食品杂货店就撑不住了，关门歇业。为什么同样是食品杂货店，邻居可以干得红红火火，小刘的店就经营惨淡呢？原来，小刘为了突出自己食品杂货店的特色，没有像邻居一样进茶、米、油、盐等大众用品，而是将经营范围锁定在沙拉、奶酪、芝士等一些西餐调味食品上。但是，小区里的居民对她的货品需求少，加之该店面的位置在小区较偏的位置，而且营业时间不固定，很多邻居都不愿意绕道过去，所以生意不红火。

案例二：

成都一所高校食品科学系 6 名研究生自筹资金 20 万元，在成都著名景观“琴台故径”边上开起了“六味面馆”。

第一家店还未开张,6位股东已经把目光放到了5年之后,一说到今后的打算,他们6位异口同声地说:当然是开分店啦!今年先把第一家店搞好,积累经验,再谈发展。我们准备两年内在成都开20家连锁店,到时候跟肯德基、麦当劳较量。

4个月后,这家当初在成都号称"第一研究生面馆"的餐馆由于经营情况欠佳,不得不关门大吉。

案例三:

张耀天大学毕业后决定和几个同学自主创业。经过市场分析,他们注册公司,并成为上海某环保科技有限公司的"二级代理"商。他们代理的"木质油精",可用于家具、石材、皮革和汽车的保养。然而,上海公司并没有兑现当初的承诺,广告、人力支持、员工培训等都不到位。张耀天还发现,他们用现金进的10万元的产品,足够整个郑州市地板保养使用两年,可公司只有5个月的"授权期限"他和伙伴们想尽办法推广产品,但收效甚微。合作伙伴看不到光明,先后离去。在内忧外患中,张耀天的创业梦破灭了。

资料来源:根据网络资料整理。

案例思考:

在成功创建新企业之后,有些创业者往往会想进入"休息"状态,这是绝对不可以的。你要始终意识到,风险无处不在,若盲目乐观或懈怠处之,会使其处于极度危险之中。在思考怎样应对这些风险之前,必须深入研究。

一、新企业面临风险的类型

新企业面临的风险可以从不同角度进行划分,如图15-2所示。①

图15-2 新企业面临风险的不同划分类型

① 参编自 http://wenku.baidu.com/view/4b4037c0d5bbfd0a7956738f.html? from=search。

其中，对于新企业而言，需要格外注意和重视的是按照风险内容划分的管理、市场、财务和技术这四方面风险。管理风险主要体现在管理者能力、决策、组织和人力资源、团队、关键员工离职等；市场风险主要集中在需求量不确定、接受时间不确定、价格不确定、策略不确定、促销方式选择不当、环境突变等；财务风险则集中体现在筹资、现金流两方面；技术风险具体有研发成败不确定、前景与寿命不确定、效果不确定等问题。

二、新企业可能面临的具体风险

创办和经营企业的过程充满了抉择，要在风险与收益之间进行权衡，既不能不顾风险地一心求收益，也不可缩手缩脚地想着怎样躲避风险而错失良机。

1. 生存阶段可能面临的风险

万事开头难。新企业的生存阶段，是从正式运营到收支平衡这一阶段，任何低估风险的行为都可能使这个新生命呜呼于摇篮当中。企业在起步初期，可能面临以下风险。

(1)资金不足。创业资金不充分，或将过多的资金投在企业固定资产方面，致使处于起步阶段的企业缺乏流动资金，直接影响企业的生存和发展。

(2)管理不到位。企业在起步初期，经营活动一齐发动，团队成员忙碌于各项事务性工作。此时，创业者极易疏忽企业管理和团队建设，如果创业者自身能力有限，使企业陷入无序经营难以步入正轨，从而导致企业经营失败，难以生存。

(3)市场不乐观。市场对产品的需求量、接受时间、接受程度等均具有不确定性，如果在企业正式运营前，没有对市场做出准确的判断，高估了产品的市场前景，以致实际与预测销售额相差较大，那么，收不抵支的状态的持续时间就会延长。

(4)过于依赖支撑系统。很多创业者凭借着当下丰富的政策资源，顺利创办了企业。为了生存，创业者还需要继续与政府相关管理部门、投资商、供应商、消费者等方面主动联系和沟通，并形成社会网络系统。一旦某一方面或者环节得不到相应的支持，就有可能使新企业陷入困境。

2. 成长阶段可能面临的风险

当企业逐渐从收支平衡发展到利润增长的成长阶段，又会面临一些新的风险问题。

数据显示，这个阶段可能面临的风险一般体现在以下五个方面：

(1)管理机制不健全。进入到成长阶段的企业已初具规模，创业者易被暂时性的成功所麻痹，停滞不前。管理团队成员之间也容易出现分歧，很可能由于缺乏高效的管理团队从而难以制定出适时的发展战略和各项规章制度。

(2)市场营销机制不健全。处于成长阶段的企业，随着其经营业务和规模的不断扩大，如果创业者的经营理念若不能顺应趋势发展，不具备敏锐的市场洞察力，创新能力弱，采用的营销策略一成不变，就会导致客户流失。

(3)资源获取机制不健全。企业在不断成长的过程中，所需要的资源也会越来越多。由于资源匮乏，创业者难以权衡产品开发、技术升级、发展战略等，不能及时解决出现的问题。

(4)财务监管机制不健全。如果企业的融资计划不具有长期性，盲目地引入投资人，可能会使创业者丧失控制权，对现金支出缺乏控制，进行盲目投资。

(5)决策机制不健全。创业者的发展思路不现实，超出自身实力，比如只一味追求多元化发展或扩大企业经营规模；不经全面论证改变经营方向和业务；采用先进但并不合适的营销策略等，都会给企业的成长埋下隐患。

【课堂活动】

识别并规避你的风险

具体要求：

1. 讨论一下，你的企业可能会遇到哪些风险？
2. 思考一下，这些风险让你想到什么样的解决方案或应对措施？

新企业的软肋——组织管理

什么叫作组织管理？通俗来说，就是一个企业如何建立、运作和管理自己的组织，能够促进组织中的各个部门和岗位都能高效协作，让组织达到最大的效能，从而最终有效地达成组织的战略和管理目标，这就是组织管理。处在初创期的新企业，组织的规模比较小，对其而言，组织管理要从无到有去构建。新企业组织管理的关键要素有以下6个方面，如图15-3所示。

图15-3　新企业组织管理的6个方面

一、治理结构

治理结构是组织管理中最重要的，它解决的是企业的所有权问题和根本决策机制问题。很多情况下，治理结构关乎企业的存亡。这里，具体需要解决的问题就是如何构建合理的治理结构？

从图 15－4 中可以看出，治理结构包括三个层次的内容，第一层是由股东组成的股东大会，股东与股东之间如何分配股权、如何形成权利和责任的制衡，这是治理结构首先要面对的最重要的问题；第二层是股东大会委托的决策机构——董事会，也就是股东会将自己的资产进行托管，由董事会代为决策，董事是由股东选举出来的，因此，股东的权利也决定了他们能够参与到董事会决策的票数和董事会的成员；第三层是经理层，也就是经营管理团队，是受董事会委托，在董事会的授权下进行企业经管理过程的一个团队。这三层之间如何形成合理的责、权、利的分配和平衡，是治理结构要解决的最根本的问题。

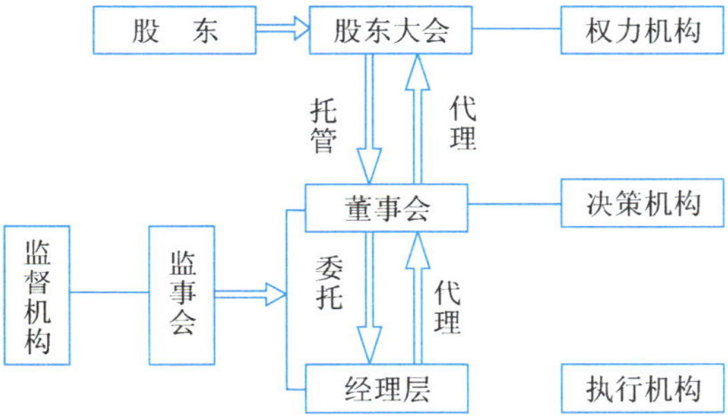

图 15－4　治理结构图

1．股权结构

股权结构往往是治理结构中最危险的，如果考虑不当，对于企业会产生巨大问题。创业者、合伙人、投资者以及经营管理团队，应该形成怎样的股权结构是合适的呢？

核心人物创业者，应该是企业的大股东，可能有不同的股权结构设置的选择，比如超过 2/3 的股权，这意味着创始人拥有着企业的核心资源或者核心技术，毫无疑问他会占据大股权；再比如超过 1/2 的股权或者超过 1/3 的股权，也就是要保留一票否决权。创始人拥有多少股权比较合理，实际上是取决于他对新企业的贡献。

合伙人的股权占比也是一样的，要根据对企业的贡献来决定。股权占比较少的情况是合伙人整体占比 10％左右，也有占比较高的，最高的情况可能会达到 50％以上。

每一轮进入的投资人，较为合理的获得股权的比例大约为 20％～30％。实际上，投资人并不想占股权比例过高，从而稀释了创始团队对企业的控制权，使得新企业没有“主人”。同时，投资人也不想占股权比例过低，从而丧失话语权。

在新企业的不断成长和壮大过程中，还会有新的经营管理团队成员加入其中，这就需要提前为经营管理团队预留大概 10％～15％的股权池或者期权池，来激励团队成员为新企业更好地发展而奋斗。

以上是比较常见的、合理的新企业股权结构组成。需要注意的是，切不可平分股权，这会让企业丧失控制权，没有真正的“主人”，在创业的过程中一旦出现问题，就会形成很大的发展障碍。一般来说，股权结构解决清楚了，就可以以一种达成共识的决策来委托董事会对企业进行各项决策。

2. 董事会与经营管理团队

治理结构要解决的第二个问题是，董事会与经营管理团队之间权、责的分配和平衡。董事会代表投资方，而经营管理团队代表经营管理方，双方的立场和视角均不同，但在企业的战略问题上一定要达成共识。若董事会与经营管理团队，尤其是与CEO之间，不能达成共识，那这个企业是无法正常发展的。即使董事会通过了决议，要求经营管理团队去执行，但如果CEO不是真正的认同，实际上也是无法达到企业经营管理的目标的。这种情况，董事会除了换CEO，没有其他的办法。反过来也是一样的。经营管理团队也不能完全从自身经营的角度上，去看待企业应该朝何处发展，而要真正和董事会达成共识。

企业治理结构，其实质就是股东、董事、经理层这三个结构层次之间达到权、责、利分配清晰，所有权问题明朗，企业决策机制高效、有序。

【Tips】

一份股东协议的标配条款一般有合作背景、创业项目概述、出资方式、设置股权比例、明确团队分工、盈亏分享和承担、薪资分发、财务监管、决策和表决、股权成熟机制、股权稀释、创业项目保护、股权转让和退伙及吸收入伙问题、清算问题等内容。

【课堂活动】

构建你的股权结构

具体要求：

1. 结合以上所学内容，阅读《创业36条军规》中“军规15 事先要签股东协议”，讨论设计你们企业的股权结构；

2. 征求老师和同学们的意见。

二、组织结构

组织结构主要解决的是新企业如何根据自己的战略、业务特点、团队情况、管理文化等情况选择适合自己的结构类型，以及在组织内对部门和岗位进行清晰地职责分工。新企业在设计组织结构时，需要考虑精干、垂直、管理独立、扁平化四个方面。

新企业的组织设计，一般都是本着效率为先，管理层级尽量缩减，基本设三到四个层级就够了，即董事会、总经理、部门经理、一般员工。比如，图 15－5 所示的组织结构图，是某科技公司 A 创业初期的组织结构图，各部门主管均由技术人员兼任。指令下达或者报告审批，如果需要经过很多程序，往往贯彻起来速度变慢，甚至指令会失真。

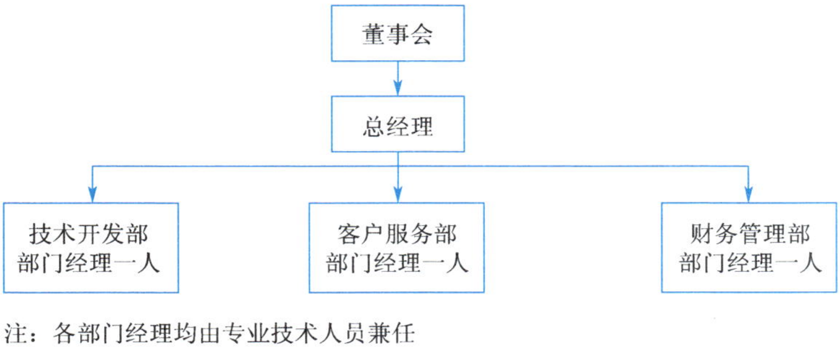

图 15－5　某科技公司 A 创业初期组织结构图

上面的内容是常见情况，有一定的片面性，也是比较传统的做法。但是，经过国内外企业几十年摸索总结出来的经验，要懂得借鉴和运用，不能轻易舍弃。虽然我们提倡创新管理模式，但如果在没有更好的方式可以采纳之前，这个比较稳妥的企业组织管理模式是完全可以“胜任”的。正如凯文·凯利（Kevin Kelly）在《失控》中所言：“群体被看作是一种自适应的技巧，适用于任何分布式的活系统，无论是有机的还是人造的”。企业也是一个这样自适应的群体，而建立一个科学的精密的企业组织结构也是自适应过程，然后达到持久的不均衡状态。而且，一般情况下，企业领导者要根据业务增长的情况平均每两年调整一次组织结构。比如上文中某科技公司 A 成立 4 年后的组织结构图，职能部门逐渐齐全，同时又招聘专业人员做专业工作，其组织机构图如图 15－6 所示。

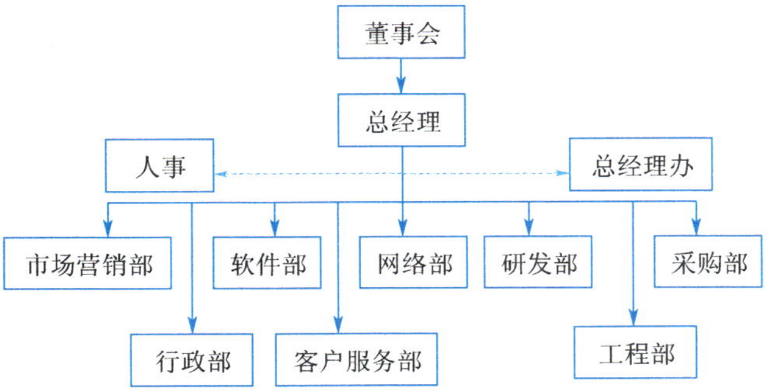

图 15－6　某科技公司 A 成立 4 年后组织结构图

新企业要分工，但不要过度分工，每个部门和岗位要明确自己的使命和成功标志，以及发展目标。

【课堂活动】

设计你的组织结构图

具体要求:

1. 设计你们企业的组织结构图。

2. 在班级进行分享,听听他人的意见,并对其进行修正。

三、绩效管理

在组织结构的基础上,新企业要设计行之有效的绩效管理。绩效管理的本质,是把企业目标和个人目标进行连接的过程,其过程是各级管理者以及所有员工都应参与的,重要的是建立一个重视承诺、责任意识和沟通的绩效文化。很多人认为绩效管理是比较复杂的管理话题,对于新企业而言,要做的就是促使组织中的每一个人都朝着与企业发展一致的方向做出贡献。

新企业需要牢记,不要为了管理而管理,而是要根据企业所处阶段,选择最有效、管理成本最低的绩效管理方式。首先,要把目标自上而下地贯彻,又能自下而上地达成,让这些基础工作真正持续不断。其次,绩效管理不是简单的操作技术,而是需要贯穿高层的想法,符合企业的发展战略。

绩效管理是一个员工与管理者双向沟通的动态过程,绩效管理的概念很多,也出现了各种各样的工具,比如说360度评价、平衡计分卡等。最广为应用和被讨论的绩效管理方法有两种,一种是KPI(Key Performance Indicators,关键绩效指标),一项数据化管理工具,强调客观、可衡量的绩效指标,适用于能够设定出标准化的企业类型;而随着互联网企业的兴起,被谈及的另一种方法是OKR(Objectives and Key Results,目标与关键成果法),强调回归考核的本质,即工作的目标,致力于常被应用于IT、风险投资、游戏、创意等以项目为主要经营单位的大小企业。

绩效管理的关键不在于硬件而在于软件,更在于观念。新企业管理的精髓仍然要在观念上更新,而一切都得从基础做起。

四、薪酬激励

新企业的薪酬激励一直是很多创业者心中的困扰,需要一套非常适合本企业的科学的薪酬和激励体系。员工对薪酬和激励机制不满意,往往会采取多种形式和企业唱反调。在遵照《中华人民共和国劳动法》的基础上,可参考以下几点建议:①薪酬和激励标准尽量不要低于当地水平;②要综合权衡员工的各种支出,以及享受到的其他福利;③在能力、责任、工作内容、业绩、个人表现等方面进行综合评估;④了解员工的心理期望,并且作为确定薪酬和激励奖励的一个参考标准;⑤加班薪资、责任薪资、激励奖金都要明确清楚;⑥技术人员、管理人员、操作员工、后勤人员的薪酬标准需要保持一定的平衡,激励机制也须进行权衡;⑦薪资和激励奖励要按时支付;⑧各项扣款要有明确说明;⑨岗位调整后,薪酬也需要及时做出调整,不能在A岗位拿B岗位的薪水;⑩激励奖励的发放方面,要有一定的分配方式,不能凭领导喜好确定;⑪工资调整,需要按照程序办事,不能由领导自行确定;⑫与薪酬关联的行为要规定明确,譬如迟到怎么处理,违反生产或工作纪律怎么处理等,并要公示;⑬与薪酬相关的各项内容,能够公开的尽量公开,减少暗箱操作。

薪酬激励的管理核心是"公平"。同时,你要知道,员工对于薪酬激励问题也存在"习惯性接受"现象。

【扩展阅读】

你知道如何给自己的新企业设计出漂亮的薪酬体系吗?

Facebook的莫莉·格雷厄姆(Molly Graham)坚信打造一个简单、灵活且透明的薪酬体系是每一个新企业都需要的。

1. 没人会满意自己得到的薪酬,公司不应该仅仅依靠薪水吸引人才;

2. 员工总有办法知道其他人拿到了多少钱,不要将薪酬安排建立在彼此不知道工资水平的假设上;

3. 确定好薪酬体系之后就不要频繁调整;

4. 在酌情考虑与按照公式计算之间,尽可能选择按照公式来计算薪酬;

5. 让员工理解薪酬安排的构成;

6. 越早开始统一讨论薪酬谈话的口径,遇到的问题就越少。

此外,当企业人数扩张时,就要设定更多的绩效等级,这可以让员工留在公司更长时间,不停攀登更高绩效评级的高度;增加更多绩效评级的指标类别,这可以让你在想要基于员工绩效加薪时,得到更多微妙且精细的参考;确保至少根据市场工资水平一年进行一次调薪,这样你会清楚地认识到自己提供的薪酬对于员工是否公平,也让员工能够在办公室之外享有成功的个人生活;若无绝对必要,不要出现例外情况。

资料来源:根据First Round Review中的文章素材(由陈铮编译)整理编写。

五、流程制度

我们团队很小,但工作很混乱,经常会遗漏一些重要事情,该不该引入流程管理?采用了很多的优秀企业的产品流程,但是作用不明显,为什么?有的说效率优先,不要花太多时间走流程;有的说应该保证流程,不然管理会很松散。这两种说法都很有道理,纠结采用哪种?

不得不说,这些问题都很实际,都有道理。设置流程和设计制度的确很烦琐,比如产品流程、业务运营流程、财务流程、人员管理流程、部门协作流程等,还有各方面的制度。然而,流程和制度会让企业的业务过程和管理过程达到有效和有序。

对于新企业来说，需要解决的是针对促进企业业务发展和生长的关键驱动要素，在流程和制度上做出努力，旨在促进这些关键要素能够有序高效地组织起来。新企业需要根据企业的关键驱动力和所处发展阶段，来决定要不要做流程制度以及聚焦在哪些流程制度上。

比如，在新企业成立初期，一般是创新发展阶段，此时的目标是如何能够完成创新，从而生产出能够满足消费者喜爱的产品。因此，这个阶段流程制度的重点应该围绕创新、研发和生产过程。而产品一旦投放市场取得了一定的成功，企业便进入到生存成长阶段，此时的核心是如何能够规模化的复制早期创新的成功。因此，这个阶段的流程制度设置的重点就是保护这个生产过程能够更规范地规模化进行，可能会关注到质量管理流程；如果需要扩张团队，还会涉及人力资源管理流程。再比如，当企业进入到更大的发展阶段后，组织也会壮大起来，部门之间的协作也会频繁起来，这个时候流程制度的重点也会趋向多部门间的协作流程，从而控制相关风险等。

新企业没有必要为了形成企业管理制度人为地去制定一些条条框框。但是，创业者应该考虑在新企业的发展中，什么是最核心业务和管理需求，围绕这些设置相应的有效流程制度。

六、人和文化

这一基本要素中的两个主体，看似很“虚”，但事实上，这是新企业的根本和灵魂。价值观和文化决定了一个企业是“谁”，反映了它的决策和坚持，一只真正的团队才能形成有效地组织管理。

1.“人”

21世纪，最重要的是人才。没有好的人才，任何好的创业模式、好的创业机会，都是无法实现的。请思考一下，初创阶段的企业，是人的能力重要还是潜力重要？是人的品格重要还是勇气、激情重要？究竟如何选择自己所需要的人才？

需要强调的是，品格对于新企业在选择人才的时候是非常关键的。有能力没品格的人，给企业带来的伤害是最大的。能力代表一个人当前的经验，而新企业往往做的是创新的、复杂的、以前没有先例的事，因此，选人的时候，看他的核心素质和潜质就变得很重要。此外，追求事业、追求梦想的激情和勇气，也是新企业在选择人才的时候，要考虑的重要因素。创业者需要花费足够多的时间找到对的人。新企业在“招人”的时候，需要做好人力资源规划、与人有关的制度建设以及与人相关的队伍建设。

此外，新企业还要思考并处理好以下劳动关系问题：①未注册前的准备阶段其招用的员工应当如何处理；②创始人与企业之间是否存在劳动关系；③如何签订劳动合同；④如何设定试用期管理；⑤如何应对劳动诉讼；⑥如何设定内部工时制度；⑦如何拟定竞业限制协议；⑧如何淘汰低效能员工。

【Tips】

用人不疑，疑人不用。你应适当地信任放权，这一点要像海底捞董事长张勇学习。海底捞一线员工忠诚度高的重要原因之一是“有效放权”，海底捞的普通服务员有给客人免单的权力，信任放权已经成为海底捞的品牌基因。

当你认为企业的人力资源出现了问题的时候，审视一下，是不是你无法满足员工所要的“报酬”了。这个“报酬”不只是固定薪资、月度奖金、年终奖金、现金补贴、保险福利、带薪休假、利润分享、持股计划等方面的经济报酬，更是工作认可、工作环境、工作氛围、晋升机会、能力提高、职业安全、归属感等方面的非经济报酬。你要善用非经济报酬带来的激励效果。

很多新创企业的老板经常抱怨员工对这种新企业不忠诚，却很少有创业者去思考为什么。“忠诚”从来都是双方面的，体现的是老板与员工之间的合作状态。员工的忠诚来自哪里呢？主要从八个方面可以提高员工的忠诚度：企业的信任、尊重、重用、待遇、信誉、关爱、理解、领导者魅力。

2.“文化”

当走进一家单位，我们会发现墙上会挂着一些标语，那个是“文化”吗？并不是。文化其实就像人的人生观、价值观、世界观一样，看似很“虚”，但却是无法回避的话题。当企业遇到困难、挫折、十字路口的时候，会做出怎样做的抉择，其实取决于价值观。一个创业型企业，创始人和创业团队在创业伊始，应该真正确定下来“我们是谁”，“企业有什么样的价值观”。在文化这个要素中，要回答的就是价值观问题，如何对待彼此；如何对待客户；怎样看待成功；怎样面对失败等。

海底捞的管理智慧

【案例】

华为文化

在“华为基本法”第七稿讨论中，任正非亲笔加入了文化命题，关于文化，“华为基本法”是这样描述的：“资源是会枯竭的，唯有文化才会生生不息。一切工业产品都是人类智慧创造的。华为没有可以依据的自然资源，唯有在人的头脑中挖掘出大油田、大森林、大煤矿……精神是可以转化成物质的，物质文明有利于巩固精神文明。我们坚持精神文明促进物质文明的方针。这里的文化不仅包含知识、技术、管理、情操……也包含了一切促进生产力发展的无形因素。”

从心开始，避免山头主义林立

思想主义太多，一个企业的各路诸侯都想彰显自己，斗争不可避免，执行也莫衷一是。统一思想，实事求是，是华为当时思想建设与干部建设的重要任务。为避免山头主义林立，就是从人心方面取得突破。

价值观第一

华为，比较少讲愿景、使命，即使讲战略，也多是任正非所说的“活下去”这样通俗甚至有点卑微的语言。华为以价值观为先，是因为价值观是是非标准、行为准则。华为的七条核心价值观，是愿景实现的基础，是使命成功实现的保障。如果只遥想愿景，没有价值观作底，企业就如同大海中的航船，即使前景无比宽阔但可能没有舵，始终到不了目标。

人力资本增值优先于财务资本增值

2019 年，华为用最高 201 万元年薪的规格招聘优质毕业生，按照华为的计划，还要按此规格，在全球招募更多的天才。可以说，从任何一个角度和细节来检验华为企业文化中对人的尊重，对奋斗者的认同。

此外，“以客户为中心的企业经营管理纲领”“不是对外宣传，而是对内提升”“不只是老板文化”“用之于行动”“上下融通对接”“溯源企业存在的本质”“抱负、情怀”，这些都是华为企业文化的要义所在。

任正非说：“我爱祖国、爱人民，但我也爱公司、爱自己的家人，我对自己子女的爱，总还是胜过对一般员工的爱。这才是实事求是，实事求是才有凝聚力。公司一方面必须使员工的目标远大化，使员工感知他的奋斗与祖国的前途、民族的命运是联系在一起的；另一方面，公司坚决反对空洞的理想。要培养员工从小事开始关心他人，要尊敬父母，帮助姐妹，对亲人负责。在此基础上关心他人，如支持希望工程。平时关心同事，以及周围有困难的人。提高自身修养，只有拥有良好的个人修养，才会关心祖国的前途。为国家，也为自己与亲人，这是两部‘发动机’，我们要让它们都发动起来。

资料来源：根据网络资料整理。

在华为的概念里，文化是除资源之外的经营管理要素。华为的企业文化，可能也已远超现在企业文化建设及呈现表象，脱离了狭隘的企业文化描述与微观范畴，使华为的文化建设更广阔、更久远、更接近企业经营管理实际。所以说，华为的企业文化是一种建立在国家优良传统文化基础上的企业文化，有着中国企业文化建设的标杆意义。

案例思考：

“人”和“文化”，是企业最为本质的问题，最终决定了可以组建一个怎样的组织，以及组织管理可以达到什么样的水平。

【课堂活动】

企业文化之我见

具体要求：

1. 你们有没有考虑过“文化”的问题？为什么？

2. 讨论一下，随着企业的成长，“文化”会变吗？

新企业的“理财”问题

一、需要知道的几个概念

需要知道的几个概念

1. 资金的时间价值

资金的时间价值是指货币随着时间的推移而发生增值，是资金周转使用后的增值额，也称为货币的时间价值。简单地说，是指同样数额的资金在不同的时间点上具有的价值是不同的。也就是说，资金具有增值特性。

2. 机会成本

机会成本是指为了得到某种东西而所放弃的另一些东西的最大价值。它不是我们通常意义上的“成本”，而是可能失去的收益。这种收益不是实际发生的，而是潜在的。企业在进行经营决策时必须考虑机会成本，从多个可选择方案中选出最优方案，作出正确的决策。

3. 沉没成本

沉没成本是指，一项投资无法通过转移或销售得到完全补偿的那部分成本，或是有些决策所产生的成本一经发生便不可能再被其他任何决策所改变。沉没成本具有不可收回、不可改变、不可控制的特性。

4. 存款准备金率

为保障存款人的利益，商业银行机构不能将吸纳的存款全部用于发放贷款，必须保留一定的资金，缴存在中央银行，以备客户提款的需要，这部分的存款就叫作存款准备金。中央银行要求的存款准备金与存款总额的比例，就是银行存款准备金比率。银行提高法定存款准备金率时，意味着此时国家将缩减贷款总量，说明投资环境不好，不利于投资。

Tips

创业投资判断力取决于自身经验和知识的积累，要根据自己所处的实际环境来进行决断。对于大公司来讲，可以通过智囊团或利用“外脑”获得专业投资建议，从而把握投资技巧；而对于创业者来说，这是奢侈的想法。为了减少失误，增加成功机会，自己必须完善各种专业知识，包括财务管理。

5. 现金流

现金流是企业通过经济活动（包括经营活动、投资活动、筹资活动和非经常性项目）而产生的现金流入、现金流出及其总量情况的总称，也就是企业一定时期的现金和现金等价物的流入和流出的数量。它是企业收入的衡量指标，是盈利能力的衡量指标，是企业融资潜力的重要评估指标，也是企业贷款偿还能力的重要评价指标。

6. 资产负债表

资产负债表反映的是企业某个特定日期的财务状况，是一张静态报表。资产负债表的关注点在于企业的资产、负债及股东权益的增减，企业的总资产在一定程度上反映了企业的经营规模。当股东权益的增长幅度高于资产总额的增长时，说明企业的资金实力有了相对提高。若企业应收账款过多，占总资产的比重过高，说明企业资金被占用情况较为严重。

7. 利润表

利润表又称损益表，用以反映企业在某一时期内的生产经营成果，是一张动态报表。利润表可以用来分析企业利润增减变化的原因所在，可以用来评价企业的经营效率和经营成果，可以衡量一个企业在经营管理上的成功程度，可以作为经营成果的分配依据，可以用来分析企业的获利能力，可以用于考核企业经营管理人员的工作业绩。

在财务报表中，还有一张基础报表，就是现金流量表。它是从资产负债表和利润表两者间推算而得，体现出在某一时期内的经营活动、投资活动和筹资活动，反映的是企业现金流的来龙去脉。

Tips

以上三个表格用于企业运营阶段，主要体现了运营情况，具体样表请自行查阅相关资料。

现金流管控的主防线

二、财务预测

财务预测是现金流管控的主防线。在现金流里“翻船”的企业不在少数，八佰伴倒闭、德隆关门、五谷道场破产重组、长航油运退市等,无不是因为现金流出了问题。对于新企业而言,预测收入和成本不仅是一门学问,更像是一种艺术。许多创业者抱怨,建立具有任何准确度的预测都会花费大量时间,这些时间用于跑业务岂不更有意义。但是,企业者如果无法提供财务预测,那么投资者也不会投钱给你。更重要的是,合理的财务预测有助于创业者制定和执行各种计划,有利于企业的存活,有助于创业的成功。

1. 预测从成本开始

企业成立初期,预测成本比预测收入容易得多,如图 15 - 7 所示。

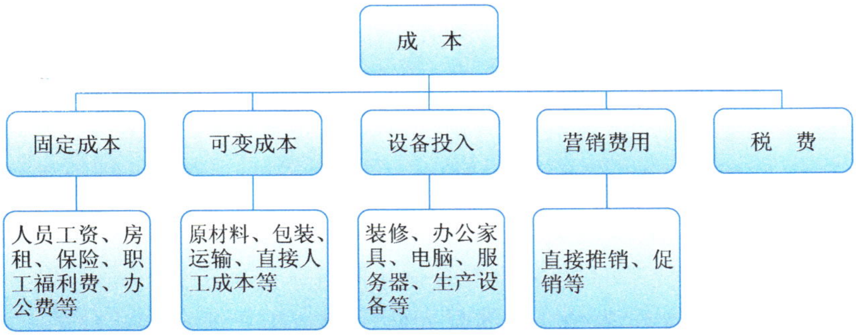

图 15 - 7　企业成本构成

成本是在时间框架里一点点发生的。如果将成本细化到每个月,你会发现很多成本并不是在企业开始运营的那天一次性支出的。比如,企业运营预计需要 30 台服务器,但是它们并不需要在第一天就全部到位,而是随着网站的流量增加才进行增购的,可能到第二年甚至第三年的时候才会达到 30 台服务器的用量,而那时企业民早已获得销售收入了。

总结一下,预测成本时应该遵循的原则包括:①由于广告和营销成本总是超出预期,你应该加倍进行预计;②由于法律、保险、许可费用没有经验可参考,且调研发现很多新创企业在这方面的花销总是超出预期,可用 3 倍进行预计;③记录直接销售和客户服务的时间,将它们作为直接人工成本。

2. 预测收入——“保守”与“乐观”并行

预测收入需要知道三个数字:单价、数量、时间段。

(1)单价。准确来说,应该是产品的单位定价,这个定价已经在前面定价策略的学习中解决掉了。

(2)数量。对于新创企业来说,什么时候会“开张”?能卖出多少?这是难以估计却又极其重要的问题。新创企业需要精打细算,切不可使用“市场占有率”之类的百分比预测销售数量。如果采用分销渠道,你不妨向分销商请教。成熟的分销商可以估计出每月产品的销量;如果采用直销,你必须考虑营销策略的效果,比如要研究网络营销转化率、广告投放有效率等。

(3)时间段。一般来说,投资人会要求你做出 3 至 5 年的预测。新创企业的财务预测必须按“月”来计算，这样会使你比较有把握，也不会错过“进钱”“盈亏平衡”“产生利润”等里程碑式的宝贵时刻。

一句逻辑性不太强的话是这样说的：除非你想做大，否则你永远都不会做大！所以，鼓励自己做两份预测，一份“保守”预测，使你对企业的底线了然于胸，即使出现不测，也不会乱了阵脚；一份“乐观”预测，会让你的创业理想插上翅膀，给你无限的工作动力。例如，你的“保守”预测可能采取了以下假定：产品单价较低，仅有两种营销渠道，没有销售人员，前三年每年有一种新产品或服务推出。你的“乐观”计划可能包括以下假定：基础产品的价格低，高端产品的价格高，有三到四种营销渠道，以佣金制度支付两名销售人员的工资，第一年有一种新产品或服务推出，第二年和第三年可能有五种甚至更多。释放“想要做大”的正能量，很有可能会激发出突破性的想法。

3. 检查主要比率，确保预测可靠

当预测完成后，创业者切不可盲目乐观，这时，需要冷静下来，积极运转的思维或许能够帮你提高销量，但不会帮你降低成本。考量成本预测和收入预测的最佳办法就是几个关键比率的数值，唯有量化才能给你指引光明。

（1）毛利率。直接总成本与全部收入的比值。注意那些能让你的毛利率从10％增加到50％的假定条件，如果客户服务和直接销售成本当前已经很高了，那么将来还可能会更高。

（2）营业利润率。总经营成本与总收入的比值。随着收入的增长，一般管理成本占总成本的份额应该逐渐减少，营业利润率应该提高。许多企业家犯的错误是太早地预测了收支平衡点，而且认为不需要太多的资金支持就能达到。

财务预测并不是一成不变的，因此每个月都应该进行仔细的对照和监控，要根据运营情况相应地进行调整，使其更符合现实、更加优化。如果实际情况和预测相差甚远，就要及时查找原因，解决问题；若情况没有转好，应该立即停下来，重新思考。有些创业者并不重视计划的制定，总是认为行动更重要、更要紧，认为商业模式会因不断发展而变化，但他们都为此而后悔。当你陷入自我陶醉中时，这些计划就会如冷水般泼醒你。

财务预测的最终指向就是现金流。在流入企业的现金无法弥补流出企业的现金之前，你必须准备足够的资金来支撑企业活下去。如果自备资金难以支撑下去，就必须知道现金流在哪一时刻会中断，并在那个时刻到来之前找到“血袋”，并保证可以马上进行“输血”。即使财务这种专业性极强的工作可以委托会计公司处理，创业者也必须清楚现金流里的每一个数字，而且要意识到财务预测是大事。

【Tips】

在你心中，开启创业或许有一个大概的估算，但是要顺利运营业务实施计划，估算远远不够，精确计算所需的资金是成功的关键。在付诸创业行动之前，切不可操之过急。

三、现金流管控策略

有这样一则关于现金流的小故事：

一个游客路过一个小镇，他走进一家旅馆给了店主 1 000 元现金，挑了一个房间。他上楼以后，店主拿这 1 000 元给了对门的屠夫支付了这个月的肉钱；屠夫去养猪的农夫家里把欠的买猪款付清了；农夫还了饲料钱；饲料商贩还清了赌债；赌徒赶紧去旅馆还了房钱。这 1 000 元又回到旅馆店主手里。可就在此时，游客下楼说房间不合适，拿钱走了；但是，全镇的债务都还清了！看完这个故事，请问有谁亏了吗？一个也不亏，没有这 1 000 元现金，大家都还在相互持续的追债，后果不堪设想，可外地游客带来的 1 000 元现金流动了一下，大家的债务就全部解决了。这就是资金流动让经济社会焕发了生机！

现金流如同企业的血液。在被迫关门的企业中，有 82%是因为现金流管理不当。虽然这个数字可能有些吓人，但是为了让公司免于这种命运，你可以通过建立高效回款系统，重组你的现金流管控策略，让它为你工作而非牵绊住你。

1. 提前结账

可以要求客户们进行货到付款，并且只接受自动清算系统或是信用卡付款，以避免不确定性或付款的延迟，还可以采用或是鼓励客户进行预付款。虽然有些客户可能会因前期成本过高而打消念头，但是给予适当的折扣就可以留住客户。另外，设置逾期付费手续费可以降低逾期付款的数量，也可以帮助创业者预测所需的现金流量。

2. 用心处理票据

你要确保已经提前发送了票据。如果你对客户不是足够的用心，实际上你就是允许他们延迟付款。同时，要对所有尚未付款的票据进行追踪，并且拥有一个能够对信用进行评价和追踪的系统。

3. 限制你的免费试用

一些初创期企业会通过提供延长免费试用来快速拓展客户群，并且假设可以收回这些早期的成本。问题在于，这个周期可能会持续数年，且很难分辨客户能否多年都追随着你。你应该保证回款周期不会超过一年，同时能够为年度合约自动续费。

4. 了解你花的每一块钱都为你带来了什么

举个例子，你可能在贸易展览获取摊位或是举办行业活动上花费了数千美元，并假定会有一定的回报。但是，这种预估是不科学的，常常并不准确。你可以使用像是 BrightFunnel 的工具，帮助你理清此类花费，也能使你在其他领域的预算具有意义。

5. 实行智能库存管理

处于起步阶段的企业往往忽视正确的库存管理方法。虽然保证供给非常重要，但是新企业常常会出现库存过剩或是选择最便宜运输方式的情况出现。实际上，你一旦将闲置库存费用纳入成本。为了解决这个问题，你可以采用一个简单的经济批量订货模式，在网上找到面向大多数企业的 EOQ(经济订购量)模板。

你必须掌握现金流入和现金流出的真实情况，密切关注企业现金流状况，每天提醒自己手里还有多少现金、应收账款的状态及目前的收入和开销情况。同时，还必须千方百计增收节支，加速资金周转，控制企业发展的节奏。

【案例】

O2O 创业的生死劫：能否维持正向现金流？

“互联网+”市场的发展和当初的团购非常像，创业者和资本一窝蜂冲进去，最后能够存活的，其实也就那么几家。互联网有个很强的核心能力，就是可以大幅度降低边际成本。但是，很多“互联网+”的 O2O 服务却没有根本上解决边际成本问题。部分 O2O 服务还有个致命缺点就是服务难以标准化，特别是需要纯人工完成的服务。服务难以标准化，不但会流失用户，也是边际成本难以降低的原因之一。

从边际成本、标准化服务和消费频次看来，除了目前比较火的打车和外卖来看，还有洗衣也符合标准，而且洗衣行业的特点是单价相对较高，具有足够的毛利空间，目前已有巨头切入。国内做得最好的洗衣类 O2O 服务公司就属 e 袋洗了，那 e 袋洗有何底气与巨头一拼高低呢？

——标准化服务降低边际成本。e 袋洗并不是一个只靠人力的 O2O 服务，核心的洗衣服务是由洗衣机完成的，只有上门取和送衣服需要人工，而且这类的人工并不需要美甲、按摩等这类的技能，这为人员的扩张提供了无限可能。用“机器+普通人工”的模式，让服务标准化，自然能有效控制边际成本，并完成规模化发展。

——履单平衡，现金流为正。洗衣与外卖和打车一样，都属于大众消费行业，而且用户可能会更高端。洗衣的消费频次高，毛利可保证。正因如此，

e袋洗一直保证良好的正向现金流，这让以烧钱维持订单量的O2O公司情何以堪？

——“互联网+传统巨头”模式。e袋洗虽然是一家互联网公司，却是诞生于传统洗衣业巨头荣昌洗衣。荣昌在洗衣领域有24年的积累，有着大量的线下洗衣门店，现在借助互联网的力量，让用户足不出户就能享受洗衣便利，在产业链上延伸了自己的服务。互联网人做O2O服务，最难搞定的还是线下。如果有传统线下大佬合作，再融入线上能力，必将事半功倍。这也是e袋洗能够发展得这么顺利的一个主要因素。

资料来源：根据投资界(Pedaily.cn)网站素材整理。

现在还有很多创业者在进入O2O领域，通过e袋洗的高分成绩单，会给到大家哪些启示呢？除了要能降低边际成本、提供标准化服务、有很强的线下能力外，最重要的还是能维持正向现金流。此外，补贴是O2O行业一直以来的拿手好戏，不过所有的补贴都只会是阶段性行为，当初疯狂补贴的滴滴、Uber如今也都逐渐沉默。最初的O2O补贴大战不止是为了打击竞争对手，最重要的还是培养用户行为习惯。现在的用户习惯已经培养成型，如果还通过大量补贴来拉用户，靠持续的融资维持公司发展，这将是一条不归路。所以，想要做O2O的创业者，从一开始你就要想好，如何才能像e袋洗这样，走一条不烧钱还能赢得用户的可持续发展道路。

案例思考：

【课堂活动】

现金流的重要性

具体要求：

1. 你们打算如何管控企业的现金流？
2. 讨论一下，现金流和利润，哪个更重要？为什么？

Tips

1. 现金流法则：

①增长耗费现金——这属于营运资本问题，你发展得越快，就需要具备更强的融资能力；②B2B销售耗费现金；③存货耗费现金；④营运资本是你最好的生存能力，它是你可以用来支付运营成本和开支、等待客户还款前购买库存的银行存款；⑤“应收账款”是客户欠你的钱——应收账款每多一元，就意味着你少了一元现金；⑥关注三个重要指标——回款期限、存货周转率、付款账期。

2. 通常情况下，经营型企业收入可持续，财务管理的重点应放在现金流把控上，比如超市、书店等；项目型企业的收入呈阶段性，那么，财务管理的重点就在于资金的统筹，比如软件公司、房地产等。

3. 你还需要做好税务筹划，合理避税，而非逃税漏税。经商绝不可远离政策，政策也是一种“生产力”。

4. 你一定在开始着手筹办企业的那一刻起，培养记账的好习惯。新企业的经营类型不同，财务管理的重点也不同。同时，要逐渐建立起企业的财务制度，并不断完善。

本章思考与实践

1. 和你的小伙伴们一起策划一场对你身边创业者的深度访谈，亲身感受一下创办企业和经营管理企业的那些事儿。

2. 查找关于创业失败的案例，比如“陈年：‘凡客的失败值得很多公司反思’”，针对案例中的失败原因进行剖析，写一份总结报告。

3. 想想看，把股权分光的任正非和段永平，还有让几乎全员持股的阿里创始人马云，为什么能把企业越做越大？

参考文献

[1] Bruyat C, Julien P A. Defining the field of research in entrepreneurship[J]. Journal of business venturing, 2001, 16(2): 165-180.

[2] Carland J W, Hoy F, Boulton W R, et al. Differentiating entrepreneurs from small business owners: A conceptualization[J]. Academy of management review, 1984, 9(2): 354-359.

[3] Elenurm T. Entrepreneurial orientations of business students and entrepreneurs[J]. Baltic Journal of Management, 2012, 7(2): 217-231.

[4] Gartner W B. A conceptual framework for describing the phenomenon of new venture creation[J]. Academy of management review, 1985, 10(4): 696-706.

[5] Gumpert D E, Stevenson H H. The heart of entrepreneurship[J]. Harvard Business Review, 1985, 63(2): 85-94.

[6] Langkamp Bolton D, Lane M D. Individual entrepreneurial orientation: Development of a measurement instrument[J]. Education+ Training, 2012, 54(2/3): 219-233.

[7] Lumpkin G T, Dess G G. Clarifying the entrepreneurial orientation construct and linking it to performance[J]. Academy of management Review, 1996, 21(1): 135-172.

[8] Lyon D W, Lumpkin G T, Dess G G. Enhancing entrepreneurial orientation research: Operationalizing and measuring a key strategic decision making process[J]. Journal of management, 2000, 26(5): 1055-1085.

[9] Miles M P, Arnold D R. The relationship between marketing orientation and entrepreneurial orientation[J]. Entrepreneurship theory and practice, 1991, 15(4): 49-65.

[10] Miller D, Friesen P H. Archetypes of strategy formulation[J]. Management science, 1978, 24(9): 921-933.

[11] Miller D. Miller (1983) revisited: A reflection on EO research and some suggestions for the future[J]. Entrepreneurship Theory and Practice, 2011, 35(5): 873-894.

[12] Miller D. The correlates of entrepreneurship in three types of firms[J]. Management science, 1983, 29(7): 770-791.

[13] Okhomina D. Entrepreneurial orientation and psychological traits: the moderating influence of supportive environment[J]. Journal of Behavioral Studies in Business, 2010, 2: 1.

[14] Rauch A, Wiklund J, Lumpkin G T, et al. Entrepreneurial orientation and business performance: An assessment of past research and suggestions for the future[J]. Entrepreneurship theory and practice, 2009, 33(3): 761-787.

[15] Stopford J M, Baden - Fuller C W F. Creating corporate entrepreneurship[J]. Strategic management journal, 1994, 15(7): 521-536.

[16] 陈震红，董俊武. 创业风险的来源和分类[J]. 财会月刊：综合版，2003 (12): 56-57.

[17] 董保宝，葛宝山. 经典创业模型回顾与比较[J]. 外国经济与管理，2008, 30(3): 19-28.

[18] 傅强. 大学生创业风险及其防范对策研究[J]. 辽宁行政学院学报，2011, 13(2): 153-155.

[19] 葛宝山，王立志，姚梅芳，等. 经典创业模型比较研究[J]. 管理现代化，2008 (1): 10-12.

[20] 胡望斌，张玉利，牛芳. 我国新企业创业导向，动态能力与企业成长关系实证研究[J]. 中国软科学，2009 (4): 107-118.

[21] 胡振华. 创业经济学[M]. 北京：北京大学出版社，2013.

[22] 焦豪，魏江，崔瑜. 企业动态能力构建路径分析：基于创业导向和组织学习的视角[J]. 管理世界，2008 (4): 91-106.

[23] 林嵩，张帏，邱琼. 创业过程的研究评述及发展动向[J]. 南开管理评论，2004, 7(3): 47-50.

[24] 施险峰，秦金婧. 大学生抵御创业风险的途径研究[J]. 广西青年干部学院学报，2009 (6): 35-37.

[25] 苏晓华，王平. 创业导向研究综述[J]. 科技进步与对策，2010, 27(16): 151-155.

[26] 魏江，焦豪. 创业导向：组织学习与动态能力关系研究[J]. 外国经济与管理，2008, 30 (2): 36-41.

[27] 杨俊. 创业过程研究及其发展动态[J]. 外国经济与管理，2004, 26(9): 8-12.

[28] 张玉利，李乾文. 公司创业导向：双元能力与组织绩效[J]. 管理科学学报，2009, 12 (1).

[29] 阿尔冯斯·波特霍夫，恩斯特·安德雷亚斯·哈特曼. 工业4.0(实践版)：开启未来工业的新模式、新策略和新思维[M]. 刘欣，译. 北京：机械工业出版社，2015.

[30] 埃德蒙·费尔普斯. 大繁荣：大众创新如何带来国家繁荣[M]. 余江，译. 北京：中信出版社，2013.

[31] 鲍勃·罗德，雷·维勒兹. 大融合：互联网时代的商业模式[M]. 朱卫未，孙昕昕，王茜，译. 北京：人民邮电出版社，2015.

[32] 李家华. 创业基础[M]. 北京：清华大学出版社，2015.

[33] 张玉利，薛红志，陈寒松，等. 创业管理[M]. 4版. 北京：机械工业出版社，2016.

[34] 吴金秋. 大学生创业管理“三个一”教程[M]. 黑龙江大学出版社，2012.

[35]《大学生创新创业导论》编写组. 大学生创新创业导论[M]. 2版. 北京：高等教育出版社，2017.

[36]《大学生创新创业基础》编委会. 大学生创新创业基础[M]. 北京：中国林业出版社，2016.

[37] 约翰·贝赞特，乔·蒂德. 创新与创业管理[M]. 2版. 北京：机械工业出版社，2013.

[38] 雷家骕，王兆华. 高技术创业管理—创业与企业成长.[M]. 2版. 北京：机械工业出版

社,2008.

[39] 布鲁斯 R. 巴林格(Bruce R. Barringer),R. 杜安・爱尔兰(R. Duane Ireland). 创业管理:成功创建新企业. [M]. 3 版. 杨俊,薛红志,等译. 北京:机械工业出版社,2010.

[40] 丹・塞诺,索尔・辛格. 创业的国度:以色列经济奇迹的启示[M]. 北京:中信出版社,2010.

[41] 杰西卡・利文斯顿. 创业者:全世界最成功的技术公司初创的故事[M]. 北京:机械工业出版社,2010.

[42] 杰弗里・蒂蒙斯,小斯蒂芬・斯皮内利. 创业学[M]. 周伟民,吕长春,译. 北京:人民邮电出版社,2011.

[43] 罗伯特 A. 巴隆,斯科特 A. 谢恩. 创业管理:基于过程的观点[M]. 张玉利,谭新生,陈立新,译. 北京:机械工业出版社,2005.

[44] 彼得・德鲁克. 创新与企业家精神[M]. 蔡文燕,译. 北京:机械工业出版社,2007.

[45] 共青团中央,中华全国青年联合会,国际劳工组织. 大学生 KAB 创业基础[M]. 北京:高等教育出版社,2007.

[46] 赵延忱. 大学生创业教程[M]. 北京:北京大学出版社,2010.

[47] 王艳茹. 创业资源[M]. 北京:清华大学出版社,2014.

[48] 缪佳文. 创业融资实战[M]. 北京:北京师范大学出版社,2004.

[49] 查立. 给你一个亿你能干什么[M]. 北京:电子工业出版社,2010.

[50] 亚历山大・奥斯特瓦德. 商业模式新生代[M]. 北京:机械工业出版社出版,2011.

[51] 陈明,余文来. 商业模式:创业的视角[M]. 福建:厦门大学出版社,2011.

[52] 沈世勇. 重新定义中国商业模式[M]. 北京:电子工业出版社,2011.

[53] 彭志强,刘婕,胥英杰. 商业模式的力量[M]. 北京:机械工业出版社,2009.

[54] 史雁军. 客户管理:打造忠诚营销价值链的行动指南[M]. 北京:清华大学出版社,2012.

[55] W. 钱・金,勒妮・莫博涅. 蓝海战略[M]. 北京:商务印书馆,2005.

[56] 教育部,财政部. 市场调查[M]. 北京:高等教育出版社,2012.

[57] 李世杰,于飞. 市场调查与预测[M]. 北京:清华大学出版社,2011.

[58] 李文忠主编. 创业管理[M]. 北京:化学工业出版社,2011.

[59] 吴隽,陈森圭,王甜著. 初创企业营销[M]. 上海:上海财经大学出版社,2015.

[60] 菲利普・科特勒,凯文・莱恩・凯勒. 营销管理. 全球版[M]. 14 版. 王永贵,等译. 北京:中国人民大学出版社,2012.

[61] 彼得・德鲁克. 卓有成效的组织管理[M]. 杨剑,译. 北京:机械工业出版社,2014.

[62] 陈春花. 激活个体:互联时代的组织管理新范式[M]. 北京:机械工业出版社,2016.

[63] 竺素娥,裘益政. 创业企业财务管理[M]. 大连:东北财经大学出版社,2013.

微信公众号推荐

创业黑马学院

创新工场

36氪

钛媒体

创新创业周刊

创业最前线

全球创新论坛

开放式创新研习社

- ★ 创事记
- ★ 创业邦杂志
- ★ 虎嗅网
- ★ 逻辑思维
- ★ KAB 创业俱乐部
- ★ 大数据实验室
- ★ 投资潮
- ★ 电商报
- ★ 创投界

后　　记

在国民经济进入新常态的背景下，党的十八大对创新创业人才培养做出重要部署，国务院对加强创新创业教育提出了明确要求。高校肩负起实施创新创业教育，培养具有创新创业精神和创新创业能力的高水平高素质人才的历史使命。

回想编写这本教材的初衷，还要归于学生的诉求和教学的需求。教材是课程教学的重要载体，是教师教学的主要参考和依据，也是学生内化知识的重要帮手。基于创新创业教育具有时代性、创新性、适时性的特点，势必要求课程教学和与之配套的教材在内容上不断地进行创新和调整。创新创业类的教材，无论从思想到内容，还是从内容到形式，都应该以大学生为导向，具有时代感、指导性和实用性。本教材正是从实际需求出发，编写一本易于被大学生解读，能够唤醒和启发大学生创新创业意识，又具有较强指导性和可操作性的教材。

2002年，黑龙江大学成为教育部首批9所创业教育试点院校之一，开始探索大学生创新创业教育，所提出的“融入式”创新创业教育理念为国家全面部署和实施创新创业教育提供了重要依据和参考。我们在对大学生创新创业认知与心理的探索和研究中发现，大学生的创新创业诉求越来越强烈，多数大学生能够认清国家和社会的发展趋势，乐于接受相应的教育培训，并将其与个人理想、职业规划紧密结合。时代的召唤，大学生的激情与梦想，给教师提出了无限的机遇和挑战。为此，作为创新创业教育一线教师，我们在课堂教学、教学内容与方法、教材建设、大学生创新创业实践等方面积极探索，积累了一定的经验与成果，现汇集到这本教材中，希望能够启发和帮助到更多的大学生和老师。

《创课：创新创业丛书》编写委员会作为一个团队，有明确分工，更有互助合作。编写委员会主审严明指导了本教材的编写工作；丛书主编刘文勇安排了编写工作的具体事宜，写作分工具体为：吕兴群负责第一章和第四章，何孟原负责第二章，李海东负责第三章、第五章、第六章，葛遵峰负责第七章、第九章，郑远见负责第八章、第十一章，刘玉峰负责第十章、第十二章，吴昊负责第十三章、第十四章、第十五章。教材统稿工作由吴昊、刘玉峰、李海东、郑远见、徐霄完成。

本教材的编写只是我们工作的一个开端，结合现实的需求，我们正着手编写《“创课”系列丛书》的其他书籍，拟陆续推出《如何教创业：双创教师成长画布》《创课：大学生创新创业基础案例集》《创课：大学生创新创业法律基础》《创课：大学生创新创业大赛指导》《创课：大学生创新创业商业模式》等。

本教材的编写得到了黑龙江大学各级领导的全力支持，创业教育学院为教材编写提供了必要的资源；本教材的出版，还得到了相关兄弟院校和中国财政经济出版社的大力配合，在此谨表谢意！

编委会

2019年6月